◆浙江省哲学社会科学重点研究基地·浙江省浙江历史文化研究中心研究成果（编号16JDGH119）

台湾文学始祖沈光文研究

袁　韵◎著

ZHEJIANG UNIVERSITY PRESS
浙江大学出版社

CONTENTS
目　录 ·············· ≫ ≫ ≫　≫

绪　论

一、研究价值与意义

沈光文(1612—1688),字文开,号斯庵,浙江鄞县(今宁波市鄞州区)人。明末清初,沈光文在从事抗清复明斗争失败后,思卜居泉州之海口,挈眷泛舟,过围头洋,突遭飓风而漂泊至台湾岛。寓台约三十年间,沈光文不仅教授生徒,作育英才,行医济世,而且著述宏富。他的丰功伟绩,得到后人的高度赞誉,其在台湾文学史、文化史上的重要地位与贡献主要体现于:

第一,对台湾文学的贡献——台湾文学始祖。沈光文的诗歌开创了台湾遗民文学、乡愁文学、乡土民俗文学的先河,他还首创了台湾第一个诗社"东吟社",台湾之赋,亦始于沈光文之《台湾赋》。戴光中认为,"后来台湾文学创作的蓬勃发展,其主导样式、主要文学活动形式、主要精神取向,无不渊源于沈光文。他是无可争议的台湾文学始祖。"①这一论断,代表了海峡两岸学者的共识。

第二,对台湾文献的贡献——台湾文献初祖。沈光文在《台湾舆图考》《台湾赋》等著述中最先记载了台湾的地形地貌、风俗物产,为台湾留下了第一批汉文文献,为早期的《台湾府志》等志书所取资,全祖望《鲒埼亭集》中的《沈太仆传》称誉沈光文"海东文献,推为初祖"。

第三,对台湾文化教育的贡献——"台湾孔子"。沈光文来台后,最先在台湾进行汉语教育,对抗荷兰殖民者的文化侵略。清代道光年间在鹿港所建书

---

① 张萍、戴光中、张如安等:《沈光文研究》,浙江大学出版社 2014 年版,第 49 页。

院即命名曰"文开书院",乃因"海外文教,肇自寓贤鄞县沈斯庵太仆光文字文开者,爱借其字定书院名,以志有开必先焉"。许多书院将沈光文与朱熹并祀,尊奉沈光文为"台湾孔子",崇祀不替。

本书以台湾文学始祖沈光文及其文学为研究对象,其重要价值体现于:

(一)对两岸文化交流的意义

台湾文化是中华文化经由闽、粤、浙沿海向海峡彼岸的延伸和发展,是中华文化的重要组成部分。在促进台湾文化的发展中,首推浙籍士人沈光文。他是牵系两岸文化情结的先驱者。研究沈光文,恰可以证明海峡两岸中华儿女的血缘关系以及不可切割的文化渊源关系,这对于加强两岸文化交流与情感沟通、推进祖国和平统一大业具有积极意义。

从地方文化交流的角度看,长期以来,闽台关系、闽台文化交流得到了持续的关注,研究成果丰硕,而对浙台关系、浙台文化交流的研究相对薄弱。事实上,台湾文化与浙江文化有着源远流长的密切关系。千百年来,从民间开发澎湖的第一人——唐代的施肩吾,到新文化运动的旗手鲁迅、抗战胜利后主持台湾编译馆的许寿裳,诸多的浙籍士人都对中华文化的传播做出过巨大贡献,其中影响最为深远者,则非明清之际漂泊来台,被誉为台湾文献初祖、台湾文学始祖的沈光文莫属。研究沈光文的文学成就及其对后世的深远影响,对于加强两岸文化交流尤其是推动浙台文化交流具有重要意义。

(二)对台湾文学研究的意义

台湾文学已经成为国内外学术界瞩目的焦点。台湾古典文学是台湾新文学的源头,是台湾文学研究中不可或缺的重要一环。但总体来看,无论是在大陆还是台湾,都以日据以后的新文学(台湾现当代文学)为研究重心,而台湾传统古典文学,则较少受到关注。在台湾学界,自20世纪80年代台湾古典文学渐渐受到冷落,某些具有"台独"倾向者有意识地炮制和鼓吹台湾文学"独立"的谬论,或将台湾古典文学视为"中国文学"而搁置不论,或将台湾新旧文学壁垒对立。"台湾文学是中国文学的一部分"——这样一个原本毫无疑问的基本常识,却成了某些人试图极力否认、不肯正视的问题。为了斩断台湾文学与中国文学的关系,"台独分子"甚至发出了将中国文学并入外国文学的建议,如叶石涛说:"中国文学与日本、英、美、欧洲文学一样,是属于外国文学的。……中国文学对台湾人而言,是和日本文学或欧美文学一样的外国文学。"①这样的奇谈怪论实在是骇人听闻而又令人悲哀。"台湾文学的源头在哪里?是谁为台湾写下最早的文学作品?哪些人丰富了台湾最初的文学园地?为台湾画下第一道文学轨迹?当台湾产生出首批的省籍文人时,背后是哪些人的培养和扶掖?当台湾在新旧文学之交的时刻,是哪一种范式成为台湾新知识分子仿效的对象?"——事实上,我们在回答上述问题的时候,都绕不过沈光文的名字。沈光文是最早由大陆赴台的士大夫,是台湾文学的开拓者,是台湾古典文学的源头。诚如施懿琳所言:"十七世纪中叶由大陆漂洋来台的明末遗老沈光文,开启了台湾古典文学的先河……古典文学的命脉其实一直未曾中断。"②

　　回顾历史,无论是在全面扼杀中华文化的日据时代,还是在战后台湾的中华文化复兴运动中,台湾文学始祖沈光文都为人们弘扬中国传统文化树立了一面旗帜。从某种意义上说,承认沈光文在台湾文化史、文学史上的经典地位,也就是正视台湾文学与大陆母体文学的渊源关系。"台湾文学与大陆文学的传承关系,本不是一个需要求证的历史常识。鉴于有别有用心的'台独分子'宣扬'台湾文学独立论'的谬论,仅从大陆与台湾密切的血缘关系、地缘关系、史缘关系,和海峡两岸同胞有文字记载的历经近两千年迁徙、交往、沟通及沈光文等抵台的文学传播活动,如成立台湾第一个诗社东吟诗社等,即可有力驳斥其'独立'论点之荒谬。"③因此,沈光文研究的意义已经不限于加强台湾古典文学研究,对于从源头上梳理大陆母体文学与台湾文学的渊源关系,审视大陆母体文学对台湾文学的影响,从文化角度批驳某些有"台独"倾向者所谓"去中国化"的荒谬言论,具有重要意义。

二、大陆学界沈光文研究现状

　　1948 年 1 月 1 日许寿裳发表于台北《和平日报》的《三百年前台湾破荒的伟人——海东文献初祖沈光文》一文,堪称沈光文研究的发轫之作。由于沈光文在台湾文化史上的经典地位,自 20 世纪 50 年代以来,沈光文研究一直是台湾古典文学研究的热点,盛成、洪调水、杨云萍、龚显宗等诸多台湾学者均对沈

---

① 叶石涛:《战后台湾文学的自主意识》,《台湾新闻报》1995 年 8 月 5 日。
② 施懿琳:《从沈光文到赖和——台湾古典文学的发展与特色》,春晖出版社 2005 年版,第 2 页。
③ 施晓宇:《"台湾文学独立论"驳论》,《福州大学学报》2013 年第 4 期。

光文研究贡献颇多。大陆的沈光文研究则起步较晚。1992年沈光文诞辰380周年之际,沈光文的家乡宁波举行了纪念活动与学术研讨会,自此拉开了大陆学界沈光文研究的序幕。2012年沈光文诞辰400周年之际,甬台两地举办了多项纪念与交流活动,沈光文研究出现了一个高潮。总体来看,1992年以来,大陆的沈光文研究由拓荒、起步到发展,已取得了一些显著的研究成果,迄今为止已出版专著两部,发表期刊论文四十余篇。概括而言,大陆学界沈光文研究的成果主要体现在以下几方面。

第一,沈光文研究资料的搜集、整理与汇编。

资料是学术研究的基础。由于沈光文的诗文作品未能梓行,后世散佚严重,且各种史传、方志中有关沈光文的记载亦非常散乱,不利于学者进行研究。因此,从20世纪70年代开始,台湾学者便致力于沈光文研究资料的搜集、整理与汇编,先后出版了《沈光文斯庵先生专集》(1977)、《沈光文全集及其研究资料汇编》(1998)、《沈光文全集及其研究资料增编》(2012),为沈光文研究奠定了基本的资料基础。2014年张萍、戴光中、张如安等大陆学者所著的《沈光文研究》一书由浙江大学出版社出版,该书由"传记篇""诗文篇""研究篇"三部分组成,其中"诗文篇"对沈光文现存诗作与文章逐一进行了导读与评析,"研究篇"汇集了大陆有关沈光文研究的主要成果,包括重要论文选编、论文论著摘要与研究资料索引。2015年乐承耀所著《台湾文献初祖沈光文研究》一书由九州出版社出版,除汇集作者本人对于沈光文生平业绩的研究成果之外,共收录沈光文诗作111首、文章5篇、传记47篇,作者还对1949—2014年间的沈光文研究进行了编年式的梳理,堪称目前汇集沈光文研究资料最为完备的著作,为学者进一步推进沈光文研究提供了极大便利。此外,长期以来被认为亡佚不存的沈光文晚年知己季麒光的《蓉洲诗文稿》,在上海图书馆被发现。该书的重见天日,为沈光文研究提供了最可靠、最确凿的文献依据。

第二,确立了沈光文在台湾文化史、文学史上的卓越地位。

目前沈光文研究方面最多的是对沈光文生平事迹、地位贡献进行综合评述的论文,如戴松岳《南明孤臣,海东初祖——文化开台先师沈光文》、戴光中《台湾文学拓荒者——沈光文》、黄新宪《台湾文献初祖沈光文事功考》、乐承耀《沈光文文化成就的当代价值》以及《材料、事实与反思:有关沈光文的"一桩文化史公案"》等文。上述研究肯定了沈光文对台湾文化建设的历史贡献,进一步确认了沈光文作为台湾文献初祖、台湾文学始祖的经典地位,为沈光文研究进一步推向深入奠定了基础。

第三，在沈光文诗歌研究方面取得一定成果。

沈光文的文学成就包括诗、文两大部分，目前有关沈光文文学成就的研究主要集中在诗歌方面。如《沈光文诗作中的遗民心态》《论沈光文诗歌的乡愁书写》等文，分别从作者心态、主题倾向等方面对沈光文诗歌进行了较为细致的研究。此外，张萍等所著《沈光文研究》一书最大的学术贡献也在于对沈光文诗作的导读与评析。

总的来看，从 1992 年至今，大陆的沈光文研究已经取得了一定的成果，但目前的研究多是对沈光文生平事迹、文化贡献的评述，对沈光文文学成就的研究尚不够全面，研究领域与视角亦有进一步拓展的空间。总之，相对于沈光文在台湾文化史上的地位、贡献、成就而言，目前的研究无论是从研究成果的数量和质量上，还是从深度和学理性上看，都还远远不够深入和完备，尚有许多需要继续深入探讨的问题。

三、研究思路与研究难点

(一)研究思路

沈光文是"文化开台第一人"，被誉为"台湾文献初祖""台湾文学始祖"，此外还有"台湾孔子""汉字教育初祖""台湾中医之祖"等种种尊谥。本书题为"台湾文学始祖沈光文研究"，自然以对沈光文文学成就的研究为重心。全书研究思路为：采用文学批评学方法，对包括诗歌、辞赋在内的沈光文文学作品进行细致全面的论析；采用文化学方法，探讨沈光文与中国传统文化的关系，从儒家文化、浙东文化的视角探讨沈光文之人格精神；采用接受美学、文献学方法，对清代方志、史乘中的沈光文传记进行搜集、整理、分析、鉴别，系统梳理从清初到 21 世纪以来的沈光文接受史，研究沈光文及其作品在不同历史时期的被阅读、理解、阐释、评价等接受状况，以探究沈光文经典地位的形成过程，对沈光文在台湾文学史、两岸文化交流史上的地位及贡献做出全面、客观的评析。主要研究内容如下：

1. 沈光文诗歌研究

古近体诗是沈光文留下的最重要的文学遗产，是奠定沈光文之"台湾文学始祖""台湾文献初祖"地位的主体。学界已有的研究涉及沈光文乡愁诗的研究、沈光文诗歌意象的研究等，虽取得一定的成果，但还远不够系统和全面。本书将从沈诗的主题取向、沈诗的风格特征、沈诗的艺术渊源等方面，对沈光文诗歌进行细致、全面、综合性的研究。

2.沈光文辞赋研究

诗歌之外,辞赋亦是沈光文文学成就的重要方面。沈光文曾创作《台湾赋》《东海赋》《樣赋》《桐花赋》《芳草赋》等多篇赋作,可惜多已亡佚,仅存《台湾赋》一篇,因而弥足珍贵。《台湾赋》是中国赋体文学史上第一篇以台湾为题材的赋作,也是台湾赋体文学的开山之作,无论就文学成就、文献价值还是政治意义来说,此赋都具有极其重要的价值,而目前对沈光文之文学成就的研究基本上仅限于对其诗歌的研究,对其文赋关注不够。本书将从历史价值与进步史观、地理情怀与方志价值、文学价值与后世影响等方面对此赋进行全面论析,以期弥补目前学界在这方面的不足。

3.沈光文与传统文化精神研究

(1)沈光文与儒家文化精神研究。明郑时期的台湾儒学,是台湾儒学的萌芽期,上承南明儒学,下启清代台湾儒学。从祀延平郡王郑成功的沈光文、陈永华等南明诸儒对台湾儒学的奠基起到了重要作用。关于郑成功、陈永华与儒家文化的关系,已有不少学者进行了研究。那么,被誉为"台湾孔子"的沈光文对儒家文化精神的传承又有着怎样的影响?对这一问题的探讨,无论是对于沈光文研究还是台湾儒学研究,都具有重要意义。(2)沈光文与浙东文化精神研究。作为生长于浙东文化背景下的传统文人,沈光文与同时代的乡贤黄宗羲、朱舜水一样,都是浙东优秀传统文化的杰出代表,其一生行事都无不体现和彰显鲜明的浙东文化精神。

4.沈光文接受史研究

"任何一个具有强大生命力的作家都应有一部接受史。"沈光文被誉为"台湾文献初祖""台湾文学始祖""台湾孔子",无论就其在台湾文学史上的经典地位而言,还是基于其对后世台湾文化与文学的深远影响而言,都有必要对其进行全面的接受史研究。此外,基于后世对沈光文评价的复杂性,也有必要展开沈光文接受史研究。沈光文作为最重要的一位台湾古典文学作家,他所享有的光环与尊谥最多,但由于沈光文本身经历思想的复杂性以及文献记载的缺失甚至舛误,沈光文研究中存在争议的谜团与公案也最多。只有从清初的文献开始作细致的梳理,对清初以来的沈光文接受史进行历时形态的系统考察,才有可能对诸多谜团做出令人信服的解释,进而探究沈光文经典地位的形成及其对台湾文化的影响。

（二）研究难点

1. 沈光文作品亡佚严重

沈光文研究的困难首先来自于沈光文作品亡佚严重。季麒光的《蓉洲文稿·沈光文传》中记载沈光文之著述为："所著《台湾赋》《东海赋》《榚赋》《桐花赋》《芳草赋》及《花草果木杂记》，古近体诗，俱系存稿，未及梓行。"遗憾的是，上述"未及梓行"的文稿在后世亡佚严重。诗歌方面，现存沈光文诗歌中创作年代最早的一篇是作于 1648 年的《葛衣吟》，此前的诗作由于遭逢乱离、羁旅漂泊，均已亡佚不见。沈光文在浙闽粤沿海抗清时期，物质生活极为艰困，他在《寄迹效人吟》序中自言："今秋检阅箧中，顿生悔愧，不论闲题记事，悉付祖龙"，可见当时诗作曾被大量焚毁。至于来台之后的诗作，也遗失甚多。沈光文《题梁溪季蓉洲先生海外诗文序》中云："余素承先生以余为海外一人，余亦以先生为海外知己，故集中诗文，与余相倡和过半焉。"①《蓉洲诗文稿选辑》中收录的季麒光和沈氏原韵之作多达 22 首，但在目前所见的沈光文存世诗歌中，竟至找不到一首与季麒光有关的诗作，足以窥见沈诗之亡佚有多么严重！再如沈光文沉浮寂寞于蛮烟瘴雨中二十余年亲身考察而创作的《杂记诗》，备受季麒光推崇，称其"以海外之奇，备从前职方所未有。则是诗也，即古《国风》矣，乌可以不传？"并专门为此诗集作跋，期待能够流传后世。但遗憾的是，这部弥足珍贵的《杂记诗》也没有流传下来。赋作方面，《台湾赋》《东海赋》《榚赋》《桐花赋》《芳草赋》等作品亦均已亡佚，以至今人对沈光文赋作的研究只能以盛成先生据《平台湾序》还原的《台湾赋》为唯一的文本依据。此外，清乾隆年间范咸《重修台湾府志》中收有署名沈光文的《东吟社序》和《平台湾序》，但二文均已被人改窜，已非沈光文原作。这样，可作为直接研究资料的，基本上就只有沈光文的百余首诗作了。这自然对沈光文作品的研究以及沈光文之文化史价值的评判，造成了难以弥补的极大遗憾。

2. 沈光文研究的诸多"谜案"

沈光文作品本身的亡佚、相关文献资料的缺失与舛误、现存文献记载互相之间的龃龉，造成有关沈光文的很多重要问题难以厘清，为沈光文研究带来一系列难以破解的"谜案"。最显著者，如沈光文来台时间之谜。迄今为止，学界至少有 1651 年说、1652 年说、1662 年说、1659 年说、1657 年说等五种说法，可

---

① 季麒光著，李祖基点校：《蓉洲诗文稿选辑》，香港人民出版社 2006 年版，第 2 页。

谓扑朔迷离、众说纷纭。其他"谜案"还有不少,如沈光文作品真伪之谜——目前所见之《东吟社序》《平台湾序》到底是真作还是伪作? 如果是伪作,伪作者为何人? 伪作或篡改的原因是什么? 关于沈光文的历史评价问题——人格气节方面,沈光文到底如季麒光所言是固守首阳之节的"咸淳人物",还是如有些学者所言是"变节遗民"? 文化史地位方面,沈光文究竟是真正的"台湾文学始祖""海东文化初祖",还是如某些学者所说——是一个莫大的历史的误会? 文本研究方面,最为显著者表现为沈光文诗歌系年、系地之谜。有些诗歌,创作地点非常明确,但创作时间和背景不易判别,对诗意的解读也就大相径庭。如《重九日登啸卧亭》,由诗题可知,为沈光文重阳节在金门啸卧亭登高感怀之作,但究竟是作于哪一年的重阳节? 盛成认为此诗作于 1647 年,为沈光文歌咏明朝嘉靖年间的抗倭名将俞大猷之作[①];潘承玉认为作于康熙元年即 1662 年重阳节[②];张萍则认为"此诗的写作时间当在 1665 年左右。可能是沈光文从台湾来到金门凭吊鲁王墓时所作"[③]。可见,不同学者对诗意的解读差距甚大。还有些诗作,如《陬草》《己亥除夕》等,系年容易,但创作地点却不易判断。

四、沈光文来台时间考证

沈光文来台时间问题不仅是沈光文研究中的一个疑点和难点,同时也是沈光文研究中一个无可回避的重要问题。首先,它关系到对台湾文学史开端的认定。早在 20 世纪 50 年代,台湾学者杨云萍就已经认识到沈光文来台时间问题的重要性,他认为:"斯庵到台湾的年代——这是一个相当重要的问题,因为自一方面说,台湾文化史要从是年开始。"[④]其次,这一问题关系到对沈光文诗作创作地点的判断。因为只有确定了沈光文来台时间,才便于进一步推断诗作的创作地点,即究竟是来台之前作于大陆金厦海岛,还是来台之后作于台湾? 否则,对诗作的思想内涵就难以做出准确的解读。如《己亥除夕》一诗,从题上看,写作时间已经非常明确,为"己亥除夕",换算成公历,为 1660 年 2 月 10 日。那么,此诗究竟是作于金门还是作于台湾? 洪调水认为沈光文于

---

① 盛成:《沈光文自著诗文中之自述》,《台湾文献》1961 年第 12 卷第 2 期。
② 潘承玉:《神话的消解:诗史互证澄清一桩文化史公案》,《复旦学报》2008 年第 2 期。
③ 张萍、戴光中、张如安等:《沈光文研究》,浙江大学出版社 2014 年版,第 115 页。
④ 杨云萍:《台湾的寓贤沈光文》,见龚显宗《沈光文全集及其研究资料增编》(下),台南市政府文化局 2012 年版,第 181 页。

1662 年来台,故认为此诗为"在金厦或泉州之海口吟咏"①;潘承玉亦认为沈光文于 1662 年来台,故认定此诗作于"抗清基地金门","而绝不可能是出于荷人统治下的台湾"②;张如安认为沈光文于 1659 年来台,则判定此诗作于荷据之下的台湾③。总之,无论从整个台湾文化史的角度看,还是从沈光文研究本身看,沈光文来台时间问题都是一个至关重要的、无法回避的问题。

(一)关于沈光文来台时间问题的几种代表性观点

1. 1651 年(辛卯说),代表学者:盛成、龚显宗

盛成在《沈光文公年表及明郑清时代有关史实》(1961)中认为,在辛卯年,"是岁十一月下旬有台风,沈宸荃扈鲁王至厦门,又至金门,再舣舟南日,当与沈光文同行,经围头洋即遇飓风,光文飘来宜兰,宸荃不知所之"④。龚显宗亦持辛卯说,他在《论〈蓉洲文稿〉的台湾人物书写》一文中提出:

> (季麒光)《沈光文传》叙沈氏世系、仕宦历程,"辛卯年,从肇庆至潮州,由海道抵金门;督院李公闻其名,遣员致书币邀之,斯庵不就。七月,挈其眷买舟欲入泉州;过围头洋,遇飓风,飘泊至台"。辛卯即顺治八年(1651)。沈氏至台,他自己也说:"忆余漂泊台湾三十余载。"(《题梁溪季蓉洲先生海外诗文序》)此序作于丁卯孟夏望日,丁卯为康熙二十六年(1687),距顺治八年已是三十六载。……可见后世史家关于沈氏来台时间为 1649、1652、1661、1662 的四种说法皆属错误,当以 1651 年之说为是。⑤

龚显宗充分重视季麒光《蓉洲诗文稿》的文献价值,认为"季麒光《沈光文传》、《沈斯庵双寿序》(《文稿》卷四)是对沈氏接触最早、最多、最熟、最可靠的两篇文章"。故此,他以《蓉洲诗文稿》中的《沈光文传》为据,得出沈氏是在辛卯年即 1651 年来台的结论。"辛卯说"虽然与"漂泊台湾三十余载"相吻合,但并不准确。原因在于,龚显宗对《沈光文传》的文字表述存在误读:"辛卯年"只是沈光文"从肇庆至潮州,由海道抵金门"的年份,而后来"过围头洋,遇飓风,

---

① 洪调水:《沈斯庵诗之研究》,《南瀛文献》1962 年第 8 卷。
② 潘承玉:《神话的消解:诗史互证澄清一桩文化史公案》,《复旦学报》2008 年第 2 期。
③ 张萍、戴光中、张如安等:《沈光文研究》,浙江大学出版社 2014 年版,第 97 页。
④ 盛成:《沈光文公年表及明郑清时代有关史实》,《台湾文献》1961 年第 12 卷第 2 期。
⑤ 龚显宗:《沈光文全集及其研究资料增编》(下),台南市政府文化局 2012 年版,第 304 页。

飘泊至台"则是抵金门之后发生的事情,未必就是辛卯年发生之事。

2.1652 年(壬辰说),代表学者:杨云萍、陈碧笙、乐承耀

最早提出此说的是台湾学者杨云萍,他在《台湾的寓贤沈光文》(1954)一文中认为:"沈斯庵之渡台,当在永历六年(壬辰),即清顺治九年,西元 1652 年。自以为此推论,虽尚须继续研讨,可是,比较上列诸说,似值采取。"大陆学者陈碧笙、乐承耀亦持此说。康熙《台湾府志》(蒋志)中的《沈光文列传》云:"壬寅,八闽总制李公讳率泰闻其名,遣员致书币邀之,斯庵不就。七月,挈其眷,买舟欲入泉州,过围头洋,遇飓风,飘泊至台。"陈碧笙在对《台湾府志》(蒋志)中的《沈光文列传》的校注中,认为"'壬寅',应为'壬辰'之误"①。乐承耀亦认为"壬寅"当为"壬辰"(1652)之误。此外,他还以范咸《重修台湾府志》所载沈光文《东吟社序》为据:"余自壬寅,将应李部台之召,舟至围头洋,遇飓漂流至斯,海山阻隔,虑长为异域之人,今二十有四年矣。"认为"壬寅"当为"壬辰"之误,加之沈光文在诗中多次提及"辛卯后借居海岛",亦说明应是1652 年来台。②

自 20 世纪 50 年代以来,1651 年说与 1652 年说得到海峡两岸多数学者的认同,两岸出版的台湾文学史类著作亦多采纳这两种说法。如施懿琳在《从沈光文到赖和——台湾古典文学的发展与特色》中说:"辛卯(西元一六五一年,永历五年,顺治八年)因思卜居于泉之海口,挈眷泛舟,过围头洋,遇飓风,遂漂泊至台。"③刘登翰、庄明萱主编《台湾文学史》中的《沈光文的诗文创作》一文说:"(沈光文)1652 年(顺治九年)从金门搭船去泉州,准备过浮家浪宅的生活。不想船至海口围头洋遇飓风,被飘到台湾的宜兰。"④1978 年为纪念沈光文逝世 290 周年而树立了沈光文纪念碑,碑文中关于沈光文到台时间的记载亦采此说。但 21 世纪以来,随着沈光文研究的进一步深入,已有多位学者对以上两种说法提出了质疑或否定。

3.1662 年(壬寅说),代表学者:洪调水、潘承玉

《重修台湾府志》(范志)所载沈光文《东吟社序》云:"余自壬寅,将应李部台之召,舟至围头洋,遇飓漂流至斯,海山阻隔,虑长为异域之人,今二十有四

---

① 蒋毓英著,陈碧笙校注:《台湾府志校注》,厦门大学出版社 1985 年版,第 112 页。
② 乐承耀:《台湾文献初祖沈光文研究》,九州出版社 2015 年版,第 52 页。
③ 施懿琳:《从沈光文到赖和——台湾古典文学的发展与特色》,春晖出版社 2005 年版,第 20 页。
④ 刘登翰、庄明萱:《台湾文学史》(第一册),现代教育出版社 2007 年版,第 102 页。

年矣。"一些学者以此为据，判断沈光文来台时间为壬寅年即1662年。如台湾学者洪调水就依据《东吟社序》将沈光文来台时间确定为壬寅年即1662年，理由是："既尊重沈公《东吟社序》之自序，又合乎李率泰督闽浙之时，且再经过廿四年，西历一六八三年，恰与沈公在诸罗吟咏吻合。"①大陆学者潘承玉亦持此说："沈光文到台的准确时间在台湾已为明郑所有的康熙元年(底)，而且是因为向清廷投诚发生意外的结果。"②

"壬寅说"出自《东吟社序》中沈光文的夫子自道，似乎应是确凿无误的，但事实上，这一说法是错误的。因为从季麒光《沈光文传》到全祖望《沈太仆传》，虽然均未能对沈光文来台时间做出准确交代，但无一例外都明确了一点：沈光文是在郑成功复台(1661年)之前来台的。石万寿于20世纪80年代初发现的"斗南沈氏族谱"中对"番君"款待沈光文的情况记之甚详，也印证了沈光文来台尚在荷据时期。早在20世纪50年代，台湾学者杨云萍就曾指出："十六年说，殆因《府志》之刊误所致，盖永历十六年乃郑成功克台之翌岁，是岁五月，成功殂于台湾，而据各种记载，沈氏确在郑氏到台之前，已在台湾也。"③

由季麒光《蓉洲诗文稿》中的相关作品，同样可知壬寅说是错误的。季麒光于康熙二十六年(1687)因丁忧而返回大陆，其临别之际所做的《〈沈斯庵诗〉叙》云："在斯庵三十年来飘零番岛"，沈光文所作《题梁溪季蓉洲先生海外诗文序》中亦云："忆余飘零台湾三十余载"，如果沈光文是在壬寅即1662年来台，那么即使到其1688年辞世之时，来台时间也仅有26年，不足30年，这就足以证明"壬寅说"是错误的。由此亦可证明，《东吟社序》确如盛成所考，乃是经过后人改窜的一篇伪作，不足以作为考证沈光文生平与思想之确凿文献。

4. 1659年(己亥说)，代表学者：张萍、戴光中、张如安

张萍、戴光中、张如安所著《沈光文研究》一书中，将沈光文来台时间确定为1659年："既然1658年戊戌仲冬不在台湾，而1660年庚子四月已经在台湾，沈光文抵台年份就只有这己亥(1659)年了。""从1659年抵台到1688年沈光文逝世，正好30个年头。"④不过，这一说法仍然不够准确。如果是1659年

---

①　洪调水：《读盛成著〈沈光文研究〉有感》，《南瀛文献》1964年第9卷。

②　潘承玉：《神话的消解：诗史互证澄清一桩文化史公案》，《复旦学报》2008年第3期。

③　杨云萍：《台湾的寓贤沈光文》，见龚显宗《沈光文全集及其研究资料增编》(下)，台南市政府文化局2012年版，第181页。

④　张萍、戴光中、张如安等：《沈光文研究》，浙江大学出版社2014年版，第24页。

七月来台，那么在1687年五月沈光文作《题梁溪季蓉洲先生海外诗文序》时，则来台只有28年，不符合序文所云“忆余飘零台湾三十余载”。因此，沈光文来台时间还应早于1659年为是。

5. 1657年(丁酉说)，代表学者：翟勇

2016年，翟勇在其《“海东文献，推为初祖”：沈光文入台与诗歌创作时间再考》①一文中，对沈光文来台时间提出新说——1657年说，其主要依据为沈光文诗作《大醉示洪七峰》《别洪七峰》。翟勇认为：《大醉示洪七峰》当作于康熙二十二年(1683)七月明郑投降清朝、官府希望沈光文书写降表之时。诗云“我欣与之交，廿六载于兹”，说明两人相识已经长达26年了，也就是说两人相识于1657年。又据《别洪七峰》中的“鹭岛初来便识君，东山又共学耕耘”一句，可知沈光文从厦门(鹭岛)初来台湾就与洪七峰结识，因此可判断沈光文来台时间正是与洪七峰初识的1657年。

(二)本书观点及依据

笔者认为，翟勇的考证是很有道理的，现以季麒光《蓉洲诗文稿》为基本文献依据，结合沈光文诗作所透露的相关信息进行综合考察，进一步论证1657年说。

1. 以沈光文诗作为据

除翟勇据以重点考察的《大醉示洪七峰》《别洪七峰》之外，《挽定西侯》《寄迹效人吟》两诗亦透露了沈光文来台的重要线索。

沈光文为张名振所做的挽诗《挽定西侯》云：“方喜廉颇老未曾，骇闻骑箕竟归升。只因心血回天竭，会看精英作厉能。滃水潮头凭怒立，秣陵城外识云凝。留将背字同埋土，黯黯重泉恨较增。”张名振为鲁王麾下著名将领，曾与张煌言带领数百艘战船三入长江，登金山遥祭明孝陵，令清兵闻风丧胆。顺治十二年(1655)张名振随郑成功欲收复舟山，十二月二十八日死于军中，次年正月葬于舟山。潘承玉考证该诗即作于此时：“从诗中‘方喜’‘骇闻’等措语来看，亦必作于此际。如果沈光文在顺治八年或九年即已孤身深入荷人统治下‘与中土隔绝音耗’的台湾，他又何从知道张名振北伐、收复舟山、遽然病逝、槁葬战地等等情形，即时性地写下沉痛的悼念文字？”②张名振葬于舟山是在

① 翟勇：《“海东文献，推为初祖”：沈光文入台与诗歌创作时间再考》，《中国韵文学刊》2016年第2期。
② 潘承玉：《神话的消解：诗史互证澄清一桩文化史公案》，《复旦学报》2008年第3期。

顺治十三年(1656)正月,沈光文是在金厦抗清基地听闻噩耗不久写下此诗的,既然1656年正月尚在金门,那么来台时间必定为1656年正月之后。

《寄迹效人吟》小序云:

> 忆自丙戌(1646)乘桴,南来闽海,或经年泛宅,或偶寄枝栖,忧从中来,兴亦时有,每假题咏,聊混居诸。戊子(1648)入粤,所吟亦多,辛卯(1651)以来,借居海岛,登山问水,靡不有诗,尤喜步和人韵,虽丘壑情深,觉感激时露。今秋检阅笥中,顿生悔愧,不论闲题记事,悉付祖龙。仲冬小窗冷坐,欲再发抒漂泊情事,机神数窒。偶得郑哲三《海泊吟》,不禁勃勃步韵,然哲三,余未识面也。

先来判断诗作的创作地点。由诗歌所透露的细节来看,此诗当作于金厦海岛,而不是台湾岛。第一,沈光文称"辛卯以来,借居海岛",既云"借居",那么这里的"海岛"只可能是金厦而不是台湾。盖因当时金厦一带为郑氏集团控制的势力范围,鲁王及其扈从失去舟山抗清基地后只能南下依附于郑氏集团,本属于寄人篱下,故云"借居"。而沈光文来台是因一场飓风偶然漂至台湾的,因此绝不可能称来台为"借居"。第二,组诗第三首的首句云"只说暂来尔,淹留可奈何",也表明原计划只是暂时居留此地,未作常驻打算,但事实上却淹留了很久,显然这里的海岛只可能是金厦海岛,不是纯属偶然来到的台湾岛。第三,组诗第四首中又有"艰难依鹭渚"之句,厦门简称"鹭",别称"鹭岛",更透露出此诗不是作于台湾,而是作于金厦一带。

明确了创作地点,再来看创作时间。组诗第一首的首句云:"不道十余载,犹然若故时",这说明从"丙戌(1646)乘桴"算起,十多年之后沈光文仍然滞留于金厦海岛,境况没有什么大的改变。此诗足以证明,沈光文从辛卯年(1651)直到1656年之后,都一直借居于金厦海岛。换言之,他"过围头洋,遇飓风,飘泊至台"一定是在1656年以后。而《寄迹效人吟》就是沈光文在1656年之后到入台之前这段时间所作,抒发了他长期滞留金厦的复杂情感。"十余载"究竟是十几年呢?盛成认为:"《寄迹效人吟》当作于出奔后十一年,岁次丁酉",即1657年。根据为:"诗之第一首起句为'不道十余载',光文在其他诗中,均未注明年数。此因平仄关系,而用'余'字,如系十三载,则平仄相调,不必用'余'矣。当为十一载或十二载。以十一载为是……"①如果是"十一载",

---

① 盛成:《沈光文自著诗文中之自述》,《台湾文献》1961年第12卷第2期。

则此诗当作于 1657 年。此诗足以证明,沈光文在 1656 年之后仍滞留于金厦海岛,因此绝不可能于 1651 年或 1652 年来台。笔者认为,这首诗透露的信息足以推翻流传甚久的辛卯说与壬辰说。

2. 以季麒光《蓉洲诗文稿》为据

季麒光《蓉洲诗文稿》的发现,为最终解答这一长期以来扑朔迷离的问题提供了最为可信的依据。《蓉洲诗文稿》中的《沈光文传》云:"方其从鲁监国始事越东,不无一城一旅之思。及钱塘兵败,从曹娥江走宁、台,过四明城下,斯庵尚有老母在堂,止寄一札于其仲氏,不获登家门相慰问,其踪迹亦可悲焉。后从宁海出石浦,抵舟山;又自舟山渡厦门至南澳,入潮之揭阳。是时,永历假号于肇庆,斯庵复往从之,随监郑鸿逵军事,又从揭阳来,旅寓于金门所,越十有余年,而转徙至台湾。"若从"钱塘兵败"之年即 1646 年算起"越十有余年",则来台时间当为 1656 年之后,这与上文根据沈诗推论出的时间是完全一致的。那么,究竟是 1656 年之后的哪一年呢?

康熙二十三年(1684),季麒光所作《跋沈斯庵〈杂记诗〉》云:"斯庵学富情深,雄于辞赋。浮沉寂寞于蛮烟瘴雨中者二十余年,凡登涉所至,耳目所及,无巨细皆有记载。"说明这一年沈光文来台已有"二十余年",但尚不足三十年。而到了康熙二十六(1687)季麒光因丁忧离台与沈光文辞别之年,季麒光所做《〈沈斯庵诗〉叙》云:"在斯庵三十年来飘零番岛……"沈光文的《题梁溪季蓉洲先生海外诗文序》亦云:"忆余飘零台湾三十余载……"可见至 1687 年沈光文来台已经满三十年了。如果是 1658 年来台,则至 1687 年仍不足三十年,只有 29 年;如果是 1657 年来台,则至 1687 年正好是三十年。因此,我们可以得出结论,沈光文来台时间最有可能是 1657 年。

第一章
沈光文诗歌研究

沈光文生于天崩地解的明清易代之际,在乱世中饱经动荡流离之苦,处境艰辛,却始终勤于著述,不废歌吟。在浙闽粤沿海投身于抗清斗争的十几年间,他"登山问水,靡不有诗"(《寄迹效人吟》序);漂泊来台后,他亦自称:"忆余漂泊台湾三十余载,苦趣交集,则托之于诗。"(《题梁溪季蓉洲先生海外诗文序》)诗,成为沈光文生命与情感的全部寄托。沈光文留存于世的百余首诗作,不仅清晰地勾勒出他在易代之际流离困踬的人生轨迹,也真实地映照出明末清初那个特殊时代的风云激荡与历史沧桑,印证了其"傲骨我终持,不与时俯仰"(《看菊》)的坚贞志节。

第一节　沈光文诗歌的主题取向

沈光文留存于世的诗歌共有百余首,多为 1646 年"绍兴出奔"之后所写,大致包括两大生命时段的作品:一是 1646—1657 年在大陆沿海辗转抗清十余年的诗作,二是来台之后三十年间在台湾创作的诗作。尽管存诗总量并不算多,却展现了丰富的主题面向:举凡遗民生活与心境的书写、台湾风物的歌咏、思乡情怀的抒发、与朋友间的交游唱和以及借物抒怀的咏物诗作等等,沈光文都有所涉猎。

一、遗民困境与遗民志节

连横在《台湾通史》中说:"郑氏之时,太仆寺卿沈光文始以诗鸣,一时避乱之士,眷怀故国,凭吊河山,抒写唱酬,语多激楚。君子伤焉。"①眷怀故国的遗民忠义精神是明郑文学最鲜明的时代特征,也是沈光文诗歌最重要的主题倾向。从现存诗作的全部内容来看,沈光文诗歌既有对重大历史事件的反映、对个人际遇的慨叹,也有对台湾风物的歌咏,然而,对故国故君的眷恋、对遗民情志的抒发,却是贯穿沈光文全部诗歌的灵魂与主线。清朝统一台湾后,尽管沈光文与诸罗县令季麒光保持着密切的交谊,并参与清朝官员的诗歌唱和活动,但沈光文本人一直以明遗民自居,其"首阳之节"也向为季麒光等清初宦台官员所敬重。

　　沈光文诗作中反映遗民生活与情感的作品,主要创作于 1657 年来台之前在大陆闽浙粤沿海抗清时期,尤其是 1651—1657 年追随鲁王寓居福建厦门、金门两岛期间。这部分诗作为我们全面深入地了解明郑时期鲁王麾下遗臣依附于郑军,长期流寓于金门、厦门时期的生活状况与思想情感,提供了真实可靠的第一手资料。大而言之,在近年来为学界关注的明清之际遗民研究中,关于鲁王麾下遗臣的研究,向来是一个为人忽视的薄弱环节,对沈光文诗作的研究,亦可为明清之际遗民问题研究的拓展与深入,提供有益的补充与完善。

　　1645 年五月清军南下占领南京、弘光政权解体之后,南明的政治局势更为波谲云诡,复杂多变。闰六月十五日,郑芝龙、郑鸿逵等迎唐藩朱聿键入福州即皇帝位,"隆武政权"成立;闰六月十八日,张国维等浙东士人拥立鲁王朱以海由台州至绍兴,出任监国,以张国维、朱大典等为大学士,孙嘉绩、熊汝霖为佥都御史督师,命各以所部扼守钱塘江,沈光文被任命为太常博士。1646年八月,隆武帝在福建汀州遇害,隆武政权瓦解;十月,桂王朱由榔被拥立为监国,后于广东肇庆称帝,年号永历。在天崩地陷、沧海桑田的时代剧变中,个人的命运往往都是无法掌控的,只能为时代的洪涛巨流所裹挟。沈光文自追随鲁王抗清以来,其个人命运也不能不随着复杂动荡的时局的变幻而颠沛流离,跌宕起伏:1646 年五月二十五日,博洛统帅的清军突破钱塘江防线,鲁监国在张名振等扈从下离开绍兴,沈光文追随鲁王"绍兴出奔",撤退于海上,危急存亡之际,鲁王君臣幸为据守金门、厦门一带的永胜伯郑彩迎往厦门。1648 年,本在鲁王麾下的沈光文,奉命跟随宁靖王到了广东南澳潮州揭阳,后又前往广东肇庆投奔永历帝,即所谓"戊子(1648),闽师溃而北,扈从不及,闻粤中方举

---

　　①　连横:《台湾通史》(下),商务印书馆 2010 年版,第 469 页。

事,乃走肇庆"①。1650 年正月,清平南王尚可喜攻入广东,永历帝逃离肇庆,令郑成功与郑鸿逵出师勤王收复行在,令宁靖王朱术桂监郑成功军,令沈光文监郑鸿逵军。沈光文奉命自肇庆至广州,再由海道至揭阳郑鸿逵军次。1650 年底郑鸿逵由于厦门失陷于清军而被郑成功解除军权,沈光文无军可监,即于1651 年由广东航海至金门再度与鲁王、宁靖王会合,从此在福建金厦两岛经历了漫长的流寓生涯。

　　沈光文当初抱着矢志复国的志向毁家纾难,远离故园,令他不曾想到的是,南明政局是如此复杂多变,抗清历程是如此曲折漫长,他所倾力扶持的鲁王朱以海的政治命运又是如此蹇滞多舛。从 1647 年到 1648 年上半年,明朝义师在鲁监国的号召下,曾一度收复了福建的三府一州二十七县,抗清局面出现可喜的转机。然而,由于受到骄横跋扈、拥兵自重的郑彩的掣肘,又得不到雄踞福建沿海的郑成功的声援与配合,在清军优势兵力的进攻之下,鲁王领导的抗清斗争很快急转直下,在福建失去立足之地后,再度漂泊海上,于 1649 年九月移驻舟山。1651 年九月,舟山在清军优势兵力的疯狂进攻下失守,损失惨重。无奈之下,鲁王只得在张名振、张煌言等扈卫下,南下进入福建郑成功的势力范围。1652 年正月,郑成功同意鲁王及其部属进驻厦门,不久,又被移往金门居住。自此,鲁王及其部属失去了自己的立足之地,有志难伸,只能寄人篱下,作为军事盟友长期依附于郑成功军中。沈光文现存诗作中抒发遗民志节、反映遗民生活的作品,多数都作于扈从鲁王流寓厦门、金门这一时期。

　　漫长的流寓生涯中,物质生活的贫窭、生存的艰难是遗民所面临的最现实的困境。沈光文有多首诗作都对此作了真实而生动的反映,如其《柬曾则通借米》:

> 迩来乞食竟无处,饥即驱我亦不去。
> 甑中生尘兴索然,飧风吸露望青天。
> 穷途依人仍不足,自顾已忘荣与辱。
> 何当稚子困饿啼,绝不欲我作夷齐。
> 勉学鲁公书新帖,呼庚未免为臣妾。
> 嗟,嗟!
> 苦节尤难在后头,一日不死中心忧。

---

① 全祖望:《沈太仆传》,见全祖望撰,朱铸禹汇校集注《全祖望集汇校集注》(上),上海古籍出版社 2000 年版,第 499 页。

陶渊明《乞食》诗云:"饥来驱我去,不知竟何之。行行至斯里,叩门拙言辞。"以细致入微的动作描摹出作者为饥饿所驱而茫然无计、羞于启齿、欲言又止的复杂心理。该诗首联化用此典,却又深入一层:"迩来乞食竟无处,饥即驱我亦不去。"乞食于人已是悲哀,而竟至无处可乞,岂不是更深的悲哀!这里反映出饥饿并非沈光文一家一户的困境,而是寓居于金门的从亡诸公普遍的生存困境。而此诗的深刻之处在于并非仅是书写诗人自己的贫窭之悲,而是在幼子嗷嗷待哺、啼饥号寒的哭声中来凸显作为慈父的悲哀与无奈。最终,作为慈父的不忍之情,终于还是驱使沈光文放下所有的自尊与难堪,像曾作《乞米帖》的唐代名臣颜真卿一样,在明知对方也度日艰难的情况下,提笔书写柬帖向友人曾则通借米。今日可以靠借米暂度危机,之后又该怎样度日?这让诗人不能不发出沉重的嗟叹:"苦节尤难在后头,一日不死中心忧。"

又如《贷米于人无应者》:

> 同是穷途同作客,饱得烟霞煮得石。
> 但使清虚腹里存,诗瘦偏多新意格。
> 也知诗瘦恰随秋,高飞秋色入梧州。
> 苍狗浮云倏变幻,老我狂愚我自羞。
> 西山尚有中子在,周全应尽性天爱。
> 乃竟二饿千载垂,旅处寡亲益憎忾。
> 我来避世如避秦,上下无交馈赠屯。
> 倘能屈曲为小贬,何妨白日竟骄人。
> 骄人者流世所敬,不辨笑邪反笑正。
> 大家势利正营营,谁向此中审究竟。
> 昨夜梦中谁赠云,醒时拾得似纷纷。
> 人间世事尚难料,如何天上获相分。
> 感此高谊思所报,木瓜何以投永好。
> 今日幼安固如何,却亦未曾除皂帽。

在诗人达观高旷、超然自适的情怀面前,饥饿本是算不得什么的:"同是穷途同作客,饱得烟霞煮得石。但使清虚腹里存,诗瘦偏多新意格。"但是,孩子饥饿的啼哭却足以摧毁为人父者心中所固守的那份坚强:"西山尚有中子在,周全应尽性天爱。"怜子之情促使他决心向人贷米,然而,人情冷漠,世态炎凉,此番遭遇的竟是一位傲慢骄矜的"骄人者",而作者终究又不肯奴颜婢膝屈曲媚人，也就只能接受"贷米于人无应者"的无奈了。难能可贵的是，就是在这样的困境之下，在结尾处诗人仍然表示会像汉末避乱辽东时"常著皂帽，布襦袴"的管宁一样坚守节操："今日幼安固如何，却亦未曾除皂帽。"

沈光文这一时期的诗作还让我们看到，这些遗民所面对的困境不仅是物质生活的极端贫困，还有世态炎凉、人情冷暖带来的心灵创伤。正因如此，朋友们雪中送炭的无私援助、困境之中的相濡以沫，也就格外令沈光文感激涕零、感怀不已，其《谢王愧两司马见赠》《卢司马惠朱薯赋谢》等都是对友人接济救助之恩真诚致谢的作品。卢司马即明郑著名诗人、金门人卢若腾，他曾专门作有《番薯谣》一首：

> 番薯种自番邦来，功均粒食亦奇哉。岛人充飧兼酿酒，奴视山药与芋魁。根蔓茎叶皆可啖，岁凶直能救天灾。奈何苦岁又苦兵，遍地薯空不留荄。岛人泣诉主将前，反嗔细事浪喧豗。加之责罚罄其财，万家饥死孰肯哀。呜呼！万家饥死孰肯哀！①

番薯，又称朱薯、甘薯、红薯。灾荒岁月，饥馑之年，这种高产而适应力较强的农作物成为人们赖以疗饥的救命之物。此诗歌咏番薯疗饥救命之功，同时对郑军兵士的劫掠行径以及"主将"的纵容作了愤怒的控诉，对"苦岁又苦兵"的岛民寄予了深切的同情。其《冷灶》亦曾言及朱薯："犹忆十年前，粝饭足饱噍。六七年以来，但麋亦欢笑。去年艰粒食，饥赖山薯疗。今年薯也无，冷灶频断烧。有田不得耕，耕熟复遭勦。若望人解推，譬之瓠无窍。"可见连年征战，加之天灾人祸，使岛上军民陷入一年甚于一年的贫困和饥馑之中，当赖以疗饥的朱薯也不可得的时候，只能陷入"冷灶频断烧"的绝境！"若望人解推，譬之瓠无窍"，就在这种人人自危、朝不保夕的情形之下，卢若腾慨然将朱薯赠予沈光文，怎能不让沈光文感激涕零呢？

金门本是卢若腾的家乡，生活在金门的卢若腾固然不似沈光文有羁旅流离之感，且其在明郑军中被郑成功倚为座上客，但同样处于饥馑窘迫之境，其《岛噫诗》中描述岛居困窘生活的诗作可谓俯拾皆是，如其《荒芜》一诗云："薄田仅数亩，而不免荒芜。世乱多豪强，兼并恣狂图。膏腴连阡陌，犹复争区区。我虽不得食，何愧首阳夫！视彼饱欲死，无乃类侏儒。伤哉时与命，谁肯辨贤

---

① 卢若腾著，吴岛校释：《岛噫诗校释》，台湾古籍出版有限公司2003年版，第103页。

愚?"①在这兵荒马乱、天灾人祸、劫匪横行的乱世,像卢若腾这样在家乡本有数亩薄田的人尚且难以糊口,沈光文这样依附于人的寓公生计之艰也就不难想见了!

　　黄宗羲在其《万公择墓志铭》中说:"世苦于贫,多不持士节。"②在这样的困窘、饥馑的背景之下来审视沈光文诗中所表达的遗民志节,也就愈发能认识其价值与意义了。滞留金厦的时光是漫长难挨的,沈光文也难免时有焦灼之感,在诗中抒发岁月蹉跎、功业难就的怅惘:"不道十余载,犹然若故时。因人作事缓,连我信天疑。燕雁春秋易,沧桑日月迟。为兴靡骋感,且滞水之湄。"(《寄迹效人吟》)但他并未因抗清事业的曲折漫长、遗民生活的艰辛困苦而放弃遗民气节的坚守。如《隩草》一诗,就表现了诗人绝不为环境所摧折的铮铮傲骨。

　　关于《隩草》组诗的创作地点和背景,历来众说纷纭。笔者认为,组诗题目中的"戊戌仲冬和韵"③六字,有可能是作者后来修改时添加或由后人添加上去的。戊戌年即1658年,应是作者后来居台后修改此诗的时间,而并非最初写作此诗的时间。从组诗的内容(尤其是"一自椎秦后,同人在海山""将何消旅夜,薄酒胜茶汤""一命依麋侣,全军傍蜃宫"等句)判断,作者当时尚与一群志同道合的"同人"一起,依附于明郑大军寄居金厦海岛,故此,此诗最初当为作者来台前在南澳或金门军旅之中所作的"诗草",但来台之后又曾对此"诗草"进行过修改。沈光文居台期间所做的《感怀》八首中的第一首,显然就是在《隩草》组诗第十首的基础上改写而成的。《隩草》中的第十首云:"未伸博浪志,居此积忧忡。一命依麋侣,全军傍蜃宫。身闲因性懒,我拙任人工。岛上风威厉,蓬蓬震太空。"《感怀》八首中的第一首则曰:"未伸靖节志,居此积忧忡。退避依麋侣,流离傍蜃宫。身闲因性懒,我拙任人工。岛上风威厉,衾寒梦未终。"初作《隩草》时,还是"一命依麋侣,全军傍蜃宫",后来在台作《感怀》时,则是"退避依麋侣,流离傍蜃宫"了,当初慷慨激昂的"博浪"椎秦之志也一变而为悠然淡远的"靖节"之志,可见时过境迁,作者的处境与心境都已发生了很大变化。

---

① 卢若腾著,吴岛校释:《岛噫诗校释》,台湾古籍出版有限公司2003年版,第18页。
② 沈善洪、吴光主编:《黄宗羲全集》第10册,浙江古籍出版社2005年版,第518页。
③ 该诗收录于全祖望《续甬上耆旧诗》卷15题作《隩草,戊戌仲冬和韵》,收录于侯中一编《沈光文斯庵先生专集》中题为《隩草》,龚显宗《沈光文全集及其研究资料增编》中亦题为《隩草》。

《陜草》组诗从多方面反映了作者长期以来滞留海岛、浮家泛宅的遗民生活和思想情感：作者的生活无疑是贫困潦倒的，他将自己比作战国时期寄人篱下的冯谖，"无枝空绕树，弹铗又歌鱼"，多年抗清而壮志未酬也时常让他内心积淀着沉重的忧虑："未伸博浪志，居此积忧忡"，但是否这就意味着沈光文真的对抗清前途失去了信心，甚至如某些学者所言打算降清投敌了呢？没有！且看组诗中的第三首：

> 义旗嗟越绝，剩得此顽民。
> 矫矫心如石，丝丝鬓欲银。
> 中山几度醒，故国十三春。
> 尚慎虚瞻盻，天寒夜泣旻。

"顽民"语出《尚书·周书》中的《毕命》："王若曰：呜呼！父师，惟文王、武王敷大德于天下，用克受殷命。惟周公左右先王，绥定厥家，毖殷顽民，迁于洛邑，密迩王室，式化厥训。"《尚书孔传》云："惟殷顽民，恐其叛乱，故徙于洛邑，密近王室，用化其教。"顽民指的就是顽固不化、坚决不臣服于异族统治的遗民。故国沦丧，家园难归，飘摇栖迟，前途未卜，但沈光文表示自己就是最后的顽民，心如磐石，不可更易；两鬓皆白，全发完节。

又如第五首：

> 一自椎秦后，同人在海山。
> 冠裳不可毁，节义敢轻删。
> 受冻频坚骨，樱霜茂长颜。
> 南阳高卧稳，周识世途艰。

清军入侵后，清朝统治者下达剃发令，强迫汉族民众薙发，而那些不甘臣服于异族的遗民忠义之士则将衣冠头发看作是民族尊严、民族气节的象征，宁可放弃生命也要保全衣冠头发。"岛上相从多岁月，辛苦为争数茎发。"（卢若腾《赠吴贞甫》）沈光文同样将衣冠头发视若生命，所谓"冠裳不可毁，节义敢轻删"。该诗其九中的"是衲全留发，云庵半在岩"一句，再次强调自己的"全发"。多年后，当他在台湾得知明郑即将覆亡的消息后，曾绝望地悲慨长叹："吾廿载飘零绝岛，弃坟墓不顾者，不过欲完发以见先皇帝于地下耳，而卒不克，其命也夫!"①念念不忘的仍然是代表汉民族尊严的衣冠和头发。在闽粤沿海忍饥受冻、漂泊动荡的艰辛岁月并没有让他丧失信念日渐衰颓,反而是在艰辛中磨炼了意志和精神:"受冻频坚骨,撄霜茂长颜"。诗末,他急切地呼唤诸葛亮、谢安那样的乱世能臣早日东山再起,振衰起敝,重整山河。在他看来,如果在这样大厦将倾、国家危亡的时刻还再稳卧南阳、避世不出,又怎能对得起苍生社稷?!

沈光文来台初期所做的《己亥除夕》一诗,同样值得我们关注:

> 年年送穷穷愈留,今年不送穷且羞。
> 穷亦知羞穷自去,明朝恰与新年遇。
> 赠我椒樽属故交,频频推解为同胞。
> 客路相依十四载,明年此日知何在。
> 修门遥遥路难通,古来击楫更谁同。
> 也怜寠空嗟无告,犹欲坚持冰雪操。
> 爆竹声喧似故乡,繁华满目总堪伤。
> 起去看天天未晓,鸡声一唱残年了。

关于此诗的创作地点与创作时间,各家看法不一。张萍等著《沈光文研究》②、乐承耀《台湾文献初祖沈光文研究》③认为"己亥除夕"为公历 1660 年 2 月 10 日,系沈光文作于荷兰占据下的"台湾"。潘承玉《神话的消解:诗史互证澄清一桩文化史公案》④一文认为该诗系沈光文于己亥(1659)除夕之夜作于抗清基地金门。笔者认为,沈光文于 1657 年已经来台,则此诗当为作者于己亥除夕之夜在台之作。除夕之夜民间有"送穷"的习俗。明代陈耀文的《天中记·晦日·送穷鬼》云:"高阳氏子瘦约,好衣弊食糜,正月晦日巷死。世作糜,弃破衣,是日祀于巷,曰送穷鬼。"岛居以来,生计日艰,可谓"年年送穷穷愈留",今年索性不再"送穷",或许它反会自觉无趣、兀自退去了吧? 自 1646 年扈从鲁王"绍兴出奔"以来,转眼已经十四个春秋,尽管"修门遥遥路难通",抗清事业曲折漫长,前途未卜,但沈光文依然渴望与战友们中流击楫,同仇敌忾,

① 全祖望:《沈太仆传》,见《全祖望集汇校集注》(上),上海古籍出版社 2000 年版,第 498 页。

② 张萍、戴光中、张如安等:《沈光文研究》,浙江大学出版社 2014 年版,第 96 页。

③ 乐承耀:《台湾文献初祖沈光文研究》,九州出版社 2015 年版,第 355 页。

④ 潘承玉:《神话的消解:诗史互证澄清一桩文化史公案》,《复旦学报》2008 年第 2 期。

一句"也怜婆空嗟无告，犹欲坚持冰雪操"，掷地有声，说明其坚如磐石的遗民气节不可移易，也不容怀疑，这是他对自我节操的表白，亦可作为我们对沈光文诗歌之遗民忠义主题最精粹的概括。

二、台湾情事与台湾风物

沈光文存世的全部诗作中，最可珍视的当然还是其写于台湾、富有台湾风情与台湾特色的诗作，这类诗歌虽存世不多，却是奠定沈光文"台湾文学始祖"地位的最重要的作品。就在明郑政权中之政治地位与政治声望而言，沈光文远不及徐孚远、卢若腾、王忠孝，而他之所以被后世尊为"海东文献初祖""台湾文学始祖"，主要是其在台湾长约三十年的漫长生活中留下了诸多关于台湾的诗文，奠定了台湾文学最早的基石。沈光文诗作中的"台湾标识"与"台湾符号"，自然也引发人们更多的关注。

居台约三十年之久的沈光文早已把台湾当成了自己的第二故乡，他将自己跋山涉水亲自考察后的台湾地理状况记载于《台湾舆图考》《台湾赋》等作品中，为台湾地理留下了最早的详细的文字记载，为日后台湾方志的编纂提供了宝贵的资料。在沈光文的诗作中，也出现了很多台湾地名。题目中出现的地名有：赤嵌城（《题赤嵌城匾额图》）、新港（《发新港途中即事》）、目加溜湾（《晓发目加湾即事》《至湾匝月矣》《移居目加湾留别》），诗作中出现的地名有：安平（《怀乡》："安平江上水，汹涌海潮通"）、大武（《感怀》其八："敝庐依大武，遥接数峰青"）、东山（《别洪七峰》；"鹭岛初来俱识君，东山又共学耕耘"）等。将台湾地名嵌入诗作，无疑为诗歌打上了鲜明的台湾印记，而那些以台湾风物为吟咏对象的诗歌，更富有浓郁的台湾特色。沈光文现存诗作中，以台湾风物为题材的诗作共有 5 首：《番妇》《番柑》《番橘》《椰子》《释迦果》。

《番妇》一诗为台湾少数民族妇女留下了宝贵的历史剪影：

> 社里朝朝出，同群担负行。
> 野花头插满，黑齿草涂成。
> 赛胜缠红锦，新妆挂白珩。
> 鹿脂搽抹惯，欲与麝兰争。

诗中的少数民族妇女，与汉族妇女一样勤劳、爱美，但风俗习尚却大相迥异：插野花、涂黑齿、挂白珩、搽鹿脂，作者将这些新奇之处全都摄入笔端，使诗歌充满了异域风情。

再来看沈光文笔下的台湾植物：

番柑

种出蛮方味作酸，熟来包灿小金丸。

假如移向中原去，压雪庭前亦可看。

番橘

枝头俨若挂繁星，此地何堪比洞庭。

除是吐番寻得到，满筐携出小金铃。

二诗均采用贴切新颖的比喻手法描摹物体形态，流露出作者对海岛风物的新奇感和由衷的赏爱之情，活泼生动，趣味盎然，从中可见作者对自然万物与美好生活的无比热爱。"假如移向中原去，压雪庭前亦可看"，将台湾的番柑移植到白雪皑皑的中原去欣赏，这是多么奇妙的设想！在沈光文的内心深处，台湾与大陆、异域与中原早已融为不可分割的一个整体了！在对异乡景物的欣赏和留恋中不经意地流露出故乡之思，这在《释迦果》中也有明显的体现：

称名颇似足夸人，不是中原大谷珍。

端为上林栽未得，只应海岛作安身。

身寄"海岛"却惦念着"中原""上林"，可见在这首短小的咏物诗中也渗透着作者内心深蕴着的乡情乡思。表面是在写释迦果，细细品味，似又蕴含着更丰富的内涵：这无法在广袤的中原内陆生存、无法厕身于尊贵的皇家园囿的释迦果，难道不正是沈光文自身命运的象征吗？

以上诗作皆出自沈光文的《花草果木杂记》。该书是沈光文对台湾植物所做的系统而详细的记载，是弥足珍贵的"海东文献"，可惜该书早已亡佚，幸而清代周钟瑄的《诸罗县志》和黄叔璥的《台海使槎录》中收录了其中的一些佚文，使得后人得以一窥其吉光片羽。如《诸罗县志》卷十《物产志》中关于"柑"的记载：

柑：《南方草木状》："橘之属，甜美特异者。"闽中以漳产为上；北路红柑、雪柑，供玩而已。沈文开《杂记》："有番柑，种自荷兰。大于番橘，肉酸，皮苦。荷兰人夏月饮水，必取此和盐捣作酸浆入之。多树园中，树与橘无异。"其诗云："种出蛮方味作酸，熟来包灿小金丸。假如移向中原去，压雪庭前亦可看。"

　　由此可见,沈光文《花草果木杂记》是以诗文结合的形式对台湾的各类植物出产进行详细介绍的,简明扼要、浅近自然的介绍性文字,辅之以生动活泼、情趣盎然的小诗,将知识性与文学性融为一体,读来既增广见闻又增添雅趣。

　　沈光文的晚年至交、清初台湾诸罗县令季麒光是最早发现沈光文之文化史价值并予以高度评价的人,其《跋沈斯庵〈杂记诗〉》云:

> 从来台湾无人也,斯庵来而始有人矣;台湾无文也,斯庵来而又始有文矣。斯庵学富情深,雄于辞赋,浮沉寂寞于蛮烟瘴雨中者二十余年,凡登涉所至,耳目所及,无巨细皆有记载。其间如山水,如津梁,如佛宇、神祠、禽鱼、果木,大者纪胜寻源,小者辨名别类,斯庵真有心人哉!思古人漂泊栖迟,若杜少陵之在巴蜀,白盐、赤甲诸诗;柳河东迁谪岭南,石潭、钴鉧诸记,皆从无聊郁塞之时,发舒兴会。其志愈苦,其文愈工,而人与地相为不朽。当斯庵在台以一赋寓讥刺,几蹈不测。故著述亦晦而不彰。及余来尹是邦,尽出其所藏以相示,谓余能读斯庵之文,而并能知斯庵之人也。忆幼读《西京杂记》,载上林令虞渊《花木簿》,排名列目,使人有卢橘蒲桃之感。今斯庵此诗,虽云纪事纪物,而以海外之奇,备从前职方所未有。则是诗也,即古《国风》矣,乌可以不传?①

　　这段文字精辟地概括了沈光文此类题材诗作的价值:一方面,季麒光认为沈光文对台湾动植物以及地理风俗的记载,是有史以来对台湾风物最早的文字记载,"备从前职方所未有",具有重要的文献价值;另一方面,季麒光认为沈光文对台湾风物的记载如同唐代的杜甫漂泊巴蜀、柳宗元贬谪永州所作之诗文,皆为发愤之作、不平之鸣,符合"诗穷而后工""赋到沧桑句便工"的文学创作规律,故而其诗、其人必将传之后世而不朽。遗憾的是,这类以台湾风物为题材的诗作存留下来得实在太少了。

三、怀乡之愁与羁旅之叹

　　乡思乡愁是中国文学中源远流长的传统母题,也是沈光文诗歌重要的主题取向。沈光文的乡愁诗歌,若从五千年的中国文学史长河来看,不过是这一

---

① 季麒光:《蓉洲诗文稿》,《无锡文库》第 4 辑,凤凰出版社 2012 年版,第 347 页。

绵延千年的文学命题中的一个小小的支流而已，无其特异之处；但若从台湾文学史的角度看，却具有非同寻常的意义：沈光文的乡愁诗，开辟了台湾乡愁文学命题的先河，也从文学的角度印证了台湾与大陆母体不可分割的血脉联系。沈光文诗歌的乡愁书写，值得关注者有三：

其一，乡愁书写贯穿了沈光文后半生所有的生命时段，渗透于各个时期、各类题材的诗作中。

自从 1646 年"绍兴出奔"离开家乡，直到 1688 年病逝于台湾，从浙闽粤沿海到台湾岛，沈光文的大半生都是在漂泊栖迟中度过的，对故乡的思念伴随了沈光文的后半生，怀乡之愁与羁旅之叹自然也就成为沈光文诗作的一大主题取向。沈光文现存诗歌中创作时间最早的是作于 1648 年的《葛衣吟》，这首诗追忆了自 1646 年"绍兴出奔"两年来的艰辛历程，表达了效忠鲁王与抗清复明大业的忠义精神，诗云："故国山河远，他乡幽恨重"，可见自从为了抗清复国而远离家乡、踏上漂泊征程的那一刻起，乡思、乡愁就已经成为沈光文生命中不可分割的一部分了。寓居金厦时期的诗歌中，也时时可见对乡愁的抒写，如"宁不怀乡国，并州说暂居"（《隩草》），无论是遗民志节的抒写还是对无力扭转时局的悲叹，都是与乡愁的抒发联系在一起的。来台之后，沈光文归乡的愿望更趋渺茫，他的思乡之痛也变得更为深沉而执着。移居目加溜湾之后，他作有《至湾匝月矣》一诗，诗云："闭门只是爱深山，梦里家乡夜夜还。"可见已是花甲之年的沈光文，魂牵梦绕的仍是海峡彼岸的家乡。沈光文晚年曾与季麒光等清朝官员成立东吟社，定期雅集，酬唱赠答，这极大地慰藉了沈光文文化意义上的乡愁，但自然意义上的乡愁呢？却是终其一生都难以化解的。试看沈光文与东吟社友人的唱酬之作《郊游分得青字》：

> 和风催我出郊去，好鸟还宜载酒听。
> 草色遥联春树绿，湖光倒映远峰青。
> 歌喉润处花初落，诗韵拈来醉欲醒。
> 逸兴强寻豁目处，颓然独立望沧溟。

诗作的前三联，草长莺飞的烂漫春光是那样令人心旷神怡，文人骚客们诗酒风流的欢愉又是那样兴致盎然，然而到了最后一联，情绪似乎在瞬间急转直下："逸兴强寻豁目处，颓然独立望沧溟。"这样的情绪转折，令人猝不及防。诗人的情感何以由逸兴遄飞转瞬间变成了"颓然"？其实，这兴尽悲来的情绪转折看似突兀，却是长期以来郁积于心底的乡愁在瞬间的迸发。这说明，对作者而言,思乡的痛楚其实从没有真正地忘怀,只是平时将它深深地埋葬在心底,不敢轻易碰触而已,而一旦遇到外界的触媒,它就会在不经意的时候从心底冒出,"不思量,自难忘"。

其二,在沈光文诗歌的乡愁书写中,故乡之思始终是与故国之思融为一体的。

"沈光文的乡愁诗,不仅书写出了其个人的典型情绪,也透出了海外遗民集体性的情绪,可以说是中国传统乡愁诗在特殊的时代和特定的地理条件下的延续和变奏。"①沈光文离开家乡是为了抗清复明,当复明大业由轰轰烈烈至曲折蹉跎最终走向烟消云散,他的归乡团圆之梦也就由希冀走向破灭。因此,沈光文的乡愁总是与抗清复明的遗民志节联系在一起的,是其复杂深沉的遗民忠义情感的重要组成部分。于是,在沈光文的诗歌中,"乡"与"国"、"乡愁"与"国恨"总是联系在一起,如"故国山河远,他乡幽恨重"(《葛衣吟》)、"宁不怀乡国? 并州说暂居"(《陬草》)。其实,来台之后,他也并非没有返回大陆的机会与可能,但终究还是终老于异乡的土地,其内心的隐衷,我们可在《山间》(其三)一诗中一窥端倪:

> 念此朝宗义,孤衷每郁寥。
>
> 未能支厦屋,只可托渔樵。
>
> 冀作云中鹤,来听海上潮。
>
> 长安难得去,不是为途遥。

诗人之所以常常感到郁闷寂寥,深层的原因还是由于自愧此生未能尽到臣子之责,无法像他所崇拜的谢安、诸葛亮等乱世能臣一样力挽乾坤、光复社稷,此生只能托付于渔樵,在潮起潮落中寄托自己的思乡之情。"长安难得去,不是为途遥"——由此可见,真正阻碍沈光文回乡的,并不是山海阻隔的自然地理原因,而是改朝换代的政治原因。失去了"故国",哪里还有"故乡"? 即便回到家乡,也只能沦为异族统治下的臣民,何如栖身于台湾这块世外桃源遥寄孤忠之节与乡关之思?

其三,从艺术表现上看,沈光文的乡愁书写是对中国古典诗歌传统艺术的继承与发展。

沈光文的乡愁题材诗作,将中国古典诗歌中传统的艺术技巧运用得自然而纯熟,赋予诗作感人肺腑的艺术魅力。古典诗歌中的相思离别题材,往往采

---

① 张如安:《论沈光文诗歌的乡愁书写》,《中共宁波市委党校学报》2012 年第 6 期。

用借景抒情、情景交融等表现方式,这也是沈诗中经常使用的艺术手法。如《怀乡》:"万里程何远,萦回思不穷。安平江上水,汹涌海潮通。"诗人为乡愁所激荡着的起伏不定的心潮,借助于眼前这汹涌澎湃而又永无遏止的海潮,得到了抒发,不直言乡愁而又句句浸透着浓郁的乡愁,是典型的融情于景、情景交融的手法。从意象的使用上看,中国古典诗歌中经常使用的"月""雁""梦"等表现相思离别的传统意象,也经常出现在沈光文的乡愁诗中。如"雁"意象:"忽见游云归别坞,又看飞雁落前汀"(《感忆》)、"待看塞雁南飞至,问讯还应过越东"(《思归》)、"海屿薇原少,天南雁不过"(《感怀》其六)。更值得注意的是沈光文诗中的"潮"意象:"安平江上水,汹涌海潮通"(《怀乡》);"冀作云中鹤,来听海上潮"(《山间》其三)……无论是在金厦海岛还是在台湾岛,沈光文耳畔时时萦绕着的都是汹涌澎湃的海潮声,虽然回不到家乡,但可以安慰自己的是:眼前的潮水是与故乡的钱塘潮联通在一体的,于是,海潮也就与月光一样,成为可以千里寄乡思的一种媒介,观潮、听潮也就成为排遣乡愁、寄托乡思的一种方式。

沈光文乡愁诗中,最富有诗意、也最动人心扉的是其中的"梦"意象。生性乐观的诗人是常作好梦的,而最美的梦莫过于团圆之梦。有时他会梦到与儿女团聚:"梦中尚有痴儿女,灯下惟余瘦影形"(《感忆》);有时又会梦到与父母相见,承欢尽孝于父母膝下,一偿令自己愧疚多年的"绝裾之悔":"归望频年阻,徒欢梦舞斑"(《归望》)。梦中归乡的情景是如此真切,如此欢愉,诗人多想永远忘情地陶醉于其中,正因如此,当风雨中的竹子敲打窗棂的声音惊醒了他的好梦时,他才会如此懊恼,如此怅然若失:"正作还乡梦,虚窗竹乱敲。"(《山间》其四)

四、交游赋谢与酬唱赠答

沈光文自 1646 年"绍兴出奔"以来,十余年来辗转栖迟于浙闽粤沿海,来台后三十年"及见延平三世盛衰"①,晚年又与季麒光等清廷官员交游唱和,一生中与明清之际的诸多军政人物、遗民士大夫有着广泛的交往,其诗文中亦留下颇多与友人交游唱和的印迹。沈诗中所涉及的南明历史人物,既有明郑历史上举足轻重的著名人物,如鲁王、宁靖王、张名振、卢若腾、王忠孝等,也有一

---

① 全祖望:《沈太仆传》,见《全祖望集汇校集注》(上),上海古籍出版社 2000 年版,第 498 页。

些史籍失载、生平未详的历史人物,如齐价人、吴正甫、洪七峰等。这类诗作,不仅可以借以了解沈光文不同人生阶段的交游状况与心态情感,也可作为研究相关南明历史人物以及明末清初闽台史事之重要辅佐。

(一)流寓金厦期间

沈光文平生爱诗,更喜以诗与友人唱和应答,他曾自言:"辛卯以来,借居海岛,登山问水,靡不有诗,尤喜步和人韵,虽丘壑情深,觉感激时露……"(《寄迹效人吟》小序)寓居金厦期间,他与当时依附明郑集团而寓居金厦的许多遗民诗人往来唱和,留下了不少诗作,如《寄迹效人吟》就是"步韵"郑哲三《海泊吟》之作。此外,与沈光文酬唱应答的诗人还有曾则通、齐价人、陈文生、吴正甫等人,留存于世的诗作有《答曾则通次来韵》《曾则通久病,以诗问之》《齐价人移浯,以诗投赠,次韵答之》《齐价人旋禾,未及言别,兹承柬寄,欣和》《秋日和陈文生韵》《吴正甫忽欲为僧,以柬寄赋答》等。这类题材诗作表达了遗民诗人在忧患之中同舟共济的深挚友情,为我们全面了解沈光文的交游情况提供了可靠的第一手资料,亦可从中窥见依附于明郑的遗臣们总体的生活和思想状况。

1. 鲁王

鲁王朱以海(1618—1662),字巨川,号恒山,别号常石子,系明太祖朱元璋第十子鲁王朱檀的第九世孙,崇祯十七年(1644)承袭鲁王爵位。然而,这位鲁王却没有能够像其先祖一样在兖州府安然享受富贵尊荣,而是被卷入明末清初天崩地解的时代洪流中,艰辛跆蹶,流离琐尾,"计自鲁而浙、而闽、而粤,首尾凡十八年"(《皇明监国鲁王圹志》),最终长眠于金门岛。

弘光朝廷覆亡后,崇祯十七年(1644)六月初八日,杭州的官僚拥立潞王朱常淓为监国,而朱常淓却贪生怕死,决计投降清廷,致使清军得以在六月十四日不费吹灰之力占领杭州。占领杭州后,清军统帅博洛立即派人招降避居于浙东一带的明藩王。诸藩王听信了清廷"给以恩养"的诺言,纷纷来降,"时周王寓萧山,惠王寓会稽,崇王寓钱塘,鲁王寓临海。贝勒遣骑修书,以参、貂等物为贽,邀诸王相见。鲁王以道稍远,辞疾不至。周、惠两王渡江偕崇王赴召。寻送南京,同弘光帝、潞王俱北去。"①次年五月,弘光帝朱由崧、潞王朱常淓及其他降清的明室藩王被一起处死于北京。这样,鲁王朱以海便成为流亡浙东的明室藩王中唯一的"漏网之鱼"。1645年六月,浙东地区激于清廷颁布的剃

_____

① 转引自顾诚:《南明史》(上),光明日报出版社2011年版,第146页。

发令揭竿而起奋起反清之时,急需拥立一位明朝宗室出任监国,此时流亡在浙江的明朝宗藩中唯一没有降清的鲁王朱以海,就成为浙东士大夫拥立的唯一人选。六月十八日,张国维等人将正在台州的朱以海迎往绍兴,出任监国,成为浙东抗清复明运动的一面旗帜。在国家危急存亡之秋,鲁王朱以海毅然承担起抗清复国的大任,其不屈不挠的斗志无疑是值得称赞的,更是那位逃亡皇帝永历帝难以望其项背的。然而,在南明错综复杂的历史形势中,鲁王朱以海却始终未能成为整个南明抗清复明事业中的核心人物,而只能成为一位命途多舛、赍志难伸的悲剧人物。

从 1651 年舟山抗清基地沦陷之后,鲁王及其部属、臣僚便一直作为"寓公"依附于郑成功,从 1651 年到 1662 年这十余年间,除了被一度移居南澳三年之外,先后在金门寓居八年之久。这期间,郑成功曾给予其一定的礼遇,但因忌惮鲁王在礼法正统方面的影响,又对其时有戒备之心,以至于待遇日渐疏薄,甚至需要王忠孝、卢若腾等人暗中接济。据《鲁春秋》记载:"国姓以桂无所通监国,引嫌罢供亿,礼节亦疏,以见一。监国饥,各勋旧王忠孝、郭贞一、卢若腾、沈佺期、徐孚远、纪石青、沈复斋等间从内地密输,缓急军需。"1662 年四月永历帝在云南昆明被吴三桂杀害后,鲁王朱以海遂成为明朝遗臣众望所归的继统者。七月间,张煌言启奏鲁王,希望其"速正大号,俾天下晓然知本朝尚有真主,中国自有正统"。在得知郑成功病逝的消息后,他又再次启奏鲁王,敦促其早日继统:"去冬缅甸之变,君亡臣死,天下已无复有明室矣。只海上犹存一线,而主上尚在龙潜,真乃天留硕果。自当誓师讨贼,以维系人心,以嗣续正统。"①然而,造化弄人,时当四十五岁盛年的鲁王朱以海却在这年十一月十三日因哮喘病"中痰"而死,使张煌言等复明志士心中最后的希望化为了泡影。清朝道光年间,福建分巡兴泉永海防兵备道周凯撰写的《明监国鲁王墓碑阴》碑文曰:"王以明室宗支,间关颠沛,漂泊海上数十余年,惟伪郑是依,而又不以礼待,致受沈海之诬,卒至埋骨荒岛,榛莽为墟,春霜秋露,麦饭无闻,亦可悯已。"对这位宗藩贵胄漂泊栖迟、埋骨遐岛的一生寄予了深切的同情。

沈光文从 1645 年起就追随鲁王抗清,自称是"鲁家佣"②,从 1651 年到 1657 年来台之前,一直扈从鲁王寓居金厦,可谓患难与共、忠心耿耿。乾隆年间全祖望拜托友人李昌潮从台湾抄录回来的沈光文诗集中尚存有不少沈光文

---

① 张煌言:《上监国鲁王启》,见《张苍水全集》,宁波出版社 2002 年版,第 169 页。
② 沈光文《葛衣吟》一诗云:"葛衣宁敢弃,有逊鲁家佣。"

与鲁王、宁靖王的唱和之作,包括沈光文挽鲁王之诗,可惜这些诗作都已失传,现存沈光文诗作中与鲁王有关的仅有《重九日登啸卧亭》一首:

> 重阳节至客心悲,托兴登临酒一卮。
>
> 健挽石梁看没羽,醉摩字影读残碑。
>
> 当年运数终穷九,廿载忧危共此时。
>
> 为问生涯在何处,黄花知以晚为期。

啸卧亭是位于金门古城村古岗湖南侧献台山的一处名胜古迹,因明代抗倭名将俞大猷在任金门千户时曾在此题镌"虚江啸卧"四字而得名。每逢重阳佳节,文人墨客常常结伴来到这里登高怀古,吟咏唱和。如崇祯八年(1635),金门诗人卢若腾就曾偕同社友登临啸卧亭,写下《乙亥九日偕诸同社登啸卧亭还饮宝月庵题壁》一诗。鲁王长期寓居于金门,亦常在此登临唱和,并留下了"汉影云根"四字的石刻。"汉影云根"石刻对面有明朝遗臣诸葛倬的题咏,诗前小序称:"监国鲁王遵渤而南,驾言斯岛,挥翰勒石,为'汉影云根'四窝字,意念深矣。倬等瞻诵之余,同赋诗志慨。"诗后落款为"永历岁次甲午仲秋朔恭题",可以判断鲁王题此碑碣当在永历八年(1654)八月以前。就在鲁王亲笔题写"汉影云根"并刻石不久,卢若腾曾瞻仰此碑,作有《恭瞻鲁王汉影云根石刻》一诗,赞美这位皇家贵胄的文采风流,称颂其德行仁政如周代的召公一样深孚众望,并对其光复大明、东归故土寄予了厚望:

> 峭壁新题气象尊,蛟龙活现啮天门。
>
> 银潢荡漾多分影,玉叶葳蕤自有根。
>
> 夹辅动同山骨老,登临兴与墨香存。
>
> 悬知底定东归后,南国甘棠一样论。①

《重九日登啸卧亭》为鲁王薨逝后沈光文于重阳节重临故地、缅怀鲁王之作,情感沉痛,悲慨满怀,与卢若腾《恭瞻鲁王汉影云根石刻》的热情洋溢、豪迈奔放迥然不同。关于此诗的创作年份,学界说法不一。前辈学者盛成认为此诗作于 1647 年②,龚显宗亦认为作于 1647 年③,潘承玉则认为作于 1662 年即

---

①　卢若腾著,吴岛校释:《岛噫诗校释》,台湾古籍出版有限公司 2003 年版,第 222 页。

②　盛成:《沈光文自著诗文中之自述》,《台湾文献》1961 年第 2 期。

③　龚显宗:《沈光文全集及其研究资料增编》(下),台南市政府文化局 2012 年版,第 243 页。

康熙元年的重阳节①。笔者认同张萍的推断:"此诗的写作时间当在 1665 年左右。"②从 1645 年沈光文与其他浙东士大夫一起追随鲁王抗清算起,迄于 1665 年,正好是二十年,因此据诗中"廿载忧危共此时"一句,可以推断此诗当作于 1665 年左右,乃是鲁王故去三年后沈光文由台湾重返金门,于重九之日登临故地、追悼故人而作。同样是登临啸卧亭,同样是抚摩着"汉影云根"题字的石碑,然而时移世易、物是人非,沈光文作此诗的心情与卢若腾作《恭瞻鲁王汉影云根石刻》之时已大为不同。石碣犹在,字迹犹存,鲁王却已不在人间,连他当年题写的"汉影云根"四字也已残缺不全。追思二十年来患难与共的艰辛历程,怎不令人感慨万千?尽管鲁王仙逝使复明的期望更为渺茫,但沈光文仍然表达了自己此生无论漂泊于何处都绝不会改易的坚贞志节:"为问生涯在何处,黄花知以晚为期。"鲁王一生"间关海上,力图光复,虽末路养晦,而志未尝一日稍懈"(《皇明监国鲁王圹志》),这句诗或许是对他在天之灵最好的缅怀与告慰了吧!

2. 卢若腾

沈光文《卢司马惠朱薯赋谢》一诗云:

> 隔城遥望处,秋水正依依。
> 煮石烟犹冷,乘桴人未归。
> 调饥思饱德,同饿喜分薇。
> 旧德萦怀抱,于兹更不违。

卢司马,指的是南明时期的著名遗民诗人、"海外几社"成员之一的卢若腾。卢若腾(1598—1664),字闲之,号牧州,福建同安金门贤聚村人,崇祯十三年(1640)进士,曾任兵部主事、郎中,因弹劾奸臣,得罪当道,被外迁为浙江布政使司左参议,出为宁波、绍兴兵备道。在浙四年,洁己惠民,多有善政,百姓感念其德,有"卢菩萨"之誉。南明时期,他先后效力于福王、唐王,抗清失败后长期生活于郑成功的抗清根据地金门、厦门一带,为郑氏所倚重。郑成功去世后,曾为郑经作《代延平王嗣子告谕将士》。康熙二年(1663)金门、厦门沦陷后,若腾欲率家渡海至台,未果,病卒于澎湖。鲁王被郑成功安置于金门期间,卢若腾与王忠孝、徐孚远、郭贞一等旧臣随侍左右,时时从大局出发,尽力调和

---

① 潘承玉:《神话的消解:诗史互证澄清一桩文化史公案》,《复旦学报》2008 年第 2 期。
② 张萍、戴光中、张如安等:《沈光文研究》,浙江大学出版社 2014 年版,第 115 页。

郑成功与鲁王的关系。《小腆纪年》载："有构鲁王于朱成功者,成功礼仪渐疏。王乃自削其号,漂泊岛屿;赖旧臣王忠孝、郭贞一、卢若腾、沈佺期、徐孚远、纪石青、沈复斋之徒调护之。"①在卢若腾存世的诗作中,保留了不少臣僚与鲁王的交游、唱和之作,如《即韵奉和鲁王初伏喜雨》《鲁王将入粤赐诗留别次韵奉呈》《辛丑仲夏恭贺鲁王千秋》《恭瞻鲁王汉影云根石刻》等,从中可见卢若腾对鲁王的敬重与期许。

由于当时金门岛上不生产稻米,番薯遂成为岛上居民最主要的疗饥之物,据说当时寓居金门的鲁王就被当地百姓叫作"番薯王"。在"苦岁又苦兵"的饥馑战乱年代,卢若腾慨然将朱薯分赠给沈光文,自然令其感激不尽,特意写下这首致谢之作。卢若腾在沈光文的家乡浙东为官期间布德流惠,廉政爱民,令身为宁波人的沈光文感佩不已,故谓"旧德萦怀抱"。直到百年之后,卢若腾在浙期间的功绩与仁德仍为浙东百姓念念不忘,诚如全祖望《尚书前浙东兵道同安卢公祠堂碑文》所云:"公驻宁时,以天下方乱,练兵无虚日……故婺中涂炭,而甬上晏然。其抚循罢民,尤为笃挚。稍暇,则与士子雅歌投壶,论文讲业。迄今百年,浙东人思之不能忘,而吾乡尤甚。"②因此,沈光文与卢若腾虽非同乡,却对其有着一份特殊的感念之情,这次惠赠朱薯一事,更令他再次亲身感受到了这位"卢菩萨"的仁者之心。

3. 王忠孝

王忠孝(1593—1606),字长孺,号愧两,福建省泉州府惠安县沙格村人,崇祯元年(1628)进士及第,曾任户部河南贵州清史司上事。弘光朝立,王忠孝由于史可法特疏首举而被授予绍兴府知府,擢督察院左副都御史;隆武朝任光禄寺少卿,与郑成功同为备受隆武帝倚重的股肱之臣。隆武朝覆亡、永历朝建立后,王忠孝被永历帝诏授兵部右侍郎、太常寺正卿,"初奉觐谒之旨,旋奉联络之旨"。1647年王忠孝曾于家乡惠安举义,后因粮饷匮乏,加之复明各义师之间内讧不断,自相掣肘,遂于顺治五年(1648)起避于鹭岛,依附郑成功再图恢复。寓居金厦十六年间,王忠孝竭忠尽智匡助郑成功抗清,积极建言献策,"对郑氏叔侄,凡军国大事,有所筹策,几多所匡救"。被郑氏父子视为"今之卧龙"的陈永华,即为王忠孝所举荐。郑成功、郑经父子对王忠孝亦极为敬重,"馈遗

① 徐鼒:《小腆纪年》卷 18,顺治十年三月。
② 全祖望撰,朱铸禹汇校集注:《全祖望集汇校集注》卷 14,上海古籍出版社 2000 年版,第 1013页。

无虚日"。康熙二年(1663)十月,清军攻克金厦后,王忠孝随郑经东渡赴台,1666年卒于台湾。台湾延平郡王祠60余位郑成功部将的牌位中,王忠孝位列第三,配祀名为"明兵部侍郎,总督军务王公忠孝"。此外,王忠孝对儒家文化与闽南文化在台湾的传播也做出了重大贡献,受到台湾人民的尊敬与纪念。位于台湾鹿港的文开书院中,配祀朱子的明末先贤共有七位:郭贞一、沈佺期、卢若腾、沈光文、徐孚远、王忠孝、辜朝荐,王忠孝位居其一,充分说明了王忠孝在台湾文化史上的重要地位。

沈光文《谢王愧两司马见赠》一诗,作于寓居金厦期间,借此可窥沈光文与王忠孝交往之一斑:

> 廿载仰鸿名,南来幸识荆。
> 忘机同海客,尊义缔寒盟。
> 霖雨时需切,东山望不轻。
> 流离谁似我,周急藉先生。

王忠孝为崇祯、弘光、隆武、永历四朝所倚重,且年长沈光文十九岁,是沈光文极为敬重的前辈尊长,故沈光文以"廿载仰鸿名"表达对其声名威望的仰慕与尊崇。王忠孝为福建人,曾与郑成功共同效力于隆武朝,于1648年兵败后归依郑成功,而沈光文则为扈从鲁王南下福建依附于郑成功的浙东士人,"南来幸识荆"谓二人由于共襄抗清复明的大业而有缘结识于金厦海岛。"忘机同海客,尊义缔寒盟"一句,表现了沈光文对岛上各复明士人肝胆相照、同心戮力于恢复大业的同盟关系的期待。王忠孝受郑氏父子礼遇,生活较沈光文稍为宽裕,也曾对沈光文有周济之恩,故沈光文方有"霖雨时需切,东山望不轻。流离谁似我,周急藉先生"的感激之词。此诗从一个侧面反映出当时遗民生活的困顿,同时也以小见大,映照了王忠孝对同处困境的同志、盟友惺惺相惜、关怀周济的高风亮节。

4.曾则通

曾则通是南明重臣曾樱之子。曾樱(1581—1651),字仲含,金坊(今江西省峡江县)人。明万历四十四年(1616)丙辰科进士,授户部主事。后任南明隆武政权的工部尚书兼东阁大学士、太子太保,后改吏部尚书兼文渊阁大学士。永历五年(1651)清军乘郑成功南下进攻广东之机,偷袭厦门,留守厦门的郑芝莞运货入舟仓皇出逃,当时正寄居于厦门的曾樱舍生取义,自杀殉国。卢若腾与曾樱有师生之谊,听闻此事,作有《哭曾二云师相(阁部讳樱)》一诗挽之:

峻嶒品望著朝端，一木独支颠厦难。
误倚田横栖海岛，忍看塞马渡江干。
何曾先去为民望，惟有舍生取义安。
惭愧不才蒙寄托，展观遗札涕汍澜。①

　　曾樱殉国后，其门人阮文锡、陈泰冒险出其尸，王忠孝殓之，殡于金门。后来，其子曾则通将扶榇归葬家乡江西峡江时，卢若腾作有《送曾则通扶榇归江右（按则通为二云先生子）》以赠别。沈光文寓居金厦期间，与曾则通结下了深厚的患难之情，现存作品中有关曾则通的诗作有三：《柬曾则通借米》《答曾则通次来韵》《曾则通久病，以诗问之》。在家家户户处境艰难的金门岛上，沈光文不忍幼子的饥饿而决定向友人借米求援，他首先想到的是曾则通，这已经足以说明他对曾则通仁厚人品的信任。对这样一位雪中送炭、急人之难的挚友，沈光文自然同样报以真诚的关爱与呵护，《曾则通久病，以诗问之》就是这样一首诗：

子固今能诗，恨其多病耳。
岂疑圣人徒，乃踵吾家美。
买药则无钱，受饥偏不死。
挥毫但苦吟，应即霍然矣。

　　此诗可谓词浅情深，以质朴的语言传达出了率真的情感与醇厚的友情。首联以宋代文学家曾巩（字子固）来比拟曾则通，一来两人皆姓曾，二来同为江西人。北宋江西诗派的代表诗人陈师道曾说："曾子固不能诗。"大概曾则通平素亦不常作诗，故作者一方面欣喜于曾则通如今竟也能作诗，另一方面又恨其疾病缠身，继而赞赏其既坚持儒业，又风雅能诗。好友体弱多病，却又无钱买药、常年受饥，着实令人怜惜，他只能期待着既然友人如今能够提笔为诗，应该很快就会霍然病已了吧！
　　《答曾则通次来韵》则表达了二人在艰苦的岛居生活中的互励互勉，同时也从一个侧面印证了沈光文本人坚不可摧、穷且益坚的自我操守：

---

① 卢若腾著，吴岛校释：《岛噫诗校释》，台湾古籍出版有限公司 2003 年版，第 190 页。

> 海天滞迹久，世受国恩同。
> 事业饥寒后，身名忍辱中。
> 因当坚骨力，闲足老英雄。
> 握手相怜处，何须怨古风。

5.吴正甫

沈光文《吴正甫忽欲为僧，以柬寄赋答》诗云：

> 常说为僧好，君今欲了缘。
> 果然撇得下，只便悟当前。
> 但使身无累，毋令世有权。
> 释名余早定，不是爱虚圆。

吴正甫，生平未详，盛成《沈光文自著诗文中之自述》一文中称此人"名凤胎，字仲桢，号幹甫，一作正甫，与宁靖王善，永历十八年二月随从来台。郑经授以占地官太史，司造历天象"①。可惜未曾注明文献来源，不知何据。至于吴正甫于何时何地为僧，亦未可知。有学者推断"此诗当作于作者受郑经迫害，欲变服为僧之时"②。无独有偶，卢若腾亦有《赠吴贞甫》一诗，诗前小序称："贞甫忽然有悟，祝发为僧。歌以赠之。"其中"从今唤作自明僧"一句后面加注曰："鲁王赐号自明"，再结合对卢诗具体内容的分析，笔者推断卢诗所说的"吴贞甫"应该就是沈诗中所说的"吴正甫"。此诗仍应作于沈光文于金厦海岛依附于郑成功期间，而非作于入台之后郑经治台期间，其时鲁王尚在，其"自明"之释号即为鲁王所赐。

明末遗民多有逃禅之举，即遁入佛门以表达对清廷统治的逃避。诚如归庄所说："二十余年来，天下奇伟磊落之才、节义感慨之士，往往托于空门，亦有居家而髡缁者，岂真乐从异教哉？不得已也！"然而，吴正甫之"忽欲为僧"，却与明末清初屈大均等遗民寄身空门"聊以抒坚贞之志"有所不同。明郑集团虽以抗清复国为号召，然而，由于世道衰微、政局多变，明郑首领中的郑彩、郑联等人又骄横跋扈，拥兵自重、各怀私心，复明阵营中其实是良莠混杂、人心不齐，甚至是钩心斗角、同室相煎。如1648年就发生了郑彩杀害兵部侍郎熊汝

---

① 盛成：《沈光文自著诗文中之自述》，《台湾文献》1961年第2期。
② 张萍、戴光中、张如安等：《沈光文研究》，浙江大学出版社2014年版，第128页。

霖之事,令卢若腾等忠义之士寒心①。沈光文、卢若腾皆有多首诗作反映了这一时期明郑抗清阵营中的人心叵测,如卢若腾的《行路难》叹曰:

> 行路难,不待人情反覆间。人情有正方有反,有仰方有覆;当其未反未覆时,尚觉彼此两相关。如今人情首尾都险绝,安有正反、仰覆之二端?呼天谈节侠,指水结盟坛;芬芳可以佩,甘美可以餐。此时蜜中已藏剑,岂有肝胆许所欢?吁嗟乎!吾不能如鹿豕之蠢、木石之顽,安能与人无往还?往还未竟凶隙成,闭门静坐不得安。行路难,念之使人心胆寒!②

因此,吴正甫之祝发为僧,与其说是出于对清廷的反抗,不如说是出于对明郑内部钩心斗角、人情反复的厌恶,甚或是出于对来自明郑内部迫害的逃避("辗轲乱世遭龃龉")。正因如此,沈光文、卢若腾对此均未表现出诧异和不解,反而表达了由衷的理解与同情。"释名余早定,不是爱虚圆",说明沈光文亦久有逃禅之念,并给自己定下了"超光"的"释名",在其《陕草》其九中还以"衲"(僧人)自称:"是衲全留发,云庵半在岩。"卢若腾则更直接地表达对吴正甫的赞赏:"吾爱吴生气岸高硨磲,辗轲乱世遭龃龉。忽悟此身似幻泡,削落鬓发寻休歇。猛力脱离生龟筒,慧眸照破干屎橛。"(《赠吴贞甫》)

(二)在台期间

从 1657 年因飓风而意外漂泊来台到 1683 年明郑覆亡的二十余年,是沈光文人生中最为孤寂的一个时期,骤然脱离了明郑集团中那些多年来同甘共苦、相濡以沫的战友,一下子陷入"同志乏俦,才人罕遇,徒寂处于荒野穷乡之中,混迹于雕题黑齿之社"的孤独寂寞之中,加之郑经治台期间因《台湾赋》而罹祸,与沈光文往来的友人就更其寥落,只留下与宁靖王、洪七峰、顾南金等人交往酬赠的为数不多的诗作。台湾入清之后,沈光文与宦台官员同组东吟社,与季麒光等人往来唱和,但遗憾的是这一时期的诗作亡佚甚多,所存寥寥。

1.宁靖王

宁靖王朱术桂(1617—1683),明太祖朱元璋的第八世孙,南明时期曾先后担任方国安、郑鸿逵、郑成功军队的监军,明郑前期与鲁王一起依附于郑成功,

---

①　卢若腾有诗《哭熊雨殷老师》,见《岛噫诗校释》,台湾古籍出版有限公司 2003 年版,第 183 页。
②　卢若腾著,吴岛校释:《岛噫诗校释》,台湾古籍出版有限公司 2003 年版,第 110 页。

长期寓居金门、厦门。永历十七年(1663),随郑经入台,其府邸位于承天府旁的西定坊。永历三十七年(1683)六月二十六日,明郑水师在澎湖败于清军,宁靖王闻讯后,先命袁氏、蔡氏等五妃自缢于堂,自己则龙袍冠带,将宁靖王纽印送交郑克塽,拜辞天地祖宗及耆士老幼后,乃从容自缢,全发冠裳而死,其《绝命词》云:"艰辛避海外,总为数茎发。于今事毕矣,祖宗应容纳。"据吴桭臣《闽游偶记》:"妈祖庙(即天妃也),在宁南坊。有主持僧字圣知者,广东人,自幼居台,颇好文墨。尝与宁靖王交最厚,王殉难时许以所居改庙,即此也。天妃宫甚多,惟此为盛。"①季麒光在《宁靖王传》中也提到:"其遗宅为天妃神祠,住僧于后楹大士旁奉王为舍宅主云。"可见台南大天后宫(天妃宫)的前身就是宁靖王之宅邸。

全祖望《明故太仆斯庵沈公诗集序》中云:"读太仆集中,(鲁)王在东宁颇多唱和,宗藩则宁靖,遗臣则太仆。"②可见全祖望托友人从台湾带回的沈光文诗集中,有不少反映鲁王与宁靖王及沈光文交游唱和的作品,姑且不论这些诗作是作于厦门、金门海岛还是作于台湾,至少说明宁靖王与沈光文有着深厚的交谊。盛成亦认为:"关于宁靖王之殉国,五妃之同殉,光文必有诗挽之。"③遗憾的是,由于沈光文诗歌遗失严重,其挽宁靖王之诗以及全祖望曾读过的诸多二人唱和之作,早已湮灭无闻,现存沈光文诗作中与宁靖王相关的只有《题宁靖王斋壁》《往宁靖园亭修谒》两首诗。《题宁靖王斋壁》云:

> 修得一间屋,坐来身与闲。
> 夜深常听月,门闭好留山。
> 但得羁栖意,无嗟世路艰。
> 天人应共仰,愧我学题蛮。

这首诗将宁靖王写得颇为淡泊宁静,似乎已经心如止水,将曾经历的所有桑海之变、世路艰辛都置之度外,只在夜深人静之时,凝神闭目,以耳听月,遥寄故国之思。此时鲁王已死,避居海外的宁靖王成了朱明王室宗藩中唯一的幸存者,其以天潢之贵而义不受辱的忠义气节,彪炳千古,天人共仰。

《往宁靖园亭修谒》一诗记载了作者拜谒宁靖王而未得见的一次经历,从

① 吴桭臣:《闽游偶记》,见《台湾舆地汇钞》,《台湾文献丛刊》第 216 种,第 13 页。
② 全祖望:《鲒埼亭集》卷 31,见《全祖望集汇校集注》(上),上海古籍出版社 2000 年版,第 594 页。
③ 盛成:《沈光文自著诗文中之自述》,《台湾文献》1961 年第 2 期。

中亦可窥见宁靖王在台湾生活境况之一斑：

> 旸谷生辉尚未炎，滕王亭子绿新添。
> 雨余折角诚堪异，海外依人半受嫌。
> 寻路入来皆茂草，隔溪处望映珠帘。
> 主翁有恙因辞客，名纸烦通属典签。

　　沈光文本为宁靖王相识多年的故友，此日旭日初升即前来拜访，没想到却吃了闭门羹。宁靖王"状貌魁伟，美须眉，善文学，书尤瘦劲"[1]，倜傥而多才，故沈光文将其比作汉代的那位遇雨将头巾折角亦有人效仿的郭林宗，说明宁靖王的威望之高。然而，这位德高望重的宗藩贵胄，如今的处境却是"海外依人半受嫌"，受到明郑的冷落与嫌厌，以至于故友来访，竟也为了避嫌而托病辞客，让一大早乘兴而来的沈光文不胜怅然，在对宁靖王寄人篱下的尴尬处境心生同情之余，难免也会使沈光文对郑经更多几分怨愤吧！

　　2. 顾南金

　　《别顾南金》也是沈光文入台之后的作品：

> 明知苦节却艰贞，九载相怜藉友声。
> 丘壑有情推大老，危言欲避笑愚生。
> 入山地近区南北，此日情深胜弟兄。
> 安得时时慰依傍，长如鸥鹭得随行。

　　据台湾学者唐立宗的研究[2]，顾南金，名礽，字南金，浙江台州府松门卫人，此人政治履历颇为复杂：曾在南明弘光朝任职，弘光朝覆亡后又出任清朝浙江粮储道、福建按察佥事等职，后又加入明郑抗清阵营，并随郑成功大军赴台，于1662—1664年出任明郑台湾承天府府尹，是历任承天府府尹中任职时间最长的一位。潘承玉认为此诗系1662年沈光文在台期间与顾南金分别时所作："顾南金就是在康熙元年底到台湾出任承天府府尹的，这首诗就写于沈光文到达台湾，和他短暂地同居甲处一段时间之后，顾南金移就台南承天府署（在赤嵌城，属明郑台湾南路），沈光文入山往北，两地虽相距不远，却不得不分

---

① 连横：《台湾通史》（下），商务印书馆2010年版，第550页。
② 唐立宗：《明郑东都承天府尹顾礽生平事略考——兼论沈光文〈别顾南金〉诗》，《台湾文献》2005年第4期。

手之时。"①两人既是故友又是同乡,自金门相识到重逢于台湾于今已历九载,因而沈光文格外珍视两人之间兄弟般的情意,期望这份友情能够时时慰勉自己飘零海外的孤寂。

3. 洪七峰

洪七峰,福建同安人。关于他的资料极少。《明遗民录》之"陈骏音"条记载:"又有齐价人、洪七峰、骆亦至、吴亦庵、刘玉龙五人者,其详不可闻,明季遗老之避地台、厦两岛者也。"②《别洪七峰》一诗作于郑经治台期间:

> 鹭岛初来便识君,东山又共学耕耘。
> 发肤无恙悲徒老,著述方成悔欲焚。
> 忽作闲心同倦鸟,俄焉长揖别高云。
> 从今只合言于野,理乱都将置不闻。

季麒光《沈光文传》载:"郑经嗣爵,多所变更,斯庵知经不能用人,且以一赋寓讥讽,为忌者所中,乃改服为僧,入山不出。"沈光文因作《台湾赋》讥讽郑经而罹祸,此诗即为沈光文逃禅于罗汉门山之前与洪七峰辞别时所作。此时沈光文"沉浮寂寞于蛮烟瘴雨中者二十余年"通过艰苦的实地勘察而作的《台湾舆图考》《花草果木杂记》等著述大抵已经完成,这些本可以为明郑提供重要资鉴的宝贵文献,沈光文竟欲毁之一炬,足见他对郑经的极度失望,他已下定决心从今往后决不再过问时政,所谓"此日已将尘世隔,逃禅漫学诵经文"(《普陀幻住庵》)。

康熙二十二年(1683)明郑覆亡前夕,沈光文作为"诸遗臣皆物故"后硕果仅存的前朝遗老,受命为明郑降清书写降表。这对于曾追随鲁王十余年坚持抗清复明斗争、一直恪守首阳之节的沈光文来说,其内心的悲愤与绝望可想而知。他在大醉之余,愤而作《大醉示洪七峰》,向这位相交二十六年的老友尽情倾吐自己的心声:"今日蠢休文,大不合时宜。只知作桀犬,降表竟莫为。蹈海苦不死,患难徒相随。信友本事亲,绝裾悔难追。家亦有薄田,弃之来受饥。何敢与人争,志气似难臻。天水有名臣,北海使节持。厥孙居此地,坚操更标奇。我欣与之交,廿六载于兹。兔园谁赋雪,平原会可期。欲学樊将军,厄酒安足辞。浮白笑难老,醉言自觉痴。问途已若此,且读《谷风》诗。"此诗不仅见

---

① 潘承玉:《神话的消解:诗史互证澄清一桩文化史公案》,《复旦学报》2008 年第 2 期。
② 孙静庵:《明遗民录》卷 42,浙江古籍出版社 1985 年版。

证了沈光文与洪七峰长达二十六年的深挚友情,对后人来说,更是理解沈光文晚年心迹与政治立场的重要作品,说明沈光文尽管曾因在《台湾赋》中讥讽郑经而罹祸逃禅,但这一事件并没有改变其基本的政治立场,即便是在明郑日薄西山、岌岌可危的时候,他仍然坚持对明朝的忠义之心,宁愿被人讥为不合时宜的明王朝的"桀犬",也坚决不肯为明郑书写降表。

4. 与东吟社成员的唱和

入清之后,沈光文与相继来台的宦台人士、文人墨客联吟唱和,组建了台湾第一个诗社——福台新咏,后来沈光文的晚年知己、清代台湾诸罗县首任县令季麒光入社之后,将社名改为"东吟社",以突出诗社"纪异"的特征。收录于《蓉洲诗文稿》中的季麒光的《东吟社序》和收录于范咸《重修台湾府志》中的沈光文的《东吟社序》,是目前所能见到的关于东吟社最早、最重要的两篇文献。据季序所载,诗社共有成员十二人:沈光文、韩又琦、赵行可、陈元图、陶祯锡、华衮、郑廷桂、林奕、吴蕖、杨宗城、王际慧、季麒光。东吟社"宾主无苛仪,少长有定序,拈题分韵,酒行以节",初会以"东山"为题,次会以"赋得春夜宴桃李园"为题,"人喜多而不嫌少长,月有会而不辞风雨"。季麒光《蓉洲诗文稿》中,存有多首东吟社课题之作,如《观海》其一(分二萧)、其二(和韦念南前字)、《赋得东宁灯火半梅花》(和陈客观)、《赋得春夜宴桃李园》其一(分九青)、《东山》等。而沈光文诗作由于亡佚严重,现存与东吟社成员的唱和之作仅有《郊游分得青字》《和曾体仁赏菊分得人字》两首。后诗云:

> 孤芳独出绝纤尘,冷向闲中老此身。
> 赏并高朋欢不极,时当晚季傲为真。
> 新题遍咏偏催我,半醉高歌欲效人。
> 子夜月明凄绝处,满丛寒露不知春。

诗人与社友曾体仁赏菊,借咏菊以自况,明写菊之孤芳绝尘,实喻己之坚贞品格,虽飘零孤岛,历经荷治、明郑、清朝的政局变动,而其境愈苦,其志愈坚,首阳之节不曾稍易,所谓"时当晚季傲为真"。

沈光文《题梁溪季蓉洲先生海外诗文序》云:"余素承先生以余为海外一人,余亦以先生为海外知己,故集中诗文,与余相倡和过半焉。"东吟社成员中,沈光文与季麒光交谊最深,两人的唱和之作也最多。遗憾的是,目前沈光文遗存的诗作中并无一首与季麒光有关的作品,幸有季麒光的《蓉洲诗文稿》保存下不少沈、季唱和之作:如题为"依韵"者,有《太守蒋公安拙堂成,叠石作山,斯庵以诗纪胜,依韵赋呈》《风阻安平,斯庵不获渡江相讯,以诗寄慰,依韵答之》;题为"用韵"者,有《黄上祐孝廉以博学来台,用沈斯庵韵》二首、《祀灶(用斯庵韵)》、《元宵次日灯下漫赋(用斯庵韵)》、《哭华苍崖(用斯庵韵)》等;题为"和韵"者,有《拟春夜宴桃李园》其二(和斯庵支字)、《中秋漫兴(和斯庵)》二首、《除夕和斯庵》、《丁卯元旦和斯庵》、《除夕见雪和斯庵》、《大雨和斯庵》二首等;题为"答韵"者,有《再答斯庵寄怀之韵》、《寄答沈斯庵中秋见怀之韵(明旧太仆,流寓东宁)》等。这些诗作,从一个侧面反映出晚年沈光文与季麒光之间亲密的交游与深挚的友情,同时也说明沈光文这方面题材诗作亡佚甚多。

五、托物言志与借物抒怀

中国文学自古以来就有托物言志、借物抒怀的传统,沈光文的咏物诗继承了这一传统,通过对自然界某些动植物的歌咏,曲折委婉地象征自我的品格与志节。

沈光文咏动物的诗作有《蛙声》《野鹤》等。鹤是沈光文诗作中出现较多的动物意象,如"天路遥看近,归云共鹤还"(《山间》其一)、"冀作云中鹤,来听海上潮"(《山间》其三)、"荒村余古意,老鹤爱修翎"(《山间》其八)等,可见沈光文对鹤的喜爱。其《野鹤》二首云:

独得孤骞趣,难违天性真。
优游俯仰适,爱惜羽毛新。
高与烟霞狎,廉为雁鹜嗔。
朝游苍海表,夜唳鹭江滨。

骨老飞偏健,身闲瘦有神。
已知矰缴远,几阅雪霜频。
舞月寒流影,依松静绝尘。
乘轩尔何事,翻欲贱朱轮。

诗中的野鹤,孤高傲世,真率高洁,不屑与雁鹜为伍,只愿与烟霞为伴,孤独地翱翔于沧海碧波之上。它虽然骨老形瘦,饱经患难与沧桑,却依然有着矫健的身姿与矍铄的精神,在清冷的月光之下临流照影,在苍翠的青松之畔高蹈绝尘。这只野鹤,不正是诗人自己精神人格的自我写照吗?从《无题》《五日》等自剖心迹的诗作可以看出,沈光文的个性是清高傲岸、孤介耿直的。其《无题》一诗云："吾亦爱吾耳，如何欲乞怜。扣阍翻有路，投刺竟无缘。道以孤高重，持当困苦坚。既来学避地，言色且从权。"这种自尊自重的个性，使他不媚流俗，不慕权贵，不愿卑躬屈膝向人乞怜或曲意逢迎攀附他人。《五日》诗云："谩说哀猿择木难，锦标夺尽我徒看。宁堪独醒还如屈，也取新芳试浴兰。命到饥来奚待续，冠当穷处自羞弹。应声却怪山妻语，也比鲇鱼上竹竿。"以洁身自好、不肯同流合污的屈原自比，表达了自己宁肯固穷也要坚守道义的节操，以及对那些蝇营狗苟谋取权势的小人的鄙弃。这种"不屈己，不干人"、特立独行、孤芳自赏的个性，借助于野鹤意象得到了最好的呈现。

以植物为中心意象的，有《咏篱竹》：

> 分植根株便发枝，炎方空作雪霜思。
>
> 看他尽有参天势，只为孤贞尚寄篱。

这篱边的修竹，有着无比顽强的生命力和对环境的适应能力，虽被植根于南方，却不忘北方的故国；虽寄人篱下，却不改孤贞劲直的秉性。此诗句句写的是修竹，却又句句写的是自己。竹与人，人与竹，达到了物我合一、高度契合的境界。

沈光文咏物诗中，出现频率最高的植物意象当属"菊"，《庭中白菊新开》《野菊》《菊受风残，又复无雨润，累累发花，虽不足观，亦可聊慰我也》《看菊》《和曾体仁赏菊分得人字》等都是咏菊佳作。《野菊》云："野性偏宜野，寒花独耐寒。经冬开未尽，不与俗人看。"而最能震动作者心弦的，还是那在雨打风吹之下仍然"累累发花"的"残菊"，《菊受风残，又复尤雨润，累累发花，虽不足观，亦可聊慰我也》：

> 天风吹不尽，憔悴复舒英。
>
> 似有催诗意，还多望酒情。
>
> 会当枯亦发，是乃困而亨。
>
> 爱惜饶真赏，休将境遇评。

在风霜雨雪的摧残下依然顽强绽放的菊花，正是"道以孤高重，持当困苦坚"（《无题》）的沈光文人格的象征，难怪如此为作者爱赏与赞叹了！在题为《看菊》的五言古诗中，作者称："傲骨我终持，不与时俯仰""序晚值风霜，劲节孰予侮"，可以说，这是对菊花的赞美，也是作者自我人格的写照。

菊、松、竹、鹤等植物或动物意象，本就是中国传统文化中君子人格的象征,在沈光文的咏物诗中,其象征意义不再是空泛的,而是融入了沈光文特定人生遭际下的感发,是沈光文在艰难险阻的遗民困境下对自我精神的砥砺,也是其孤直坚贞、傲岸不屈的人格的自况。沈光文的咏物诗,是对屈原《橘颂》以来古典咏物诗传统的继承,也是明清易代之际遗民诗人整体人格的写照。

<h2 style="text-align:center">第二节　沈光文诗歌的风格特征</h2>

在中国文学史上,但凡艺术造诣成熟精深的诗人,其诗作往往呈现出多样化的风格特征。譬如陶渊明,既有"采菊东篱下,悠然见南山"之类的静穆恬淡,也有"刑天舞干戚,猛志固常在"之类的"金刚怒目";诗圣杜甫,既有"荣枯咫尺异,惆怅难再述"式的沉郁顿挫,又有"繁枝容易纷纷落,嫩蕊商量细细开"的萧散自然。"现实生活的丰富性和诗人思想性格的复杂性,带来了其艺术风格的多样性。一个优秀的诗人所使用的往往不是一颗印章,而是几颗印章;不是一副笔墨,而是几副笔墨。"①沈光文诗歌尽管亡佚严重,但从仅存的百余首诗歌中,我们同样可以看到其多样化的艺术风格与审美趣尚。

一、激楚豪壮与沉郁悲慨

在《台湾通史》中,连横曾以"激楚"二字概括明郑遗民诗人的总体风格:"郑氏之时,太仆寺卿沈光文始以诗鸣,一时避乱之士,眷怀故国,凭吊河山,抒写唱酬,语多激楚。君子伤焉。"②激楚者,声调之高亢凄清也。沈光文所参与的抗清复明斗争,漫长而又充满险阻,政局波谲云诡、变幻莫测,复明势力虽曾取得局部胜利但始终处于弱势,内部矛盾又复杂纠结,这让依附于明郑的遗民士大夫既充满豪壮的爱国激情,又不免为战争的失利而陷入悲愤,这就使他们的诗作时而激楚豪壮,时而沉郁悲慨。读徐孚远、张苍水、郑经等人的诗作,都有这种特点。沈光文来台之前作于浙闽粤沿海的诗作,也往往集激楚豪壮与沉郁悲慨于一体。

《葛衣吟》一诗作于 1648 年夏,是现存沈光文诗歌中创作时间较早的作品:

---

① 肖瑞峰:《刘禹锡诗研究》(上编),浙江大学出版社 2016 年版,第 236 页。
② 连横:《台湾通史》(下),商务印书馆 2010 年版,第 469 页。

> 岁月复相从,中原起战烽。
>
> 难违昔日志,未泯一时踪。
>
> 故国山河远,他乡幽恨重。
>
> 葛衣宁敢弃,有逊鲁家佣。

诗前小序揭示了题旨:"永乐时,有河南佣者常衣葛衣;余绍兴出奔,亦只衣葛,今已两载。"正是这段"绍兴出奔"的历程,改写了一介书生沈光文的人生命运,也映照了南明弘光政权覆亡后浙东地区轰轰烈烈的抗清斗争的历史。1645年六月,杭州被清军占领,国难当头,"浙东之学士大夫以至军民,尚惓惓故国,山寨四起,皆以恢复为辞"①。鲁王朱以海在张国维等人的奉迎下由台州经宁波至绍兴,出任监国,成为浙东抗清斗争的一面旗帜。为匡扶社稷、保捍桑梓,沈光文也义无反顾地加入了扈从鲁王抗清的义军,被封为太常博士。1646年五月,方国安等人部署的钱塘江防线瓦解,绍兴失陷,沈光文等人扈从鲁王经台州乘船逃亡海上,撤退时只穿了一件单薄的葛衣,这就是小序中所说的"绍兴出奔"。直到两年之后,这件单薄褴褛的葛衣仍穿在身上,它寄托着沈光文矢志复国的忠贞情怀,也折射出文人士大夫在国家危亡之际共赴国难的慷慨之志。可以说,《葛衣吟》正是那个天崩地坼、风云激荡的时代的折射,全诗充溢着激楚豪壮的慷慨之音。

在抗清局势蒸蒸日上的时候,沈光文诗歌更多呈现的是激楚豪壮,充满了豪迈、昂扬、高亢、激越的抒情格调,如《秋吟》一诗:

> 爽气横飞野况佳,溯回对水漫兴怀。
>
> 芙蓉露湿红妆冷,江海风生白浪排。
>
> 敌忾深同袍泽谊,招舟广订弟兄侪。
>
> 即今天缺尤须补,孰上秋旻继女娲?

"自古逢秋悲寂寥",诗人们的悲秋之作多充满衰飒之气与落寞之情,沈光文的这首吟秋之作虽写于寓居金厦岛上的艰难岁月,却不见一丝衰颓之气。首联以秋高气爽的秋景起兴;颔联以露湿芙蓉的明艳色彩与白浪滔天的壮丽景色烘托诗人高亢的诗情;颈联由秋景转而写人事,笔端激荡着抗清义士同仇敌忾的英风豪气;尾联的比喻尤见力度——在这天崩地解、大厦将倾的乱世,

---

① 全祖望:《华氏忠烈合状》,见《全祖望集汇校集注》(中),上海古籍出版社2000年版,第926页。

谁能像女娲一样力挽乾坤？末句以一个"孰"字领起,使读者感受到一种强烈的舍我其谁的使命感,一种豪气干云的号召力。

又如反映郑成功驱荷复台的《题赤嵌城匾额图》:

> 郑王忠勇义旗兴,水路雄师震海瀛。
> 炮垒巍峨横夕照,东溟夷丑寂无声。

1661 年,郑成功经过周密的部署,凭借军事上的优势,驱逐了荷兰殖民者,使沦陷 38 年的台湾重新回到祖国怀抱。郑成功驱荷复台,充分表现了中国人民捍卫祖国神圣领土、维护民族尊严与国家利益的斗争精神,在中国历史上写下了光辉的一页,而第一个将这一重大历史事件形诸诗文进行热情歌咏的,正是沈光文。对于漂泊来台后饱受荷兰殖民者奴役的沈光文来说,其喜悦与振奋之情是难以言喻的。他清醒地认识到:"金门寸土,不足养兵;厦岛丸城,奚堪生聚?"(《台湾赋》)驱荷复台的胜利意味着为抗清斗争开辟了稳固的后方基地,使抗清斗争得以持久,这使曾在大陆沿海坚持抗清十余载的沈光文又重新看到了复明的希望。于是,按捺不住澎湃的激情,沈光文以如椽巨笔书写下这首绝句。全诗表达了对郑成功雄才大略和忠义精神的赞叹,对复台义师威震海瀛的气魄的歌颂。夕阳西照下那巍峨壮观的炮垒,更是威武雄壮、所向披靡的郑军义师的象征,在强烈的对比之下,衬托出曾经盛气凌人的殖民者落荒而逃的丑态。诗篇虽短,却充溢着昂扬高亢的热情,豪迈雄壮的气势。

然而,沈光文诗歌中并不总是回荡着这样的豪壮之音,故国故园的沦丧、抗清斗争的曲折、复明义士的牺牲、个人经历的坎壈,这一切使沈光文的内心充满着深忧巨痛,发为歌吟,必然是沉郁凄楚的悲慨之声。如哀悼抗清名将张名振的《挽定西侯》一诗:

> 方喜廉颇老未曾,骇闻骑箕竟归升。
> 只因心血回天竭,会看精英作厉能。
> 瀚水潮头凭怒立,秣陵城外识云凝。
> 留将背字同埋土,黯黯重泉恨较增。

张名振是鲁王麾下功勋卓著的抗清将领,从 1645 年起,就和张煌言等一起拥立鲁王,从事抗清斗争。1651 年舟山失陷后,张名振等人扈从鲁王南下福建沿海依附郑成功。1654 年,张名振与张煌言前后三次深入虎穴,北上进入长江作战,领导了著名的"三入长江"之役。1655 年,张名振部从崇明一带沙洲南下参加舟山战役，为明军收复舟山群岛这一战略要地立下了汗马功劳。遗憾的是，舟山战役之后，这位功勋卓著的抗清名将却壮志未酬身先死，临终前将自己的旧部托付给监军兵部右侍郎张煌言领导。这一年，正在金门一带扈从鲁王的沈光文，突然得到了舟山传来的定西侯张名振病卒于军中的噩耗，不胜悲痛，作此诗以寄哀挽之情。诗作充满了对赤心报国的英雄早逝的痛惜，对抗清事业中途受挫的憾恨，凄怆与悲愤相交织，在对英雄的哀挽中蕴含着对敌人的无穷愤恨和不屈不挠的斗争意志。

再看来台之后所做的《癸卯端午》其一：

> 年年此日有新诗，总属伤心羁旅时。
> 却恨饿来还不死，欲添长命缕何为？

汉代以来，端午节有系长命缕的习俗。人们以彩色丝线系于臂腕，据说可以免除病瘟，避刀兵之灾，保佑健康平安，然而，这些都是承平年代的习俗了。对于易代之际那些以饥馁之苦捍卫着首阳之节的遗民来说，死亡并不值得畏惧，甚至可以说死亡恰是对苦难的解脱，是自我品节的完成，在饥饿和冻馁中的自我持守才是对人性最严峻的考验。沈光文诗中就常有此类表达，譬如“苦节尤难在后头，一日不死中心忧”（《柬曾则通借米》）、“买药则无钱，受饥偏不死”（《曾则通久病，以诗问之》）、“所恨饿而不死，人情无怪其然”（《有感》）等。因此，在癸卯之年的这个端午佳节，想到关于长命缕的习俗，沈光文自然不胜凄然，吟出了“却恨饿来还不死”这样沉痛的诗句。沈光文之所以有此沉痛之语，不只是因为个人生活的困窘，更与当时明郑政治上的困局有关。癸卯之年即 1663 年，就在刚刚过去的 1662 年，南明抗清的重要人物一一亡故：1662 年四月，永历帝朱由榔在云南昆明被吴三桂缢杀；五月，郑成功突然病逝于台湾安平城；十一月，年仅 45 岁的鲁王朱以海逝于金门。鲁王的猝然离世对沈光文是一个沉重的打击。据道光十年李瑶《南疆逸史・摭遗》所附之《沈光文传》：“成功卒，诸臣欲再奉鲁王监国，光文从之。壬寅，王遽薨，议遂寝。”郑成功病逝后，张煌言、沈光文等鲁王麾下的官绅志士都希望由鲁王继统，继续担负起抗清大业的重任。鲁王的英年早逝，使得复明的前景更为暗淡，而沈光文对承袭延平郡王王位的郑经，极为失望，在《台湾赋》中给予了毫不留情的批评：“壬寅年成功物故，郑锦僭王。附会者言多谄媚，逢迎者事尽更张。般乐之事日萌，奢侈之情无餍。横征浪费，割肉医疮；峻法严刑，壅川弭谤……”总之，对明郑前途的悲观，加上忧谗畏讥、饥寒交迫的个人处境，在这样的背景下，可以想见,癸卯之年的这个端午节,沈光文的心境是何等黯然凄楚,注入笔端的情感自然也分外沉郁悲慨了。

二、质朴率真与清新自然

沈光文书写乡愁、友情的诗歌,风格多呈现出质朴率真、清新自然的特点。这类诗歌所表达的思乡怀亲之情、与友人的患难之情,皆发自肺腑,情感真挚,不事雕琢,不计工拙。如作于台湾的《怀乡》:

> 万里程何远,萦回思不穷。
> 安平江上水,汹涌海潮通。

自古以来表达相思怀远的诗作使用最多的是“月”的意象,盖因月华普照大地,不受时间和距离的阻隔,而人却受阻于山川江海,“此时相望不相闻”,共望一轮明月而不得团圆。这首小诗则以“水”作为核心意象,寄托诗人的思乡之情。这里的水——安平江上水,虽是流淌于台湾的土地,但作者聊以慰藉的是:它是与海潮相联通的,而台湾岛的海潮又是与故乡的钱塘潮相通的,于是,这江水、海潮都成了作者乡情乡思的载体。诗歌清浅自然而又内蕴深沉,深得李白名作《静夜思》之神髓,堪称台湾乡愁诗的经典之作。

《感忆》也是沈光文乡愁诗的典范作品,诗云:

> 暂将一苇向东溟,来往随波总未宁。
> 忽见游云归别坞,又看飞雁落前汀。
> 梦中尚有娇儿女,灯下惟余瘦影形。
> 苦趣不堪重记忆,临晨独眺远山青。

沈光文因一场飓风漂泊来台,就像一片小小的苇叶被命运的洪流卷到了与大陆隔海相望的台湾岛。总以为故乡才是人生最终的归宿,总以为台湾只是暂时停泊的港湾,于是心境永远像这澎湃的波涛一般起伏不定。仰头所见,天上游荡的白云已经找到了可以栖身的山坞;低头俯视,那倦飞的大雁也找到了可以落脚的汀洲。自己这片飘荡的苇叶又将何时回到远方的故土?好在梦中还能回到故乡,梦境里儿女促膝撒娇的情境是那样温馨,最怕的是忽然从梦中醒来,让这一切转瞬之间杳无踪影。清冷的烛光下,只有自己茕茕独立的身影,瘦骨嶙峋而又孤苦无依。关于故乡的一切都是甜美的,如今回忆起来却又是苦涩的。被乡愁折磨得夜不成眠的诗人,终于熬到了天明。临窗远眺,触目所及，是远方青色如黛的山峰……全诗运用了比喻和对比手法，运笔却显得极为轻松自然。诗人似乎只是顺着情感流动的脉络随意写来，从云、雁写到自身，从夜晚写到天明，从梦中写到梦醒，最后以景物作结，融情于景，情景交融。全诗既没有词句上的刻意雕琢，也没有章法上的苦心经营，甚至也没有使用一个典故，却在清新浅近的意境中渗透着浓浓的化不开的乡情……

此外，书写友情的《齐价人旋禾，未及言别，兹承束寄，欣和》《别顾南金》等诗作，同样富有质朴率真、清新自然的特点。

沈光文存世的诗作多为融情于景的抒情诗，少有单纯的山水诗，但这些抒情诗作中的景物描写往往清新自然，语言朴素，富有生机与意趣，颇有韦应物、陶渊明山水田园诗冲淡闲适的韵致。如沈光文隐居山间时所做的《山间》其八：

> 长松不可俯，远视立亭亭。
> 月色来窗曙，山光到海青。
> 荒村余古意，老鹤爱修翎。
> 正发临池兴，忧来笔又停。

该诗前三联描写了一幅清幽静谧的山间图景：长松亭亭，海潮青青，月光如水，老鹤修翎。白云、月光象征着诗人心灵的皎洁，青松、老鹤喻示着诗人人格的傲岸，没有直接写人，但诗人自我的品格却已蕴含其中。诗人幽栖于山间，徜徉于山光水色之中，不禁诗兴大发，然而，刚提起笔来，却又忧从中来，猝然罢笔。诗歌以清幽脱俗的景物描写，烘托了诗人高洁的情怀和不能忘怀世事的忧虑。

沈光文诗歌中，类似的写景佳句很多，譬如《山间》其六中的"云间长抱石，鸥梦浅依沙。山静能容客，潮流直到家"，诗人运用拟人化的手法，将白云、海鸥、青山、海潮都赋予了人的情感：白云久久地拥抱着山石，海鸥依傍着沙滩正做着好梦。青山以它博大的胸怀容纳着山外的来客，海潮承载着诗人的乡思一直流到海峡彼岸的家乡。他如"环岛风光净，随潮水气通"（《中秋夜坐》）、"芙蓉露湿红妆冷，江海风生白浪排"（《秋吟》）、"草色遥联春树绿，湖光倒映远峰青"（《郊游分得青字》）、"涛声细细松间落，雪影摇摇荻上飞"（《思归》其三）等等，皆为音调流美、清丽淡雅的写景佳句。

三、苦趣交集与旷达自适

沈光文《题梁溪季蓉洲先生海外诗文序》云:"忆余漂泊台湾三十余载,苦趣交集,则托之于诗。及寄居山中,每闻樵歌牧唱,间亦附和成歌,然亦凄凉寥落矣。"①其实,苦趣交集,不仅是沈光文在台期间诗歌的特点,他创作于大陆的很多诗作,也都具有这样的特点。"苦趣作为情趣的一种,乃是'苦'的人生境况与'趣'的美学意味的有机结合。"②一方面,时代的苦难,国家的苦难,个人的苦难,使得沈光文诗歌不能不浸染上或浓或淡的"苦"的况味;另一方面,沈光文的个性底色是乐观旷达的,中国传统文化尤其是儒道文化的濡染,又使他善于以理性、旷达的精神战胜苦难,苦中作乐,努力在艰苦的生活中撷取乐趣,从而使诗作带有"趣"的特点。

在《感忆》一诗中,沈光文使用了"苦趣"一词:"苦趣不堪重记忆,临晨独眺远山青。"其更多的诗作,虽然不曾出现"苦趣"这一词汇,却蕴含着"苦趣交集"的美学意蕴。《夕餐不给戏成》就是这样一首典型的"苦趣交集"的诗作:

> 难道夷齐饿一家,萧然群坐看晴霞。
> 炼成五色奚堪煮,醉美中山不易赊。
> 秋到加餐凭素字,更深吸露饱空华。
> 明朝待汲溪头水,扫叶烹来且吃茶。

诗人欲守夷齐之节,自己忍饥挨饿倒不算什么,最难以忍受的是眼睁睁看着家人尤其是孩子跟着自己挨饿。这样难挨的日子不可谓不苦,但就在这种夕餐无着、朝不保夕的凄凉境况中,沈光文竟然苦中作乐,吟出了这样一首"苦趣交集"的佳作。饥肠辘辘的诗人面对山中满眼绚丽的烟霞,禁不住浮想联翩:这山中的石头如果真的能像神话中说的那样可以煮为粮食该有多好!最妙的是自己能够能像刘玄石那样畅饮中山美酒,一醉千日,忘却世间烦忧。然而,这一切终究都是空想,能够兑现的只能是溪头汲水、扫叶烹茶而已。此诗可以说是风趣中见酸楚,风雅中藏悲苦,而又不见丝毫颓丧之气。

《贷米于人无应者》,与此诗有异曲同工之妙。诗云:"同是穷途同作客,饱得烟霞煮得石。但使清虚腹里存,诗瘦偏多新意格。也知诗瘦恰随秋,高飞秋

① 季麒光:《蓉洲诗文稿》,《无锡文库》第4辑,凤凰出版社2012年版,第175页。
② 张如安:《论沈光文诗歌的乡愁书写》,《中共宁波市委党校学报》2012年第6期。

色入梧州。"明明是忍饥挨饿且遭遇"贷米于人无应者"的窘境,诗人却没有消沉,反而自我安慰说:腹内清虚,恰能使诗作更加奇崛新警,创造出新奇的意境。全诗虽写困窘饥饿的体验,格调却不见沉郁颓丧反而爽朗高亢,在困境中凸显了作者的铮铮傲骨。

"苦",是无力改变的艰难困窘的生活现状;"趣",则源自沈光文乐观开朗的个性,既得之于自然山水的慰藉,又受益于传统文化的沾溉。

首先,"苦趣交集"的美学风格源于沈光文乐观开朗的气质与性格。沈光文天性乐观,这从他对梦境的描写中可以看出。生性乐观的人总是常做好梦,沈光文即是如此。《贷米于人无应者》中,诗人白天借贷无门、受人冷眼,晚上竟做了一个"赠云"的好梦,梦见上苍垂怜,以纷纷白云相赠,令他感动不已:"昨夜梦中谁赠云,醒时拾得似纷纷。人间世事尚难料,如何天上获相分。感此高谊思所报,木瓜何以投永好。"他如"客窗诗苦囊兼涩,旅梦春浓老不知"(《偶成》)、"拈诗且脱寒酸气,作梦偏多欣喜时"(《自疑》)等诗句,都显露出其生性乐观的个性本色。《己亥除夕》诗云:"年年送穷穷愈留,今年不送穷且羞。穷亦知羞穷自去,明朝恰与新年遇。"——除夕之夜,家家户户都在"送穷",以寄托对来年美好生活的祝福。穷困潦倒的沈光文明知"送穷"无济于事,索性跟"穷鬼"开了个玩笑:年年都送你,可你每年偏偏都赖着不走,今年干脆不再送你,或许你会自知无趣而悄悄溜走了吧? 诗人骨子里的幽默是不会为贫穷所摧折的。

其次,"苦趣交集"的审美心态来自于大自然对心灵的抚慰。"尘嚣浑欲脱,山水试相寻"(《发新港途中即事》),沈光文善于在自然山水中忘怀世事,排解忧愁,以山水作为愉悦性情、安顿心灵的方式。他在《寄迹效人吟》小序中称:"忆自丙戌(1646)乘桴,南来闽海,或经年泛宅,或偶寄枝栖,忧从中来,兴亦时有,每假题咏,聊混居诸。戊子(1648)入粤,所吟亦多。辛卯(1651)以来,借居海岛,登山问水,靡不有诗……"可见,即使是在寓居金厦的艰苦岁月里,他也总是能在自然山水中找到诗情诗兴。来台之后,身处草莱未辟的蛮荒之岛,虽也有去国怀乡之愁、凄凉孤寂之感,但他并不像其他漂泊来台的文人那样郁闷消沉、"佳兴不生",而是"娓娓好吟不倦",并以极大的热情创作了大量诗歌以及《台湾舆图考》《台湾赋》等作品,诚如他在《题梁溪季蓉洲先生海外诗文序》中所云:"向余初至之日,每见盲风痴雨,山瘴溪烟,人则去国怀乡,地则迁陵变谷。即有一二高人,佳兴不生,独余娓娓好吟不倦……"

第三,"苦趣交集"的美学风格更是传统文化的沾溉与人生智慧的结晶。

作为具有高度文化素养的传统文人,沈光文善于从中国传统文化中汲取智慧,从而战胜困境,超脱自我。以作于金厦海岛的《慨赋》一诗为例:

> 忆自南来征迈移,催人头白强支持。
> 乐同泌水风何冷,饮学秋蝉露不时。
> 最幸家贫眠亦稳,堪怜岁熟我仍饥。
> 仰天自笑浑无策,欲向西山问伯夷。

首联写光阴流逝,岁月蹉跎,不知不觉中已经白了头发,但自己仍在苦苦支撑。颔联引用《诗经·衡门》之典:"衡门之下,可以栖迟。泌之洋洋,可以乐饥。"《衡门》一诗,现代学者多认为是一首情诗,但传统诗论则向来认为它是一首体现安贫乐道思想的诗。如朱熹《诗集传》云:"此隐居自乐而无求者之词。言衡门虽浅陋,然亦可以游息;泌水虽不可饱,然亦可以玩乐而忘饥也。"姚际恒《诗经通论》云:"此贤者隐居甘贫而无求于外之诗。一章甘贫也,二三章无求也。唯能甘贫,故无求。唯能无求,故甘贫。"沈光文引用此典,显然是取其安贫乐道之意。令人出其不意的是:即使在这样的极端贫困中,诗人竟然也能苦中作乐,看出了贫困的"好处":"最幸家贫眠亦稳,堪怜岁熟我仍饥。"富人自有富人的烦恼,因为财富能招来盗贼,让人睡不安稳;像自己这样一无所有的人,却丝毫不用担心招来盗贼,反而能够睡个安稳觉!今年本是一个丰收之年,可叹还是要忍饥挨饿。怎么办呢?诗歌结尾,诗人找到一个没有办法的办法——"仰天自笑浑无策,欲向西山问伯夷"。言外之意,首阳之节与物质需求本就是一对无法解决的矛盾,对于欲效仿伯夷叔齐坚守首阳之节的遗民来说,饥饿、贫困就是无法摆脱的宿命。本诗反映了沈光文以乐观旷达的襟怀战胜贫困、坚守气节的精神,而帮助他战胜贫困的思想武器,既有儒家安贫乐道的思想,也有道家朴素的辩证思想。

又如《思归》其三:

> 我贵何妨知我希,秋山闲看倚荆扉。
> 涛声细细松间落,雪影摇摇荻上飞。
> 诗瘦自怜同骨瘦,身微却喜共名微。
> 家乡昔日太平事,晚稻香新紫蟹肥。

这首怀乡之作将无奈与欣喜、自嘲与豁达融为一体,颇能体现沈光文诗歌苦趣交集的审美风格。思乡之情本是苦涩的,但对家乡的回忆中又充满了温馨,家乡承平年月里那晚稻飘香、紫蟹肥美的美好场景,使"独在异乡为异客"的诗人在对往日的回忆中忘却了现实的孤独寂寥,获得了暂时的慰藉。无论是思归不得的无奈,还是物质生活的困窘,都没有使诗人丧失对生活的热情。这份超旷源自大自然的涛声雪影给予的心灵抚慰,更来自诗人从中国传统哲学中获得的思辨智慧。"我贵何妨知我希",典出老子《道德经》:"知我者希,则我者贵。是以圣人被褐而怀玉。"意为:能了解我的人已经很少,能够效法我的人就更难能可贵了。所以圣人总是穿着粗布衣裳,却怀才抱德。人们常常为得不到别人的理解和知赏而郁闷,沈光文却说"我贵何妨知我希",正因为我有着高洁的情操,才会曲高和寡,不易得到人们的理解。怀才抱德而又孤高傲世的诗人,并不为无人理解而自怨自艾,反而能以道家辩证的观点来看,从而获得了心灵的恬淡和宁静。"诗瘦自怜同骨瘦,身微却喜共名微",这又是一句充满思辨智慧的佳句。清癯的生活,恰恰成就了"质而实绮,癯而实腴"的诗境;位卑人微,正契合"惟寂惟寞,守德之宅"的生存哲学。《汉书·扬雄传》云:"擢絜者亡,默默者存;位极者宗危,自守者身全。是故知玄知默,守道之极。"沈光文正是从这种道家哲学中获得了超脱现实的智慧,使得诗作呈现出苦趣交集的独特的审美品格。

肖瑞峰先生评"诗豪"刘禹锡云:"在朴素辩证法思想的科学指导下,他往往能从消极现象中看到积极成分,从不利条件中找到有利因素,并以之慰勉和激励自己。这样,他就不至于像同时的柳宗元和白居易那样因播迁或衰老而过多地怅叹。"①沈光文在艰困多舛的人生中却吟出"我贵何妨知我希""身微却喜共名微""最幸家贫眠亦稳"这样充满辩证思想的旷达之语,可谓深得中国传统人生哲学的精髓。

第三节　沈光文诗歌的艺术渊源

论及清初遗民诗人的审美取向,张兵认为:"由于地域、家庭、个性诸因素的影响,清初遗民诗人在审美趣味上千差万别,但共同的时代苦难、相近的人生境遇与处世态度又使他们在审美选择上有着基本一致的趋向。屈原、陶渊明、杜甫,以及以宋遗民诗人为代表的宋诗,不仅在清初遗民诗人那里得到基

---

① 肖瑞峰:《刘禹锡诗研究》(上编),浙江大学出版社 2016 年版,第 234 页。

本一致的肯定,而且往往成为他们效法的对象。由人品而及诗品,从诗学精神到诗艺、诗风,浸染熏陶,沾溉良多。另外,在清初实学思潮的大背景下,遗民诗人大都能对前代诗学遗产进行理性反思,盲目崇古好古者少,辩证分析、批判继承者多。因此,那种单一的诗学偏嗜被时代的、理性的、自觉的审美风尚所取代,专主一家一人者少,转益多师、广泛学习者多,形成多样兼容的特点。"①如上节所述,沈光文诗歌同样表现了多样化的风格特征与审美趣味。若从诗歌艺术渊源的角度探讨,对其影响最大的当属屈原、陶渊明、杜甫等前代大诗人。

一、屈原:屈子诗魂的感召

在明清易代之际,屈原因其所代表的忠君爱国精神以及"虽九死其犹未悔"的执着信念,成为备受明遗民尊崇和效法的人格典范。清初遗民诗人,或深受屈子诗魂的感召,学习《离骚》的浪漫诗风,如归庄、阎尔梅;或潜心研读《楚辞》,著书立说,如王夫之、钱澄之。沈光文同样仰慕屈原,其《五日》一诗云:"宁堪独醒还如屈,也取新芳试浴兰",直接抒发了对屈原光明峻洁的人格精神的仰慕。他所做的那些托物寄意的咏物诗如《咏篱竹》《野鹤》等,更是对屈原香草美人的比兴象征传统的直接继承。

1663年的端午节,沈光文作有《癸卯端午》三首,第一首由端午节系长命缕的习俗发端,书写遗民生活的艰难、天涯沦落的凄苦;第二首侧重抒发故国故园之思;第三首则正面抒发对屈原的缅怀:

> 笑予何事日栖迟,不读《离骚》便赋诗。
> 几度寻筇欲问酒,蒲香隔院竟招谁?

明末清初,很多遗民诗人都以经常诵读《离骚》的方式来纪念屈子,寄托情志,如钱澄之《夜坐》云:"西窗灯烛暗,拥被读《离骚》";万寿祺《赵书屋》云:"挑灯静夜倚琴床,读罢《离骚》泪数行"。在癸卯之年的这个端午节,流落到台湾的沈光文倍感凄凉,他虽因家贫而饮不到菖蒲酒,却也用"不读《离骚》便赋诗"的方式寄托自己对屈原的缅怀,排遣内心的孤独和郁闷。正当他欲寻竹杖外出问酒的时候,隔院飘来了菖蒲酒的阵阵清香,原来邻人也正为屈子招魂。由

---

① 张兵:《明清易代与清初遗民诗》,《江海学刊》2000年第2期。

此可见,系长命缕、饮菖蒲酒、招魂等来自大陆的端午民俗在明郑时期就已经开始在台湾流播。沈光文等明郑遗民诗人,不仅为台湾撒播下中国文学的种子,也将以屈原所代表的传统文化精神带到了台湾。

二、陶渊明:靖节情怀的濡染

东晋大诗人陶渊明,是中国古代文人士大夫的精神归宿,对于中国古代文人有多方面的文化意义和深远影响。他的固穷守节、安贫乐道的崇高品格,他的融合儒道、旷达脱俗的人生态度,他的清高超逸、真率醇厚的人格魅力,他所代表的魏晋风流,以及他所开创的审美范式和艺术追求,都对后世有着深刻而久远的影响。而每逢改朝换代的特殊历史时期,无论是南宋末年还是明清之交,生逢晋宋易代之际而"耻事异姓"的陶渊明更成为遗民气节的典范,为历代遗民所标举和敬仰。沈光文诗歌作为南明遗民诗的代表,尤其是作为明郑时期台湾遗民诗的典范,就其艺术渊源来说,深得以陶渊明为代表的传统文化精神的沾溉。

沈光文有着浓郁的陶渊明情结,他不仅熟读陶诗,敬仰陶渊明的人格,其诗文作品中亦随处可见陶渊明的影响。沈光文诗歌所用最多的就是有关陶渊明的典故,如:

(1)"径荒陶兴浅,袍吝范寒深"——《寄迹效人吟》其六

(2)"自当安蹇劣,常有好容颜"——《望月》

(3)"东山兴懒藏游屐,栗里花稀覆酒杯"——《思归》其四

(4)"未伸靖节志,居此积忧怅"——《感怀》其一

(5)"迩来乞食竟无处,饥即驱我亦不去"——《柬曾则通借米》

(6)"我来避世如避秦,上下无交馈赠屯"——《贷米于人无应者》

(7)"知还同倦鸟,不碍等闲云"——《秋日和陈文生韵》

(8)"朗吟乞食诗,无以济终宴"——《看菊》

(9)"运覧有后人,为能继乃祖"——《看菊》

(10)"柴桑独酌后,犹恋晋亡土"——《看菊》

(11)"刻舟知待雪,陶径已辞秋"——《齐价人旋禾,未及言别,兹承柬寄,欣和》

(12)"并无一事慰相知,占住桃源亦颇宜"——《仲春日友人招饮不赴》

（13）"却讶渔人焉得到，遂令鸡犬也生疑"——《仲春日友人招饮不赴》

（14）"且作耽诗癖，谁云运甓闲"——《山间》其一

沈光文的陶渊明情结，不仅表现在其诗作悠然淡远的艺术风格颇得陶诗神韵，从深层的文化精神层面而言，陶渊明更对沈光文其人、其文有着多方面的影响和渗透。

（一）"黄花知以晚为期"的遗民气节

中国历史上以固穷守节、不仕新朝为特征的遗民文化，可以说是肇始于伯夷、叔齐，而形成于陶渊明。"自司马迁《史记·伯夷列传》记载伯夷、叔齐穷饿首阳、不食周粟的故事，而后世有'遗民'之称，但毕竟太古老，古老得难以考证。……我们爬梳历史上的遗民，竟然还要以晋、宋之际的陶渊明为首。"①最能体现陶渊明"富贵不能淫"的遗民气节的，莫过于其"不为五斗米折腰"的事迹，故而朱熹赞叹说："晋宋间人物，虽曰尚清高，然个个要官职，这边一面清谈，那边一面招权纳货。渊明却真个是能不要，此其所以高于晋宋人也。"②出处问题为判断遗民大节的首要标准，但凡经不起威逼利诱的仕清的士人如钱谦益、吴伟业等人，都无一例外受到遗民的抨击和鄙夷。沈光文作为南明王朝的太仆寺卿，如果后来又仕于清廷，则毫无疑义应属于贰臣，但历史确凿地证明，他从来没有在清朝做过官，在出处去就问题上，他的确是称得上"画定界限，札定脚跟"的。与陶渊明"不为五斗米折腰"相似，沈光文在闽粤沿海抗清时，亦有拒绝李率泰招纳、焚书返币之举，季麒光《沈光文传》载："沈光文……鼎革以来，遁迹不仕。辛卯年，从肇庆至潮州，由海道抵金门。督院李公闻其名，遗员致书币邀之，斯庵不就。"又据全祖望《沈太仆传》："闽督李率泰方招徕故国遗臣，密遣使以书币招之。公焚其书，返其币。"假如沈光文此次接受了李率泰的招纳而出仕清廷，也就不会有"七月，挈其眷买舟欲入泉州，过围头洋，遇飓风，漂泊至台"的事了，当然也就不会有作为文化开台先师的沈光文了。

陶渊明的田园诗中常有生活穷困和农村凋敝的描写，如："炎火屡焚如，螟蜮恣中田。风雨纵横至，收敛不盈廛。夏日长抱饥，寒夜无被眠。造夕思鸡鸣，及晨愿乌迁。"（《怨诗楚调示庞主簿邓治中》）嗟贫叹穷同样也是沈光文诗

---

① 蒋寅：《遗民与贰臣：易代之际士人的生存或文化抉择》，《社会科学论坛》2011 年第 9 期。

② 黎靖德编：《朱子语类》卷三十四，明刊本。

歌最常见的内容,如"所恨饿而不死,人情无怪其然"(《有感》)、"却恨饿来还不死,欲添长命缕何为"(《癸卯端午》)、"买药则无钱,受饥偏不死"(《曾则通久病,以诗问之》)、"年年送穷穷愈留,今年不送穷且羞"(《己亥除夕》)、"最幸家贫眠亦稳,堪怜岁熟吾仍饥"(《慨赋》)等。黄宗羲《万公择墓志铭》云:"世苦于贫,多不持士节。"①明清易代之际,不少人最终因不堪忍受物质生活的贫困而丧失气节。如果沈光文接受清廷的征辟,也就不必遭受大半生贫穷饥寒之苦了。换言之,他的嗟贫叹穷,恰是其坚守遗民气节的表征。陶渊明常以颜回、黔娄、袁安、荣启期等古代安贫乐道的贫士激励自己,保持品格节操,沈光文诗作中也屡屡出现与袁安、管宁、严光、范冉等穷且益坚的历史人物有关的典故,如"居辽当日管,卧雪此时袁"(《陬草》其四)、"卧学袁安愁饿死"(《自疑》)、"蓬蒿老仲蔚,卜亦卖成都"(《感怀》其四)、"今日幼安固如何,却亦未曾除皂帽"(《贷米于人无应者》)等。陶渊明说:"贫富常交战,道胜无戚颜"(《咏贫士》其五),沈光文最终也以道义战胜了贫窭,他说"吾亦爱吾耳,如何欲乞怜……道以孤高重,持当困苦坚"(《无题》),"事业饥寒后,身名忍辱中"(《答曾则通次来韵》),"也怜婆空嗟无告,犹欲坚持冰雪操"(《己亥除夕》)。

作为自外于现政权的遗民,为了坚持自己的政治信仰和道德操守而主动拒绝了士人"学而优则仕"的传统道路,就只能以躬耕、行医、教学等方式作为"治生之道"。无论是躬耕陇亩、行医济世、教授生徒甚至逃禅避世,可以说,所有这些明遗民用以"治生"的方式,沈光文都有所践行。"至于士大夫亲身参加农耕,并用诗写出农耕体验的,陶渊明是第一位。"②明末遗民寄身于海外,因生活困顿,不得不亲自参加农业劳动,特殊的历史遭际使他们不得不像陶渊明一样体验"晨出肆微勤,日入负耒还"(《庚戌岁九月中于西田获早稻》)的农耕生活。沈光文除了靠教学、行医获得生存之资以外,也不得不亲事稼穑,以为生活之资。其《别洪七峰》云:"鹭岛初来便识君,东山又共学耕耘。"传统社会中的士人,向以读书教授为职分,对于耕种、行医、商贾等,或不能为之,或不屑为之。包括沈光文在内的明遗民这种"宁为商贾百工技艺食力之流,而不可求仕"③的精神,越发凸显出其道德坚守的可贵。

"水陆草木之花,可爱者甚蕃。晋陶渊明独爱菊。"(周敦颐《爱莲说》)"自

---

① 沈善洪、吴光主编:《黄宗羲全集》第 10 册,浙江古籍出版社 2005 年版,第 518 页。
② 袁行霈主编:《中国文学史》第 2 卷,高等教育出版社 2005 年版,第 64 页。
③ 顾炎武:《亭林余集》不分卷,《常熟陈君墓志铭》。

有渊明方有菊,若无和靖即无梅。"(辛弃疾《浣溪沙·种梅菊》)自晋代以来,菊便成为陶渊明高洁品行的化身,成为中国文化中高情远致的象征。与陶渊明一样,沈光文也有着浓厚的菊花情结。菊花,作为其高洁人格与遗民气节的最好象征,多次出现在沈光文的诗作中。沈光文留存的咏物诗中,以"菊"为题的最多,共有《庭中白菊新开》《野菊》《菊受风残,又复无雨润,累累发花,虽不足观,亦可聊慰我也》《和曾体仁赏菊分得人字》《看菊》等五首诗作。除了以"菊"为题的咏物诗,其他诗作也常常出现"菊"意象,如"荒岛无薇增饿色,闲庭有菊映新缸"(《思归》六首其二)、"有处可寻菊,还当冒雨行"(《重九大风》)、"为问生涯在何处,黄花知以晚为期"(《重九日登啸卧亭》)等。沈光文存世诗作中,篇幅最长的一篇就是以菊为主题的《看菊》:

> 我昨咏邛须,相将造芳圃。南种悉珍奇,目所未经睹。何须问主人,携樽直入庑。主人笑出迎,看花有俦伍。因之同欢酌,脱略如太古。尔我与菊花,亦竟忘宾主。即此称快哉,主人有余贾。相结再来期,兴酣慎莫拒。乘此花正开,聊以慰辛苦。诘朝敕庖人,折柬招众父。我亦与其中,展兴便接武。入门闻清香,举目爱花妩。登筵饮醇醪,饱德铭肺腑……瞻言栖依处,何异金门坞。傲骨我终持,不与时仰俯。朗吟乞食诗,无以济终窭。饮酒不能多,所畏罚童羖。当此知己间,强为尽维醻。主人酬劝频,先醒嫌小户。月色满花枝,时将过夜午。运览有后人,为能继乃祖。柴桑独酌后,犹恋晋亡土。迄今景高蹈,五字惭规抚。维菊与忘言,芬芬自倾吐。序晚值风霜,劲节孰予侮!藉非高士流,滥赏奚足取。共识此中意,斯会同友辅。

此诗大抵作于沈光文晚年参与东吟社时期。前半部分叙事,叙述自己两次"看菊"的经历。昨日看菊是不邀而至,诗人偶然为菊圃中珍奇的南国异种所吸引,于是兴之所至,率尔而入。这次赏菊虽称快意,仍感意犹未尽,为了不辜负这怒放的菊花,诗人与园圃主人郑重相约,召朋唤友,明日再聚。次日清晨,诗人一大早就兴冲冲地来到菊圃,与次第而来的友朋们一起赏菊花、饮醇醪,又有觥筹交错,丝竹盈耳,诗酒唱酬,逸兴遄飞,诚所谓"良辰美景,赏心乐事"也。

从"瞻言栖依处,何异金门坞"开始,诗作由叙事转为抒怀咏志。这样诗酒酬唱的情形,自然让沈光文想到了当年在金门与抗清志士们一道扈从鲁王的日子。将近三十年过去了,这期间天崩地坼,江河变色,人世间经过了多少沧桑巨变！反躬自问，自己变了吗？沈光文自慰而又自豪地说："傲骨我终持，不与时仰俯"！尽管经历了明清易代的巨变，台湾——这块明郑所据的最后一块土地也已为清所有，但自己的铮铮傲骨、坚贞志节并没有与时仰俯。以下诗人先后三次使用有关陶渊明的典故："朗吟乞食诗，无以济终窭"，用陶渊明《乞食》诗之典，意在表现自己不以贫窭易节的坚贞品格；"运甓有后人，为能继乃祖"，表达自己欲像陶渊明继祖父陶侃之志那样继承沈氏家风；"柴桑独酌后，犹恋晋亡土"，则意在表现自己眷恋故国的遗民情怀。"维菊与忘言，芬芬自倾吐。序晚值风霜，劲节孰予侮"，篇末诗人仍以菊自励，同时也是以菊自喻：要像菊那样不自炫亦不自辩，只是傲然地倾吐自己的芬芳；像菊那样在严酷的风霜中保持不可侵侮的凛然气节。施琅平台后，"斯庵仍着僧衣，不改初服"①，并坚决拒绝了姚启圣的征召，义不仕清，这说明沈光文的确做到了"傲骨我终持，不与时仰俯""序晚值风霜，劲节孰予侮"。

（二）"自当安蹇劣，常有好容颜"的超逸情怀

陶渊明之所以成为中国历代文人精神上的归宿，还在于他委命任运、旷达自适的人生态度，苦中作乐的超脱情怀与审美人生。对明清之际的遗民来说，陶渊明的文化意义，不仅是树立了一种忠义精神和遗民气节的典范，同时亦在于其超然自适、清空旷达的情怀，为鼎革之际饱经家国之痛的遗民们提供了纾解幽愤、超脱痛苦的精神力量。"并不是所有的明清之际的士人都简单的强调陶渊明的政治含义，生硬地把他归入'遗民'万事大吉，而是能够超越于政治之上，以更为开阔的胸襟看待陶渊明，将陶渊明身上那种高远超逸的精神引向更为广袤的宇宙和人性领域。"②沈光文身遭国破家亡的沧桑巨变，一生漂泊栖迟，但以陶渊明为代表的传统文化精神又赋予他善于自我解脱、自我慰藉、自我调节的心理机制，赋予他对苦难人生的化解和超脱能力。正是凭靠这样一种超逸情怀，他才得以饱经时代沧桑而岿然独存，"及见延平三世盛衰""得保天年于承平之后"③，最终成为备受后人尊崇的"海东文献初祖""台湾文学始祖"。也正是这种超逸情怀，使沈光文诗歌在激楚豪壮与沉郁悲慨之外，亦有超然自适、清空旷达的另一面。

"聊乘化以归尽，乐夫天命复奚疑"（陶渊明《归去来兮辞》）。在沈光文的

---

① 季麒光：《沈光文传》，见李祖基点校：《蓉洲诗文稿选辑》，香港人民出版社 2006 年版，第 122 页。

② 李剑锋：《明遗民对陶渊明的接受》，《山东大学学报》2010 年第 1 期。

③ 全祖望：《沈太仆传》，见《全祖望集汇校集注》（上），上海古籍出版社 2000 年版，第 498 页。

诗作中,也常常能见到这种乐天知命、随遇而安、委运任化的思想。如《有感》一诗云:

> 所恨饿而不死,人情无怪其然。
> 久当困厄如鬼,日逐清虚若仙。
> 谓尔乘车可美,嗟余弹铗堪怜。
> 从今只安时命,夫亦何敢怨天。

在极端的饥饿体验下,沈光文既不怨天,也不尤人,表现出的是顺天应命的达观态度:"从今只安时命,夫亦何敢怨天",其至对人情世态的凉薄也已经见怪不怪了。对于长期饥饿导致的清瘦,他也以自嘲的态度说:"久当困厄如鬼,日逐清虚若仙",这与《贷米于人无应者》中所说的"但使清虚腹里存,诗瘦偏多新意格"有异曲同工之妙。

黄典权评沈光文诗歌云:"他所作诗中引用过陶潜韦应物的句子,他的诗格可能深受离骚和陶、韦二家的影响,加上他的精神参有佛道的静趣,所以他诗境功力俱臻高妙,不管五言七言,都可叫人心移神动,列名家而无愧。"[①]可以说,沈光文那些充溢着苦趣交集、超旷自适的情致的诗篇,正是对陶渊明诗风的一脉相承,如《望月》:

> 望月家千里,怀人水一湾。
> 自当安蹇劣,常有好容颜。
> 旅况不如意,衡门亦早关。
> 每逢北来客,借问几时还?

在"自当安蹇劣,常有好容颜"之后,他自注曰:"用韦应物句","用陶潜句,余常书作联,因用之"。"自当安蹇劣",出自韦应物诗《幽居》中的"自当安蹇劣,谁谓薄世荣";"常有好容颜"出自陶渊明诗《拟古》九首其五:"辛苦无此比,常有好容颜"。沈光文将这两句诗作对联书之,可见他对这两句诗的喜爱。不妨说,"自当安蹇劣,常有好容颜"正是沈光文的座右铭,是他在贫苦不堪的生活中所秉持的一种生活态度。物质生活的贫窭、世态炎凉的境况是无法改变的,唯一能够改变的是自己的心态。倘若能够对苦难采取泰然自若的态度,便能始终保持快乐的心境、健康的容颜。因此,我们看到,沈光文写饥饿处境的

---

① 黄典权:《沈光文》,《台南文化》1952 年第 3—4 期。

诗,虽极为困苦酸楚,却又常常能苦中作乐,在诗、酒、自然山水之中寻求心灵的慰藉,在自嘲自遣中表现了乐观积极的精神与不为磨难所摧折的坚强意志。如"年年送穷穷愈留,今年不送穷且羞。穷亦知羞穷自去,明朝恰与新年遇"(《己亥除夕》)、"旅途宜自适,慨以当长歌"(《寄迹效人吟》)等等,都是这种旷达乐观情怀的表现。

三、杜甫:诗史精神的传承

"学陶诗人一般必学杜……陶与杜对举,既体现了清初遗民诗人在人格与处世态度上的双重性,也是其诗风互补的重要标志。"①在处世态度与诗歌风格上,沈光文受陶渊明影响最大,但也深受杜陵诗风之浸染。沈光文诗歌始终回荡着遗民忠义精神的主旋律,这正是处于易代之际的遗民诗人对杜甫爱国主义精神的继承;从诗歌风格上看,其《挽定西侯》《言忧》等诗沉郁凝重,含蓄蕴藉,深忧巨痛,欲言又止,颇有杜诗沉郁顿挫的风格特征。此外,沈光文诗歌或直接或间接地反映了明清易代之际的政治风云以及台湾初辟时期的风土人情,这又是对杜甫"诗史"精神的传承。

明末清初之际,改朝换代的严酷事实强烈地刺激着这一时代的诗人,赋予他们以诗系史的历史责任感与使命感,众多诗人纷纷以杜甫为宗,以诗歌反映动荡骚乱的社会现实,抒发强烈的民族思想和家国之悲,"诗史相通""以诗记史"成为这一时期诗人自觉的创作理念与诗歌的显著特点。黄宗羲在《万履安先生诗序》中说:"明室之亡,分国鲛人,纪年鬼窟。较之前代干戈,久无条序。其从亡之士,章皇草泽之民,不无危苦之词。以余所见者,石斋、次野、介子、霞舟、希声、苍水、密之十余家,无关受命之笔,然故国之铿尔,不可不谓之史也。"②沈光文一生经历明、荷、郑、清四代,来台后三十年又"及见延平三世盛衰"③,这种特殊的人生际遇,使沈光文诗歌不仅成为作者个人抒情言志的载体,也成为特定时代桑海之变的真实记录,从而具有了鲜明的诗史特征。诚如浙东史学大家全祖望在《明故太仆斯庵沈公诗集序》中所言:"太仆之诗,称情而出,不屑屑求工于词句之间,而要之原本忠孝,其所重,原不只在诗,即以诗

---

① 张兵:《明清易代与清初遗民诗》,《江海学刊》2000 年第 2 期。
② 黄宗羲:《万履安先生诗序》,见《黄宗羲全集》第 10 册,浙江古籍出版社 2005 年版,第 49 页。
③ 全祖望:《沈太仆传》,见《全祖望集汇校集注》(上),上海古籍出版社 2000 年版,第 498 页。

言,亦多关于旧史。"①

　　自沈光文 1645 年投笔从戎到 1657 年来台之前,始终置身于南明抗清斗争的最前沿,这一时期的诗作是他十余年来"间关险阻,飘摇栖泊"的生活历程的生动记述,也从一个侧面反映了浙东士人扈从鲁王抗清的艰难曲折、颠沛流离的战斗历程。这一时期的诗作《寄迹效人吟》《隩草》《贷米于人无应者》《卢司马惠朱薯赋谢》《谢王愧两司马见赠》等,虽非重大军事政治事件的书写,却真实地反映了鲁王及其部属南下福建依附郑成功时期艰难而尴尬的处境,具有"以诗证史"的重要意义。以《寄迹效人吟》组诗为例,就颇具诗史意义,充分反映了流寓金厦期间的艰苦生活和复杂情感。1651 年,鲁监国领导下的抗清基地浙江舟山被清军攻破,鲁王政权粮饷无源,漂泊无所,只得被迫南下进入福建郑成功的地盘,被安置于金门居住。由于郑氏集团本来尊奉的是唐王,唐王的隆武政权覆亡后又尊奉远在西南的永历帝政权,而对于浙江士绅所尊奉的鲁王政权一直不予承认,因此,郑成功对于南下归附的鲁王君臣的态度相当微妙。在这种情况下,1652 年三月,鲁王只好取消了"监国"名号,承认永历帝的正统地位。从 1651 年起,鲁王君臣一直依附并受制于郑成功,偏居于金门一隅,难以在政治上和军事上有大的作为。沈光文等一直扈从鲁王的浙东士人,也就处于这种有志难伸、寄人篱下的处境中。《寄迹效人吟》六首便真实地表现了这一时期诗人贫窭不堪的生活处境以及无力扭转时局的悲凉,如第一首曰:"不道十余载,犹然若故时。因人作事缓,连我信天疑。燕雁春秋易,沧桑日月迟。为兴靡骋感,且滞水之湄。"

　　又如,沈光文哀悼定西侯张名振所做的《挽定西侯》一诗:"方喜廉颇老未曾,骇闻骑箕竟归升。只因心血回天竭,会看精英作厉能。瀹水潮头凭怒立,秣陵城外识云凝。留将背字同埋土,黯黯重泉恨较增。"在"留将背字同埋土"一句之后,沈光文特意加注曰:"背上刺有赤心报国字",这一注释正印证了《海东逸史》中的一段记载:

　　　　至厦门见延平王郑成功,成功大言曰:"汝为定西侯数年,所作何事?"名振曰:"中兴大业。"成功曰:"安在?"名振曰:"济则征之实绩,不济则在方寸间耳。"成功曰:"方寸何据?"名振曰:"在背上。"即解衣

────────────

① 全祖望:《明故太仆斯庵沈公诗集序》,见《全祖望集汇校集注》(上),上海古籍出版社 2000 年版,第 596 页。

示之,有"赤心报国"四字,长径寸,深入肌肤。成功见之愕然,悔谢曰:"久仰老将军声望,奈多憎之口何!"因出历年谤书盈篋。名振立命火之。于是待名振以上宾,行交拜礼,总制诸军。①

　　1959 年 8 月,位于金门的鲁王墓因当地驻军修筑工事而被意外发现,胡适先生根据新出土的《皇明监国鲁王圹志》,纠正了流传甚久的所谓鲁王被郑成功"沉之于海"的谬传②,还原了事实真相。其实,早在清代乾隆年间,史学家全祖望就已经澄清了这一谬误,他所依据的就是煞费苦心拜托友人从台湾抄录回来的沈光文诗集。全祖望在《明故太仆斯庵沈公诗集序》中说:"太仆有挽王之诗,其序曰:'王薨于壬寅冬十一月',是其在成功之后明矣。"③这样,鲁王被郑成功所害的说法也就不辩自明,沈光文诗歌的诗史价值由此亦可见一斑,诚如全祖望所云:"然非太仆之集,何从而考得其详? 此诗史之所以可贵也。"

　　季麒光《跋沈斯庵杂记诗》云:"斯庵学富情深,雄于辞赋。浮沉寂寞于蛮烟瘴雨中者二十余年,凡登涉所至,耳目所及,无巨细皆有记载。其间如山水,如津梁,如佛宇、神祠、禽鱼、果木,大者纪胜寻源,小者辨名别类,斯庵真有心人哉。"沈光文除了在其《台湾舆图考》《台湾赋》《檨赋》《桐花赋》中详细记载了台湾的幅员道里、历史沿革、气候物产、风俗民情之外,还在《番柑》《番橘》《椰子》《释迦果》《番妇》等诗中真实地表现了台湾的风物民俗。除了这五首专门描写台湾风物的诗作外,沈光文的其他诗作中也经常呈现出台湾的独特风情与地域特色,如台湾草莱初辟时"民习耕渔因土瘠"(《思归》其五)的经济形态、"入山地近区南北"(《别顾南金》)的地理状貌等。仅从《晓发目加湾即事》《发新港途中即事》《至湾匝月矣》等诗题中,就能令人感受到浓郁的台湾特色。沈光文这类有关台湾地理风物的诗歌,真实地反映了 17 世纪下半叶台湾的风物出产以及少数民族的生活形态,亦具有弥足珍贵的诗史价值。

　　季麒光在其《〈沈斯庵诗〉叙》一文中对沈光文诗歌做出了这样的评价:"且诗之为道,学以深之,气以充之,发皇于境遇,而根柢于性情。元人张子长曰:'古今诗人,能自命一家,以继三百篇之后者,其致未尝不厚,其辞未尝不盛。

---

①　翁洲老民:《海东逸史》卷十二《张名振传》。

②　胡适:《跋金门新发现〈皇明监国鲁王圹志〉》。

③　全祖望著,朱铸禹汇校集注:《全祖望集汇校集注》(上),上海古籍出版社 2000 年版,第 594 页。

惟厚与盛,诗之宗也。外此而清幽杳渺之思,排丽绚烂之色,不过诗之舆卫鼓吹而已。'斯庵之诗以致运实,以辞写志,抒发至理,不怒不流。盖其托体在乐天、放翁之间,而其寄意则又如彭泽老人,悠然而自远,淡然而自适也。"①作为沈光文最亲密的知己与诗友,季麒光这段话相当准确地概括了沈光文的诗歌风格与艺术渊源,确为的论。

第四节　沈光文诗歌的用典艺术

　　沈光文诗歌本乎忠孝,"称情而出,不屑屑求工于词句之间"②,然就其诗歌艺术而言,又是对比兴寄托、托物言志、使事用典等古典诗歌艺术的继承与发扬。善用典故就是沈光文诗歌非常突出的艺术特点。典故,古人亦称"事类""故实""故事""典实"等。《文心雕龙》曰:"事类者,盖文章之外,据事以类义,援古以证今者。"③"援引典故,诗家所尚。"(沈德潜《说诗晬语》)古人作诗之所以喜用典故,除了借以丰富诗歌的意涵、使思想情感的表达更为凝练、精粹之外,还有一个重要目的就是为了炫示才学。为此,许多诗人不惜下了不少在古籍中爬罗剔抉的"诗外功夫"。如李商隐作诗"多简阅书册,左右鳞次,号獭祭鱼"(《杨文公谈苑》),黄庭坚为作诗而抄录各种汉晋间杂事并"红笔涂乙点识"(翁方纲《复初斋文集》卷二十九),甚至还有诗人公然提倡"凡作诗,平居须收拾诗材以备用"(《唐子西文录》)。而沈光文之诗或是危局困境中的自勉自励,或是贫窭艰辛中的自舒自解,本无工拙之想,更不会为了炫才鬻博而刻意搜罗堆砌典故。故其诗中之典,多为熟典,乃是诗人基于抒情言志的需要"以意摄事"的结果,是诗人才情与学养的自然流露。从使事用典的角度观照沈光文诗歌,有助于我们更深入地理解沈光文诗歌的思想内涵与风格特征。

一、以典抒怀,以史明志

　　据笔者统计,在沈光文存世的 104 首诗中,共有 58 首诗用典,占全部诗作

---

① 季麒光:《蓉洲诗文稿》,《无锡文库》第 4 辑,凤凰出版社 2012 年版,第 312 页。

② 全祖望:《明故太仆斯庵沈公诗集序》,见《全祖望集汇校集注》(上),上海古籍出版社 2000 年版,第 595 页。

③ 刘勰:《文心雕龙》,中华书局 2010 年版,第 339 页。

的 56%，所用典故（包括事典和语典）共计 135 处。沈光文诗歌中的典故来源丰富，经史子集无所不涉：源自《诗》《书》《孟子》《左传》等经部典籍的典故达 18 处；源自《国语》《战国策》《史记》《汉书》《后汉书》《三国志》《晋书》等史部典籍的有 69 处；源自《老子》《荀子》《列子》《庄子》《世说新语》等子部典籍的有 19 处；源自《楚辞》《陶渊明集》等集部的有 29 处。显而易见，沈诗中来自史部的典故最多，占所用全部典故的 51%。这些典故多取诸唐之前的正史，从数量上看，取自《史记》的最多，有 28 处；其次是取自《晋书》的典故，达 12 处。以众多历史人物及其事迹为典，以典抒怀，以史明志，构成了沈光文诗歌用典艺术的最大特点。

沈诗典故中涉及的历史人物可大致分为三类：

第一类是坚守气节、不食周粟的遗民形象。沈光文生逢明清易代之际，始终以忠义气节自许，所谓"冠裳不可毁，节义敢轻删"（《隩草》其五）。故此，其诗作中出现最多的历史人物就是伯夷、叔齐等不食周粟、坚守气节的遗民形象。沈诗中关于伯夷、叔齐的典故共出现 14 次之多，如"远寄西山耻，重将南渡尤"（《隩草》其七）、"采薇思往事，千古仰高踪"（《感怀》其二）、"饿已千秋久，人堪饭首阳"（《山间》其七）等。晋宋之际被誉为"千古隐逸之宗"的陶渊明，同样是"耻事异姓"、坚守节操的遗民典范。有关陶渊明的典故在沈诗中也出现了 14 次之多，如"未伸靖节志，居此积忧忡"（《感怀》）等，足见陶渊明在沈光文心目中的崇高地位。

第二类是安贫乐道、卓立特行的高士隐者形象。沈光文一生"不戚戚于贫贱，不汲汲于富贵"，当年在大陆抗清时就曾拒绝闽督李率泰的招徕，有"焚书返币"之举；来台后又坚辞姚启圣的征召。尽管他与家人经常处于饥饿的威胁之下，但他却始终以"也怜褰空嗟无告，犹欲坚持冰雪操"（《己亥除夕》）自励。历史上那些安贫乐道的仁人高士，成为沈光文坚守道义、战胜贫窭的精神力量，于是沈光文诗中便屡屡出现与袁安、管宁、严光、范冉等穷且益坚的历史人物有关的典故，如"居辽当日管，卧雪此时袁"（《隩草》其四）、"蓬蒿老仲蔚，卜亦卖成都"（《感怀》其四）等。

第三类是矢志复国的英雄豪杰或贤相能臣形象。沈光文不仅仅是一位守节不阿的遗民，更是一位亲身投入到如火如荼的抗清斗争的战士。他不满南明小朝廷的羸弱与内讧，更痛心于南明王朝的江河日下，期盼着有诸葛亮、谢安那样的人物出现以扭转乾坤、重整河山。因此，他的诗中经常出现的另一类历史人物就是荆轲式的"志在报强嬴"（陶渊明《咏荆轲》）以及谢安式的"为君谈笑靖胡沙"(李白《永王东巡歌》)的历史人物。这类人物包括荆轲、张良、鲁仲连、诸葛亮、祖逖、谢安、李泌等。以荆轲为典,如"草咎张椎误,兼之荆剑疏"(《寄迹效人吟》其二)等;以张良为典,如"一自椎秦后,同人在海山"(《隩草》其五)、"未伸博浪志,居此积忧忡"(《隩草》其十)等;以鲁仲连为典,如"蹈海苦不死,患难徒相随"(《大醉示洪七峰》)、"敢令鲁连深自耻"(《移居目加湾留别》)等;以诸葛亮为典,如"南阳高卧稳,冈识世途艰"(《隩草》其五)等;以祖逖为典,如"起舞徒虚事"(《寄迹效人吟》其六)、"古来击楫更谁同"(《己亥除夕》)等;以李泌为典,如"得兴灵武业,谁作李长源"(《隩草》其四)等。赵翼《瓯北诗话》说得好:"诗写性情,原不恃数典;然古事已成典故,则一典已自有一意,作诗者借彼之意,写我之情,自然倍觉深厚,此后代诗人不得不用书卷也。"沈光文诗歌正是借助于不同类型的历史人物构成的典故,传达了作者曲折复杂、沉郁顿挫的遗民情感,同时也赋予了诗作一种深邃而厚重的历史感。

　　典故本是古老历史的高度积淀与浓缩,因此任何一个典故都具有程度不同的"密码性",能否顺利"破译"取决于读者的学识、文化背景,这就使典故在不同程度上具有了一种"隔"的特点。而成功的典故运用,则如同中国古典园林的造园艺术,应做到"隔而不隔"。所谓"隔而不隔",从作者角度言之,就是要做到以意摄事,类比自然。正如钱锺书先生所言:"词头、套语,或故典……它们的性质跟一切比喻和象征相同,都是根据着类比推理(analogy)来的,尤其是故典,所谓'古事比'。"①由于沈光文与伯夷、叔齐、陶渊明、管宁等历史人物处于极为相似的改朝换代的历史情境中,有着极为相近的情感体验与人格节操,因此将这些人物摄于笔下,以古圣先贤明志抒怀,便极为贴切自然,毫无生硬牵强之感。"隔"的只是时空,不"隔"的是境遇、人格与情感。譬如沈诗中多处以管宁为典,如"居辽当日管,卧雪此时袁"(《隩草》其四)、"今日幼安固如何,却亦未曾除皂帽"(《贷米于人无应者》)等,就是基于作者与东汉末年名士管宁在功业建树、品格操行上的高度契合。东汉末年天下大乱时,管宁避乱于辽东,在当地传授诗书,进行礼义教化,深受人们的爱戴。后来中原逐渐安定后,管宁又数次拒绝了曹魏几代帝王的征召。沈光文以文化开台的教化之功,以及坚拒清政府征召的遗民气节,都堪与管宁相媲美。康熙平台之后,福建总

---

① 钱锺书:《论不隔》,《学文》1934 年第 7.1 卷。

督姚启圣在给沈光文的信函中称"管宁无恙?"①,就径直以管宁指称沈光文。正是由于沈光文自身的行迹与品格与管宁有着高度的契合,他在诗中以管宁为典自况、自励便显得极为浑融熨帖。

"典故作为一种艺术符号,它的通畅与晦涩,平易与艰深,仅仅取决于作者与读者的文化对应关系。"②从读者角度言之,如果不具备一定的文化素养或作者所用典故过于生僻艰深,就无法顺利"破译"密码,这种因理解的障碍而造成的"隔",也是历代诗评家多诟病僻典的原因所在。而沈光文诗歌由于所用多为熟典,于是最大程度上减少了诗作与读者的"隔"。在中国传统文化语境下,夷齐、鲁仲连、荆轲、陶渊明等历史人物意象如同松、竹、梅等植物意象一样,早已凝固为一种中国文化精神的象征,成为代表着守志不阿、坚贞不屈、穷且益坚等精神品格的文化符号。对中国读者而言,早已不再是需要"破译"或猜测的"密码",而是让人心领神会、一点就着的文化"代码"或文化"标识"。因此读者对沈光文诗中的这些典故便"不隔",即刻就能领悟典故的含义,并引发对上下古今更悠远的历史的遐想与沉思,对诗句的意涵便理解得更为透彻。

二、活用典故,以故为新

沈德潜说:"实事贵用之使活,熟语贵用之使新,语如己出,无斧凿痕,斯不受古人束缚。"③沈光文诗歌虽多为熟典,却通过对典故的正用、反用、明用、暗用以及一典多用,舒卷自如地驱遣典故入诗,从而真正做到了对典故的活用。我们试以对典故的反用以及一典多用来看沈光文是如何活用典故的。

宋代严有翼在《艺苑雌黄》中曾借评论李商隐《贾生》一诗指出了反用典故的妙处:"虽说贾谊,而反其意用之矣……直用其事,人皆能之,反其意而用之者,非学业高人,超越寻常拘挛之见,不规规然蹈袭前人陈迹者,何以臻此!"清代顾嗣立《寒厅诗话》评韩愈诗亦云:"韩昌黎诗句句有来历,而能务去陈言者,全在于反用。……学诗者解得此秘,则臭腐化为神奇矣。"沈光文诗歌对典故"反其意而用之"的例子很多。如《答曾则通次来韵》一诗的尾联"握手相怜处,何须怨谷风",就是反用典故。"谷风"典出《诗经·小雅·谷风》。今人多

---

①　全祖望:《明故太仆斯庵沈公诗集序》,见《全祖望集汇校集注》(上),上海古籍出版社 2000 年版,第 498 页。

②　葛兆光:《论典故》,《文学评论》1989 年第 5 期。

③　王夫之:《清诗话》,上海古籍出版社 1999 年版,第 524 页。

认为这是一首弃妇诗,而古时解诗者则多将其解释为朋友相弃之诗。如《毛诗序》说:"《谷风》,刺幽王也。天下俗薄,朋友道绝焉。"朱熹《诗集传》说:"此朋友相怨之诗。"古代诗人经常反用此典,表达对心心相印的友情的歌颂。如孟浩然《送张子容进士赴举》诗:"无使谷风诮,须令友道存。"《答曾则通次来韵》是沈光文与挚友曾则通的酬赠之作,结尾亦反用此典来表达与友人患难相随、志同道合的友情。

又如咏志抒怀之作《五日》:

> 谩说哀猿择木难,锦标夺尽我徒看。
> 宁堪独醒还如屈,也取新芳试浴兰。
> 命到饥来奚待续,冠当穷处自羞弹。
> 应声却怪山妻语,也比鲶鱼上竹竿。

该诗抒发了自己在众人不择手段仕进攀爬的背景下仍然自甘困穷、独守高洁的孤傲情怀。全诗中典故的运用 3 处正用,2 处反用,颇为灵活多姿。首联"谩说哀猿择木难,锦标夺尽我徒看"典出《世说新语·言语》:"李弘度常叹不被遇。殷扬州知其家贫,问:'君能屈志百里不?'李答曰:'《北门》之叹,久已上闻;穷猿奔林,岂暇择木!'遂授剡县。"后世遂以"穷猿奔林""穷猿择木"比喻人处困境急于找到栖身之地。此句在"哀猿择木"前加上"谩说"二字,乃是反用其典,讽刺那些急于竞进之徒争名夺利、抢占官位唯恐不得的丑态。颔联"宁堪独醒还如屈,也取新芳试浴兰"是正用屈原之典,典出《渔父》中的"举世皆浊我独清,众人皆醉我独醒"与《九歌·云中君》中的"浴兰汤兮沐芳,华采衣兮若英"。颈联"命到饥来奚待续,冠当穷处自羞弹"又是反用典故。典出《汉书·王吉传》:"吉与贡禹为友,世称'王阳在位,贡禹弹冠'。"沈光文用此典意在表明自己虽身处饥寒却自守高洁,有着陶渊明一样不肯为五斗米折腰的傲骨,实在羞于攀附权贵,像贡禹那样"弹冠"准备出仕。尾联"应声却怪山妻语,也比鲶鱼上竹竿",用典而不使人觉,最为妙趣横生、诙谐幽默。"山妻"语出晋皇甫谧《高士传·陈仲子》:"楚相敦求,山妻了算,遂嫁云踪,锄丁自窜。"后多用为淡泊名利的隐者自称其妻的谦辞。面对妻子的责怪,沈光文用"鲶鱼上竹竿"比喻自己的仕进无望,鲜活生动而又通俗易懂,其实作者又是在不动声色地用典。典出欧阳修《归田录》:"君于仕宦,亦何异鲶鱼上竹竿耶?"总之,此诗的典故运用集正用、反用、明用、暗用于一体,充分表现出沈光文活用典故的艺术功力。

沈光文诗歌用典的灵活性不仅表现在反用典故上,也表现在对于某些含义丰富的典故,他能在不同的诗作中择取同一典故的某一侧面含义而用之,以服从于自己抒情言志的需要。如沈光文诗歌中关于谢安的典故出现过6次:

(1)"东山谁稳卧,怀想古凝丞"——《言忧》

(2)"驿骑但能传捷报,出游何必不东山"——《见博者》

(3)"谁兴淝水业,且复共衔杯"——《与友弈》

(4)"东山兴懒藏游屐,栗里花稀覆酒杯"——《思归》其四

(5)"生嫌岂独刘惔妹,难笑东山掩鼻时"——《偶成》

(6)"霖雨时需切,东山望不轻"——《谢王愧两司马见赠》

东晋名臣谢安,号东山,他既是潇洒风流的魏晋名士的代表,又是在乱世中安邦定国、力挽狂澜的能臣的典型。从李白的"东山高卧时起来,欲济苍生未应晚"(《梁园吟》),到清代袁枚的"谢安挟妓东山,卒为君子"(《答杨笠湖书》),谢安一直是古代文人推崇、仰慕的理想人物,自然也是诗文中反复征引和歌咏的对象。古代诗文中的谢安,或代表着建功立业、兼济天下的儒家用世精神(如李白的"但用东山谢安石,为君谈笑靖胡沙"),或代表着高蹈隐遁的道家出世情怀(如关汉卿"南亩耕,东山卧,世态人情经历多"),或体现着纵情恣欲的名士风流做派(如李白的"携妓东山去,春光半道摧"),积淀着极其丰富的文化意蕴。沈光文的以上6首诗均以"东山"为典,却蕴含着不尽相同的意涵。

《言忧》一诗抒发了作者难为人言而又难以排遣的"忧",作者自比为那位"忧天"的"杞人","明知忧无用",却又"忘忧实不能"。虽然作者未曾明言究竟为何而忧,但可以确知的是作者绝非为个人的安危荣辱而忧,而是为国事前途、苍生社稷而忧。尾联即点明了该诗的意旨:"东山谁稳卧,怀想古凝丞。"原来令作者深忧远虑的是大厦将倾却未能出现谢安那样的乱世能臣,他急切地呼唤着像谢安那样独木支天、力挽狂澜的人物能够早日出山,安邦定国。《见博者》中的"驿骑但能传捷报,出游何必不东山"与《与友弈》中的"谁兴淝水业,且复共衔杯"也是从这一侧面的含义来用此典的。

《思归》其四中"东山兴懒藏游屐,栗里花稀覆酒杯"一句用"东山"之典,则是从谢安常着"东山屐"留连山水之意用之,说明自己因思乡心切、穷愁潦倒且心忧国事而无心游憩。《偶成》中的"生嫌岂独刘惔妹,难笑东山掩鼻时"则取自《晋书·谢安传》中谢安出仕前与夫人刘氏的对话:"安妻,刘惔妹也,既见家门富贵,而安独静退,乃谓曰:'丈夫不如此也?'安掩鼻曰:'恐不免耳。'"尽管谢安面对朝廷多次征召均"高卧东山"不肯出仕,但面对夫人的质问还是不免

交了底,透露了自己身在山林而心存庙堂的济世之志。沈光文在这首坦陈心迹的《偶成》中使用此典,则是自嘲深陷贫困而又个性枘凿,仕进无路,以致连妻子都不免嘲笑自己的"不出息",可谓自然贴切而又风趣幽默。《谢王愧两司马见赠》中的"霖雨时需切,东山望不轻"则是用"东山"比自己的好友王愧两,主要着眼于"安有重名"(《晋书·谢安传》)这一角度来用典。王忠孝,号愧两,崇祯元年进士,授户部主事。甲申之变后,王忠孝被福王"授绍兴知府,擢副都御史",被唐王"授兵部左侍郎,总督军务,赐尚方剑,便宜行事",被桂王朱由榔诏拜为兵部右侍郎兼太常寺卿。桂王政权覆亡后,他又依附于郑成功抗清复明,并颇受礼遇。对这样一位先后在崇祯、福王、唐王、桂王、郑氏政权中备受倚重的元老重臣,沈光文以东晋重臣谢安作比甚为贴切,由衷地表达了对这位德高望重而又肯急人之难的故友的敬重与感激之情。

三、如水着盐,浑融无迹

中国古典诗论评价典故运用的技巧,常以浑融无迹为最高境界。如宋代蔡绦《西清诗话》称:"杜少陵云:作诗用事,要如禅家语'水中着盐,饮水乃知盐味。'此说,诗家秘密藏也。如'五更鼓角声悲壮,三峡星河影动摇。'人徒见凌轹造化之工,不知乃用事也。"元代杨载《诗法家数》主张用典"不可著迹,只使影子可也"。清代朱庭珍《筱园诗话》亦云:"大抵用典之法,在融化剪裁,运古语若己出,毫无费力之痕,斯不受古人束缚矣。……驱之以笔力,驭之以才情,行之以气韵,俾自在流出,如鬼斧神工,不可思议,而一归于天然,其大方家手笔矣。"沈光文诗歌用典虽多,却能做到以意摄事,贴切自然。其多首诗歌的用典,都达到了这种如水着盐、浑融无迹的境界。

如其《望月》一诗:

> 望月家千里,怀人水一湾。
> 自当安蹇劣,常有好容颜。
> 旅况不如意,衡门亦早关。
> 每逢北来客,借问几时还?

这首表达思乡情怀的诗语言极为清浅自然而又诗味醇厚,初读并不觉其用典,而具有一定古代文学修养的读者则会进一步读出其中的典故。"衡门"是出自《诗经》的语典,《诗经·陈风·衡门》:"衡门之下,可以栖迟。泌之洋洋,可以乐饥。"故后代诗人常以"衡门"代指简陋贫寒的生活或安贫乐道的精神。"自当安骞劣，常有好容颜"则出自陶渊明诗《拟古九首》之五："辛苦无此比，常有好容颜。"融化前人诗句入诗而又浑化无迹，如同己出。

《谢王愧两司马见赠》中的"忘机同海客，尊义缔寒盟"一联同样是如水着盐、浑融无迹式用典的范例。诗云：

> 廿载仰鸿名，南来幸识荆。
> 忘机同海客，尊义缔寒盟。
> 霖雨时需切，东山望不轻。
> 流离谁似我，周急藉先生。

该诗对王愧两司马的雪中送炭、急人之危表达由衷的感激之情，并歌咏二人在患难流离中结下的深情厚谊。颔联"忘机同海客，尊义缔寒盟"，称两人流寓金厦同为海客，却能彼此肝胆相照，为追求正义而结成患难之交。此联字面意义明白晓畅，并不难懂，然细剖之便会发现其实包含着丰富的典故信息。二句暗用辛弃疾词《水调歌头·盟鸥》中的"凡我同盟鸥鹭，今日既盟之后，来往莫相猜"。其典源则可追溯到《左传》："凡我同盟之人，既盟之后，言归于好。""忘机"即消除机巧之心，出自"鸥鹭忘机"一词，典出《列子·黄帝篇》，其中《好鸥鸟者》说："海上之人，有好鸥鸟者，每旦之海上从鸥鸟游，鸥鸟之至者百住而不止。其父曰：'吾闻鸥鸟皆从汝游，汝取来，吾玩之。'明日之海上，鸥鸟舞而不下也。"诗中的"海客"恰与典源中"海上之人"的故事背景契合无间，同时无比贴切地表达了朋友间毫无机心、坦诚相交的诗意。如果读者能够辨识或破译诗中的典故"密码"，则能够品出诗歌丰厚的意蕴，玩味其"镜花水月之趣"；如若不能，亦无碍于对诗意的理解。

再以沈光文流寓金门时期所做的《柬曾则通借米》一诗的用典为例：

> 迤来乞食竟无处，饥即驱我亦不去。
> 甑中生尘兴索然，飧风吸露望青天。
> 穷途依人仍不足，自顾已忘荣与辱。
> 何当稚子困饿啼，绝不欲我作夷齐。
> 勉学鲁公书新帖，呼庚未免为臣妾。
> 嗟，嗟！
> 苦节尤难在后头，一日不死中心忧。

沈光文全家断炊，欲乞食于人却六亲无告，这种处境使诗人很自然地联想到同样因坚守气节而陷入乞食窘境的陶渊明,于是化用陶渊明诗《乞食》中的诗句"饥来驱我去,不知竟何之"入诗:"迩来乞食竟无处,饥即驱我亦不去"。"甑中生尘兴索然"既是家中无米的真实写照,又是不露痕迹地用典。《后汉书·独行传》载范冉事迹云:"所止单陋,有时绝粒,穷居自若,言貌无改。闾里歌之曰:甑中生尘范史云,釜中生鱼范莱芜。"同样的"甑中生尘"的穷困,折射出的是诗人与范冉同样的穷且益坚的人格境界,典故的使用可谓自然巧妙,浑化无迹。诗人本有夷齐之志,无奈身为人父终究不忍幼子的啼哭,慈父之心终于促使诗人放下所有的自尊向人乞米。在书写柬帖时,博览经史而又谙熟书法的诗人自然联想到了唐代书法家颜真卿的名作《乞米帖》。唐永泰元年(765),由于天灾人祸,全家陷入饥寒的颜真卿不得不向友人李太保写书求救,其文曰:"拙于生事,举家食粥,来已数月。今又罄竭,只益忧煎。辄恃深情,故令投告,惠及少米,实济艰辛。仍恕干烦也。真卿状。"这就是中国书法史上赫赫有名的《乞米帖》。沈光文用此典,不仅与此情此境极为契合,同时也借颜鲁公映照了自己"不以贫贱为愧,故能守道,虽犯难不可屈"(黄裳《溪山集》)的遗民气节。这样的用典,真可谓"用旧合机,不啻自其口出"了。

此外,沈光文还经常在一首诗中连用数典,如上诗就先后4处用典,《五日》一诗5处用典,《贷米于人无应者》6处用典。沈诗中用典最多的当属其晚年所做的《大醉示洪七峰》一诗,该诗共有10处典故,先后涉及的历史人物有沈约、夏桀、鲁仲连、温峤、苏武、梁孝王、平原君、樊哙等8人之多,几乎可以说是以典为诗了。钱锺书先生曾批评某些江西诗派诗人的用典:"仿佛只把砖头石块横七竖八的叠成一堵墙",而赞赏韩驹用典能做到"不但叠得整整齐齐,还抹上一层灰泥,看来光洁、顺溜、打成一片。"①沈光文诗歌中的用典虽多,但由于作者能够做到"以意摄事",且将现实与历史的比附极为自然贴切,因此其中的典故丝毫没有给人以生硬堆砌之感,而是能与诗意的表达浑融一体、"打成一片"。由于诗人腹笥丰富,学识渊博而又善于联想,故而能够将典故信手拈来,驱遣自如。用典虽繁复,然每一处皆贴切合宜、圆转流利。这样的用典,诚如南宋魏庆之《诗人玉屑》所云,可谓"自出己意,借事以相发明,变态错出,则用事虽多,亦何所妨"!

总之,沈光文诗歌通过对典故的娴熟运用,自然贴切而又含蓄蕴藉地表现了明清之际遗民诗人复杂深沉的思想感情,赋予了诗作古雅凝重、沉致深婉的

---

① 钱锺书:《宋诗选注》,人民文学出版社1989年版,第113页。

审美风格,也折射和映照出作者本人崇高峻洁的主体人格之美。典故本身是一种深厚的民族历史文化的沉淀与结晶。在华夏文化遭受巨大破坏与摧残的历史背景下,在被荷兰殖民者占领 38 年后几乎还是一片文化荒漠的台湾岛,沈光文对中华民族源远流长的文学形式——古典诗歌的创作,对最具民族文化特征的艺术技巧——典故的成功运用,从更深层的意义上说,是作者民族情感与爱国精神的深层表现,亦是对中华文化传统的维系与传承。

第二章

沈光文《台湾赋》研究

古近体诗是奠定沈光文之"台湾文学始祖"地位的主体,而文赋亦是沈光文文学成就的重要方面。沈光文曾创作了《台湾赋》①《东海赋》《樣赋》《桐花赋》《芳草赋》等多篇赋作,"可惜多已失传,唯存《台湾赋》一篇,尤为珍贵"②。在源远流长的中国赋体文学史上,《台湾赋》是第一篇以台湾为题材的赋作,为品类繁多的中国文赋创作掀开了别开生面的崭新一页。从台湾文学发展的视角看,台湾之赋,始于沈光文之《台湾赋》。作为台湾有史以来的第一篇骈体文赋,《台湾赋》对后世台湾赋学影响甚大,此后高拱乾、林谦光、王必昌等人的同名《台湾赋》,均效仿沈光文的这篇《台湾赋》。从政治意义、文献价值、文学成就等方面全面探讨《台湾赋》的价值与意义,自是沈光文研究乃至台湾古典文学研究中不可或缺的重要方面。

第一节 《台湾赋》的历史价值与进步史观

《台湾赋》题材广阔,品类丰富,是对台湾历史、地理、物产、民俗等概况的全方位的反映,具有台湾百科全书的特点,因而被誉为"第一部台湾简史",具有珍贵的史料价值。而更为难能可贵的是,该赋无论是对荷兰殖民者入侵历史的痛斥,还是对郑成功金陵之役、驱荷复台之役的评价,都反映了作者进步的历史观和政治倾向,体现了作者深邃的历史眼光与洞见能力。对郑经"僭

---

① 沈友梅、侯中一编:《沈光文斯庵先生专集》,台北市宁波同乡月刊社 1977 年版,第 91—96 页。
② 刘登翰、庄明萱:《台湾文学史》(第一册),现代教育出版社 2007 年版,第 110 页。

王"的批评,则反映了其基于鲁王侍臣的身份对封建礼法正统性的维护。

一、对荷兰殖民者入侵的痛斥

《台湾赋》是在宇宙时空的宏大视野中对台湾的俯视中开篇的:

> 台湾遐岛,赤嵌孤城,门名鹿耳,镇号安平。未入九州分野,星应牛女同躔;不载中国舆图,地与琉球接境。自有天地,生此人民,粤若洪荒,扩斯世界。长亘两粤之前,屹立七闽之外。东南则日本之舻舶常通,西北则会稽之关梁可数。海坛澎水,北向之方隅;南澳铜山,西流之门户。迤连吕宋,遥望暹罗。

在中国漫长的历史上,从《尚书·禹贡篇》中的"岛夷"、《汉书·地理志》中的"东鳀",《三国志》中谈及的"夷洲"、《隋书·东夷传》所载的"琉求",到明代习称的"东番""北港""台员",历代关于台湾这座美丽宝岛的名称,经历了几多变化。而"台湾"这个沿用至今的宝岛的名称,正是肇始于沈光文的《台湾赋》。在沈光文《台湾赋》问世之前,关于台湾的最详细、最有价值的文献记载当属明代陈第的《东番记》和明末周婴的《东番记》。前者以"东番"称台湾,后者以"台员"称台湾。连横《台湾通史·开辟记》探究"台湾"名称的来历时,征引张湄《瀛壖百咏序》曰:"明季周婴《远游篇》,载东番一篇,称其地为台员,盖闽音之讹也。台湾之名入中国始于此。"①"沈光文是第一个站在岛上用'台湾'来称呼并写入文献的中国人……正是沈光文的这篇文章,台湾才第一次成为全岛的名称。此后在施琅《陈海上情形疏》等奏章中亦可见到。至清政府归入版图、在该地设立台湾府,从此,这个名称通行全国乃至全世界,直到今天。"②关于台湾的周边邻界,陈第的《东番记》未载,周婴的《东番记》则有清晰的记载:"其国北边之界,接于淡水之夷。南向望洋,远瞩吕宋。东乃沧溟万里,以天为岸。流彼东逝,滔滔不归。潮汐之气候,穷于此矣。"相较而言,《台湾赋》不仅对台湾地理方位的描述更为详细精准,而且多次提到了"两粤""七闽""会稽""海坛澎水""南澳铜山"等祖国大陆的地名,以大陆为坐标来定位台湾的地理方位,充分凸显了台湾与祖国大陆之间密不可分的地缘关系。之后,沈光文即展开了对台湾历史的追溯,从史缘的角度讲述台湾与祖国大陆之间

---

① 连横:《台湾通史》(上),商务印书馆 2010 年版,第 23 页。
② 张萍、戴光中、张如安等:《沈光文研究》,浙江大学出版社 2014 年版,第 42 页。

的渊源关系。沈光文对台湾历史的追溯是从 17 世纪荷兰殖民者的入侵开始的：

> 爰有红毛，觊觎斯土；乃分族类，盘据为巢。扼要则雄建双台，御侮则高陈百炮。问渠出处，属咬溜吧之分枝；溯彼源流，实荷兰国之故种。既谋作窟，复媾经商。土番懵懂，役使由人；通事夸恢，奸回凭己。编氓侨寓，初来不满千家；贾客私行，后至缘贪百货。俯嗟异域，声教难通；旷览殊方，性情各别。天念民瘝，沦身溟海；地随气转，假手延平。此固天时之将渐移而善也，乃俾郑氏之先为开其端耳。

1624 年，荷兰殖民者通过东印度公司在台湾扩张其殖民势力，对当地的少数民族与汉族移民实施殖民统治。他们强迫被占领的台湾少数民族村社与之签订屈辱的归服条例，剥夺了土地、渔场、猎场等当地人民主要的生产资料，通过强迫纳贡、榨取租税等方式进行疯狂的经济掠夺，对于台湾民众的反抗则实行残酷的军事镇压。1652 年，台湾民众因不堪忍受残暴的殖民统治，终于爆发了郭怀一领导的武装起义，起义失败后被荷兰殖民者残酷杀害者近万人。沈光文于 1657 年因飓风意外漂泊来台之际，台湾正处于荷兰人的殖民统治之下。沈光文亲眼看见了台湾人民所遭受的殖民压迫和奴役，热切地期盼着郑成功东征台湾，驱逐荷夷，据说他曾"暗中策划郑成功攻打台湾，一度被荷兰人逮捕入狱"[1]。在《台湾赋》中，他将入侵台湾的荷兰殖民者斥为"红毛"，用高度凝练形象的语言控诉了其在台湾长达三十余年的军事镇压、经济掠夺、文化侵蚀的殖民史，既饱含着对奸诈、残暴的西方殖民者的无比痛恨，也寄予着对遭受欺凌的淳朴的台湾少数民族同胞的深切同情。他认为郑成功复台乃是天遂人意，民望所归。"天念民瘝，沦身溟海；地随气转，假手延平。此固天时之将渐移而善也，乃俾郑氏之先为开其端耳。"此句承上启下，作者笔锋一转，随即将视角转向了开台英雄郑成功。

二、对郑成功金陵之役的评价

1659 年的金陵之役与 1661 年的驱荷复台之役，是郑成功一生中最重要的两次战役，也是决定南明历史走向和台湾历史命运的关键性战役，《台湾赋》

---

[1]　田珏、傅玉能：《台湾史纲要》，福建人民出版社 2012 年版，第 70 页。

便围绕着这两次关键性战役铺展开一幅轰轰烈烈、波澜壮阔的历史画卷。明郑历史本就是南明历史的一部分。郑成功之所以将战略目光瞄准台湾,直接肇源于其在大陆抗清斗争的失利。而明郑与清军最具决定意义的战役,就是永历十五年即 1659 年的金陵之役。

在《台湾赋》中,沈光文首先用热情洋溢的笔触歌颂了金陵之役的正义性以及江南百姓士绅对郑成功义师的拥戴:"永历己亥之岁,延平扬帆出海,拨棹横江。戈扬于铁瓮之南,舰系于金陵之北。童叟望云来霓,开天见日;妇女箪食壶浆,镂骨铭肌。惟因人皆济美,遂用汝作楫舟。"继而用气势豪壮、激昂振奋的语言描述了战争前期郑军的势如破竹、所向披靡和清廷一方的闻风丧胆:"东吴士尽英髦,于是争先割刃。瓜镇没水海师,江龙斩断;义军登城树帜,虏丑全输。京口喋血填濠,守将扶明反正。郑延平六月兴师,十年养锐;张侍郎四方传檄,七郡来归。逼金陵城而为营,因岳庙山而树栅。……死于山者,山变其色;沉于水者,水断其流。当是时,断瓜洲则山东之师不下,据北固则两浙之势不通。"然而,这次战役最终还是功亏一篑,令包括沈光文在内的无数抗清志士不胜叹惋、抱憾千古。对于这场战役失败的历史原因,自南明迄今,曾有不少文士、学者从不同角度做出了分析和总结。如长期生活于郑军中的金门诗人卢若腾在其诗作《金陵城》中将失败原因归结为郑军"不假十万兵"和"城下未歇酣歌声"的大意轻敌,徐孚远亦曾作《北伐命偏裨皆携室行,因歌之》一诗,抨评郑成功令全体官兵女眷随行出征的决策为不智。沈光文在其《台湾赋》中则独具慧眼,将郑成功未能采纳甘辉之言视为这次战役失败的关键因素,他说:"延平若听甘辉之言,南都不待回师而定……"应该说,沈光文对金陵之役失败原因的分析是颇具眼光的。

郑军六月二十四日占领镇江后,在如何进取南京的问题上,郑成功曾召集会议向部属征求意见:"官兵行程,水、陆孰得快便?"中提督甘辉说:

> 兵贵神速,乘此大胜,狡虏亡魂丧胆,无暇预备,由陆长驱,昼夜倍道,兼程而进,逼取南都。倘敢迎战,破竹之势,一鼓而收;不则围攻其城,以绝援兵,先破其郡,则孤城不攻自下。若由水而进,则此时风信不顺,时日犹迟,彼必号集援虏,撄城固守,相对□战,我亦多一番功夫矣。①

---

① 杨英:《从征实录》,台湾银行经济研究室 1958 年版,第 676 页。

　　甘辉的谏言抓住了直接关系战争成败的两个核心要素：一是取陆路而舍水路，以抓紧时机攻取南京；二是即便一时不能攻城，也应及时控制南京周围郡县，以断绝清军对南京的救援之路。遗憾的是，对这两条极为重要的建议，郑成功均没有积极采纳。首先，在进取南京的方式上，如果郑成功采纳甘辉之言，则至迟两天即可到达距镇江仅百里之遥的南京。在此问题上张煌言与甘辉可谓英雄所见略同，他在得知郑军克复镇江之后，亦曾极力主张由陆路进发南京："兵贵神速，若从水道进师，巨舰逆流，迟拙非策。"[①]然而雄才大略的郑成功偏偏在这一关键问题上做出了错误的决策，最终听从了其他将领以"我师远来，不习水土，兵多负重，值此炎暑酷热，难责兼程之行也"[②]为由从水路进军南京的建议。形体巨大的海船在狭窄的河道中靠纤挽逆水而行，速度极为迟缓，直到十天之后的七月初九日才抵达南京，贻误了最佳战机，加之郑成功为对方诈降所骗，中了对方的缓兵之计，竟在南京城下迁延十多日，一心静候清方"开门迎降"，终至坐失战机。其次，郑成功没有重视甘辉"不则围攻其城，以绝援兵"的建议，及时控制南京周围的州县，切断清方援军入城的道路，致使清方得以在郑军围而不攻、静坐待降的宝贵的十二天里火速调集援兵。七月二十二日当增援的清军，向郑军发起反击时，惜乎郑军猝不及防已经完全陷入被动，最终只能一败涂地，"大势已去，望海兴悲"。金陵之役最终由于郑成功的麻痹轻敌、迁延时日、坐失良机而失败，令多少志士豪杰扼腕浩叹！著名历史学家顾诚评金陵之役说："如果郑成功能够采纳正确建议，进至瓜州一带时统率主力由陆路直趋南京，乘城中清军守备兵力单薄迅速攻城，清方'城大兵单'，突破一处，歼灭守敌的可能性是相当大的。只要攻下南京，在政治上和军事上就已占上风，然后分兵四出，仍在观望中的清绿营官兵马逢知之流和更多的汉族官绅必然反正来归，顽固不化者聚而歼之。这样，有可能迅速占领江南财赋之区，清廷在经济上必然陷入困境……明、清对峙的局面将延续更长时间。"[③]这一论断与沈光文所言"延平若听甘辉之言，南都不待回师而定"，真可谓古今同慨！

---

①　张煌言：《北征录》，见《张苍水全集》，宁波出版社 2002 年版，第 129 页。

②　杨英：《从征实录》，台湾银行经济研究室 1958 年版，第 676 页。

③　顾诚：《南明史》（下），光明日报出版社 2011 年版，第 685—686 页。

三、对郑成功复台功绩的赞颂

金陵之役的失败,成为郑成功攻取台湾、实现战略转移的直接导火索。当郑成功做出收复台湾的决策时,曾遭到吴豪、黄廷等多数将领以及徐孚远、王忠孝等文臣的反对。卢若腾《东都行》曰:"苟能图匡复,岂必务远征!"[①]王忠孝《与张玄箬书》云:"僻据海东,不图根本,真不知其解也。"[②]张煌言更极力劝阻郑成功东征复台,其《上延平王书》云:

> 殿下诚能因将士之思归,乘士民之思乱,回旗北指,百万雄师可得,百十名城可下矣。又何必与红夷较雌雄于海外哉!况大明之倚重殿下者,以殿下之能雪耻复仇也。区区台湾,何预于神州赤县,而暴师半载,使壮士涂肝脑于火轮,宿将碎肢体于沙碛,生既非智,死亦非忠,亦大可惜矣。[③]

难能可贵的是,沈光文在对这一问题的认识上体现出了超越当时诸多文臣武将的远见卓识。在《台湾赋》中,他用简短的十六个字,一针见血地揭示了郑成功攻取台湾的战略目的:"金门寸土,不足养兵;厦岛丸城,奚堪生聚?"他清醒地认识到:在当时清廷已较稳固地控制大陆的局势下,仅凭郑军所占有的金门、厦门等福建沿海的弹丸之地,根本不足以对抗清军的疯狂进攻。为保存实力,休养生息,以图再举,驱荷复台不失为明智之举。沈光文之所以能在这一问题上体现出超越张煌言、徐孚远等人的卓越见识,应该说,不仅缘于他对明郑抗清形势的清醒认识,亦与他曾亲身经历台湾人民在荷兰殖民统治下的屈辱境遇有关。

"永历十五年辛丑四月朔,郑延平奋命台湾,民番慑伏;荷兰人终弃鲲身,上下悚惶。雕题黑齿之人,跳梁岂敢;镤耳文身之辈,蠢动无闻。"《台湾赋》中对郑成功收复台湾的描述,既简洁生动,又气势豪壮,以寥寥数笔就烘托出民族英雄郑成功的盖世英姿,令人读来痛快淋漓。郑成功复台之初,曾有人向其送上一幅赤嵌城的匾额,沈光文当即挥笔作诗《题赤嵌城匾额图》:"郑王忠勇义旗兴,水陆雄师震海瀛。炮垒巍峨横夕照,东溟夷丑寂无声。"诗中所表达的

---

① 卢若腾著,吴岛校释:《岛噫诗校释》,台湾古籍出版有限公司2003年版,第69页。
② 王忠孝:《惠安王忠孝公全集》,台湾省文献委员会1993年版,第195页。
③ 张煌言:《上延平王书》,见《张苍水全集》,宁波出版社2002年版,第157页。

对郑成功义师大智大勇的歌颂、对丢盔弃甲的荷兰殖民者的唾弃,与《台湾赋》中所传达的情感完全一致。紧接着,沈光文又赞颂了郑成功在台湾筚路蓝缕所开展的各项文化与经济建设。文化方面,"首崇文庙,次葺祠宫;岁修禋祀,时奉坛壝";经济方面,"驾津梁于二赞之间""屯竹木于大月之港""曝海水以为盐,爇山林以为炭",当此时也,"渔樵乐业,耕稼乘时",草莱初辟时的台湾呈现出蒸蒸日上的新气象,这一切都使沈光文等寓台的士大夫充满复兴的希望。清廷妄图断绝郑成功义师物质供应的迁海政策,不仅没有起到困死郑成功义军的作用,反而促使明郑走向自强自立之路。郑成功《复台》一诗云:"开辟荆榛逐荷夷,十年始克复先基。田横尚有三千客,茹苦间关不忍离。"用秦末汉初率部属五百人逃亡海岛的齐国贵族田横之典表现其固守台湾、誓与清廷对抗到底的坚决意志。沈光文在其《东吟社序》中说:"岁在辛丑,郑延平视同田岛,志效扶余",同样以田横比拟郑成功,赞颂其民族精神与忠义气节。郑成功收复台湾,使之成为明郑政权继续抗清的基地,不仅延长了南明国祚,更对台湾的历史走向影响深远,"虽有汉人群居,但未有汉人政权的台湾就在这一刻被郑成功邀请加入中国的历史,被郑成功视为'吾土吾民'的台湾土地与人民也在这一刻成为郑成功民族解放运动的后盾"[1]。

历史已经证明,郑成功收复台湾的历史意义是不可估量的,"就文化传播言,端赖明郑之复台,我中华文化乃能在此生根滋长","就列强侵略言,如不是明郑挥戈东向,则清廷必无驱荷复台之意,而台湾若让欧洲列强盘踞生根,其祸患之无穷,不言可喻","就东西消长言,荷兰是十七世纪的海上霸主之一,而却遭中国之偏师——郑军击败,此一事实说明了迟至南明时代,中国之科技与战力,犹能与西方相抗衡","就未来生机言,我中国将来之繁荣壮大,实已萌机于明郑复台之时"。[2] 应该说,在当时的历史条件下,沈光文对郑成功攻取台湾的战略意义的认识、对其开台功绩的称颂,都是相当富有历史眼光的。

四、对郑经"僭王"的批评

令沈光文没有想到的是,郑成功复台后的第二年就英年早逝,其子郑经承袭了王位。对于这位明郑历史上的第二位领袖,沈光文在《台湾赋》中给予了毫不留情的讥刺与批判,并因此而罹祸,"变服为浮屠,逃入台之北鄙,结茅于

① 陈昭瑛:《台湾文学与"本土化"运动》,正中书局 1998 年版,第 37 页。
② 周家安:《南明史地位与研究意义》,《明史研究专刊》1979 年第 2 期。

罗汉门山中以自居"①,经历了数年的逃禅生涯。他说:

> 壬寅年成功物故,郑锦僭王。附会者言多诣媚,逢迎者事尽更张。般乐之事日萌,奢侈之情无餍。横征浪费,割肉医疮;峻法严刑,壅川弭谤。主计者所用非所养矣,所养非所用矣。世风日下,人事潜移。苟革面于天朝,倾心正化,岂非蛮荒膏壤;岂祸胎无悛志,戾气尝横,恃此黑子弹丸。天理昧而不知,人事违而强作。

自 1664 年郑经退守台湾之后,全力经营台湾,移植明朝的政治制度,鼓励垦殖,对台湾的军政建设、文教事业是做出了一定历史贡献的,那么,沈光文究竟因何而对郑经持激烈的批判态度呢? 笔者认为,沈光文批评郑经的焦点在于"僭王"二字。何谓"僭王"? 有学者认为"僭王"的意思"不是指他承袭乃父延平郡王的封号,而是暗批他僭越名分,不满足于'藩王'的地位,妄图割据分裂台湾,建成独立王国,与中国平起平坐、分庭抗礼"②。其认为沈光文在《台湾赋》中对郑经的批评,是愤于"郑经这个不肖之子,居然背弃其父遗愿,宣布台湾'远在海外,非属版图之中',要求'以外国之礼见待'","妄图使台湾脱离中国版图、建立华夏以外的国家作威作福"③。对此观点,笔者不敢苟同。针对有些学者以郑经在与清政府的谈判中所提出的"援朝鲜例"和"(台湾)非属版图之中"为由,认为郑经是"台独分子",企图分裂祖国、欲在台湾建立主权国家的观点④,邓孔昭、朱双一、陈孔立等学者都曾撰文进行了雄辩有力的批驳⑤,一针见血地指出"郑经提出'援朝鲜例',并不是要把台湾变成朝鲜那样的藩属国,而是要求郑氏集团管辖下的人民(也包括大陆沿海人民)象朝鲜那样不'削发'。而这一点,恰恰是他的父亲郑成功发明的。……郑经正是继承了郑成功的遗志,坚持'援朝鲜例'不削发的……郑经提出'援朝鲜例'不削发,不但因为他要继承郑成功抗清的遗志,同时,也是他在清方军事力量不足以威

---

① 全祖望:《沈太仆传》,见《全祖望集汇校集注》(上),上海古籍出版社 2000 年版,第 498 页。
② 张萍、戴光中、张如安等:《沈光文研究》,浙江大学出版社 2014 年版,第 30 页。
③ 张萍、戴光中、张如安等:《沈光文研究》,浙江大学出版社 2014 年版,第 31 页。
④ 如王政尧《简论清初收复台湾》(《清史研究》1995 年第 3 期),任力、吴如嵩《康熙统一台湾的战略策略及其得失》(《战略与管理》1996 年第 1 期),季云飞《康熙前期清政府对台斗争方略之探析》(《军事历史研究》2001 年第 2 期)等文均持郑经是"台独分子"的观点。
⑤ 参见陈孔立《为郑经鸣冤》,《台湾史事解读》,九州出版社 2013 年版,第 195 页。

胁郑氏集团生存的情况下,用来对付清方'招抚'的一种十分有效的武器。"①
曾自言"吾廿载飘零绝岛,弃坟墓不顾者,不过欲完发以见先皇帝于地下耳"②
的沈光文,又怎可能误解郑经"援朝鲜例"的真实含义呢?

笔者以为,《台湾赋》批评郑经"僭王",指的应是郑经承袭王位之事。理由
如下:

其一,沈光文在《台湾赋》中说"壬寅年成功物故,郑锦僭王",既然明确指
出了年份,那么这里的"僭王"当然是指 1662 年(壬寅年)郑经承袭王位之事。
而郑经提出"远在海外,非属版图之中",要求"以外国之礼见待"等主张最早是
在 1667 年(永历二十一年,康熙六年)给孔元章与董班舍的复函中,而不是在
1662 年。

其二,关于沈光文与郑经的关系,沈光文晚年交谊深厚的知己、清朝首任
诸罗县令季麒光在《沈光文传》中是这样表述的:"郑经嗣爵,多所变更。斯庵
知经不能用人,且以一赋寓讥讽,为忌者所中,乃改服为僧,入山不出。教授生
徒,兼以医药济人。"季麒光是所有沈光文传记作者中唯一与传主本人有密切
交往的一位,其《沈光文传》是沈光文研究最早、也是最权威的文献资料,季麒
光认为沈光文讥讽郑经的主要原因是"嗣爵"即承袭爵位问题,对沈光文与郑
经关系的记载应该是非常可靠的。

其三,从"壬寅年"即 1662 年的历史情势以及沈光文与鲁王的关系来分
析,"僭王"应该是指郑经承袭王位之事,反映了沈光文维护朱明王朝、反对郑
氏僭越的正统思想。据道光十年李瑶《南疆逸史·撫遗》所附之《沈光文传》:
"成功卒,诸臣欲再奉鲁王监国,光文从之。壬寅,王遽薨,议遂寝。"1662 年是
南明历史上至关重要的一年,这年五月,郑成功以 38 岁之英年溘然长逝。由
于永历帝朱由榔已于这年四月被吴三桂所缢杀,张煌言、徐孚远、沈光文等一
心复明的官绅、武将自然希望由鲁王继统。鲁王是明太祖朱元璋的第十世孙、
崇祯皇帝朱由检的族叔,自 1645 年被浙东抗清义军拥立为监国起,一直在浙
江、福建一带坚持抗清斗争。在南明隆武帝、永历帝相继遇害,郑成功病故的
情势之下,由鲁王继承帝位延续抗清事业自然是名正言顺。对于从 1645 年起
就一直追随鲁王抗清、自称"鲁家佣"③的沈光文而言,更与鲁王有着长达十余

---

① 邓孔昭:《论清政府与台湾郑氏集团的谈判和"援朝鲜例"问题》,《台湾研究集刊》1997 第 1 期。
② 全祖望:《沈太仆传》,见《全祖望集汇校集注》(上),上海古籍出版社 2000 年版,第 498 页。
③ 沈光文《葛衣吟》一诗云:"葛衣宁敢弃,有逊鲁家佣。"

年的君臣之谊、生死之交,当然倾向于拥立鲁王继统。总之,在张煌言、徐孚远、沈光文等人看来,无论是从封建血统论,还是从政治资本论,最有资格作为南明政权领袖的当然应该是鲁王,这才是毋庸置疑的"天理"。然而,郑经却"天理昧而不知,人事违而强作",通过血腥的屠杀与征战夺取了王位,这当然是有昧"天理"的"僭越"! 沈光文对其正面规劝道:"苟革面于天朝,倾心正化,岂非蛮荒膏壤"。盛成先生认为:此处"天朝"指的是鲁王政权,所谓"革面于天朝"意谓"尊奉鲁王"①,笔者认为是有道理的。然而,由于鲁王于 1662 年十一月猝然薨逝,沈光文等人的愿望终究还是落空了。

其四,沈光文斥郑经为"僭王",亦与其饱受时人诟病的私通乳母事件有关。"郑经留给时人和后人最大的诟病和甚至关系明郑政权提早覆亡的指责,便是他的轻率的男女关系。"②郑成功东征复台期间,留守厦门的郑经与四弟的奶妈陈氏私通,并生下了儿子郑克臧。郑经妻子的祖父唐显悦将此事告发于郑成功,导致郑成功一怒之下做出派人将儿子郑经、妻子董夫人斩首的命令,金厦守将抗命不从。这一事件的刺激,加之多年的积劳成疾、郁积于心的国恨家仇,终于导致郑成功愤恨而卒。这一"家丑"及其所引发的明郑政局的衰变,也使郑经受到包括沈光文在内的亡明遗老的诟病与谴责,诚如黄典权所云:"在成功死前,有郑经私通乳母生子的事情,他死后又有郑袭郑经叔侄对于台湾领导权的争夺,这两件事可能使得在永历十五年以前来台的人民对郑经存着不愉快的印象,斯庵想也是难免的。"③

其五,沈光文之所以指斥郑经为"僭王",还包含了对其夺取王位过程中同室操戈、屠戮功臣之行径的痛心疾首。盛成曾以相当大的篇幅对《台湾赋》中的"公孙蹙颊"与"高允攒眉"两个典故进行了注释,认为"公孙蹙颊"是用汉代公孙弘之典影射曹从龙被杀之事:"所谓'寓讽刺',当非指台湾赋中之明文而言,赋中明文,仅痛斥郑经一人。讽者,不用正言以微词托意曰讽……讽刺即不以正言而以譬喻典故之微言相讥讽也。……因为讥讽而含刺,刺乃以尖锐之物,直伤人心,使人衔怨深刻,伺隙必报。……如赋中之公孙,只可解为公孙闳,当时伊曾独下狱诛者,此必指曹都御史从龙无疑。"④曹从龙与张煌言同为

---

① 龚显宗:《沈光文全集及其研究资料增编》(上),台南市政府文化局 2012 年版,第 203 页。
② 朱鸿林:《郑经的诗集和诗歌》,《明史研究》1994 年第 12 期。
③ 黄典权:《沈光文》,《台南文化》1952 年第 3—4 期。
④ 龚显宗:《沈光文全集及其研究资料增编》(上),台南市政府文化局 2012 年版,第 204 页。

鲁王麾下的兵部侍郎。张煌言在《曹云霖中丞从龙诗集序》中说："岁在壬辰(1652年，顺治九年)，予避地鹭左(厦门)，云霖俨然在焉，欢然道故。予时栾栾棘人耳，不敢轻有赠答；而云霖囊中草多感时悲逝，亦不肯轻以示人。"①鲁王部下在避地金厦依附郑成功时期被防范和监视的尴尬处境，由此可见一斑。1662年六月，延平郡王郑成功病逝后，"弟袭与黄安、马信遣人奔赴金、厦"，"众将请袭权政为镇抚计，而蔡云、李应清、曹从龙、张骥谋遂奉袭"，"遂与萧拱宸合谋拒经"②。黄昭、萧拱宸、曹从龙等人以郑经得罪先王不得继位为由，于安平拥立郑袭为监国；而赏勋司蔡政则奉郑成功之衮龙袍入厦门，与洪旭等人一起拥立郑经为王。同年十一月，郑经率陈永华、冯锡范等人攻入鹿耳门，在与黄昭会战取胜后，又将蔡云、萧拱宸、张骥、李应清、曹从龙等五人收杀，继承了王位。曹从龙本是顺治十八年春第一批跟随郑成功东征复台的元勋和功臣，却不幸沦为郑经叔侄之间嗣位之争的牺牲品。徐孚远是曹从龙的华亭同乡，闻知噩耗后，不胜悲慨，曾作《曹云霖在东被难，挽之》一诗："惆怅行吟到夕曛，救君无力更嗟君。早年未肯趋荀令，晚岁方思比叔文。江夏冒刑缘寡识，山阳怀旧惜离群。醴筵数过真何事，不若田间曳布裙。"对亡友不知明哲保身、因卷入统治者的权力之争而遭杀身之祸表达了由衷的痛惜与哀挽之情。沈光文与曹从龙同为鲁王系统中的成员，对曹从龙遇害自然感到无比震惊与激愤，故而这也是其指斥郑经为"僭王"的原因之一。

总的来看，与对开台英雄郑成功较为一致的肯定性评价不同，历史上对于明郑第二代领袖郑经的评价则要复杂得多。早在明清之际，人们对郑经的评价就既有"幼好渔色，所近中年妇人，民妇为经诸弟乳母者，经皆通焉"③之类的严厉批评，也有"嗣王位十九年，虽得七府，雄踞一方，而终身称世子，奉明正朔不少变，舆论称之"④之类的称赞。至于其对待明朝遗老与残明宗室的态度问题，历史上亦向来存在两种不同的说法，认为他能"礼敬"⑤之者与认为他"衰于礼"⑥者皆有之。20世纪末郑经诗集《东壁楼集》的发现，为人们全面了解郑经的情志、抱负与心态提供了可靠的第一手资料。通过这部诗集，人们得

---

① 张煌言：《张苍水集》，上海古籍出版社1985年版，第4页。
② 沈云：《台湾郑氏始末》卷五，《台湾文献丛刊》第15种，台湾银行经济研究室1958年版，第56页。
③ 郁永河：《裨海纪游》，《台湾文献丛刊》第44种，台湾银行经济研究室1959年版，第52页。
④ 夏琳：《海纪辑要》卷三，《台湾文献丛刊》第22种，台湾银行经济研究室1958年版，第67页。
⑤ 夏琳：《海纪辑要》卷三，《台湾文献丛刊》第22种，台湾银行经济研究室1958年版，第67页。
⑥ 郑达：《郑成功海东事》，《野史无文》卷12，中华书局1960年版，第171页。

以窥见这位年轻的明郑统帅居台十年间(1664—1674)复杂的心路历程,从"待时若遇红云起,奋翼高腾大海东"(《自叹》)的雄图未已,到"愁思任是千飞絮,世俗犹然冷眼看"(《晓思》)的郁愤落寞,以至于"久谢功名忘俗念,惟将诗酒自欢娱"(《云卧留丹壑》)的强自排遣,无不历历如见。其《读喜达集有感依诸公韵成篇》诸诗所透露的对于亡明遗老的不满态度,正与《台湾赋》中沈光文对郑经的批评相互映照,从一个侧面反映出这位明郑第二代领袖所面临的孤高寡和、人情不附的艰难处境。在南明时期纷乱复杂的政治环境下,"鲁王因为其明室宗藩的身份和被拥立监国的地位,成为明朝法统存亡绝续的某种象征,身系礼法正统性的赓续"①,沈光文在《台湾赋》中对郑经提出的批评,正是基于其作为鲁王侍臣的身份背景和政治立场,反映了其维护朱明王朝、反对郑氏僭越的正统思想,对于我们了解明郑时期寓台士大夫对当政者的政治态度,具有一定的参考意义。

第二节　《台湾赋》的地理情怀与方志价值

赋体文学往往与政治、宗教、学术、礼俗等有着千丝万缕的关系,从而具有多方面的文化内涵与文化功能,而地理与方志价值就是其中的一个重要方面。梁启超曾在《中国地理大势论》中提出"文学地理"之说,而赋体文学,无疑是各种文体中与地理之关系最为密切的一种。无论是都邑赋还是纪行赋、游览赋,都对地理名物有着直接而形象的敷陈描绘,具有类似"志乘"的功能与价值。《台湾赋》之价值,还表现在它全方位、多角度描述了台湾的地理、风物、民俗,在中国文学史上第一次将台湾的山水形胜、风土民情呈现在世人面前,具有鲜明的地理情怀与方志功能。全祖望《沈太仆传》所云:"海东文献,推为初祖。所著花木杂记、台湾赋、东海赋、檨赋、桐花赋、芳草赋,古今体诗,今之志台湾者,皆取资焉。"②就是对沈光文赋作之方志价值的充分肯定。

---

①　陈春声:《在礼法正统与政治现实之间——鲁王在金门活动及相关历史记忆的研究》,《闽台文化研究》2013年第1期。
②　全祖望:《沈太仆传》,见《全祖望集汇校集注》(上),上海古籍出版社2000年版,第500页。

一、对台湾地理物产的描述

台湾这座美丽的宝岛,犹如镶嵌在万顷碧波之上的一座翡翠玉雕般的海上盆景,它的美丽足以令任何一位远渡海峡、初踏上这块土地的人发出由衷的赞叹!台湾岛绮丽的自然风光,使不少明郑时期的遗民诗人将其视为一块"世外桃源",所谓"千载避秦真此地,问君何必武陵回!"(徐孚远《桃花》)到了清代,许多宦游之士歌咏台湾的诗篇更是不绝于缕,诚如连横所云:"夫以台湾山川之奇秀、波涛之壮丽、飞潜动植之变化,可以拓眼界、扩襟怀、写游踪、供探讨,固天然之诗境也。以故宦游之士,颇多撰作。"①然而,在沈光文来台之前,台湾这座美丽的宝岛,一直隐而未彰。在中国文学史上,第一个发现了台湾之美并将其形诸笔墨的,就是沈光文。虽然历史上第一个为台湾留下文献记载的是 1603 年创作《东番记》的陈第,但第一个植根于台湾、以定居于本岛的台湾人的身份为这块土地留下最早的文字记载的,却非沈光文莫属。作为最早来到台湾的士大夫,沈光文为台湾的山水之美所震撼,他以久居大陆的文人的眼光观照这块虽然蛮荒却又神奇的土地,其笔下的台湾也充满着奇情异彩、域外风情。

丰饶的亚热带物产是大自然对这座宝岛慷慨的赐予。《台湾赋》中所载花木品类之多、物产之盛,可谓琳琅满目,令人目不暇接:

> 至于山培梁栋之材,溪馘芝兰之秀,楩楠可以支厦,杪棠足以成舟。薪蒸满谷,松藤在林;榕阴蔽日,芷馥盈汀。梓栗之树更多,橘柚之园甚广。西瓜蒔于圃者如斗,甘蔗毓于坡者如菭。瓠瓜仿佛悬瓢,蕙苡依稀编排。楼暒异味,椰沥奇浆。龙眼较庾岭尤佳,荔枝比清漳不足。桄榔孤树,革芰丛株,槟榔木直干参天,篔筜竹到根生刺。天桃四时皆灼,芳梅五腊咸香。沼浮荷而经年艳艳,菊绕径而累月芬芬。茉莉编篱,芙蓉插障,来麰早熟,番薯迟收。黍栽阳陆,稷植云畸,豆分夏白秋白,谷区埔黏快黏。蹲鸱掘以疗饥,黄梨熟以解渴。

如果说《台湾赋》中的上述文字是对台湾花草树木优美动人的文学性描绘,那么沈光文的《花草果木杂记》则是以笔记形式对台湾花草树木的严谨的

---

① 连横:《台湾通史》(下),商务印书馆 2010 年版,第 470 页。

科学性记载。二者互相参看,足以见出沈光文对宝岛一草一木的热爱,以及欲将台湾的丰饶物产载诸文献的强烈责任感。可惜《花草果木杂记》一书已经亡佚,只在《诸罗县志》《台海使槎录》中留下一鳞半爪。如《台湾赋》"檨暄异味,椰沥奇浆"一句中所提及的"檨",即杧果,《花草果木杂记》中就有详细的记载:

> 檨,种自荷兰。树高可荫,色黄,肉与核相黏。切片以啖,甘如蔗浆,而清芬远过。沈文开《杂记》:"食毕弃核于地,当月即生。核中有子或一粒、二粒,如豆之在荚。叶新抽,杪红若丹枫,老则变绿。遇严霜,则嫩枝尽槁。"①

此外,出于对这种亚热带植物的喜爱,沈光文还专门写有《檨赋》加以咏叹,可惜此文也已亡佚。再如关于《台湾赋》中提及的"橘",《诸罗县志·物产志》中也收录了沈光文《花草果木杂记》中的记载:

> 橘:《禹贡》:"厥包橘柚",汉时有橘官,民有橘籍。台人误以橘为柑。柑皮厚而魙皱;橘皮薄而光润,瓣随手即开。台产柑橘,味俱酸。又有四时橘,前生者红、后结者青,花果一年相续。亦名公孙橘。沈文开《杂记》:"有番橘出半线(今彰化)诸山,树与中原橘异,大如金橘。肉酸、皮苦、色黄可爱。"其诗云:"枝头俨若挂疏星,此地何堪比洞庭。除是土番寻得到,满筐携出小金铃。"②

沈光文不仅对这些果木的外形、色泽、功用等的记载格外细致,与之相配的杂记诗也写得活泼可爱,饶有情趣。难怪季麒光读了这些诗篇之后会感慨万端地说:"今斯庵此诗,虽云纪事纪物,而以海外之奇,备从前职方所未有。则是诗也,即古《国风》矣,乌可以不传?"(季麒光《跋沈斯庵〈杂记诗〉》)

二、对台湾少数民族文化的表现

"观风俗,是赋家描写区域地理的重要作用,具有文化的统摄与交流意义,这同样是方志的重要价值所在。"③《台湾赋》之地理情怀与方志价值,还在于它第一次在文学作品中留下了关于台湾少数民族文化习俗的最早记载。如果

---

① 周钟瑄:《诸罗县志·物产志》,《台湾文献丛刊》第141种,台湾银行1962年版。
② 周钟瑄:《诸罗县志·物产志》,《台湾文献丛刊》第141种,台湾银行1962年版。
③ 许结:《赋体文学的文化阐释》,中华书局2005年版,第155页。

说沈光文的《番妇》等诗作只是台湾少数民族的几个精彩的特写镜头,那么其《台湾赋》则可谓对台湾少数民族文化的全景式展现。沈光文笔下的台湾少数民族,观其外貌,是"雕题黑齿""镽耳文身""娈童若女,傅粉涂朱,少妇常耕,蓬头跣足";述其风俗,是"滨海之家,大约捕鱼;依山之族,惟知逐鹿。伏腊岁时,徒矜末节;冠婚丧祭,争好虚文。病则求神而勿药,巫觋如狂;贫则为盗而忘身,豺狼肆毒";察其民性,是"慈祥恺悌,先天似未生来;礼让谦恭,后进何知力学? 有势而父子方亲,多财而兄弟乃热。情虽未善,人孰无良";考其习尚,则"斗鸡走狗,挝鼓吹箫。俳优调长夜之声,琵琶谱娱心之曲。绮襦纨袴,炫五彩之衣裳,公孙蹙頞;颠覆荒湛,造中山之曲蘖,高允攒眉"。少数民族文化和中原文化是台湾文学发展的两大文学基因①。出自汉族移民之手、描述少数民族文化的《台湾赋》,则可谓这两大文化基因组合而成的最早、最灿烂的文学图谱。台湾少数民族文化赋予台湾文学的独异而瑰丽的地域色彩,在沈光文《台湾赋》中得到了最早的呈现。

除了《台湾赋》之外,沈光文还在其《杂记》中记载了台湾少数民族的情况,如《土番》一则云:"土番种类各异,有土产者;有自海舶飘来及宋时零丁洋之败遁亡至此者;聚众以居,男女分配,故番语处处不同。"《土番服饰》一则云:"土番出以鹿皮为衣,夏月结麻枲缕缕挂于下体,后乃渐易幅布,或以达戈纹为之。数年来新港社番衣裤半如汉人,各装棉,诸罗山诸社亦有仿效者。"看来,沈光文这位"有心人"是立意要为少数民族生活留下最早的历史剪影,使千载之后的人们得以一窥台湾少数民族的风貌。而尤为难能可贵的是,沈光文总是以平等、尊重的态度去看待台湾少数民族,丝毫没有基于大汉族主义立场的歧视,他认为:"彼海澨之风虽殊,而性善之理则一","习尚虽殊,风教可一",殷切地期待通过普施教化提升台湾少数民族的文明水平。《台湾赋》的结尾处,沈光文特意标举了两位以教化之功名垂史册的历史人物:一位是唐代曾在潮州兴办乡校的文学家、教育家韩愈,一位是西汉时期的蜀郡太守、汉代郡县学的发轫者文翁:"唐韩愈之治潮阳,愚顽讲学;汉文翁之守巴蜀,巷里兴歌。从此阐明文教,媲美名区,茕茕异地之离人,言归桑梓;蚩蚩东胡之丑类,悉奉典章。"他相信凭借教化,定能使台湾这块蛮荒之地"媲美名区"。沈光文自己就是以文翁、韩愈等前贤为榜样。清廷收复台湾后,福建总督姚启圣致书问讯沈光文"管宁无恙?"就以汉末避难于辽东教化人民的管宁类比沈光文,正是对沈

① 参见刘登翰主编《台湾文学史》第一册,现代教育出版社 2007 年版,第 13 页。

光文以文化开台的历史功绩的肯定。

诚然,关于台湾早期历史特别是台湾少数民族的历史,在沈光文《台湾赋》问世之前,已有明代陈第和周婴的两篇同名《东番记》做过较详细的记载,但《台湾赋》的历史文献价值并未因此而减损:

其一,沈光文《台湾赋》对台湾的记载更为全面,更富有"台湾简史"的特点。《台湾赋》不仅有关于台湾地理、物产、民俗的记载,也包括了两篇《东番记》中所未载的对台湾历史的追溯以及对台湾气候、地震等情况的记载,二者可以互为补充。此外,《台湾赋》对台湾地名、台湾动植物种类的记载也较两篇《东番记》周详得多。陈第《东番记》共记载了台湾的 10 个地名:魍港、加老湾、大员、尧港、打狗屿、小淡水、双溪口、咖喱林、沙巴里、大帮坑,主要分布于今台南县、台南市、高雄县、高雄市以及屏东县的西部沿海一带地区。而《台湾赋》中所记载的台湾地名多达三十余个,有承天、东宁、二赞、大月之港、鲫鱼潭、打鼓澳、观音山、双堑竹、北线尾、下港冈、中楼仔、桶盘栈、诸罗山、鹿耳门、凤山、猴闷、大冈、小冈、半崩、半屏、七鲲身、三茅港、大榔、小榔、上港、中港、月眉池、凤尾桥、赤山仔、乌树林、大桥、竹沪、东番社、下淡水、阴峰等,分布范围北达今基隆、淡水、北投,南至今恒春,东及今花莲,西至今台南,几乎涵盖了整个台湾岛,比《东番记》记载的范围要广阔得多。

其二,陈第的《东番记》作于 1603 年,记载的是 17 世纪初处于原始社会发展阶段的少数民族生活状况,而沈光文《台湾赋》则作于半个世纪之后的明郑时期,反映的是 17 世纪中叶台湾少数民族的生活状况,将二者进行比对,可以看出少数民族经济生活和社会发展的历史演进过程。如关于台湾的农作物和植物出产,陈第《东番记》载:"无水田,治畲种禾,山花开则耕。""地多竹,大数拱,长十丈。""谷有大小豆,有胡麻,又有薏仁,食之已瘴疠。无麦。蔬有葱、有姜、有番薯、有蹲鸱,无他菜。果有椰、有毛柿、有佛手柑、有甘蔗。"而《台湾赋》中所记载的植物品类尤其是经济作物则丰富得多:有梗、楠、杪棠、松、榕、梓、栗、橘、柚、西瓜、甘蔗、瓠瓜、薏苡、檨、椰、龙眼、荔枝、桄榔、荜芨、槟榔木、箣竹、桃、梅、荷、菊、茉莉、芙蓉、来牟、番薯、黍、稷、豆、谷、蹲鸱、黄梨,不下三十多种。再如关于少数民族宴会歌舞的记载,陈第《东番记》云:"时燕会,则置大罍团坐,各酌以竹筒,不设肴;乐起跳舞,口亦乌乌若歌曲。"而到了 17 世纪中叶,少数民族的宴会歌舞已经是"斗鸡走狗,挝鼓吹箫。俳优调长夜之声,琵琶谱娱心之曲"(《台湾赋》)。陈第所看到的少数民族服饰是"地暖,冬夏不衣。妇女结草裙微蔽下体而已"。而沈光文所看到的 17 世纪中叶的少数民族"姿童若女,传粉涂朱"、"绮襦纨袴,炫五彩之衣裳",都可以看出少数民族文化在中华文化影响下的历史演进。

其三,陈作与周作属于游记,而《台湾赋》属于骈体文赋,前者是从短暂来台的游客的角度对台湾所做的记载(陈第是跟随沈有容追剿倭寇来到台湾的,"整个追剿的军事行动历时近二十天"①;周婴是否到过台湾学界尚未有定论②),而沈光文则是以久居台湾的寓公或曰"新台湾人"的身份来撰写《台湾赋》的,不仅有从大陆人的身份观察台湾的新奇眼光,更有作为台湾人对新家园由衷眷恋的意识。台湾于作者而言不只是"异己"的,同时也是"主体"的,浸润于文中的那种缱绻真挚的情感及其对读者产生的艺术感染力自然也是作为游记的两篇《东番记》所不具备的,这也正是《台湾赋》对后世产生极大影响、引发后人相继仿作的重要原因。

三、征实求真、经世致用的文化精神

"自宋玉景差,夸饰始盛。相如凭风,诡滥愈甚。"③尽管自宋玉《高唐赋》、《神女赋》、司马相如《子虚上林赋》起,辞赋在发展之初就奠定了以夸饰为重要表现手法的传统,但对于汉代以来的都邑赋来说,其基本的创作精神却是征实求真,诚如西晋左思在《三都赋序》中所云:"余既思摹《二京》而赋《三都》,其山川城邑,则稽之地图;其鸟兽草木,则验之方志;风谣歌舞,各附其俗;魁梧长者,莫非其旧。何则?发言为诗者,咏其所志也;升高有颂者,颂其所见也。美物者,贵依其本;赞事者,宜本其实。匪本匪实,览者奚信?"④正是基于对都邑赋写实特色的体认,清代的陆次云、袁枚等人才提出了"赋代史乘"的重要命题。沈光文的《台湾赋》折射出的正是一种通合于方志的征实求真、经世致用的文化精神取向。

清代台湾方志颇为发达,从康熙到光绪年间共编纂了二十余部台湾方志,而沈光文则是公认的台湾方志学的奠基者。在当时还是榛莽初辟之地的台湾,沈光文跋山涉水,不辞辛苦,为后人留下了被誉为"台湾方志之嚆矢"的《台湾舆图考》:

---

① 李祖基:《陈第、沈有容与〈东番记〉》,《台湾研究集刊》2001年第1期。

② 参见李祖基《周婴〈东番记〉研究》,《台湾研究集刊》2003年第1期。

③ 刘勰著,范文澜注:《文心雕龙注》,人民文学出版社1958年版,第608页。

④ 严可均:《全晋文》卷七十四,商务印书馆1999年版,第833页。

　　至于幅员之广大也、道里之延袤也，南路通计五百三十里：其详则起自赤嵌城，南行一百四十里赤山仔、八十里上淡水社、二十里下淡水社、十五里力力社、十五里茄藤社、六十里放𬘩社、八十里落加堂、一百一十里琅峤；北路通计二千三百一十五里：其详则起自赤嵌城，北行四十里新港社、五十里麻豆社、九十里诸罗山、一百里他里雾、一百二十里大武郡、六十里半线、一百一十里水里社、三百里大甲社、一百四十里房里社、一百三十里吞霄社、一百三十里后垄社、二十里新港仔、四十里中港仔、一百里竹堑社、二十里眩眩社、二百里南嵌、八十里八里坌社、过江十五里淡水城……是则台湾一岛，其幅员道里如此……①

　　此外，台湾第一张手绘舆图，也是出自沈光文之手。这是"第一个中国人自己实测所绘的台湾图，即'台湾本地人绘台湾'，而之前仅有欧洲海员所绘的台湾航图"②。1763年余文仪在《续修台湾府志》中第一次附录了这张珍贵的台湾舆图。在清初台湾几无文献可征的情况下，沈光文通过二十余年的实地考察所做的《台湾舆图考》《台湾赋》《花草果木杂记》等，成为季麒光、蒋毓英等官员编纂第一部台湾方志《台湾府志》时可资借鉴的极其珍贵的第一手文献资料。据统计，"自康熙二十六年至光绪二十年止，若不计重复收录之赋作，清代因修志事业而留存之志赋凡27篇"③，而沈光文的《台湾赋》则被视为"以赋佐志"的台湾志赋之肇始。

　　沈光文《台湾赋》这种征实求真的文化精神、适合于方志的创作旨趣，也为后世台湾赋的作者继承并发扬光大。揆诸清代三篇《台湾赋》的作者，我们会发现，他们本身就是台湾方志的编纂者，其《台湾赋》就是在撰写方志的过程中同时创作的。如首任台湾府学教授林谦光，曾著有《台湾纪略》，其《台湾赋》实为《台湾纪略》一书的文学性缩写，后又被收入《重修台湾县志》《台湾府志》。高拱乾与王必昌的《台湾赋》更是为配合其方志的修纂而创作的。高拱乾在担任"福建分巡台厦兼理学政"期间，修纂了《台湾府志》，并在此志中收入了自己创作的《台湾赋》，此赋后来又多次被不同方志所收录，成为台湾方志中被重复

---

①　龚显宗：《沈光文全集及其研究资料增编》（上），台南市政府文化局2012年版，第194页。
②　见《沈光文与手绘台湾舆图》，《北京档案》1996年第3期。
③　王淑惠：《志赋、试赋与媒体赋——台湾赋之三阶段论述》，台湾成功大学2012年博士论文，第66页。

收录次数最多的赋作。王必昌是乾隆十六年(1751)应台湾知县鲁鼎梅之邀来台担任《重修台湾县志》的总编,他在其《台湾赋》的结尾明确表示此赋就是为"附登于邑志"而写:"谨就见闻,按图记,辑俚词,资多识。愧研练之无才,兼采摭之未备。聊敷陈夫土风,用附登于邑志。"

第三节 《台湾赋》的文学价值与后世影响

就文学价值而言,沈光文之《台湾赋》是最早表现台湾风土地貌、民俗风情的骈体文赋,无论是在题材选择还是艺术造诣上都给此后的同类赋作以多方面的深远影响,诚如台大教授盛成所说:"沈氏之台湾赋,为后代作台湾赋者之蓝本。如林谦光、高拱乾、张从政、陈辉、王必昌。即季麒光之答客问,亦复借镜于此。"[①]沈光文的《台湾赋》作为台湾赋体文学的开山之作,其文学成就以及对后世创作所起到的示范作用亦不容忽视。

一、题材广博,结构宏大——对传统都邑赋题材的开拓

在中国都邑赋的发展史上,沈光文的《台湾赋》具有承前启后的重要意义。

首先,从中国古代都邑赋的历时性发展来看,沈光文的《台湾赋》第一次将台湾纳入到赋的表现范围,成为中国赋史上第一篇以台湾为题材的都邑赋。明代都邑赋在题材上较前代有了极大的开拓,不仅首次出现了以朝鲜、越南为题材的《朝鲜赋》《交南赋》等域外赋,边邑赋的表现视野也有了新的拓展。南部边邑,有写海南岛的《南滇奇甸赋》,写广东的《粤会赋》《南粤赋》,表现西北边邑的有《西夏形胜赋》。沈光文的《台湾赋》则第一次将祖国东南的中国第一大岛——台湾,纳入到赋这种古老文体的表现范围,"在传统的都邑赋由于长期因袭而题材陈旧的局面下,沈光文《台湾赋》所拓展的南国海岛的广阔空间和土著奇特的风土民情,给陈陈相因的都邑赋题材注入了新鲜的血液,呈现出新的亮点"[②]。

其次,沈光文的这篇《台湾赋》,开启了"台湾赋"创作之滥觞,带动了后世

① 盛成:《台湾舆图考注释》,见侯中一编《沈光文斯庵先生专集》,文海出版社 1980 年版,第 107 页。

② 张萍、戴光中、张如安等:《沈光文研究》,浙江大学出版社 2014 年版,第 162 页。

一系列"台湾赋"的创作热潮。自沈光文首次将台湾纳入赋的表现范围之后，诸多宦台人士、方志编撰者都纷纷热衷于用赋这种古老的文学形式来表现台湾这块海外遐区的诸多面相，"台湾赋"遂成为整个清代最令人瞩目的都邑赋题材。据统计，清代都邑赋共计 32 篇，其中以台湾为题材的都邑赋就有 11 篇①，占了清代全部都邑赋的三分之一以上。这 11 篇赋作是：周澎《平南赋》、卓肇昌《台湾形胜赋》、林梦麟《台湾形胜赋》、陈辉《台海赋》、林谦光《台湾赋》、高拱乾《台湾赋》、王必昌《台湾赋》、卓肇昌《凤山赋》、张从政《台山赋》、章甫《台阳形胜赋》、李钦文《红毛城赋》，其中林谦光、高拱乾、王必昌三人的赋作都采用了与沈作相同的题目——《台湾赋》，更充分体现出赋家对这一题材的热衷。

"赋起于情事杂沓，诗不能驭，故为赋以铺陈之。斯于千态万状，层见叠出者，吐无不畅，畅无或竭。"②沈光文的《台湾赋》继承了传统辞赋的结构宏大、题材广博的特点，采取多维度、全方位的观照方式，涉及台湾的地理、历史、政治、战争、山川、物产、风俗、气候等多方面的题材内容，堪称一部关于台湾的百科全书式的作品。而这种力求全景式、多角度展现台湾丰富面相的创作倾向，也为后世诸篇《台湾赋》所继承。无论是林谦光、高拱乾还是王必昌的同题《台湾赋》，虽然创作时间相差半个世纪之久，其主题倾向亦有所不同，但其取材都无不力求广博，从而在不同程度上具有台湾小型百科全书的特点。尤其是乾隆年间问世的王必昌的《台湾赋》，作为清代《台湾赋》的殿军，不仅是几篇《台湾赋》中篇幅最长、字数最多的一篇，也是涉猎题材最广泛、最全面的一篇，被誉为"十八世纪之台湾风土百科"。全文长达两千一百余字，除囊括既往《台湾赋》中常见的对台湾历史、山水、物产、番俗的描述之外，还增加了对沈光文、李正青、宁靖王等台湾历史名人、忠孝节义的表彰，可谓"必推类而言，极丽靡之辞，闳侈巨衍，竟于使人不能加也"③，充分体现了赋家"苞括宇宙，总揽人物"的恢宏气度，亦不难窥见其必欲压倒前人的竞争心态。

二、抨击时政，讽喻现实——"欲默而不能已"的批判精神

就题材的广博宏富而言，较之沈光文的《台湾赋》，后世的同题《台湾赋》诚

---

①　参见涂敏华《历代都邑赋地域的演变进程及其成因》，《福建师范大学学报》2010 年第 3 期。

②　刘熙载著，王气中笺注：《艺概笺注》，贵州人民出版社 1986 年版，第 254 页。

③　班固：《汉书》卷八十七《扬雄传》，中华书局 1962 年版，第 3575 页。

可谓有过之而无不及,但就主题倾向而言,沈作则以"欲默而不能已"的批判精神,抨击时政,讽喻现实,从而迥异于以歌功颂德、润色鸿业为使命的清代三赋。

辞赋的基本政治功能不外乎讽喻、颂扬两端,即班固在《两都赋序》中所云"或以抒下情而通讽喻,或以宣上德而尽忠孝"①。但在实际创作中,却往往是"劝百而讽一"、"没其讽喻之义"。自汉大赋的奠基之作《子虚》《上林》开始,就已奠定了大赋揄扬美赞的传统。从班固《两都赋》、傅毅《洛都赋》、张衡《二京赋》,到元代黄文仲的《大都赋》,历代赋家多以敷赞圣明为能事,中国传统赋一度成为歌功颂德、夸诞失实的典型。到了清代康乾时期,随着清王朝国力的强盛、版图的扩张,赋这种文体再次成为"润色鸿业,发献皇猷"的最好工具,众多文人亦将此作为表忠和进身的阶梯。"颂圣褒赞是赋作的首要要求。缘于称颂皇帝的英明神武与国家的强盛繁荣,臣子们加倍地歌功颂德,不以传统的讽谏为己务,从而否定辞赋的讽谕功能及其在当世的合理性……"②纵观创作于康乾时期的三篇《台湾赋》,的确均在不同程度上体现了作者歌功颂圣的意旨,如:"民不聊生,王赫斯怒;咨左右之夔龙,率东南之熊虎。定百计以安澜兮,果一战而纳土。于焉扩四千载之洪蒙,建亿万年之都邑。风既变为新裁,俗亦除其旧习;文武和衷,干戈载戢。"(高拱乾《台湾赋》)"方今风会宏敞,圣治广被,久道化成,百物咸遂。海不扬波,地奠其位。马图器车,物华呈瑞,人杰应运而齐出矣。"(王必昌《台湾赋》)三篇赋作中,尤以林谦光《台湾赋》的颂圣色彩最为鲜明。为了便于凸显颂圣的主旨,作者采用了辞赋传统的主客问答体,以汗漫公子与廓宇先生的对话结构全篇,借廓宇先生之口,歌颂了当今圣上"畅余威于殊俗,沛异泽于遐区"的功德。篇末更以汗漫公子的颂圣之辞强化主旨:"有土绵绵,有水涟涟;介在绝岛,吐雾吹烟。帝赫厥怒,渊渊阗阗;既昭义问,乃命旬宣;崇儒重道,勿弃蒙颛。匪棘其欲,式廓厥埏。皇以莅之,于斯万年。"此赋与其说是对台湾风物的赞美,不如说是借台湾风物来称颂大清舆图之广以及圣主的文德教化之功。清代三赋这种以润色鸿业为旨归的创作倾向,一方面与康乾时期的盛世气象相符相契;另一方面,也与作者本人的政治身份有关。林谦光、高拱乾、王必昌均为朝廷命官,高、王二人更分别为《台湾府志》与

---

① 萧统:《文选》,上海古籍出版社 1986 年版,第 3 页。
② 孙福轩:《论康、乾时期辞赋创作中的赋、颂互渗现象》,《南京师范大学文学院学报》2007 年第3 期。

《重修台湾县志》两部官修方志的修纂者,其《台湾赋》体现出鲜明的官方意识、颂圣倾向,进而发挥与方志相一致的"佐志"功能,自然亦在情理之中。

而沈光文的《台湾赋》不仅没有对当政者歌功颂德,反而毫不留情地对当政者直言讽谏、批评讥讽:

> 壬寅年成功物故,郑锦僭王。附会者言多谄媚,逢迎者事尽更张。般乐之事日萌,奢侈之情无餍。横征浪费,割肉医疮;峻法严刑,壅川弭谤。主计者所用非所养矣,所养非所用矣。世风日下,人事潜移。苟革面于天朝,倾心正化,岂非蛮荒膏壤;岂祸胎无悛志,戾气尝横,恃此黑子弹丸。天理昧而不知,人事违而强作。

正是沈光文对于当政者这种不留情面的大胆讥讽,给自己带来了祸患,竟至改服为僧,逃禅避祸。全祖望《沈太仆传》载此事曰:"已而成功卒,子经嗣,颇改父之臣与父之政,军亦日削。公作赋有所讽,乃为爱憎所白,几至不测。公变服为浮屠,逃入台之北鄙,结茅于罗汉门山中以居。"从台湾第一部地方志蒋毓英主纂的《台湾府志》,到民国七年连横的《台湾通史》,所有的台湾方志、史乘无不载有沈光文"以一赋寓讥刺,几蹈不测"(季麒光《跋沈斯庵〈杂记诗〉》)的史实。王必昌《台湾赋》中亦有关于此事的专门记载:"若乃僧衣作赋,沈文开萍踪坎坷。"历代凭"献赋"而邀功请赏者不乏其人,而像沈光文这样因写赋而"几蹈不测"者却并不多见。清代赋论家刘熙载认为:"志与讽谏,赋之体用具矣。"[1]国学大师章炳麟亦主张:"儒家之赋,意存谏诫。"[2]沈光文对郑经的直言讽谏充分体现了作者"欲默而不能已"的用世心志和敢为天下家国计的公心,其以维护道义为己任、不顾个人安危利害的精神是令人钦佩的,也是那些以辞赋邀爵请赏的俗吏们所不能望其项背的。

三、情采兼备,文质彬彬——台湾乡土文学之滥觞

尽管都邑赋在征实写真、经世致用方面有着与方志类似的文化取向,但从文体特性来说,二者又有着本质的不同,最为根本的,则在于赋是一种文学体裁,有着方志所不具备的美文特质与情感力量。从战国时期文辞瑰丽的楚辞开始,即已奠定了赋体文学唯美的特质,此后铺张扬厉的汉大赋的出现,又将

---

① 刘熙载著,王气中笺注:《艺概笺注》,贵州人民出版社1986年版,第280页。
② 章炳麟:《国故论衡》,上海古籍出版社2003年版,第52页。

赋的巨丽宏肆之美彰显到极致。历代辞赋家往往综合运用多种修辞手法以及繁复瑰丽的辞藻,以突显辞赋"合纂组以成文,列锦绣而为质"的美文特点。沈光文的《台湾赋》充分继承了历代辞赋创作所累积的艺术经验,娴熟地运用了多种艺术表现手法,使人在全方位了解台湾的历史地理、山川风物的同时,亦为赋作本身的文学艺术之美所征服,得到文辞之美的艺术享受。作为一篇骈体赋,它的对仗极为工整,如对台湾海产的铺叙:"大沪之鯈鲐鳠鲤,昕夕烹鲜;小埕之蛤蚌蛏蟳,富贫恒馔。海上之鳞,未能枚举;潮中之介,难以名称。网捕土蛇,钩引海翁。淮南之斗虎,未是稀闻;温峤之燃犀,犹为日见。"赋中的比喻也无不惟妙惟肖,新颖传神。如对瓜果之态的描述:"西瓜莳于圃者如斗,甘蔗毓于坡者如菘。瓠瓝仿佛悬瓯,薏苡依稀编琲。"然而,沈赋所超然卓异于清代三赋者,并非在于辞采之美、体物之妙,而在于情感之真。

清人刘熙载《艺概·赋概》说得好:"赋与谱录不同。谱录惟取志物,而无情可言,无采可发,则如数他家之宝,无关己事。以赋体视之,孰为亲切且尊异耶?"[①]除了尚丽唯美的艺术追求,辞赋与方志的另一本质差别就是情感内蕴。在都邑赋中,相较而言,以作家本人的家乡为描述对象的乡邑赋往往比京都赋具有更浓郁的感情色彩。对于自己生于斯、长于斯的故土,赋家们总是充满了眷恋与深情,从西汉扬雄的《蜀都赋》,到明人邱俊的《南溟奇甸赋》、黄佐的《粤会赋》、清末程先甲的《金陵赋》,无不如此。沈光文生命中约最后的三十年都是在台湾度过的,他将台湾看作是自己终老于斯的第二故乡,是真正的台湾早期移民的代表,在《台湾赋》的字里行间,无不凝聚着他对台湾发自内心的深挚的热爱。沈光文现存的诗歌表现台湾风物的作品并不多,只有寥寥数首,他似乎将自己发现台湾的热忱、眷恋台湾的情愫,都尽数倾注在这篇洋洋洒洒的《台湾赋》中了。如果说辞华富丽、铺采摛文是诸篇《台湾赋》所共有的艺术特质,那么沈光文《台湾赋》中所融入的特殊情感,则是清代三篇《台湾赋》所不可企及的了。

我们不妨将诸篇《台湾赋》的作者与台湾的关系进行一番比较。林谦光于康熙二十六年(1687)就任台湾府学教授,康熙三十年(1691)擢知浙江桐乡县事,在台四年;高拱乾于康熙三十一年(1692)赴台湾任分巡台厦道之职,1695年任满后前往浙江就任按察使,在台三年;王必昌则是于乾隆十七年(1752)应台湾知县鲁鼎梅之邀赴台纂修《台湾县志》的,县志付梓后即离台赴湖北任职,

---

① 刘熙载著,王气中笺注:《艺概笺注》,贵州人民出版社1986年版,第287页。

在台时间不到一年。总之，无论是林谦光、高拱乾还是王必昌，他们之于台湾，都只是匆匆过客，台湾之于他们，也仅仅是生命中一段短暂的旅程，因而他们对台湾也就谈不上多少真挚的眷恋与深情。他们在赋作中无论是喟叹台湾的风物之美与番俗之奇，还是震慑讶异于海峡风涛之险、称颂清廷经营台湾的文治武功，始终都是以局外人的身份和立场为观照视角的，因此即便再怎样体物周备、"辞华富丽"，读来终究给人一种"数他家之宝，无关己事"的疏离感。譬如高拱乾的《台湾赋》，通篇就是完全采用一种他者的眼光来观照台湾的。在陕西榆林人高拱乾眼中，台湾首先是一方偏远的"弃地"："维禹功之所不及兮，遂弃之于莽莽而苍苍。"其次，台湾是一方殊异于中原的"异地"，无论是"狂澜既倒"时足以令孤臣孽子"抚掌而忘饥"的奇丽曼妙，还是"石尤乍起"时令人惊魂慑魄的狂涛怒浪，作者所抒发的皆是以一种带有疏离感的过客的体验与感受。篇末，作者则将台湾归结为一方令人望而生畏的"险地"："于山则见太行之险，于路则见蜀道之难；于海道之难上难、险上险，普天之下望洋兴叹者，吾知其无以过乎台湾！"在对台湾物产、风景的铺叙中，非但没有赞美与热爱，甚至还带有明显的鄙夷不屑。如：

> 乃至虾须百丈，鳢骨千寻；贝文似凤，鱼首如人。大鼋之寿三万岁，蝴蝶之重八十斤。非此邦之物产，盖在乎南海之滨。又如蜃楼缥缈、海市高低，碧云拥日，沧海为梯。光从定后，圆始天跻。非此邦之风景，又在乎东海之青、齐。更或桥边鳖泣，别泪如珠；山头剑举，雪城为墟。飞女仙之一石，起剞史于沾濡；扶红裳之鱼女，使之返于沮洳。而兹邦又无此怪异，事或见之于洞庭湖。

又如：

> 若欲尽写夫杳渺之离奇兮，恐或见嗤夫齐庄而端肃。即饮食亦平易而无奇兮，原未足以穷夫人间之水陆。

而对于沈光文来说，台湾不是"弃地""异地"和"险地"，而是生活了漫长的三十年的第二故乡和人生归宿，也是他借以寄托其遗民志节的一方"避地"。他的《台湾赋》虽以铺叙、描写、议论为主要表达方式，并没有集中的抒情文字，却在对台湾山水景物、物产风俗的描述中注入了真挚的感情，字里行间无不渗透着作者对台湾新家园的热爱。试看他笔下的台湾山水：

> 北线尾夜静潮平，月沈水镜；下港冈春明谷秀，树缀红妆。中楼
> 仔环翼轻烟，桶盘栈低萦浅雾。诸罗山台北崇关，似经巨灵之手，直
> 劈半边；鹿耳门海中要地，如戴高士之巾，微有折角。凤山葱郁层峦，
> 疑丹凤之形；猴闷岑嵤叠嶂，穿猕猴之穴。大冈小冈，峣屼崔嵬，半崩
> 半屏，嵾嵯岩号……

这段文字充分调动了对偶、比喻、排比、拟人等诸多修辞手段，既绮丽精工
而又深情绵邈，将台湾的山水之美描摹得是那样如诗如画、令人神往。再如对
台湾物产的介绍："鲫鱼潭可饶千金之利，打鼓澳能生三倍之财。曝海水以为
盐，熬山林以为炭。观音山疑是落伽分派，双垄竹想从淇澳移来……"如果说
林、高、王之赋中对台湾风物的铺写是"数他家之宝，无关己事"，那么沈光文流
泻于笔端的，则完全是一种如数家珍般的亲切感与自豪感。"叙物以言情谓之
赋。"①沈光文正是通过对台湾风物的观照，聊以安顿自己半生漂泊动荡的心
灵，抒发对台湾这方土地的认同皈依之情。换言之，其成功之处，不仅在于"体
物"，更在于"缘情"。也正是从这个意义上，我们说沈光文《台湾赋》不仅为后
世台湾赋创作之滥觞，从更宽泛的意义来说，也开后世台湾乡土文学创作之
先河。

"万里程何远，萦回思不穷。安平江上水，汹涌海潮通。"（《怀乡》）从沈光
文的诸多诗作中，我们读到的是他浓重的乡愁情结；而读《台湾赋》，则让我们
感受到他对台湾这方水土的由衷热爱。如果说其诗作更多表现的是其眷怀故
国的遗民精神，那么其《台湾赋》则表现了其热爱新家园的移民情怀。既有挥
之不去的思乡情结，又有与日俱增的对台湾的热爱，这使沈光文常常不由自主
地将台湾的物产、山水与大陆相比较，如"龙眼较庾岭尤佳，荔枝比清漳不足"
"观音山疑是落伽分派，双垄竹想从淇澳移来"。《台湾赋》中处处渗透着这种
原乡情结与台湾情结相互交织的情愫。既思恋故土又热爱新家园，台湾文学
中这种一以贯之的独特的文化精神，早在第一位来台的大陆文人沈光文的作
品中就已经深深地积淀而成了。

"诗词曲赋历来是我国韵文创作的四大样式。在这四大样式中，赋虽然习
惯被放在最后，但从历史发展的悠久与对整个古典文学的影响来看，其地位的

---

① 刘熙载著，王气中笺注：《艺概笺注》，贵州人民出版社 1986 年版，第 260 页。

重要则仅次于诗,而远非后起的词曲所能相比。"①诞生于战国末期的赋与诗歌一样,是我国历史最悠久、最富民族特色的一种文体样式,它非诗非文而又亦诗亦文,将诗的整饬与声韵之美与文的灵活与畅达之便完美地结合在一起,历两千余年悠久历史而代不乏佳作。古近体诗之外,沈光文对赋这种文体可谓情有独钟。在《台湾赋》之外,他还创作了《东海赋》《樵赋》《桐花赋》《芳草赋》等多篇赋作。仅从赋作题目来看,足以见出其对后世台湾赋题材上的开拓之功。后世以东海为题材的台湾地理赋,如周于仁《观海赋》、张湄《海吼赋》、陈辉《台海赋》等,皆肇始于沈光文的《东海赋》;清代台湾的咏物赋,如林苹罔《秋牡丹赋》、朱士玠《夹竹桃赋》、卓肇昌《莿桐花赋》、吴德功《蜜柑赋》、洪弃生《春柳赋》等,则肇始于沈光文的《樵赋》《桐花赋》《芳草赋》。虽然沈光文的这些赋作均已亡佚不存,但其对于后世台湾赋体文学的奠定之功,是不容置疑的。

赋是最富有民族文化特色的一种文体,同时它又是评论家公认的最考验作者艺术功力、创作难度最大的一种文体。南宋沈作喆在其《寓简》中说:"本朝以词赋取士……惟诗赋之制,非学优才高不能当也。"②明人谢榛在《四溟诗话》里说:"汉人作赋必读万卷书,以养胸次……又必精于六书,识所从来,自能作用。"③清代刘熙载《艺概·赋概》亦云:"赋兼才学。才,如《汉书·文志》论赋曰:'感物造端,材智深美。'《北史·魏收传》曰:'会须作赋,始成大才士。'学,如扬雄谓'能读赋千首,则善为之。'""以赋视诗,较若纷至沓来,气猛势恶。故才弱者往往能为诗,不能为赋。积学以广才,可不豫乎!""赋出于《骚》,言典致博,既异家人之语,故虽宏达之士未见数数有作,何论隘胸襟、乏闻见者乎!"④可见,赋作家离不开多方面的艺术修养:不仅要有深厚的语言文字功底、"控引天地,错综古今"的胸襟气度,还要有"多识于鸟兽草木之名"的广博知识以及不惮劳苦、实地踩踏的实证精神。沈光文创作出如此丰富多彩的台湾题材的赋作,充分反映出他丰沛的才情与广博的闻见,以及对台湾风物的关注与热爱,无愧于"台湾文学始祖"的美誉。

---

① 曹明纲:《赋学论稿》,上海古籍出版社 2012 年版,第 1 页。
② 沈作喆:《寓简》,《影印文渊阁四库全书》,第 864 册,第 103 页。
③ 谢榛:《四溟诗话》卷 2,丁福保辑《历代诗话续编》,中华书局 1983 年版,第 1175 页。
④ 刘熙载著,王气中笺注:《艺概笺注》,贵州人民出版社 1986 年版,第 78 页。

第四节 从《台湾赋》到《平台湾序》

在台湾赋史上,沈光文的《台湾赋》是学界公认的台湾赋体文学的开山之作,是奠定沈光文"海东文献初祖""台湾文学始祖"地位的一篇重要作品。然而,由于种种原因,这篇《台湾赋》又是最为扑朔迷离、令人难识庐山真面目的一篇赋作。由于沈光文的《台湾赋》原文亡佚不见,后人所能看到的最早的沈光文《台湾赋》版本,竟是收录于清代乾隆年间范咸主编的《重修台湾府志》中的《平台湾序》。对于这篇《平台湾序》,有些学者认为是经过后人改窜的"伪作",而另一些学者则相信此文确系出自沈光文之手,并以此作为批评沈光文晚节不保的证据。由于《平台湾序》一文直接关系到对沈光文晚年政治倾向的评价与遗民身份的确认,因此对其真伪进行审慎的考辨,厘清《台湾赋》与《平台湾序》的关系,进而探究从《台湾赋》到《平台湾序》历史嬗变的深层动因,是沈光文研究中无法回避的重要命题。

一、关于《平台湾序》真伪的历史公案

如果说沈光文来台时间问题是沈光文研究中的第一大公案,那么《平台湾序》的真伪问题,则可谓沈光文研究中的第二大公案。20 世纪 50 年代以来,海峡两岸的学者对于《平台湾序》的真伪问题持截然不同的两种观点:

(一)《平台湾序》为伪作

1958 年,高一萍在《台北文物》第 6 卷第 3 期发表的《沈斯庵与台湾》①一文中,论及《平台湾序》为伪作:

> 斯庵在台的著作……其中最成为问题者,即今所传《平台湾序》一文,但从各方面考察,斯庵断不会做出什么《平××序》这样的文字来,何况清人入台,斯庵已老,(且自称野老)虽如季麒光等,以文会友,全无政治意味。实在说,他当时确没有打击明郑和歌颂清代之必要。只从《平台湾序》的文字上细读一下,就可以断定那是后人伪造

---

① 该文后被选入沈友梅、侯中一编撰的《沈光文斯庵先生专集》(1977 年),龚显宗编著的《沈光文全集及其研究资料汇编》(1998 年)和《沈光文全集及其研究资料增编》(2012 年)。

的……这篇序,不出现于高拱乾早期修《台湾府志》,也不见于季麒光的著录或刘良璧修府志,可知其必系伪造。不但此也,斯庵的东吟社,原为东都吟社,清人改为"东宁诗社",斯庵为太仆寺少卿,被改为太常寺少卿,由此亦可证《平台湾序》如果真有其文,亦是经过清人篡改而成。还有,今日所能看到的斯庵的诗,存者不过百首,在那些诗中,也找不到"美新"之作呢![①]

1961 年,著名文史学家盛成从文体、文气等方面进一步论证了《平台湾序》为伪作:

> 《平台湾序》既不合体裁,当作序他人之平台湾纪而作。施琅之书,名《靖海纪》,有李光地为之作《靖海纪序》。琅之部下倪殿侯,有平台湾纪,《台湾府志》载有毛奇龄为之"平台湾记序"。此亦为伪作。……毛序既伪,推而知及沈序尤不伦不类矣。
>
> 《平台湾序》之不伦不类,先以其文体论之。雅俗混淆。《台湾府志》列入骈体类。既云骈体文,乃别于散体文而言。骈体为二语并合,或重列对偶,如骈肩骈指然。……但是,未有骈文而兼散文,而散文示俗不可言,如《平台湾序》不伦不类之作者。
>
> 《平台湾序》,乃后人伪作,破绽百出,若依文气与文体而言,较之东吟社序,尤为显明。似粗知文义而不知文格者,中有雅词,忽参鄙词。语病之多,盈篇累牍,多必不可存之语句,皆出自作伪者之手。其蓝本则为沈氏原著《台湾舆图考》与《台湾赋》;皆载在方志,而今失传。另加施琅飞报大捷疏。[②]

盛成首先从毛奇龄《平台湾记序》为伪作进而推论《平台湾序》亦为伪作,继而从文体角度论证《平台湾序》为"不伦不类""雅俗混淆",最后得出结论:《平台湾序》是将沈光文《台湾赋》《台湾舆图考》与施琅《飞报大捷疏》拼凑而成的伪作。

卢嘉兴同样认为《平台湾序》系范咸改窜的伪作,他说:

> 因乾隆初曾谕旨销毁或酌改明季诸人书集,所以乾隆十一年(西

---

① 龚显宗:《沈光文全集及其研究资料增编》(上),台南市政府文化局 2012 年版,第 298 页。
② 龚显宗:《沈光文全集及其研究资料增编》(上),台南市政府文化局 2012 年版,第 215—216 页。

元一七四六)范咸和六十七合修台湾府志时,以沈文开集为向时寓台诸公所艳称,而未得见,经辗转觅诸光文的后人,得到诗文杂作抄本九卷,半皆蠹烂,但字迹犹可辨识。范咸为保存同乡的著作,故所引征较前志为多,并为免犯禁规起见,收录所遗之文二篇:《东吟社序》曾经增删篡改,《平台湾序》,是拼凑《台湾赋》和《台湾舆图考》以及施琅《飞报大捷疏》渗合而成的伪作。范氏因用苦肉计,作此一篇偷天换日的《平台湾序》,藉以保存斯庵的遗作,也和黄宗羲的《明夷待访录》相同。范氏不仅为沈氏的功臣,也是台湾文献的保姆。在乾隆时候,文字之狱,方兴未艾,焚书之令,雷厉风行,明末遗臣的著作,世多不传,研究不易,所以范氏故意用此方或来留下片段的原始资料,为后来的有心者一见就知。范氏并非真要骗人,只是苦心孤诣保留故乡先贤皂帽黄衣的遗著而已。①

卢嘉兴一方面认定《平台湾序》是范咸改窜沈光文原作的伪作,另一方面,却又认为这是范咸为保存沈光文著作而"苦心孤诣"所施的"苦肉计",这样,范氏不仅不是改窜沈氏原作的罪人,反而成了保存沈氏作品的"功臣""台湾文献的保姆"。

1993年,石万寿在新发现的《斗南沈氏族谱》的基础上发表《沈光文事迹新探》,文中称:"光文之著作,除季麒光所云之《台湾赋》《东海赋》《檨赋》《桐花赋》《芳草赋》,以及《花草果木杂记》、近古体诗之外,范咸等府志之艺文志中,尚有《平台湾序》一首,极尽阿谀之能事,当非光文所作。"②

大陆学界的沈光文研究起步较晚,20世纪90年代方逐渐拉开沈光文研究的序幕,总的来看,多数研究者都持《平台湾序》为伪作的观点。

(二)《平台湾序》为真作

海峡两岸都有某些学者相信《平台湾序》确系出自沈光文之手,并以此作为攻击、批评沈光文之晚节的主要依据。

20世纪50年代,漳州籍旅台学者黄典权在《台南文化》发表《沈光文》一文,在确信《平台湾序》为真作的基础上,对沈光文采取了一分为二的评价:一方面认为沈光文"对台湾文化……之功是永难磨灭的",另一方面又为沈光文

---

① 卢嘉兴:《台湾文献的初祖沈光文》,《古今谈》1965年第7期。
② 石万寿:《沈光文事迹新探》,《台湾风物》1993年第2期。

"作了一篇叫后人痛骂的《平台湾序》"而深为惋惜，因此该文开篇伊始，作者就痛心疾首地说：

> 在一个剧变动乱的时代，一个文人要经不起时代的颠簸是绝顶不幸的。明末清初的太仆（斯庵）就是一个经不起时代的颠簸、"行百里，半九十"的当儿委屈了下来的人。在他晶莹光洁的一生，竟难免蛀蚀了难恕的斑点，这是多么叫人惋惜的呀！①

应该说，在确信《平台湾序》为真作的前提下，黄典权做出如此评价，是不难理解的，体现的正是一位富有正义之心的知识分子的传统人格与道义精神。

时隔近半个世纪，杜正胜发表于《自由时报》1998 年 3 月 30 日的《沈光文的历史鉴镜》一文中说："世传沈光文有《平台湾序》一文，对郑成功与郑经极尽诋毁之能事，与向来坚贞气节的形象迥然不同，有人遂疑后人伪作。这个历史公案尚待论证。"杜正胜虽然没有正面论断《平台湾序》的真伪问题，但他以沈光文与季麒光的结社唱和为据，认为沈光文"到底也做了清廷的'桀犬'"，"其心路历程如何转变，也很值得探讨"②，显然是倾向于认同《平台湾序》为沈氏真作的。

大陆学者中持"《平台湾序》为沈氏真作"论者以潘承玉为代表。在《真相、遮蔽与反思——关于一桩文化史公案的后续考察》一文中，潘承玉称："和沈光文另一篇洋洋大观的奇文《平台湾序》极为恶毒地诋毁郑成功以来整个明郑集团的抗清历史，极为露骨地吹捧清王朝的收复台湾之举比较起来，《东吟社序》取清舍明的倾向又瞠乎其后了。仅看其中对明郑抗清史进行'控诉'渲染的一个极小片段：初，己亥之岁……相信任何一个年轻的清廷御用文人，在这样的老辣手笔面前都要自愧弗如！……民族气节荡然无存的本来面目，亦于此暴露无遗。"③

此外，大陆学界较早涉足沈光文研究的乐承耀也认为："《平台湾序》并不是伪作，《东吟社序》也没'酌改'和'略润'"④，但他反对据此而得出沈光文晚年"投靠清政府""失节""变质"的观点。他认为：

---

① 黄典权：《沈光文》，《台南文化》1952 年第 3—4 期。
② 龚显宗：《沈光文全集及其研究资料增编》（下），台南市政府文化局 2012 年版，第 315 页。
③ 潘承玉：《真相、遮蔽与反思——关于一桩文化史公案的后续考察》，《绍兴文理学院学报》2007 年第 3 期。
④ 乐承耀：《台湾文献初祖沈光文研究》，九州出版社 2015 年版，第 9 页。

统一台湾,是正义、进步举措,康熙统一台湾的决策,符合历史进步的方向。正是在这一背景下,作为江南士人的沈光文经历了从"反清复明"到对清政府执政合法性的认同。面对现实,他毅然放弃传统的"一家一姓"的愚忠原则,对清政府的态度有所变化,他称康熙帝"圣天子声灵赫濯",使"岛上效吴越之归诚,使从前未通之疆域,悉入版图,设立郡县"……这些都说明沈光文的晚年承认清政府执政合法性,是顺应历史潮流之举,这是评价沈光文的十分重要的问题。①

但事实上,《平台湾序》如果确系真作,那么,该文所反映的就绝不仅是沈光文晚年政治倾向转变、"承认清政府执政合法性"那么简单了。如果文章仅只是称康熙帝为"圣主"、使用康熙年号的话,本也无可厚非,但此文显然已完全站在清政府的立场上,充斥着对明郑的恶意诋毁,如称明郑为"郑伪":"此固天时之将渐移而善也,乃俾郑伪之先为开其端耳。"对郑成功南京之役的描述是:"童叟惨遭屠戮,抢地呼天;妇女强被奸淫,痛心切骨……大军一战,小丑全输。死于山者,山变其色;沉于水者,水断其流。片帆折橹,望海兴悲;烂额焦头,栖身无地。"假若《平台湾序》确出于沈光文之手,的确是难免"失节""变质"之讥的。

二、《平台湾序》为伪作考

(一)以清代文献对沈光文著述的记载为证

从清初季麒光所做的《沈光文传》开始,清代所有台湾方志、史乘中的沈光文传,都有关于沈光文因作赋讥讽郑经而罹祸逃禅的记载。如季麒光《沈光文传》云:"郑经嗣爵,多所变更,斯庵知经不能用人,且以一赋寓讥讽,为忌者所中,乃改服为僧,入山不出,教授生徒,兼以医药济人。"②《诸罗县志》中的《沈光文传》云:"及经嗣,光文以赋寓讽,几罹不测,乃变服为僧入山。"③虽然各种文献均未明言沈光文"以一赋寓讥讽,为忌者所中,乃改服为僧"究竟是因哪一篇赋作,但文献所载的沈光文的全部赋作(《台湾赋》《东海赋》《檨赋》《桐花赋》《芳草赋》)中,后面四赋均为咏物赋,因此可以推断导致沈光文因讥讽郑经而

---

① 乐承耀:《台湾文献初祖沈光文研究》,九州出版社2015年版,第4页。
② 季麒光:《蓉洲诗文稿》,《无锡文库》第4辑,凤凰出版社2012年版,第367—368页。
③ 《台湾府县志辑》第一册,上海书店出版社1999年版,第454页。

"几至不测"的就是《台湾赋》。那么,在已经确认沈光文著有这篇《台湾赋》的前提下,如果认为《平台湾序》为沈光文所作,又该如何解释《平台湾序》与《台湾赋》之间的关系呢? 遗憾的是,所有持《平台湾序》为"真作"并以此抨击沈光文之人格者,均未对这一问题给予合理的解释。如果否认《平台湾序》是在《台湾赋》基础上的改窜,那么就只能认为沈光文在郑经治台期间创作了《台湾赋》①,清廷统一台湾后又创作了《平台湾序》②,即二者分别为沈光文在不同时期创作的两篇不同的作品,创作时间相距约二十年之久。既然如此,那么清代以来关于沈光文著述的文献之中理应包括对这篇《平台湾序》的记载。但是,从季麒光的《蓉洲诗文稿》到所有清代台湾方志,在关于沈光文著述的记载中均只有《台湾赋》而没有《平台湾序》。清代文献中有关沈光文著述的记载情况详见下表:

清代文献中有关沈光文著述的记载情况表

时间	作者(编纂者)	篇名	有关沈光文著述的记载
康熙二十三年（1684）	金鋐、郑开极	《福建通志·迁寓·沈光文传》	"所著文、诗、赋,甚多。"
康熙二十四年（1685）	蒋毓英、季麒光	《台湾府志·沈光文列传》	"所著文有台湾赋、东海赋、檨赋、桐花赋、芳草赋及花草果木杂记。"
康熙二十五年（1686）	季麒光	《蓉洲诗文稿·沈光文传》	"所著台湾赋、东海赋、檨赋、桐花赋、芳草赋及花草果木杂记,古近体诗,俱系存稿,未及梓行。"
康熙五十六年（1717）	周钟瑄、陈梦林	《诸罗县志·人物志·寓贤·沈光文传》	"所著有台湾赋、东海赋、檨赋、桐花芳草赋,及花草果木杂记。"
乾隆五年（1740）	刘良璧	《重修福建台湾府志·人物·流寓·沈光文传》	"工诗赋,所著有台湾赋、东海赋、檨赋、桐花芳草赋、花草果木杂记。"

①　盛成《沈光文公年表及明郑清时代有关史实》认为《台湾赋》作于1663年,见龚显宗《沈光文全集及其研究资料增编》(下册)第69页;乐承耀《沈光文年谱》亦认为《台湾赋》作于1663年,见乐承耀《台湾文献初祖沈光文研究》第250页。
②　乐承耀认为《平台湾序》作于康熙二十二年(1683),见乐承耀《台湾文献初祖沈光文研究》第259页。

续表

时间	作者(编纂者)	篇名	有关沈光文著述的记载
乾隆十年 (1745)	全祖望	《鲒埼亭集》卷二十七《沈太仆传》	"海东文献,推为初祖。所著花木杂记、台湾赋、东海赋、櫟赋、桐花赋、芳草赋、古今体诗,今之志台湾者皆取资焉。"
乾隆十二年 (1747)	范咸	《重修台湾府志·人物·流寓·沈光文传》	"所著有台湾赋、东海赋、櫟赋、桐花芳草赋,草木杂记。"
乾隆十七年 (1752)	鲁鼎梅、王必昌	《重修台湾县志·寓贤·沈光文传》	"工诗赋,所著有台湾赋、东海赋、櫟赋、桐花芳草赋,草木杂记。"
乾隆十七年 (1752)	余文仪	《续修台湾府志·沈光文》	"所著有台湾赋、东海赋、桐花芳草赋,草木杂记。"
乾隆五十三年 (1788)	钱维乔 钱大昕	《鄞县志·人物·沈光文》	无
嘉庆十二年 (1807)	谢金銮	《续修台湾县志·寓贤·沈光文》	"工诗赋,所著有台湾赋、东海赋、櫟赋、桐花芳草赋,草木杂记。"
道光十年 (1830)	李瑶	《南疆逸史·摭遗·沈光文传》	无
道光十六年 (1836)	周凯	《福建通志·金门志·沈光文传》	"著述甚多。"
同治五年 (1866)	李元度	《国朝先正事略·沈斯庵事略》	"海东文献,推为初祖。所著花木杂记、台湾赋、东海赋、櫟赋、桐花赋、古今体诗。志台湾者,皆取资焉。"
同治十年 (1871)	徐鼒	《小腆纪传》附记《沈光文传》	"所著有台湾赋、櫟赋、桐花芳草赋、草木杂记。"
道光九年 (1829)	陈寿祺	《福建通志·台湾府·沈光文》	"海东文献,推为初祖。所著花木杂记、台湾赋、东海赋、芳草赋、櫟赋、桐花赋、古今体诗,志台湾者皆足资焉。"
光绪三年 (1877)	张恕、董沛	《鄞县志·沈光文传》	"光文浮沉于蛮瘴者三十余年,凡耳目所及,无巨细皆有记载,其间如山水、津梁、禽鱼、果木,大者纪胜寻源,小者辨名别类。"
光绪二十一年 (1895)	薛绍元、蒋师辙	《台湾通志稿本·列传·寓贤·沈光文传》	"海东文献,推为初祖。所著花木杂记、台湾赋、东海赋、櫟赋、桐花赋、古今体诗。志台湾者,皆取资焉。"

由上表可以看出,清代文献中的沈光文传记中,除了《福建通志·迁寓·沈光文传》《泉州府志·寓贤·沈光文》《南疆逸史·撷遗·沈光文传》《福建通志·金门志·沈光文传》《鄞县志·沈光文传》中沈光文著述付之阙如外,其他传记中对沈光文著述的记载虽略有差异(如将"花草果木杂记"记作"花木杂记"、"草木杂记"),但无一例外都有关于"台湾赋"的确凿记载,而没有任何一部文献中有关于"平台湾序"的记载。尤其是学界公认的有关沈光文最早、最可靠的文献资料——季麒光《蓉洲诗文稿》中的《沈光文传》云:"沈光文所著台湾赋、东海赋、檨赋、桐花赋、芳草赋及花草果木杂记,古近体诗,俱系存稿,未及梓行。"乾隆时期的著名史学家全祖望在《鲒埼亭集》卷二十七中的《沈太仆传》中,除了将《花草果木杂记》误书为《花木杂记》之外,对沈光文著述的记载与季麒光的记载完全一致:"海东文献,推为初祖。所著花木杂记、台湾赋、东海赋、檨赋、桐花赋、芳草赋、古今体诗,今之志台湾者皆取资焉。"

当然,最能说明问题的,还是收录了《平台湾序》一文的范咸《重修台湾府志》关于沈氏著作的记载。范咸《重修台湾府志》中的《沈光文传》云:"所著有台湾赋、东海赋、檨赋、桐花芳草赋,果木杂记。"根本就没有什么《平台湾序》!范志既全文收录了这篇《平台湾序》,在对沈光文著述的记载却只有"《台湾赋》"而没有"《平台湾序》",这种令人匪夷所思的自我矛盾,或许可以看作范咸特意留下的一个暗示:沈光文只著有《台湾赋》,而没有《平台湾序》,《平台湾序》是经后人改篡而成的伪作。进一步言之,假如沈光文确曾著有《平台湾序》,那么这篇标志着明遗民政治转向的文章,对清廷来说自然有着非同寻常的政治意义与宣教作用,清初以来的官修方志就绝不会只记载沈光文那篇歌颂"郑逆"的《台湾赋》,而将这篇为清廷歌功颂德的《平台湾序》摒弃在外了。

基于以上的分析,我们可以得出结论:沈光文不可能既在明郑时期创作了《台湾赋》,又在清廷统一台湾后创作了《平台湾序》,那么唯一的可能性只能是:沈光文在郑经治台期间创作了《台湾赋》,此赋后来被人改窜为《平台湾序》,《平台湾序》就是对《台湾赋》原作的改写本。《台湾赋》本是作于郑经治台期间,沈光文亦曾因此赋而"几至不测",那么《平台湾序》中关于康熙平台之功绩的歌颂系后人所添加,也就不言自明了。反过来说,如果沈光文《台湾赋》中真的包含有歌颂康熙平台的内容,就不可能作于康熙平台之前的明郑时期,也就不会有沈光文因作此赋而"为忌者所中,乃改服为僧"的事情了。

如以清代文献中的沈光文传为证,我们同样可以得出收录于范志中的《东吟社序》亦被后人改窜的结论。范志所载沈光文《东吟社序》云:"余自壬寅,将应李部台之召,舟至围头洋,遇飓漂流至斯,海山阻隔,虑长为异域之人,今二十有四年矣。"而这一记载与清初以来所有沈光文传中的记载皆不相符。事实上,沈光文来台之前曾坚决拒绝了闽都李率泰的招纳,这是沈光文来台之前的重要事件,亦是其固守遗民气节的重要印证,因此清初以来台湾文献中的沈光文传记无论篇幅长短、记叙详略,对这一事件都有明确记载:

清代文献中关于沈光文与李率泰关系的记载一览表

时间	文献	作者(编纂者)	沈光文与李率泰的关系记载
康熙二十三年 (1684)	《福建通志》	金鋐、郑开极	"闽总都李率泰致书币邀之,不就。"
康熙二十四年 (1685)	《台湾府志》	蒋毓英、季麒光	"壬寅,八闽总制李公讳率泰闻其名,遣员致书币邀之,斯庵不就。"
康熙三十三年 (1694)	《蓉洲诗文稿》	季麒光	"督院李公闻其名,遣员致书币邀之,斯庵不就。"
康熙五十六年 (1717)	《诸罗县志》	周钟瑄、陈梦林	"总督李率泰闻其名,阴使以书币招之,辞不赴。"
雍正二年 (1724)	《台海使槎录》	黄叔璥	"当事书币邀之,不就。"
乾隆五年 (1740)	《重修台湾府志》	刘良璧	"总督李率泰闻其名,阴使以书币招之,不赴。"
乾隆十年 (1745)	《鲒埼亭集》	全祖望	"闽督李率泰方招来故国遗臣,密遣使以书币招之。公焚其书,返其币。"
乾隆十一年 (1746)	《重修台湾府志》	范咸	"总督李率泰闻其名,阴使以书币招之,不赴。"

由上表所示,范志问世之前,所有清代文献中收录的沈光文传记,都无一例外记载了沈光文坚辞闽都李率泰招纳之事,即便是范志中的《沈光文传》,也明确记载:"总督李率泰闻其名,阴使以书币招之,不赴",既然如此,何以到了范志中的《东吟社序》中,坚辞不赴之举就成了"将应李部台之召"了呢?况且除这篇《东吟社序》之外,没有任何文献资料可以佐证沈光文曾"将应李部台之召"。显然,这篇《东吟社序》亦绝非沈光文原作,必经他人改窜无疑。

(二)以季麒光《蓉洲诗文稿》为证

早在 20 世纪 50 年代,毛一波谈自己阅读沈光文诗作的感受时就说:"通观光文的诗作,找不出半句'剧秦美新'的句子。反之却逐首看出他思明复明的心情。"①的确如此。"诗言志",在现存的一百余首沈光文诗作中,我们读到的多是作者反复表达自己遗民志节的诗作,却找不到一首与《平台湾序》颂扬清廷之主题相一致的诗篇。季麒光曾云:"后之君子,有能识斯庵之诗者,亦当以余言为先资矣。"②季麒光是与沈光文有着密切交往和深厚友谊的知己,他不仅是第一位为沈光文撰写传记的人,也是历代沈光文传记作者中唯一与传主有过密切交往的一位,季麒光对沈光文生平事迹和人格精神的记叙,具有后世文献无法相比的真实性、可靠性。故此,后人对沈光文诗文的解读以及晚节问题的评论,也理应以季麒光的有关记载和评价作为基本依据。2006 年以来,随着被尘封三百年之久的季麒光《蓉洲诗文稿》的发现,使人们得以从作者亲见亲闻的客观记叙与生动细节中,一睹沈光文真实的历史影像。历史上对于沈光文晚节问题的种种非议,也大可因《蓉洲诗文稿》的发现而偃旗息鼓了。

由《蓉洲诗文稿》可知,在季麒光眼中,沈光文既是一位超然世外而又古道热肠的老僧,又是一位气节昭然、铁骨铮铮的遗民。季麒光渡海登岸后,假馆于天妃宫,他第一次见到的沈光文,就是"野服僧冠","寄宿僧房"。即使是与靖海侯施琅相见,他也"仍着僧衣,不改初服"(《沈光文传》)。日常交往中,季麒光也常以"老僧"呼之,如"座中老僧逸致闲,矍铄年逾七十五""积雨断薪,向凤山君索之,知斯庵老僧有同病也,诗以讯之""斯庵老僧一日寝食失平"等。显然,如果说郑经治台期间沈光文的逃禅是出于避祸,那么入清之后他的逃禅则是与现实政治的疏离和对自己遗民身份的固守。沈光文虽与季麒光等清朝官员一起组建东吟社,联吟唱和,但诗社纯粹是一种文化上的交流与共鸣,不带有任何政治色彩。季麒光之所以与沈光文倾盖投合,结为忘年之交,既是出于对沈光文的赞赏,同时也是出于对其遗民气节的敬重。《蓉洲诗文稿》中,季麒光多次颂扬沈光文的首阳之节,如"东宁片石首阳山,犹许春秋遗一老"(《别沈斯庵》),"客踪贫未病,臣节苦逾奇"(《用陈易佩韵再赠沈斯庵》)。他还以文天祥、陆秀夫比拟沈光文,如在《沈光文传》中云:"斯庵之间关险阻,飘摇栖泊,视文履善、陆君实之徒,大略相似。迄于今,以悲凉去国之身,为海外遗民,斯庵之志苦,而其遇亦艰矣。"在为沈光文七十四岁寿辰而作的《沈斯庵双寿序》

---

① 毛一波:《试论沈光文之诗》,《台湾文献》1958 年第 3 期。
② 季麒光:《〈沈斯庵诗〉叙》,见《蓉洲诗文稿》,《无锡文库》第 4 辑,凤凰出版社 2012 年版,第 312 页。

中,季麒光再次将沈光文与文天祥、陆秀夫等人相提并论:"文履善、陆君实之徒,一身百口,艰难涂炭,以行其惓惓恳恳之忠。谢皋羽、龚圣予则寸管尺幅,笔舌啸歌,以发抒其悲凉去国之思。陆放翁自南渡以后,跋涉兵间,身老东中,著诗万首,不免巢车望尘之感。诸君子行事虽不同,揆而比志挈功,其为斯世之砥柱,则一也。"①假如沈光文真的作有《平台湾序》这样赤裸裸揄扬清朝、抨击明郑的作品,季麒光又怎么可能在自己的诗文中对沈光文的遗民气节做出如此崇高的评价?!总之,从季麒光对沈光文其人其事的了解、对其遗民气节的称许来看,《平台湾序》绝不可能出自沈光文之手。

三、沈光文《台湾赋》被改窜之原因探究

在确认《平台湾序》为被改窜的伪作之后,我们自然要作进一步探究:改窜者是否就是范咸本人?《台湾赋》被篡改为《平台湾序》的原因又是什么?对于这个问题,20 世纪 60 年代盛成、卢嘉兴的看法是:改窜者即为范咸本人,他之所以改窜《台湾赋》为《平台湾序》,乃是出于为保存沈氏文献而苦心孤诣的一番"苦肉计"。他们认为:沈光文的《台湾赋》原作因其讴歌郑成功抗清复明的敏感内容而为清廷所忌,按照乾隆"明季诸人书集,词意抵触本朝者,自当在销毁之例"的谕旨,原本应在禁毁之列。但《台湾赋》中关于台湾地理、风物、民俗等的记载又具有非常宝贵的文献价值,其本身的文学价值以及对后世台湾文学的影响更是不言而喻,因此范咸实在不忍这篇珍贵文献被埋没于世,而欲将其收录到台湾方志之中加以保存、传之后世,唯一可行的办法只有对其加以改窜——删掉其中歌颂明郑的"反动"内容,添补上为清廷歌功颂德的文字,只有这样才能堂而皇之地进入具有"佐治"功能的台湾方志之中。于是范咸苦心孤诣为之改头换面,添加上歌颂清廷收复台湾等符合官方意志的内容,以此作为保护伞,《台湾赋》最终才得以以《平台湾序》的名义保存在了《重修台湾府志》中。换言之,《台湾赋》的庐山真面目其实就隐藏在了这篇《平台湾序》中。

盛成先生认为:同为范咸《重修台湾府志》收录、也同被后世学者作为抨击沈光文变节之依据的《东吟社序》,也出于同样的原因遭到了范咸的改窜:

> 先论《东吟社序》,沈光文之上,冠以"前太常寺少卿"六字,光文

---

① 季麒光:《蓉洲诗文稿》,《无锡文库》第 4 辑,凤凰出版社 2012 年版,第 408 页。

为太仆寺少卿，故其墓俗称军墓。作伪者，必不疏忽此一点而露出破绽，此乃暗示内容删改增润之谓。乾隆谕旨："明季诸人书集，词意抵触本朝者，自当在销毁之例。……若刘宗周、黄道周……以上诸人所言，……惟当改易违碍字句……又如杨涟、左光斗……所有书籍，并当以此类推。……须酌改。"《东吟社序》之"酌改"或"略为节润"，自属无疑。范咸当时之苦心，即在保存公之遗著，而不使之失传。因此序中，"润"出"康熙二十四年""归于圣代"，"奉命来莅"。又有"余自壬寅将应李部台之召，舟至围头洋，遇飓漂流至斯……今二十有四年矣"。①

盛成、卢嘉兴等前辈学者对于《台湾赋》《东吟社序》被改窜原因的分析，笔者认为确有道理，但改窜者是否就是范咸本人，似乎仍有商榷的余地。

"范志"卷二十三《艺文（四）·骈体》共收录了两篇骈文：第一篇是沈光文《平台湾序》，第二篇即为季麒光《客问》[六条]。台湾学者王淑蕙通过"范志"中所收录季麒光《客问》[六条]与季麒光《蓉洲诗文稿》中的《客问》原文的对比，发现《客问》[六条]并非《客问》原文。究其原因，乾隆十二年（1747）当范咸重修府志时，《客问》原稿已佚失，于是范咸只好退而求其次，将康熙年间巡台御史黄叔璥《台海使槎录》卷四《赤嵌笔谈·杂著》中所"节录"的《客问》"六则"收录，并加上了"六条"的副标题。依此推断，王淑蕙认为："同时期《重修台湾府志》所收录之《平台湾序》并非有意删改，现今所见沈光文《平台湾序》极可能是主编范咸当时所见。"②范咸有可能是因找不到沈光文《台湾赋》原作，只好将其所看到的《平台湾序》全文收录于府志。换言之，《平台湾序》极有可能就是范咸当时所看到的已被他人改窜的文本。那么，为何明知已非原作还要收录于府志之中？"范志"《凡例》自述其编纂旨趣云：

> 台郡初辟，中土士大夫至止者，类各有著述以纪异，然多散在四方，岛屿固鲜藏书之府也。范侍御奉命巡方……诸集，按籍搜索，并得全书。惟《沈文开集》，向时寓台诸公所艳称而未得见者，亦辗转觅诸其后人。凡得诗文杂作抄本九卷，半皆蠹烂；但字迹犹可辨识，既

① 龚显宗：《沈光文全集及其研究资料增编》（上），台南市政府文化局 2012 年版，第 182 页。
② 王淑蕙：《志赋、试赋与媒体赋——台湾赋之三阶段论述》，台湾成功大学 2012 年博士论文，第 59 页。

不忍没前人之苦心,故所征引较前志尤多。……以存海外文章,令后来有据耳。沈文开不忘羁旅之思、孙湘南独擅丛笑之什,是以采择尤多;盖是志于"艺文"之去取尤严也。①

由《凡例》可知,范咸非常重视这部为"向时寓台诸公所艳称"的《沈文开集》的价值,但遗憾的是,辗转寻觅仍未能见到沈光文原稿,只搜求到了九卷"半皆蠹烂"的"抄本"。他之所以将已被改窜的《平台湾序》收录于府志之《艺文志》中,乃是基于"不忍没前人之苦心,故所征引较前志尤多""以存海外文章,令后来有据耳"的考虑。虽然他明知这篇《平台湾序》已非《台湾赋》原文,但为保存珍贵文献起见,仍然将此文收录到了府志之中。换言之,范咸本人亦未曾见到《台湾赋》原文,他只是将经别人改窜的《平台湾序》保存到了府志中而已。

而不管范咸是否为《台湾赋》的改窜者,他在收录《平台湾序》时,都是确知该文为伪作的。这一点除了从范志中《沈光文传》对沈氏著述的记载得以印证之外,还可以从范咸本人对前朝遗民的态度上得以印证。范咸为浙江仁和人,雍正元年(1723)进士,乾隆十年(1745)任巡台御史,在任两年,宦台期间编纂《重修台湾府志》,并著有《婆娑洋集》《浣浦诗抄》。范咸虽为清朝官员,但从其现存诗作来看,其思想是比较复杂的,并未站在清朝统治者的立场诋毁明郑人物。如收录于《婆娑洋集》中的《吊五妃墓十二绝句》就歌颂了为宁靖王朱术桂殉身的五个妃子,表达了对明郑政治失败的同情、对忠贞不屈的遗民气节的赞美:

明亡已历四十载,死节犹然为故明。荒冢有人频下马,真令千古气如生。(一)

天荒地老已无亲,肯为容颜自爱身。遥望中原肠断绝,伤心不独是亡人。(二)

君后相将殉社稷(指庄烈),虞兮未敢笑重瞳。庙廷倘使增陪祀,臣妾应教祭享同!(三)

田妃金碗留遗穴,何似贞魂聚更奇?三百年中数忠节,五人个个是男儿。(四)

---

① 范咸:《重修台湾府志·凡例》,第55页。

可怜椎髻文身地,小字人传纪载新。却恨燕京翻泯灭,英风独显费宫人。(五)

忍把童家旧誓忘(指福王),孝陵风雨怨苍苍！芳魂若向秦淮去,正好乘潮到故乡。(六)

长恨丁宁数语余,从容犹自整簪裙。邙西便是埋香地(《越记》:"阖间葬女于邙西,名三女坟。"今五妃墓去宁靖墓三十里),三女坟应近阖间。(七)

封题无树一孤岑,剩有儿童踯躅吟。岂是五丁开蜀道(《华阳国志》:"秦惠王许嫁五女于蜀,蜀遣五丁力士奉迎,蛇山崩,同时压杀。蜀王痛伤,命名曰五妇冢。")？却缘望帝哭春深。(八)

明妃无命死胡沙,青冢荒凉起暮笳。争比冰心明似月,隔江不用怨琵琶。(九)

垒垒荒坟在海滨,魂销香冷为伤神。须知不是经沟渎,绝胜要离家畔人。(十)

又逢上巳北邙来,宿草新浇酒一杯(又三月三日,率僚属致祭)。自古宫人斜畔土,清明可有纸钱灰？(十一)

十姨庙已传讹久,参昴还应问水滨。今日官僚为表墓,五妃直可比三仁。(十二)

乾隆十年(1745),出任巡视台湾监察御史的范咸曾专程到善化县沈光文墓凭吊,并赋诗一首:

> 虚馆饿无廪,浮家老不归。
> 随身唯皂帽,毕志竟黄衣。
> 沧海成高蹈,岿丘感式微。
> 一杯荒草合,谁荐首山薇？

在这首诗中,范咸将沈光文比作采薇于首阳山的伯夷叔齐,明白无误地表达了对沈光文遗民气节的敬重。如果为清廷歌功颂德的《平台湾序》为沈氏真作,范咸又怎会对沈光文做出如此评价？

四、范咸《重修台湾府志》收录《平台湾序》的双重影响

范咸将改窜之后的《平台湾序》收录于府志,究竟是功还是过？笔者以为,

　　既有功,亦有过。一方面,在《台湾赋》原作亡佚不存的情况下,范咸收录此文的确在一定程度上起到了保存文献的作用,使我们得以由这篇《平台湾序》披沙拣金、去伪存真,通过剔除其中的伪文,辨析出其中《台湾赋》的内容,盛成先生就是在《平台湾序》的基础上抽离改窜文字进而还原出《台湾赋》原文的。

　　事实上,范咸对于沈光文作品的保存,可以说是厥功至伟。据季麒光的《沈光文传》:“(沈光文)所著《台湾赋》《东海赋》《檨赋》《桐花赋》《芳草赋》,及《花草果木杂记》、古近体诗,俱系存稿,未及梓行。”①《〈沈斯庵诗〉叙》亦云:“斯庵荒天羁旅,无杀青汗简之力。”②沈光文的著述在其生前无力付梓,故散佚甚多,其留存于世的诗文作品,多是借助于方志而得以保存下来的:

清代文献中沈光文作品被收录情况简表

沈光文作品	文　献
《𣸣茶》	周钟瑄《诸罗县志》卷八
《檨》《番橘》《素馨》《番兰》《天仙花》	周钟瑄《诸罗县志》卷十
《地震》《黄水藤》《海翁》	周钟瑄《诸罗县志》卷十二
《土番》	周钟瑄《诸罗县志》卷二十二
诗歌31首	全祖望《续甬上耆旧诗》卷十五
诗歌78首	范咸《重修台湾府志》卷二十二《艺文志》
《平台湾序》	范咸《重修台湾府志》卷二十二《艺文志》
《东吟社序》	范咸《重修台湾府志》卷二十二《艺文志》
《土番服饰》	余文仪《续修台湾府志》卷十四
《番柑》	余文仪《续修台湾府志》卷十八

　　由上表可知,范咸确实是对保存沈光文著作功劳最大的一位。不仅沈光文的78首诗歌因范志而得以保存,即便是已被改窜的《平台湾序》与《东吟社序》,若不是《重修台湾府志》的收录,今人恐怕很难一睹沈光文之文章的吉光片羽了。而另一方面,这两篇被改窜之作也使沈光文因此背负了莫须有的谄谀清廷、晚节不保的历史罪名。以20世纪50年代黄典权的沈光文研究为例,

---

①　季麒光:《蓉洲诗文稿》,《无锡文库》第4辑,凤凰出版社2012年版,第367—368页。

②　季麒光:《蓉洲诗文稿》,《无锡文库》第4辑,凤凰出版社2012年版,第312页。

就非常典型地体现了《平台湾序》一文对后世学者带来的双重影响。

一方面,黄典权在论及沈光文对台湾文化的功绩时,不能不称引《平台湾序》:

> 他(指沈光文)的作品像《台湾舆图考》和《流寓考》,都是关于台湾的地理和历史的专门著述,前于他的人没有他的遭遇阅历,自然不能写出比他内容更丰富的作品,我们今日虽不获见那二书,但我们由《平台湾序》可知其有关台湾地理民情知识的深厚。今引其一段以见斯庵的地理学识:"考乎其候也,一天澄澈,四序清和。暑无挥汗之淋漓,寒无裂肤之凛冽……"又引另一段以见其对民生风俗的认识:"及言乎于其俗也……"此文不是歌功清人的无聊之作,于山川气候、道里民情,已记得这样详细,那么《台湾舆图考》与《流寓考》等书的内容不用讲,是极充实而可供给后代志书以无穷的资料的。①

另一方面,黄典权又以《平台湾序》为据对沈光文晚年所谓的人格污点表达了遗憾:

> 清人亡明,斯庵虽未屈节投降,但他此后的生活是黯淡无光的了。……于是他就黯淡地活下去了。不幸的是他竟还要敷衍本是仇雠的清人,作了一篇叫后人痛骂的《平台湾序》,他真是"不幸而不得早死"啊!

如果说在半个世纪以前,学者做出如此论断尚属情有可原的话,那么在李麒光《蓉洲诗文稿》这样确凿可靠的第一手文献资料已被发现、沈光文研究日益深入的今天,如果再以《平台湾序》为据抨击沈光文人格气节的话,不仅会使"热肠知未冷,晚节慎无乖"(《陬草》)的沈光文蒙冤负屈,也着实辜负了范咸"存海外之文章,令后来有据耳"的一番"苦心"。

---

① 黄典权:《沈光文》,《台南文化》1952年第3—4期。

第三章

沈光文与传统文化精神

　　沈光文对台湾的文学、文化、教育均做出了开拓性的贡献,被后世尊为"海东文献初祖""台湾文学始祖""台湾孔子",在台湾具有文化图腾般的经典意义。本章试从儒家文化与浙东地域文化两个视角切入,探讨沈光文的文化人格及其对后世的影响。一方面,沈光文是明郑时期遗老的代表,是最早来台的汉族士大夫,他与徐孚远、王忠孝等怀忠蹈义先后入台的南明遗臣一道,促进了儒家文化在台湾的传播,其所代表的忠贞不屈的民族气节,成为儒家纲常节义的典范,对后世产生了深远的影响。另一方面,生长于浙东文化传统下的沈光文,又是浙东地域文化精神的典型代表,浙东文化中的经世致用、开拓创新、博纳兼容等文化品格,在沈光文身上都有鲜明的体现。

第一节　沈光文与儒家文化精神

　　20世纪末,在关于台湾"本土化"的论战中,台湾学者陈昭瑛首次将"台湾儒学"作为一个新的论域明确提出,并由此引发出一系列具有全球性也具有在地性、根源性的相关议题。毋庸置疑,直到今天,儒学传统在台湾仍是一种"经典般的存在",潜移默化地渗透在民众的知识、观念、信仰等各个层面。然而,如欲进行台湾儒学的文化寻根、探究台湾儒学的起源,则必须追溯到明郑时期。"明郑时期的台湾儒学,虽刚萌芽,却是上承南明诸儒,下启清代台湾儒学。"①这一时期对台湾儒学之奠基贡献最大者,当属"性喜春秋"、一生致力于

――――――――――
　　①　陈昭瑛:《台湾儒学:起源、发展与转化》,华东师范大学出版社2012年版,第1页。

抗清复明运动的郑成功,以及从祀延平郡王郑成功的沈光文、徐孚远、陈永华等南明诸儒。关于郑成功与儒家文化的关系,陈永华对南明文教事业的贡献,已有不少学者进行了研究①,那么,被誉为"台湾孔子"的沈光文与台湾儒学有着怎样的关系,对儒家文化精神的传承又有着怎样的影响? 对这一问题的探讨,无论对于沈光文研究还是台湾儒学研究,都具有重要意义。

一、夷齐之节:沈光文与儒家忠义精神

在中国历史上,商末孤竹君之二子伯夷叔齐兄弟让国、扣马而谏以及不食周粟的事迹,历代传颂不衰,得到诸多古圣先贤的崇高评价。孔子将伯夷叔齐作为"仁"的最高典范:"求仁而得仁,又何怨?"赞其为"古之贤人"(《论语•述而》)。孟子称其为"圣之清者"、"百世之师"(《孟子•万章下》)。司马迁著《史记》,特意将伯夷传记置于七十列传之首,赞其"末世争利,维彼奔义,让国饿死,天下称之"(《太史公自序》)。到了唐代,以维护儒家道统为己任的韩愈更对夷齐精神推崇备至,称颂伯夷"昭乎日月不足为明,崒乎泰山不足为高,巍乎天地不足为容"(《伯夷颂》)。夷齐精神固然有着极为丰富的内涵,但就其最核心的文化精神——去位让国的谦让精神、反对以暴易暴的仁爱精神和不食周粟的遗民气节而言,都无不与儒家文化精神相通相融,其所代表的仁、义、贤、廉、让等传统美德,早已成为中华民族最宝贵的文化遗产和精神财富,被誉为"东方德源""儒学先驱"。

儒家先师孔子是见诸文献的夷齐精神的最早解读者。在孔子眼中,伯夷叔齐不仅是儒家伦理道德的核心——"仁"的最高典范②,而且是遗民最高境界的体现者。《论语•微子第十八》云:

> 逸民:伯夷、叔齐、虞仲、夷逸、朱张、柳下惠、少连。子曰:"不降其志,不辱其身,伯夷、叔齐与!"谓柳下惠、少连:"降志辱身矣。言中伦,行中虑,其斯而已矣。"谓虞仲、夷逸:"隐居放言,身中清,废中权。"

---

① 参见陈名实、林国平《郑成功的儒学思想及其影响》,《福州大学学报》2007年第2期;陈名实、王炳庆《郑成功、陈永华与台湾的儒学教育》,《泉州师范学院学报》2007年第1期等。

② 《论语》中共有五处论及伯夷叔齐,其中最重要的论述见于《述而》篇:"冉有曰:'夫子为卫君乎?'子贡曰:'诺,吾将问之。'入,曰:'伯夷、叔齐何人也?'曰:'古之贤人也。'曰:'怨乎?'曰:'求仁而得仁,又何怨?'出,曰:'夫子不为也。'"

由于孔子的表彰,生当商周更替之际而又"不降其志,不辱其身"的伯夷叔齐,成为忠于故国、不仕新朝的遗民气节的最高典范,成为历史转折之际遗民们临难不屈、坚守气节的精神皈依。在中国历史上,每逢改朝换代之际,总会有一批赤心报国的忠臣义士,或隐遁山林,称疾不仕,或变姓易名,辟命不应,或救亡图存,为国殉难,使夷齐精神每每在易代之际迸发出璀璨夺目的光彩。宋元易代之际,抗元死节的忠贞之士仅有记载的就有五百多位(据万斯同《宋季忠义录》),他们用自己的生命为夷齐文化精神做出了最生动的诠释。文天祥、谢枋得就是宋末夷齐精神最杰出的践行者。明清之际,清兵入侵,与宋元易代之际相似的历史情境,再度为抗节不屈的夷齐精神的彰显提供了契机,2600年前的伯夷叔齐又一次成为明清之际遗民精神书写的典型话语。明遗民或以自身艰苦卓绝的抗清斗争实践成为夷齐精神的践行者,或在诗文中歌颂夷齐,成为夷齐之风的追慕者。如顾炎武《谒夷齐庙》云:"甘饿首阳岑,不忍臣二姓。"晚清的颜君猷论屈大均:"顽民不颂周家圣,手掬寒泉吊首阳。"黄宗羲不仅毕生不仕清廷,恪守遗民气节,还曾在给徐元文的书信中径直将自己比作托孤于尚父以自保其气节的伯夷叔齐:"昔闻首阳二老,托孤于尚父,遂得三年食薇,颜色不坏。今吾遣子从公,可以置我矣。"①

这一时期坚守夷齐之节而对沈光文有直接影响者当属黄道周与刘宗周。崇祯三年(1630),19岁的沈光文应浙江乡试副榜;崇祯九年(1636),以明经贡太学,初入北京国子监,后转南京国子监。主持崇祯三年浙江乡试的黄道周,曾在崇祯朝指斥奸佞,明亡之后拥立唐王,任武英殿大学士兼吏、兵二部尚书,兵败后被捕,在南京英勇就义,临刑前他撕裂衣服,咬破手指给家人写下一封最后的血书:"纲常万古,节义千秋;天地知我,家人无忧。"沈光文在南京太学的老师刘宗周,更成为明清易代之际最具夷齐风范的典型。刘宗周(1578—1645),浙江山阴(今绍兴)人,被誉为明代最后一位儒学大师,宋明理学的殿军,黄宗羲、陈确、祝渊等著名学者都出其门下。《明史》本传云:

> 六月,潞王降,杭州亦失守。宗周方食,推案恸哭,自是遂不食。移居郭外,有劝以文、谢故事者。宗周曰:"北都之变,可以死,可以无死,以身在削籍也,而事则尚有望于中兴;南都之变,主上自弃其社稷而逃,仆在悬车,尚曰可以死,可以无死,以俟继起者有主也。监国降

① 黄炳厚:《黄梨洲先生年谱》,第37页。

矣,普天无君臣之义矣,犹日吾越为一城一旅乎,而吾越又后降矣!
区区老臣尚何之乎? 若日身不在位,不当与城为存亡,独不当与土为
存亡乎?"

四库馆臣对刘宗周的评价,也是与历史上的伯夷叔齐相联系的:"一厄于
魏忠贤,再厄于温体仁,终厄于马士英。而姜桂之性,介然不改,卒以首阳一
饿,日月争光。在有明末叶,可称皦皦完人,非依草附木之流所可同日语矣。"

沈光文从早年加入浙东义军从事抗清斗争,一直到在台湾终老,其坚贞不
屈的遗民气节可以说是一以贯之的,以儒家忠义观念为底蕴的遗民忠义精神
成为贯穿其全部诗作的主旋律。他在诗作中多次使用与伯夷叔齐相关的典故
与意象,以抒写其遗民情怀:

采薇往古事,敢日继其踪。

——《陬草》其十一

采薇思往事,千古仰高踪。

——《感怀》其二

东国书难去,西山饿早分。

——《秋日和陈文生韵》

饿已千秋久,人堪饭首阳。

——《山间》之七

难道夷齐饿一家,萧然群坐看晴霞。

——《夕餐不给戏成》

调饥思饱德,同饿喜分薇。

——《卢司马惠朱薯赋谢》

何当稚子困饿啼,绝不欲我作夷齐。

——《柬曾则通借米》

乃竟二饿千载垂,旅处寡亲益憎忾。

——《贷米于人无应者》

仰天自笑浑无策,欲向西山问伯夷。

——《慨赋》

荒岛无薇增饿色,闲庭有菊映新缸。

——《思归》其二

沈光文用夷齐之典入诗,不仅写出了自己真实的生命体验,也生动地表现了遗民气节与人伦之情的矛盾——那种"于我应当饿,家人苦未能"(《寄迹效人吟》)的痛苦纠结,从一个侧面折射出南明抗清志士的艰困处境与复杂心态。沈光文来台之前的抗清斗争与遗民志节,论者殆无异议,对于沈光文来台后尤其是入清之后的政治立场与遗民身份,却有论者以《平台湾序》《东吟社序》为据,批评沈光文晚节不保。盛成先生认为:"沈光文自述之资料,可分诗与文二项。诗与文之性质不同,诗乃赋志与抒情之作,可说因求自己的安慰而为自己所写的……故诗比较真实而可靠……传世之文章比起诗来,其真实性与可靠性,是相对的而非绝对的。……沈归愚云:'人必论定于身后',若身后而论不定,则当'以诗存人'。"①沈光文晚年是否仍恪守夷齐之节?最有力的证据莫过于其晚年寓台期间的诗作了。

郑经治台时期沈光文的政治态度,我们可以从《至湾匝月矣》一诗中得以了解:

> 闭门只是爱深山,梦里家乡夜夜还。
> 士学西山羞不死,民非洛邑敢居顽。
> 羁栖尘市依人老,检点诗书匝月间。
> 究竟此身无处着,每因散步到禅关。

沈光文因在《台湾赋》中讥讽郑经而罹祸,"变服为浮屠,逃入台之北鄙,结茅于罗汉门山中以居"②。约在1674年,方结束在罗汉门山的逃禅生活,移居目加溜湾,此诗即为作者移居目加溜湾满月后所作。已过花甲之年的沈光文在诗中除了表达对家乡故土的执着思念外,还抒发了自己毕生固守的遗民情怀。颔联中先后用了两个与遗民相关的典故:"士学西山羞不死"以饿死西山(首阳山)的伯夷叔齐自比,"民非洛邑敢居顽"则将自己比作古时不肯臣服于周朝而被移居于洛邑的殷商顽民。早在沈光文寓居金厦时期所做的《陕草》一诗中,就有"义旗嗟越绝,剩得此顽民"的诗句,表达了自己心如磐石绝不改易的遗民气节。十余年过去了,沈光文仍以"顽民"自称,这就充分表明沈光文虽然经历了数年的逃禅生活,但并没有超然世外,黄衣皂帽之下,那颗忠于故明的遗民之心并没有丝毫改变。

---

① 盛成:《沈光文自著诗文中之自述》,《台湾文献》1961年第12卷第2期。
② 全祖望:《沈太仆传》,见《全祖望集汇校集注》(上),上海古籍出版社2000年版,第498页。

康熙二十二年（1683），清廷派施琅攻台，台湾这块明郑坚守的最后一块阵地即将沦于清廷之手，在明郑即将沦亡的历史转折关头，沈光文的政治态度究竟如何？是如《平台湾序》所言站在"皇清之赤子"的立场为清廷平台而欢欣鼓舞、歌功颂德，还是站在明遗民的立场坚守夷齐之节？所幸沈光文现存诗作中留存有《大醉示洪七峰》一首，为我们判断沈光文晚年的政治立场提供了坚实的依据：

　　　　今日蠢休文，大不合时宜。只知作桀犬，降表竟莫为。蹈海苦不
　　死，患难徒相随。信友本事亲，绝裾悔难追。家亦有薄田，弃之来受
　　饥。何敢与人争，志气似难隳。天水有名臣，北海使节持。厥孙居此
　　地，坚操更标奇。我欣与之交，廿六载于兹。兔园谁赋雪，平原会可
　　期。欲学樊将军，卮酒安足辞。浮白笑难老，醉言自觉痴。问途已若
　　此，且读谷风诗。

关于此诗的创作时间，洪调水认为："此诗西历一六八八年康熙廿七年，沈公在台南之作。同年逝世，享年七十七。"[1]盛成在《沈光文公年表及明郑清时代有关史实》中认为系康熙十七年（1678）作[2]，大陆学者张萍[3]、乐承耀[4]亦认为作于1678年。翟勇由"只知作桀犬，降表竟莫为"中的"降表"二字作出推断：此诗当作于康熙二十二年（1683）七月明郑投降清朝、向清廷投献降表之时。"沈光文虽因讽刺郑经被迫隐居，但是郑经去世后，'诸郑复礼公如故'。并且此时'诸遗臣皆物故'，沈光文作为东渡台湾遗民中硕果仅存的大儒，降表由其书写是再合适不过的了。"[5]笔者认为，翟勇对此诗创作背景的判断颇有道理，《大醉示洪七峰》当作于明郑降清在即，沈光文被官府委托书写降表之时。

一生忠于明王朝、以遗民自居的沈光文断然拒绝书写降表，酒酣耳热之际，借此诗对相交多年的挚友洪七峰尽情倾吐了自己的满腔郁愤与绝望，宣示了自己鲜明的政治立场。"今日蠢休文，大不合时宜。只知作桀犬，降表竟莫

---

① 侯中一编：《沈光文斯庵先生专集》，文海出版社1980年版，第154页。
② 龚显宗：《沈光文全集及其研究资料增编》（下），台南市政府文化局2012年版，第78页。
③ 张萍、戴光中、张如安等：《沈光文研究》，浙江大学出版社2014年版，第125页。
④ 乐承耀：《台湾文献初祖沈光文研究》，九州出版社2015年版，第255页。
⑤ 翟勇："海东文献，推为初祖"——沈光文入台与诗歌创作时间再考》，《中国韵文学刊》2016年第4期。

为。"开头四句可以说是沈光文斩钉截铁、掷地有声的政治宣言:生逢易代之际的自己,犹如那位"以文章妙绝当时"的南朝文人沈约(441—513,字休文),但沈约可以历仕宋齐梁三朝,自己却是个冥顽不化、不合时宜之人,只知道忠心耿耿甘做明王朝的"桀犬",绝不会为明郑书写降清的降表!沈光文从青年时代即毁家纾难投入抗清斗争,其间虽经历种种磨难,但忠于朱明王朝的遗民志节却始终不曾改易,所谓"志气似难隳"是也。事实上,沈光文之所以与洪七峰有着长达二十六年的深厚友情,就是因为两人都有着不为环境和时代所改易的坚贞不屈的遗民节操。据全祖望《沈太仆传》,沈光文曾自叹:"吾廿载飘零绝岛,弃坟墓不顾者,不过欲完发以见先皇帝于地下,而卒不克,其命也夫!"①显然,此语所表露的对明郑覆亡的绝望、对朱明王朝的忠义,正与《大醉示洪七峰》一诗所传达的政治立场完全一致。季麒光《沈光文传》载:"当斯庵之在厦门也,与将军施侯为旧识,及侯安抚东宁,斯庵出谒,侯慰问凤昔。斯庵仍着僧衣,不改初服。"②施琅平台后,沈光文并没有借助与这位炙手可热的靖海侯曾"为旧识"的交情在新朝中谋取官职,而是刻意以方外之人的身份保持与新朝政权的疏离,这不正是其"傲骨我终持,不与时仰俯"(《看菊》)的遗民气节的表现吗?季麒光称赞沈光文"以悲凉去国之身,为海外遗民"(《沈光文传》),"以东宁片壤,寄其首阳之节"(《沈斯庵双寿序》),全祖望称其为"咸淳人物,盖天将留之以启穷徼之文明"(《沈太仆传》),庶几可为沈光文遗民气节之千古定评矣!

二、"台湾孔子":沈光文与台湾儒学的奠基

台湾之教育奠基于明郑时期。1665 年,明郑在台湾的政权建设与屯垦事业初见成效之后,郑经接受陈永华的建言,"令择地兴建圣庙,设学校。于承天府鬼仔埔上,鸠工筑竖基址,大兴土木起盖"③。孔庙与明伦堂的建立,成为台湾儒学制度化的标志。如果说陈永华是台湾儒学制度化的创始者,那么,最早入台并推行汉文与儒学教育的沈光文,则堪称台湾儒学最早的传播者与启蒙者。

---

① 全祖望:《沈太仆传》,见《全祖望集汇校集注》(上),上海古籍出版社 2000 年版,第 499 页。

② 季麒光:《沈光文传》,见李祖基点校:《蓉洲诗文稿选辑》,香港人民出版社 2006 年版,第 122—123页。

③ 江日升:《台湾外记》,台湾银行经济研究室 1960 年版,第 236 页。

作为饱受儒学教育的硕学鸿儒，沈光文深知文化教育之于台湾的重要性。他在《台湾赋》中就说"彼海澨之风虽殊，而性善之理则一"，"习尚虽殊，风教可一"，决心以汉代郡县学的发轫者文翁与唐代曾在潮州兴办乡校的韩愈为楷模，"从此阐明文教，媲美名区，茕茕异地之离人，言归桑梓；蚩蚩东胡之丑类，悉奉典章"。沈光文传道授业的地方是明郑四大番社之一的目加溜湾社，聚居于这里的平埔族同胞没有自己的文字，也不懂汉语汉文，在荷治时期被迫接受的是荷语荷文教育。盛成说："余以为台湾之教育，实始自沈公教学番社始，继荷人而教以汉字也。"①为了抵抗荷兰的文化侵略，在台湾撒播下汉文化的种子，沈光文最早在社会底层的少数民族中创立私塾、教授汉文。台湾原为少数民族居住之地，"对汉人而言为普世性教育的儒学教育，对非汉族……其实是汉化教育。儒学与异文化的相遇是台湾儒学非常特殊的经验"②。也可以说，沈光文在少数民族中推行的汉文教育，其实就是台湾最早的儒学教育。作为南明鲁王系统中的一员，沈光文在郑成功入台后只是以遗老的身份受到郑成功的礼遇，"以客礼见，不署其官"③，并未参与到台湾明郑政权之中。然而，他却是最早在社会底层的少数民族中创立私塾、教授汉文、传播儒学的，此举不仅对儒学在台湾的传播做出了巨大贡献，而且对德化山胞、促进民族融合具有积极意义，诚如 20 世纪 60 年代的旅台学者贺仁泰所言："其尤使吾人崇敬者，则为沈氏以一书生，清季之前，即在番社设馆讲学，以医药救济山胞，使与汉族和睦相处，实为德服蛮貊之政治家，洵足以与后之吴凤媲美而同垂不朽矣。"④

"当是时，太仆寺卿沈光文居罗汉门，亦以汉文教授番黎。而避难缙绅，所属鸿博之士，怀挟图书，奔集幕府，横经讲学，诵法先王，洋洋乎，济济乎，盛于一时矣。"⑤由于沈光文、陈永华、叶亨等明郑诸儒的努力，明郑的文化教育取得了显著的成效，关于这一点，连清廷领台后的清政府官员都不得不承认。清领台湾后第一任台厦道周昌在其《详请开科考试文》中说："本道自履任后，窃

---

① 龚显宗：《沈光文全集及其研究资料增编》（下），台南市政府文化局 2012 年版，第 255 页。

② 陈昭瑛：《台湾儒学：起源、发展与转化》，华东师范大学出版社 2012 年版，第 3 页。

③ 周钟瑄、陈梦林等：《沈光文传》，见《诸罗县志》卷九，《台湾府县志辑》第 1 册，上海书店出版社 1999 年版，第 454 页。

④ 贺仁泰：《乡贤沈斯庵先生事略》，见龚显宗：《沈光文全集及其研究资料增编》（下），台南市政府文化局 2012 年版，第 167 页。

⑤ 连横：《台湾通史》（上），商务印书馆 2010 年版，第 202 页。

见伪进生员犹勤藜火,后秀子弟亦乐弦诵。"①郁永河《裨海纪游》则曰:"新港、嘉溜湾、殴王、麻豆,于伪郑时为四大社,令其子弟能就乡塾读书者,蠲其徭役,以渐化之。四社番亦知勤稼穑,务蓄积,比户殷富;又近郡治,习见城市居出礼让,故其俗于诸社为优。"②

清代台湾的儒学教育在明郑的基础上得到进一步发展。从地方最高级别的府学、县学,到官办或私办的书院,再到分布于各个村落与少数民族部落的社学、义学或私塾,不同级别和规模的各类学校几乎遍及全台。嘉庆九年(1804),担任台湾县教谕的福建德化人郑兼才作有《罗汉门庄》一诗:

> 土墙茅屋护篱笆,户内书声得几家。
> 流水故将村路断,远山都受竹围遮。
> 深藏地势当城郭,团练乡兵作爪牙。
> 战后时平生计足,绿畴春雨长禾麻。③

此诗不仅描写了罗汉门庄欣欣向荣的太平景象,也写到了当地文教之盛。罗汉门一带正是明郑时期沈光文设馆授徒之处,可见其所奠定的良好的教育基础,对后世产生了深远影响。

入清以后,沈光文对台湾文化的功绩,并非只存留于各类台湾县志、府志的书写中,在现实社会中也有着潜移默化的深远影响,文开书院的创建及其对儒家文化的承荷与传衍就是显著一例。道光四年(1824),台湾府知府兼学政邓传安在彰化鹿港建立文开书院,书院之所以命名为"文开",邓传安在其《劝建鹿仔港文开书院疏引》中解释道:

> 溯台湾归化之初,得寓贤沈斯庵太仆设教,而人知好学,是全郡风气开自太仆。按太仆名光文,字文开,浙江鄞县人。今义举期于必成,即借太仆之表德,豫为书院定名焉。

《新建鹿港文开书院记》碑文云:

> 道光四年,传安为鹿仔港同知已二年矣。勤于课士,士皆思奋。因文昌宫之左隙地甚宽,请建书院其上。传安给疏以劝,谕以

① 高拱乾:《台湾府志》,台湾银行经济研究室1960年版,第235页。
② 郁永河:《裨海纪游》,台湾银行经济研究室1959年版,第18页。
③ 陈汉光:《台湾诗录》(中),台湾省文献委员会1971年版,第587页。

　　海外文教，肇自寓贤鄞县沈斯庵太仆光文字文开者，爰借其字定书
院名，以志有开必先焉。①

　　书院的等级低于府县儒学，故不得祭孔，多祭宋儒与文昌帝君。文开书院
则主祀朱子，以寓台八贤从祀，依次为：沈光文、徐孚远、卢若腾、王忠孝、沈佺
期、辜朝荐、郭贞一、蓝鼎元。从祀八贤中，以沈光文为首，邓传安在《文开书院
从祀议》中说：

　　　　鹿仔港新建书院，传安因向慕寓公鄞沈太仆光文而借其敬名之
　　字以定名；书院成，必以太仆配享徽国无疑矣。考太仆生平根柢于忠
　　孝，而发奋乎文章，其乡人全谢山《鲒埼亭集》既为作传，又序其诗，谓
　　咸淳人物，盖天将留之以启穷徼之文明。今之文人学士，可不因委溯
　　源欤？②

　　将沈光文列为配祀先贤之首，原因有二：一是其以忠孝为本的儒家忠义精
神，二是其"启穷徼之文明"的开台功绩，所谓"根柢于忠孝，而发奋乎文章"是
也。配祀的其他几位南明遗老，也同沈光文一样具有"系恋故君故国，阅尽险
阻艰难，百折不回"的孤忠品格与在台湾传播儒家文化的不朽功绩。至于最后
一位配祀者福建朱子学者蓝鼎元，"文章上追太仆，兼著功绩于台湾"③，同样
值得后学敬仰崇奉。在《新建鹿港文开书院记》中，邓传安更明确地说："诸公
皆人师，非经师。肄业诸生，仰止前哲，更思立乎其大，不仅以科名重人。"入清
以来，由于官府的提倡，科举功名的诱惑，儒学教育日渐普及，但儒生阶层中也
出现了热衷科名的倾向，被封为科举之神的文昌帝君受到顶礼膜拜。邓传安
以七位南明遗老从祀的目的，在于弘扬沈光文等人所代表的儒家忠义精神，纠
正有清一代儒生阶层中普遍存在的以科名为重的文昌信仰。

　　"闽中大儒以朱子为最，故书院无不崇奉，海外亦然。"清代台湾儒学的思
想主流其实是福建朱子学，如果说文开书院主祀朱子是对"书院必祀朱子，八
闽之所同"的传统礼制的遵奉的话，那么配祀寓台八贤的举措在台湾思想文化
史上则具有相当深刻的历史意义，诚如陈昭瑛所言：

---

　　① 周玺：《彰化县志》，《台湾文献丛刊》第 156 种，台湾银行经济研究室 1962 年版，第 459—460 页。
　　② 周玺：《彰化县志》，《台湾文献丛刊》第 156 种，台湾银行经济研究室 1962 年版，第 413 页。
　　③ 邓传安：《文开书院从祀议》，见周玺：《彰化县志》，《台湾文献丛刊》第 156 种，台湾银行经济研
究室 1962 年版，第 412 页。

然崇祀明郑遗老在台湾可谓首创，此后尚须经半世纪，才有延平郡王祠之建。所以邓传安斯举颇富于思想史的意义。就台湾而言，不专崇朱子、宋儒、文昌，自然即有突破官方倡导及民间流行的意味。而崇祀明郑遗老亦有肯定郑成功及肯定明郑开台的用意。也就是说，邓传安改写了台湾文化史的首章，确认明郑为台湾文化的起源。①

日据时期，日本殖民者在台湾实行文化灭绝政策，包括文开书院在内的传统书院被迫关闭。蔡德宣等人申请设立文开书塾，以传授汉学。"鹿港文开书院虽为日军霸占，但其'行仁义，存忠孝'之教育宗旨，显然已由文开书塾继承。"②1912年，蔡德宣倡导修复颓圮已久的文开书院，"近请有司，远请督府，上谋绅耆，下谋甿庶，口痦足胼"，备尝艰辛，历时三年，方于1915年修复完成，洪弃生特撰《重修文武庙及书院碑记》以记此事。蔡德宣等人之所以付出艰辛的代价修葺文开书院及文武庙，就是出于在殖民者统治下延续汉文化血脉的强烈使命感："谋斯文一线之延，非吾儒之责而谁责乎？况台湾涵儒文化二百数十年之深，一旦版图更易而俎豆沦于荆榛，坛坫鞠为茂草，非惟文学之羞，抑又贻有国者之耻也。"③在日本殖民者统治下的台湾，开台先师沈光文以及因其得名的文开书院，已然成为汉民族文化以及儒家传统的象征，蔡德宣等人对文开书院的捍卫与守护，体现了台湾传统知识分子存亡继绝、传衍民族文化血脉的努力。

进入现代社会，由于沈光文对台湾文化的卓越贡献，已经成为台湾人民世代尊奉的"台湾孔子"及"文神"，其神像安置在善化庆安宫的后殿，"每年进入考试季节，总有大批善化子弟将准考证影本摆放在其神像前膜拜，祈望庇佑金榜题名"④。此外，在台南市延平郡王祠亦奉祀有沈光文的神主牌位。沈光文之于台湾的意义，绝不止于劝学重教，更重要的还在于儒家文化精神的传承。由此可见，由沈光文等南明寓贤所奠定的"行仁义，存忠孝"的儒家文化精神，早已在一代又一代的台湾人心里生根发芽，成为台湾民众价值观的基石。

---

① 陈昭瑛：《台湾儒学：起源、发展与转化》，华东师范大学出版社2012年版，第17页。
② 叶大沛：《鹿港发展史》，左羊出版社1997年版，第788页。
③ 胥端甫编纂：《洪弃生先生遗书》，成文出版社1970年版，第2051页。
④ 龚显宗：《沈光文全集及其研究资料增编》（下），台南市政府文化局2012年版，第347页。

三、"不废当世之务"：沈光文与儒家用世精神

究竟何谓"遗民"？黄宗羲说："故遗民者，天地之元气也。然士各有分，朝不坐，宴不与，士之分亦止于不仕而已。所称宋遗民如王炎午者，尝上书促文丞相之死，而己亦未尝废当世之务。"[1]黄宗羲在此提出了两个基本标准，一是"止于不仕"，即处而不出，不仕新朝；二是"不废当世之务"，即在生民关怀与文化传承等方面履行遗民之责。遗民与逸民都有避世高蹈、与现政权疏离的特征，而遗民之不同于逸民者，则在于其"不废当世之务"，他们拒绝和疏离的只是改朝换代后的朝廷和政权，却并没有放弃自己安世济民的社会责任。如果说严于"出处去就"决定了遗民的品格操守，那么"不废当世之务"则彰显了遗民作为儒者的用世精神与担当意识。

《左传·襄公二十四年》："太上有立德，其次有立功，其次有立言，虽久不废，此之谓三不朽。"考沈光文一生行谊，如果说其"根柢于忠孝"是对"立德"的践行，那么其"发奋乎文章"，为明清之际尚属文化荒岛的台湾留下第一批汉文文献，被后世誉为"台湾文献初祖""台湾文学始祖"，则堪称"立功"与"立言"的卓越建树了。据季麒光《沈光文传》，古近体诗外，沈光文之著述有《台湾赋》《东海赋》《檨赋》《桐花赋》《芳草赋》《花草果木杂记》等。就创作动机而言，沈光文之诗"以致运实，以辞写志"，"可说因求自己的安慰而为自己所写的"，并无明确的"传世""立言"的目的，诚如卢若腾《岛噫诗》所言："未尝作诗观，未尝作诗想；如痛者之呻，哀者之哭，噫气而已。"[2]或如全祖望所言："太仆之诗，称情而出，不屑屑求工于词句之间，而要之原本忠孝，其所重，原不只在诗。"[3]然而，他的《台湾赋》《台湾舆图考》《花草果木杂记》等文章，则可以说有着明确的创作动机——是为台湾而作，为传世而作，是出于为台湾留下第一批汉文文献的使命而作。也正是这些著述，成为台湾志书编纂所取资的基础，奠定了沈光文"海东文献初祖"的文化史地位。沈光文在明郑政权中无任何职位与官俸，郑成功治台时期仅"以客礼见，不署其官"，郑经治台时期又因文字得罪当道，被迫隐居，生活常陷于饥馁穷困之中，但他却以一介布衣的身份，在没有任何

---

① 黄宗羲：《谢时符先生墓志铭》，《黄宗羲全集》第10册，浙江古籍出版社2005年版，第411页。

② 卢若腾著，吴岛校释：《岛噫诗校释》，台湾古籍出版有限公司2003年版，第1页。

③ 全祖望：《明故太仆斯庵沈公诗集序》，见《全祖望集汇校集注》（上），上海古籍出版社2000年版，第595页。

官方物力、人力支持的情况下,在长达二十余年的时间里,跋山涉水,不辞劳苦,"凡登涉所至,耳目所及,无巨细皆有记载。其间如山水,如津梁,如佛宇、神祠、禽鱼、果木,大者记胜寻源,小者辨名别类",这该需要多么执着的热情,多么坚忍的意志! 若非儒家立言不朽的价值理念,如何能够支撑这种执着、热情与意志?!

沈光文晚年,与清代台湾诸罗县首任县令季麒光结为莫逆之交。沈、季二人的深厚友谊,直接促进了清代第一部方志——《台湾府志》的完成,并催生了台湾第一个诗社——东吟社的诞生。表面上看,季麒光以清朝官员的身份而与"野服僧冠"、作为前朝遗老的沈光文结为忘年至交,似乎不可思议。然而,若从深层的文化基因来考察,我们会发现,二人都有着真正儒者的精神内质,正是这种精神内质使二人超越年龄、身份的外在藩篱,成为真正灵犀相通的知己。季麒光在《跋沈斯庵〈杂记诗〉》中云:"思古人漂泊栖迟,若杜少陵之在巴蜀,《白盐》《赤甲》诸诗;柳河东迁谪岭南,《石潭》《钴鉧》诸记,皆从无聊郁塞之时,发舒兴会。其志愈苦,其文愈工,而人与地相为不朽。"此语是季麒光对沈光文诗文价值的肯定,亦未尝不可看作是季麒光自身对儒家立言不朽的价值观念的崇奉。他在台湾任职时间只有短短两年多,且公务倥偬,却勤勉不懈,完成了《台湾杂记》《山川考略》《东宁政事集》等丰富著述,诚如其友人在《蓉洲诗文稿》序言中的赞叹:"虽然蓉翁穷于衣,穷于食,穷于晋接,穷于追呼,穷于室人之交谪,穷于殊俗之经营,而不穷于笔墨之所著述,连篇累牍,不啻锦绣珠玉之在笥牍。"①

"凡忠义正道之人,必怀民胞物与之心。"②沈光文、季麒光的儒者特质,还表现在二人同具仁民爱物的博大情怀。沈光文赞赏季麒光的勤政爱民,他说:"夫以新开之邑,诸事俱费经营,先生往来筹画,日无停暑。……先生政治风节,凡民间利弊有所指画,不为强方者少屈。以一宰而综三邑之烦颐,条议详明,为台湾定亿万年之规制,又复和易近民、矜老怀幼,案无停牍,憩芾之歌,爱及番人。"③晚年的沈光文,虽以"野老""老僧"自称以保持与清政权的疏离,却并没有真的置身方外、忘怀世事,除了勤于著述、教学授徒之外,还经常利用自

① 季麒光著,李祖基点校:《蓉洲诗文稿选辑》,香港人民出版社 2006 年版,第 73 页。

② 罗时进:《典范型人格建构与地方性知识书写》,《文学评论》2014 年第 5 期。

③ 沈光文:《题梁溪季蓉洲先生海外诗文序》,见季麒光著,李祖基点校《蓉洲诗文稿选辑》,香港人民出版社 2006 年版,第 1 页。

己的医术治病救人,博施济众,其仁民爱物的儒者胸怀,与"和易近民,矜老怀幼"的季麒光并无二致。关于沈光文行医之事,清代沈光文传中的记载非常简略,如季麒光《沈光文传》云:"斯庵知经不能用人,且以一赋寓讥讽,为忌者所中,乃改服为僧,入山不出,教授生徒,兼以医药济人。"全祖望《沈太仆传》云:"山旁有目加溜湾者,番社也。公于其间教授生徒,不足则济以医。"季麒光《蓉洲诗文稿》重现之后,我们得以借此对沈光文当年治病救人的情形有更细致的了解。《蓉洲诗文稿》卷六有一组诗,诗题很长,犹如一则短文:

> 斯庵老僧一日寝食失平,□药静摄。余知而叩之,则为人治病,出门矣。昔五地菩萨游于槃起之国,偶患湿热,见国人有病,则以醍醐上药,各往治之。具□慈悲,遂授如来印教。今老僧羁旅之踪,悬壶寄隐,是现药王身而为说法也。然日为人疗济,而不闻有人作供养平等法。乃知老僧能活人,而人不能顶礼老僧。嗟嗟,舍己之芸,徒井之救,余为老僧苦之。惟愿如五地之行力,圆满欢喜,证登妙果,则庶几矣。因为诗以讯之。

由这则诗题可见,沈光文不顾自己有病在身,还要出门为人治病,这让季麒光感慨不已,情不自禁将其比作大慈大悲的五地菩萨、现世药王。与此同时,季麒光又为沈光文有救人之德,却得不到世人的相应回报而感到不平,责怪沈光文只顾"逢人便说壶中药",却不为自己"留取金丹好疗饥"。这组诗歌不仅赞颂了沈光文医术之精湛,更赞颂了沈光文医德之崇高,使数百年后的人们仍能感受到其舍己为人的仁者胸怀。

沈光文《题梁溪季蓉洲先生海外诗文序》评价季麒光:"先生盖儒而深于禅者也。"[①]其实,沈光文对季麒光的这句评价,亦可看作沈光文自我人格精神的写照。儒禅融通,正是二人得以跨越身份、年龄的差距成为忘年至交的思想基础。清廷统一台湾后,沈光文是以明遗民与僧人的双重身份参与东吟社活动的,但值得注意的是,季麒光仍以"儒"视之。季麒光在《寿沈斯庵》诗中称其"先生鲁国儒,掉臂惯经世"。在《沈斯庵双寿序》中又借赞美沈氏之妻孙氏而称沈光文为"真儒":"相其夫为真儒,教其子为令士,此鲍宣之妻、陶侃之母所以见美于史册也。"无论是明遗民也好,还是屏绝尘累的"僧人"也好,原本都是疏离当世的"出世"的"逸民",而季麒光却能于沈光文"出世"的表象之下,洞察

---

① 季麒光著,李祖基点校:《蓉洲诗文稿选辑》,香港人民出版社 2006 年版,第 1 页。

其"真儒"的性情与精神底蕴,的确是独具慧眼,洞穿了沈光文人格精神的本质特征。台湾学者龚显宗认为:"沈光文实践躬行'富贵不能淫,贫贱不能移,威武不能屈'的儒家文化,成就了'立德、立功、立言'三不朽。"①诚哉斯言! 无论是坚贞不屈的遗民气节,还是立言不朽的人生追求,仁民爱物的儒者胸怀,沈光文都无愧于儒家文化精神的践履者与传承者。

第二节　沈光文与浙东文化精神

浙东文化是华夏传统文化的重要组成部分,以其鲜明的地域特色与厚重的学术底蕴在中国文化史上占有重要地位。浙东文化精神有着丰富而深刻的内涵,其经世致用的宗旨、开拓创新的本质、博纳兼容的品格,都是浙东文化中一以贯之的最核心的文化精神。从地域文化的视角研究沈光文,我们会发现,作为成长于浙东文化背景下的传统文人,沈光文与同时代的乡贤黄宗羲、朱舜水一样,深受浙东文化的濡染,其一生行事,无论是在大陆抗清复明的军事政治实践,还是来台后的文化实践,都无不体现和彰显着鲜明的浙东文化精神。

一、经世致用的务实精神

早在东汉时期,浙东哲学家王充在谶纬神学充斥天下的氛围中提出"疾虚妄""崇实知"的主张,已经初步彰显出经世务实的浙东文化之特色。南宋时期浙东哲学家叶适、陈亮针对理学家的"谈性命而辟功利",力倡"事功之学",要求"务实而不务虚",形成与朱熹理学、陆九渊心学鼎足而立的事功学派。明代最杰出的哲学家、浙东余姚的王阳明提倡"知行合一",强调践行的重要性,其心学同样灌注着鲜明的实践精神。明末清初,朱舜水继承了南宋事功学派的务实精神,主张"学问之道,贵在实行""圣贤之学,俱在践履",形成了以"实理、实行、实用"为核心的"实学"思想体系。黄宗羲更是鲜明地提出了"经世致用"的为学原则,其《明夷待访录》即是"经世致用"的典范之作。黄宗羲的几代传人万斯同、全祖望、章学诚更对这一原则进行了发扬光大,使之成为浙东文化

---

① 龚显宗:《台湾汉文化的播种者沈光文》,见《沈光文全集及其研究资料增编》(下),台南市政府文化局 2012 年版,第 256 页。

精神最鲜明的特色,成为中国文化史上一面光辉的旗帜。

　　沈光文作为深受浙东文化濡染的传统文人,浙东文化经世致用的思想影响并主导了他一生的立身行事。沈光文的远祖沈焕是南宋淳熙四君子之一,其学出于陆九渊,是一位不尚空谈、躬行实践的著名学者。"沈氏家学,上溯周敦颐、程颢之深沈,与颜子为近;程颐、焦瑗之笃实,与管子、子思为近;此盖就道学而言。至其心学则得于陆九渊,史学则得于吕东莱兄弟,不规规于性命之说,通经史之致用。"①沈光文经世务实的品格,既得之于家学传统,亦受益于业师垂范。黄道周是崇祯三年沈光文参加浙江乡试时的主考官,是以"兴复古学,务使为用"为宗旨的复社的重要成员,后来抗清失败后被捕,英勇就义。刘宗周是沈光文在南京太学时的老师,是浙东蕺山学派的创始人,一生推崇其师许孚远"为学不在虚知,要归实践"的主张,力倡"慎独",杭州失守后,绝食二十三日,以身殉国。家学和师承对沈光文影响最为深刻的,就是忠勇不屈、大义凛然的民族气节以及不尚空谈、躬行实践的作风。纵观沈光文一生行迹,在政治、军事、文化教育等方面都躬行实践,卓有建树,堪称是"仁义"与"事功"、"内圣"与"外王"完美结合的典范。

　　沈光文本是一介书生,他19岁中乡试副榜,后以明经贡太学。国难当头,大明王朝危如累卵,他毅然投笔从戎,投身于轰轰烈烈的抗清复明的政治军事斗争。明亡后,清顺治二年(1645),钱肃乐等在宁波起义,奉鲁王监国于绍兴。沈光文从南京太学回到家乡后,听从刘宗周遗命,与东林、复社诸名士一起归附鲁王,被任命为太常博士,参与组织了画江战役。画江之役失败、绍兴失陷后,沈光文又与张名振等侍从鲁王出奔,流亡东海达142天之久。1647年正月,鲁王在福建长垣誓师,着手收复失地。沈光文晋升为工部郎中,参与了琅江诸军事。1648年下半年,由于复明各势力之间的内讧不断,互相倾轧,一度如火如荼的抗清斗争严重受挫,所复州县重又沦入清军手中,鲁王再度丧失立足之地。后来鲁王政权在福建厦门、马祖暂得安身,沈光文被授予兵部职方郎中,奉鲁王之命,与福建的郑成功、郑鸿逵联络,来往于琅琦、闽安与金门、厦门之间。鲁王兵败后,留居金门。永历二年(1648)郑成功派鲁王光禄寺卿陈士京,唐王中书舍人江子灿、黄子高奉表朝永历帝,沈光文随陈士京自鼓浪屿经南澳由海道抵达广东肇庆,朝见永历帝,迁为太仆寺卿。永历四年(1650),永

---

　　①　龚显宗:《台湾汉文化的播种者沈光文》,见《沈光文全集及其研究资料增编》(下),台南市政府文化局2012年版,第258页。

历帝从肇庆出奔,令郑成功、郑鸿逵出师勤王收复行在,任命宁靖王朱术桂监郑成功军,太仆寺卿沈光文监郑鸿逵军。沈光文遂奉命由广州至潮阳郑鸿逵军处。永历五年(1651),沈光文来到金门,与朱术桂一起奔走于郑成功与鲁王之间,调停双方的关系。自 1645 年参与钱肃乐鄞军,到 1657 年在围头洋遇飓风漂泊至台,十余年间,沈光文为匡扶明室,效力于南明鲁王、唐王、桂王三朝,先后参加画江之役、琅江之役,"依徊故主,去浙而闽,去闽而粤,复自粤而闽"①,颠沛流离,出生入死。明末士大夫往往空谈心性,鄙弃事功,所谓"平日袖手谈心性,临难一死报君王",而以沈光文、黄宗羲、朱舜水为代表的浙东遗民却甘冒杀身亡家之险,投身于抗清斗争的烈火硝烟中,"一身亲历之事,固与士子纸上空谈者异也"②。在民族危亡、神州陆沉的时代背景下,他们不仅将浙东人耿介坚韧的山岳之气、敢于复仇雪耻的胆剑精神彰显到极致,更以其光辉璀璨的政治、军事、文化实践,为经世致用的浙东文化精神做了最好的注脚。

来台之后,沈光文又置身于台湾人民反抗荷兰殖民者的斗争。为暗中帮助郑成功光复台湾,他跋山涉水,考察地形,根据实测亲手绘制了最早的台湾舆地图。1660 年 4 月,由于沈光文与郑成功关系密切,被荷兰人认为是嫌疑犯,受到荷兰太守询问,"每日或隔日拷问一次。其子被看管,以为郑氏之人质,因伊在厦门时曾见何斌,云已将台湾城模型一具献与国姓爷"③。1661 年郑成功收复台湾后,沈光文向郑成功建言献策,建议招募闽浙粤汉人来台垦殖,订法律、设官职、立学校,敬老恤孤,使台湾气象为之一新。郑成功病逝后,其子郑经继位,一改其父的政策,沈光文又作《台湾赋》予以讽谏,并因此而几遭杀身之祸。在台三十年中,这种经世致用的浙东文化精神主要表现为沈光文在台湾的文化实践。在"中原王气尽"之时,沈光文以在台湾传播汉文化为己任,教授汉文,设帐授徒,行医治病,以文化开台作为其"不堪观败局,聊欲试燃灰"(《与友弈》)的另一种方式。哪怕是避难于目加溜湾、已入佛门之时,沈光文也没有真正摒弃世事,只求避祸保身,而是"以僧衣出入南北路诸番社间,授徒识华文于目加溜湾"④。从沈光文有关台湾的文献著述来看,也都充满了鲜明的实践精神。当代学者指出:"中国古代的学术研究除了李时珍、徐霞客

---

① 季麒光:《沈斯庵双寿序》,见季麒光著,李祖基、点校:《蓉洲诗文稿选辑》,香港人民出版社 2006 年版,第 141 页。

② 朱舜水:《朱舜水集》,中华书局 1981 年版,第 311 页。

③ 盛成:《沈光文公年表及明郑清时代有关史实》,《台湾文献》1961 年第 12 卷第 4 期。

④ 盛成:《沈光文之家学与师傅》,《台湾文献》1961 年第 12 卷第 3 期。

等少数例外,多数习惯于从书本来到书本去,缺乏野外考察精神,致使我们的学术传统至今还缺乏实证意识。"①而沈光文所作的《台湾赋》《台湾舆图考》《花草果木杂记》等,无不是他登山涉水、历尽艰辛实地考察后的成果,是长期文化实践的结晶,因而具有极其宝贵的文献价值,成为台湾府志取资的重要史料。龚显宗先生赞誉沈光文是"汉人在台湾作田野调查的开山祖师"②,正是对其实践精神的崇高赞誉。

二、敢为天下先的开拓创新精神

开拓创新是浙东文化的本质内涵。作为浙东文化之源头的河姆渡文化,就是一种原创性文化。七千年前的浙东先民们所从事的农耕、纺织、驯养、渔猎等生产实践,无一不是史无前例的创造性的伟大实践。从秦汉到唐宋,在经历了千余年漫长而深厚的历史积淀之后,明清时期的浙东文化再度成为整个中华文化的制高点,无论是学界公认的足以与柏拉图、康德相媲美的哲学家王阳明,还是近代民主启蒙思想家黄宗羲,都是具有原创性的思想家。"浙东文化的最优异之处正在于它的原创性努力,即不断地超越现有的、给定的视域,并拓展出异常的非凡的维度。"③在"海东文献初祖""文化开台第一人"沈光文身上,浙东文化开拓创新、敢为天下先的精神得到了最生动的体现。作为第一位从大陆到台湾并留居三十余年的文人,沈光文堪称台湾文化的奠基者、拓荒者,他在文学、文献、教育、医学等诸多领域的始创之功,正是对开拓创新的浙东文化精神的最好诠释。

沈光文是台湾文学的开创者,被誉为"台湾文学始祖"。从文学题材上说,他是台湾反殖民文学、遗民文学、乡愁文学、乡土文学的开拓者。从文学形式上说,他最早将律诗与文赋等传统文体传播到台湾,首开台湾旧文学之先河。台湾之诗始于沈光文,诚如连横《台湾通史·艺文志》所称:"台湾三百年间,以文学鸣海上者,代不数睹。郑氏之时,太仆寺卿沈光文始以诗鸣……"④台湾之赋,始于沈光文之《台湾赋》,后来林谦光、高拱乾、张从政、陈辉等皆加以祖

---

① 余秋雨:《山居笔记》,文汇出版社1998年版,第86页。
② 龚显宗:《沈光文与季麒光》,见《沈光文全集及其研究资料增编》(下),台南市文化局2012年版,第287页。
③ 张如安:《开拓创新:浙东文化的本质内涵》,《宁波大学学报》2000年第6期。
④ 连横:《台湾通史·艺文志》,人民出版社2011年版,第454页。

述模拟。从文学活动上说,他首创了台湾第一个诗社"东吟社",与诸罗县令季麒光等人交游唱和,为台湾以后的诗社之创立提供了典范。沈光文的故乡浙东鄞县在明代向有结社联吟之风。全祖望《鲒埼亭集外编》云:"甬上明之诗社,一举于洪兵部,再举于屠尚书,三举于张东沙,四举于杨沨阳,五举于先宫詹林泉之集。"①沈光文自幼受此风雅传统的熏陶,来台后亦将故乡结社联吟的传统带到了台湾。日据时期,为抵御日本殖民文化而兴起的"读汉书,写汉字,作汉诗"的保卫汉学运动,即发轫于沈光文传薪之地的台南,其最重要的方式也正是沈光文所倡导的结社联吟。总之,"他的文学创作和文化活动使中国古典文学迅速在台湾土地上落根成长。以后台湾文学发展如大河奔流,汹涌澎湃,但就其主导样式、主要文学活动方式、主要精神取向无不与沈光文相关"。②

沈光文是台湾文献最早的撰著者,被誉为"台湾文献初祖"。他在《台湾舆图考》《台湾赋》《花草果木杂记》等著作中最先记载了台湾的地形地貌、风俗物产,为台湾留下了第一批汉文文献,其《台湾舆图考》更是研究台湾岛地理的最早文献,详细记载了台湾的幅员道里,为后世写方志者留下了最宝贵的资料,被全祖望称之为"海东文献,推为初祖"(《鲒埼亭集·沈太仆传》)。沈光文之所以能够成为台湾文献初祖,也与浙东重视文献的文化传统紧密相关。浙东向以文献名邦著称于世,曾先后诞生了王应麟、胡应麟、全祖望、章学诚等文献考据学大师。"历史上,浙江以修志传统的源远流长、志书数量之多和质量的上乘,获得了'方志之乡'的美誉,成书于东汉初年的《越绝书》被后人视为中国方志的鼻祖。"③全祖望曾自豪地说:"吾乡自宋元以来,号为邹、鲁。"④当代学者亦认为:"从某种意义上说,浙东才是中国文献考据学的发祥地。"⑤沈光文来台后,也把这种重视方志文献修纂的传统带到了台湾。在长达三十年的漫长生活中,他早已把台湾当成了自己的第二故乡,立意要为这片土地留下最早的文献记录。季麒光《跋沈斯庵〈杂记诗〉》中称沈光文:"学富情深,雄于辞赋,浮沉寂寞于蛮烟瘴雨中者二十余年,凡登涉所至,耳目所及,无巨细皆有记载。

---

① 全祖望:《鲒埼亭集外编》卷二十五,四部丛刊本。

② 戴松岳:《南明孤臣,海东初祖——文化开台先师沈光文》,《中共宁波市委党校学报》2012 年第 6 期。

③ 王志邦:《全国瞩目的"方志之乡"》,《学习与思考》1996 年第 7 期。

④ 全祖望:《鲒埼亭集外编》卷 16,第 1058 页。

⑤ 钱茂伟:《浙东学术史话》,宁波出版社 1999 年版,第 74 页。

其间如山水,如津梁,如佛宇神祠,禽鱼果木,大者纪胜寻源,小者辨名别类,斯庵真有心人哉!"沈光文的这份"有心",既是出自对台湾这片神奇而美丽的土地的热爱,也源自重视乡邦文献的浙东文化传统的濡染。

沈光文还是在台湾致力于汉文化传播的第一人,被尊为"台湾教育之祖"。沈光文来台之前,荷兰殖民者为巩固殖民统治,在台湾设立教堂和小学,推行殖民主义的奴化教育,教学内容主要是宗教教育、荷兰文、荷兰语教育。"故终荷兰之世,土番无反乱者,则教化之力也。"①沈光文来台后,最先在台湾进行汉语教育,对抗荷兰殖民者的文化侵略。清道光四年(1824),台湾北路理藩同知邓传安在彰化县鹿港镇所建立的书院即以沈光文的名字命名为"文开书院",他在《文开书院释奠先贤文》中说:"溯台湾归化之初,得寓贤沈斯庵太仆设教,而人知好学,是为全郡风气开自太仆。"②文开书院建立后,成为鹿港的最高学府、培养鹿港文人的摇篮,鹿港也因此成为人才辈出、人文荟萃的文化重镇,以至于史学家称台湾文化第四期为"鹿港期"。在日本占据台湾的漫长的半个世纪中,文开书院在反抗日本殖民化政策、捍卫中华先进文化的斗争中如同中流砥柱般屹立不倒的一面旗帜,成为台湾同胞怀念祖国的精神寄托。"在异族压迫下,鹿港仍能保持我国固有文化、道德、习俗于不坠,若非文开书院出身诸先贤不怕威迫利诱,甘冒生命之危,力倡汉学,传播中华文化,灌输大汉民族精神安能致此?"③可见,沈光文在台湾底层所从事的文化教育工作对后世的影响是何等深远,无愧于"台湾孔子"的美誉。

此外,沈光文在当时"病则求神而勿药,巫觋如狂"(《台湾赋》)的台湾行医治病,"以医药济人",被尊为"台湾中医之祖"。他因避祸而逃禅于罗汉门(今高雄县内门),于1665年在大冈山普陀幻住庵为僧,法号超光,又被尊为台湾佛教始祖。对沈光文之于台湾文化的功绩,著名学者盛成的总结颇为精辟:"余以为台湾之教育,实始自沈公教学社始,继荷人而教以汉字也;而台湾之文献,始于沈公之《台湾舆图考》,成于荷治时代;台湾之赋,始于沈公之《台湾赋》,亦当起草于荷治时代,成于延平之死后;台湾之诗,始于沈公之《寄迹效人

---

① 郁永河:《裨海纪游》,《台湾文献丛刊本》,第17页。
② 《台南县志稿》卷九《文化志》,《学艺篇·沈光文》。
③ 梁阳春:《培植鹿港文人的摇篮——文开书院》,见《沈光文全集及其研究资料增编》(下),台南市政府文化局2012年版,第365页。

吟》，亦成于荷治时代。"①"从来台湾无人也，斯庵来而又始有人矣；台湾无文也，斯庵来而又始有文矣。"(季麒光《跋沈斯庵〈杂记诗〉》)季麒光对沈光文的这句评价，成为后人反复征引的千古定评，这既是对沈光文作为"文化开台第一人"的崇高赞誉，也是对沈光文开拓创新的浙东文化精神的最好印证。

三、博纳兼容的开放精神

浙东地区通海连洋、岛屿棋布的自然环境，铸就了浙东文化海纳百川的开放态势以及对异质文化的吸纳、调适与应变能力，使浙东文化既具有鲜明的地域文化特点，又富有博纳兼容的恢宏品格。在这种精神影响下，历代浙东文化的精英人物不仅富有开拓创新的气魄与勇气，也富有善于吸纳优质外来文化的博大胸怀。这种博采兼容的开放精神，既体现在浙东学人广博开放的知识结构上，也体现在浙东学术善于吸纳整合、集前人之大成的独特风格上。从东汉王充到第一个中国佛教宗派天台宗的创立者智顗，从南宋时期"贯穿经史"的王伯庠、王应麟到明初名臣宋濂、方孝孺，从"综合诸家"的浙东学派鼻祖黄宗羲到"其学渊博无涯，于书靡不穿贯"的全祖望，历代浙东学者无不体现了视野开阔、学问广博的治学特点。作为浙东文化的杰出代表，沈光文身上同样体现出这种博纳兼容的文化精神，其博洽旁通的知识体系和深厚学养令人惊异。"先生鲁国儒，掉臂惯经史。"(季麒光《寿沈斯庵》)作为从小接受传统儒学教育的文人士子、太学学生，沈光文博通经史、长于诗文并不令人惊异，而不同于传统儒士的是，他所关注和研究的对象远远超出了传统的经史诗文，而是涉及地理、医药、植物等诸多方面。这种博采兼容的开放精神，不仅表现在其博洽贯穿的知识结构上，还更深刻地表现在他于历史转折之际的政治态度和文化选择上。

沈光文对台湾文化的功绩，自清代以来两岸学者皆倍加推崇，而对沈光文生命中最后五年对清廷态度的转变，却有着不同的态度和评价，其中不乏尖锐的批评和讥讽。早在 20 世纪 50 年代初，就有学者针对沈光文的"晚节"问题进行了尖锐的批评，认为他是一个"经不起时代的颠簸"、"'行百里，半九十'的当儿委屈了下来的人。在他晶莹光洁的一生，竟难免蛀蚀了难恕的斑点"，"清兵陷台，明室全亡，而斯庵竟还不死，苟活了去"，"更没有少年的志节了，于是

---

① 盛成：《荷兰据台时代之沈光文》，见《沈光文全集及其研究资料增编》(下)，台南市政府文化局 2012 年版，第 255 页。

他就黯淡地活了下去"①。杜正胜也认为"沈光文到底也做了清廷的'桀犬'"②。新世纪以来,亦有学者认为沈光文是一个"半路投清的变节遗民"③。康熙二十二年(1683)康熙帝统一台湾时,沈光文已72岁,从这一年到77岁辞世,他在清朝治下的台湾度过了生命中的最后五年。这五年中,沈光文开始在诗文中使用康熙的年号,与诸罗县令季麒光保持着密切而友好的交谊,在康熙二十四年(1685)与在台官员组建东吟社——这些就是被某些学者认定为"变节"的主要依据。从矢志抗清到晚年对清廷政治态度的转变,在这一点上沈光文与同一时代背景下的浙东大儒、乡贤黄宗羲颇有相似之处。如果我们联系黄宗羲的遗民心态与文化选择,或许能够对此问题做出更为客观公正的评价。

明末大儒、浙东学派的创始人黄宗羲,早年亦曾从事抗清复明的军事斗争,但在康熙元年(1662)之后其政治态度发生了重大的转变:他与许多清朝官员都有个人交往,为其撰写碑版或传记,在文章中也开始淡化对清朝的敌对态度,称清朝为"国朝"、清朝军队为"王师",称康熙帝为"圣天子"。在康熙十八年(1679)之后,黄宗羲在自己的文章中开始使用清朝年号,这说明他已经正式承认了清朝统治的合法性。正因如此,当时就曾有人"谓先生以故国遗老,不应尚与时人交接,以是为风节之玷"(全祖望《鲒埼亭集外编·答诸生问南雷帖子》)。其实,对于非常看重历史评价的黄宗羲来说,其所作所为乃是基于自己对于遗民问题的独特理解与价值判断。他在《余若水志》《郑平子序》等文中一再阐明了自己的遗民观,概括而言,其要有三:首先,在黄宗羲看来,"遗民者,天地之元气也","能确守儒轨,以忠孝之气贯其始终"。其次,对于遗民的处世方式,他最为鄙视、视之为粪土的是那种"龌龊治生""丐贷诸侯"的混世者,以及"决裂于方外""法乳济洞""拈香嗣法"的避世者。至于那种"日抱亡国之戚以终其身"的逃世者,所谓"种瓜卖卜,呼天抢地,纵酒祈死,穴垣通饮馔者",他也并不以为然,认为是"皆过而失中也"④,甚至已沦为"伪",而只有像杨士衡那样的入世者,"故畴新亩,廪假往来,屋庐僮仆,吾不能忘世,世亦不能忘吾",才真正堪称"得遗民之正",这也正是他所推许的遗民的处世方式。再次,他为遗民所应恪守的"节义"之原则做了界定,认为"士之报国,各有分限","然士各

① 黄典权:《沈光文》,《台南文化》1952年第3—4期。
② 杜正胜:《沈光文的历史鉴镜》,台湾《自由时报》1998年3月30日。
③ 潘承玉:《神话的消解:诗史互证澄清一桩文化史公案》,《复旦学报》2008年第2期。
④ 黄宗羲:《谢时符先生墓志铭》,《黄宗羲全集》第10册,浙江古籍出版社2005年版,第411页。

有分,朝不坐,宴不与,士之分止于不仕而已"①。也就是说,遗民所要坚持的气节仅是"止于不仕而已",只是不与作为政治实体的新朝发生直接的君臣关系,至于与新朝政权中人发生某种"民间关系",则无损大节,未尝不可。基于此,黄宗羲在坚守"不仕"新朝、"朝不坐,宴不与"的道德准则的基础上,对待世务采取了灵活的权变态度,而这种对现实生活的"让步",这种近于委曲求全的"存身",乃是为了更高的人生目的,那就是存身以利天下万民,即通过著述与讲学等文化实践来作育人才,传扬礼教,接续薪火,发扬道统。

笔者认为,处于海峡彼岸的沈光文的遗民立场与文化选择恰与黄宗羲如合符契。

首先,对沈光文晚年思想变化的评判应着眼于康熙年间全国政治形势的变化。康熙元年(1662)四月,永历帝朱由榔在云南昆明被吴三桂缢杀;九月,鲁王朱以海死于金门,这就意味着沈光文曾倾力扶持的南明政权在大陆的彻底覆灭。康熙十七年(1678),郑经西征失败而归,沈光文曾寄予郑氏集团复明的最后一丝希望也彻底熄灭了,而康熙二十二年(1683)康熙帝统一台湾,则意味着台湾——这块郑氏据以抗清复明的最后阵地也已经彻底丧失。在"反清复明"已绝无可能、全国统一已是历史必然趋势的时代背景下,沈光文毅然放弃对传统"一家一姓"的愚忠原则,承认了清朝的统治,我们只能说这是顺应历史发展潮流的明智之举,体现了一种理性务实的态度。

其次,沈光文也像黄宗羲一样,对待新朝有着自己的原则和立场,即坚持"不仕",并始终恪守着自己的遗民身份。清军收复台湾之后,沈光文的同乡、闽浙总督姚启圣曾请他出山为官,被他断然拒绝,尽到了作为遗民的"分谊"。晚年的沈光文"随身唯皂帽,毕志竟黄衣"(范咸《明沈斯庵太仆墓》),野服僧冠,居于僧舍,以"老僧""老衲"的身份与清朝官员交往,其与施琅相见,"仍着僧衣,不改初服"(季麒光《沈光文传》)。这种方外之人的身份无疑正是对自己遗民气节的坚守。吕留良曾说:作为遗民,"当从出处、去就、辞受、交接处画定界限,札定脚跟"②。沈光文被质疑"晚节"问题的原因大概主要在于"交接"二字。明末清初,确有许多明遗民是以"不妄通宾客"尤其是不交接清朝官员作为远离新朝政治、恪守遗民气节的处世方式,但以沈光文"交接"清朝官员来非议其晚节、否定其夷齐之节,实在是持论过苛。黄宗羲就曾以陶渊明为例辩驳

---

① 黄宗羲:《谢时符先生墓志铭》,《黄宗羲全集》第 10 册,浙江古籍出版社 2005 年版,第 411 页。
② 吕留良:《复高汇旃书》,《吕留良先生文集》卷一。

说："陶靖节不肯屈身异代,而江州之酒,始安之钱,不能拒也。"全祖望亦认为:"必谓'遗民'当穷饿而死,不交一人,则持论太过,天下无完节矣!"①

　　再次,沈光文在"不仕"的前提下与清朝官员保持了民间身份的交往唱和,组建了台湾有史以来第一个诗社东吟社,使"从前野屿凄凉、百蛮荒绝之区,彬彬然渐开风雅"(《题梁溪季蓉洲先生海外诗文序》),一如既往地在台湾传承中华文化,这与黄宗羲以讲学著述传扬礼教、发扬道统的文化选择一样,正是作为遗民最高价值的体现。孟子曰:"天下溺,援之以道。"②军事抗清的失败,意味着以旧王朝重建的方式再续汉文化正统的努力已无实现的可能,那么,对汉文化的传承也就成为道济天下的唯一方式。黄宗羲说:"素中国行乎中国,素夷狄行乎夷狄。古老相传礼教二字,就是当路之准的。蒙古据有中国,许、赵之功高于弓矢万倍。自许、赵出,蒙古亦中国矣。"③而只要中华民族礼教的传统得以维系和传承,就终有一天能够"变夷为夏"。黄宗羲、顾炎武、王夫之、毛奇龄、吕留良等名士都在军事抗清失败后,走上了一条以文化传承来兴灭继绝的道路。沈光文在蛮荒之地、僻远之乡的台湾"启穷徼之文明",更具有非同寻常的历史意义。

　　历史才是最公正的评判者。黄宗羲因其遗民立场的坚守和对学术的巨大贡献而赢得了作为一代宗师的"大儒"的奖誉,而沈光文也因在台湾传承中华文明的不朽功绩赢得了台湾人民永远的尊崇。道光年间所建的文开书院,主祀朱熹,配享八人中首位即为沈光文,《文开书院从祀议示鹿仔港绅士》云:"考太仆生平,根柢于忠孝,而发奋乎文章。其乡人全谢山鲒埼亭集既为作传,又序其诗,谓'咸淳人物,大将留之以启穷徼之文明'。"④这正是对沈光文一生道德功业的千古定评。在沈光文的归宿之地台南县善化镇,以沈光文的名字命名的光文里、光文路、光文桥、文开桥,以及巍然屹立的沈光文纪念碑,则反映了台湾民众对沈公的缅怀与崇仰。在明清鼎革的历史背景下,处于海峡两岸的浙东文人沈光文与黄宗羲做出了极为相似的文化选择,体现的是一种博采兼容的恢宏气度,一种与时俱进、务实求实的精神品格,而这正是浙东文化的精髓。

①　全祖望:《春酒堂文集序》,《鲒埼亭集外编》卷25。
②　《孟子集注》卷7,中国书店1985年版,第56页。
③　黄嗣艾:《南雷公本传》,见《黄宗羲全集》第12册,浙江古籍出版社2005年版,第100页。
④　邓传安:《蠡测汇钞》,书目文献出版社1983年版,第31页。

第四章

沈光文接受史述要(上)

　　"接受史"这一学术理论是德国接受美学学者尧斯在其《文学史作为向文学科学的挑战》一文中正式提出的。这种"以接受美学为基础建立一种转向读者的文学史"的学术构想一经提出,便吸引了中国学者的极大兴趣,启发学者以自觉的接受史意识对经典作家、经典作品进行接受史研究,从而在传统的学术研究方式之外开拓出一个具有无限前景的学术研究领域。自 20 世纪 80 年代西方接受美学理论引入中国之后,接受史研究也日渐成为古代文学研究中被广泛运用的一种研究方法。从 80 年代非自觉的酝酿、尝试到有意识的学术自觉,从微观接受史的多元深化到宏观接受史的大胆尝试,经过三十余年的发展,古代文学接受史研究迄今为止已经取得了令人瞩目的研究实绩。

　　"按照耀斯的模式,接受美学的处理办法在处理单个的作品、作者或问题时,可以比总述一个时代、甚至一部文学史用得更多更广。"[1]正因如此,三十余年的古代文学接受史研究已经广泛涉及中国古代各个时期的经典作家,并取得丰硕的研究成果。本章即尝试采用接受史研究方法,系统梳理清初以来的沈光文接受。"如果说创作史是作家的生前史,那么接受史则是作家精神生命的身后史。"[2]考察两岸学界既有的沈光文研究成果,多侧重于作家"生前史"的研究,重视对沈光文生平事迹、文化贡献的考察,而缺乏对沈光文接受史——即作家"身后史"的系统深入的梳理和研究。从接受史的视角开展沈光文研究,有助于开拓既有的沈光文研究领域,带来新的学术创获。

---

　　① 刘小枫:《接受美学译文集》,生活·读书·新知三联书店 1989 年版,第 168 页。
　　② 陈文忠:《走出接受史的困境——经典作家接受史研究反思》,《陕西师范大学学报》2011 年第 4 期。

之所以有必要对沈光文进行接受史研究,主要基于以下原因:

第一,基于沈光文在台湾文学史、文化史上的经典地位,有必要进行沈光文接受史研究。"任何一个具有强大生命力的作家都应有一部接受史。不仅是作家,任何一篇名作、一个流派都应有它的接受史。而这方面的工作还远远没有展开。"①沈光文被誉为"台湾文献初祖""台湾文学始祖""台湾孔子",无论就其在台湾文学史上的经典地位而言,还是基于其对后世台湾文化与文学的深远影响而言,对沈光文进行全面的接受史研究都是完全必要的。

第二,基于后世对沈光文历史评价的复杂性,有必要展开沈光文接受史研究。沈光文是最重要的一位台湾古典文学作家,但同时也是存留的谜团最多、争议最多的一位作家。明郑时期寓台的作家中,沈光文头上的光环与尊谥最多,与此同时,后世对他的质疑、非议、批评也一直不绝于耳,可谓"名满天下,谤亦随之"。这种赞美与斥责并存、称扬与贬损俱在的现象,从 20 世纪 50 年代一直延续到 21 世纪。从文化贡献来说,沈光文被冠以"海东文献初祖""台湾孔子""台湾文学始祖"的种种美誉,是符合客观事实的公允评价,还是后人夸大其词的所谓"造神运动"? 从人格品行来说,沈光文是始终恪守首阳之节的明朝遗民,还是"狂热顶戴清廷新朝"的变节文人? 对此,我们既不能人云亦云,简单地照搬和套用前人的评价,也不能盲人摸象一般以点代面、以偏概全,仅据其一端就做出武断的结论。只有立足于沈光文诗文作品,尽可能地穷尽现有的相关文献资料,细致地爬梳清初以来的沈光文接受,慎思明辨,剔除种种曲解与误解,才能澄清历史真相,客观公正地认识和评价沈光文的历史地位和贡献。

第三,基于沈光文研究中诸多难以破解的谜案,有必要进行沈光文接受史研究。由于文献记载的缺失乃至舛误、不同文献资料记载之间的龃龉不合,导致沈光文研究中存在颇多谜团与公案,对这些谜案的破解只能从系统的接受史研究入手。比如关于沈光文来台的时间问题,由于关系到台湾文学史、文化史的开端,因而向来为学界所重视,但这个问题从清初以来一直众说纷纭,从而成为沈光文研究中的一大公案。为什么会造成这样一种众说纷纭的局面? 这种迷雾究竟是从何而起? 只有从清初以来的文献开始作细致的钩稽,厘清各个历史时期的方志、史乘中有关沈光文记载的承继与因袭关系,才能得出符合历史事实的结论。

---

① 李剑锋:《元前陶渊明接受史》,齐鲁书社 2002 年版,第 9 页。

第一节　季麒光与沈光文接受史的奠基

清朝台湾诸罗县首任县令季麒光是最早发现并认识到沈光文价值的人，也是历史上第一位积极评介、宣扬沈光文事迹与著述的人，是沈光文接受史的奠基者。由季麒光主纂的台湾第一部方志《台湾府志》吸收、保留了沈光文二十余年实地勘察台湾的资料成果，使这批最早的"海东文献"得以通过方志保存和流传，奠定了沈光文"海东文献初祖"的重要地位。为了使沈光文的事迹与贡献为后世所铭记，季麒光不仅特为沈光文作传，载入《台湾府志》，而且还撰写了《跋沈斯庵〈杂记诗〉》《沈斯庵双寿序》《〈沈斯庵诗〉叙》等大量与沈氏有关的诗文，收录于其《蓉洲诗文稿》中，为后世的沈光文研究提供了最权威、最可靠的第一手文献资料。总之，如果没有季麒光对沈光文的接受与揄扬，"荒天羁旅，无杀青汗简之力"的沈光文很有可能会湮没无闻，不为后世所知。季麒光堪称三百年来沈光文接受史的第一人。

一、季麒光及其与沈光文之交谊

（一）季麒光其人

季麒光，字圣昭，号蓉洲，江苏无锡人，康熙十五年（1676）进士。清朝于康熙二十二年（1683）收复台湾后，翌年在台湾设立一府三县，季麒光由福建闽清县令改任台湾诸罗县首任县令。从康熙二十三年（1684）十一月初八日赴任，到康熙二十六年（1687）六月因丁忧离台，季麒光虽在台任职的时间不长，却在政治、文化、教育等方面对清初台湾的发展做出了奠基性的卓越贡献，如首兴教育、修撰府志、设养济院等，沈光文称赞他"凡民间利弊，有所指画，不为强方者少屈。以一宰而综三邑之烦瘝，条议详明，为台湾定亿万年之规制"①，故而从康熙五十六年（1717）周钟瑄主持纂修的《诸罗县志》，一直到民国时期连横的《台湾通史》，都有关于他的传文。《诸罗县志》中的传文云：

> 季麒光，无锡人，康熙丙辰进士。二十三年，知县事。时县治初

---

① 沈光文：《题梁溪季蓉洲先生海外诗文序》，见季麒光《蓉洲诗文稿》，《无锡文库》第 4 辑，凤凰出版社 2012 年版，第 175 页。

设,人未向学;麒光至,首课儒童,拔尤者而礼之,亲为辨难。士被其
容光者,如坐春风。博涉群书,为诗文清丽整赡,工临池。在任逾年,
首创《台湾郡志》,综其山川、风物、户口、土田、阨塞。未及终编,以忧
去。三十五年,副使高拱乾因其稿纂而成之。人知《台郡志》自拱乾
始,而不知始于麒光也。①

同治十年(1871)出版的陈寿祺所纂《福建通志》有关季麒光的记载更为
详细:

> 季麒光,榜姓赵,江南无锡人,康熙丙辰进士。二十三年,由闽清
> 县移任。县初设,无城郭,无街市都聚之会,一望蓁茅,民杂而贫,地
> 疏而旷。所隶土番,皆文项雕题。重译始通一语,骤设官吏,束以法
> 律,则日夕惊怖,若鸷兽入槛,触藩踯躅,不有其生。麒光推心循拊,
> 巽其辞命,使之自化。初定制丁田赋役,如理乱丝,为之条分缕析,宁
> 简无苛。方谋经始,而遭外难,大吏以岩疆难得其人,檄令节哀视事
> 候代。乃定赋额丁数,课士招商,绥番垦荒,拔儒童才质之佳者接礼
> 之。于是此中人始知有礼教之乐,文物之美比于内县。爰辑有台湾
> 府志,综其山川、风物、户口、土田、阨塞以佐治理,未成而代者至。三
> 十五年,副使高拱乾踵成之。台湾有志,自麒光始也。②

季麒光回到大陆后,其著作于康熙三十三年(1694)付梓刊行,但长期以来
不为外界所知,学界以为亡佚不存,直到进入21世纪,藏于上海图书馆的孤本
《蓉洲诗文稿》③才被学界发现。2006年,厦门大学李祖基教授据此整理点校
的《蓉洲诗文稿选辑》由香港人民出版社出版。2012年,凤凰出版社出版了
《无锡文库》第4辑,内有《蓉洲诗文稿》影印本。季麒光《蓉洲诗文稿》的发现,
不仅对研究清初的政治、经济、文教状况提供了重要史料,也为沈光文研究、季

---

① 周钟瑄:《诸罗县志》,《台湾文献丛刊》第141种,第51—52页。
② 陈寿祺:《福建通志·台湾府》,《台湾文献丛刊》第84种,第494页。
③ 季麒光的《蓉洲诗文稿》包括《蓉洲诗稿》七卷,《蓉洲文稿》四卷,《三国史论》三十二篇,《东宁
政事集》四十九篇。

麒光研究、东吟社研究等提供了确凿有力的第一手资料。① 对于沈光文研究来说,由于沈光文作品散佚严重,其现存诗作中没有留存一首与季麒光直接相关的作品,因此《蓉洲诗文稿》就成为探究沈光文晚年生活以及沈、季交谊的最重要的文献。

(二)季麒光与沈光文的深厚交谊

季麒光在其《〈沈斯庵诗〉叙》中谈及他与沈光文结识的过程云:

> 余自甲子(1684)冬月渡海,僦居僧舍,即晤斯庵先生。见其修髯古貌,骨劲神越,虽野服僧冠,自非风尘物色。叩之,知为四明旧同卿,当酉、戌以后播迁锁尾,卒乃遁迹海外,以寄其去国之孤踪者也。……在斯庵三十年来飘零番岛,故人凋谢,地无同志,以余非聋非瞽,能伸纸濡毫,略知古今遗事,遂不我遐弃,忘年缔好。余亦以海天荒陋,人鲜知音,得斯庵于山云海月瘴雨蛮烟之外,以未谢之先型,订同心于异地。自是两人之交日深,情好日笃,而倡酬思慕之句,亦日往来不辍。②

这段文字可与收录于《蓉洲诗文稿》正文之前的沈光文《题梁溪季蓉洲先生海外诗文序》并观:

> 甲子,先生从梅溪令简调诸罗。仲冬八日,舟入鹿耳门,风涛大作,不克登岸,遣人假馆于天妃宫,时余寄宿僧房。私念巍巍组绶,恐未必与野人相恰也。第二日,先生就馆后,即往谒上宪,至晚,抵神宫。余投刺,先生即过我,恂恂粥粥,绝无长吏气,依然名士风流也。一语情深,定交倾盖,相见恨晚。先生出旧刻示余,余亦以存草呈教,过承奖誉焉。③

以上两段文字如符合契,互相印证,真实地再现了沈、季二人结为莫逆的过程。季麒光于康熙二十三年(1684)十一月九日晚初抵台湾之时,沈、季二人

---

① 学界依据《蓉洲诗文稿》不断有所创获:如李祖基据此研究季麒光与清初台湾的妈祖信仰(《季麒光与清初台湾的妈祖信仰》),张萍据此探究沈光文的生平事迹(《从〈蓉洲诗文稿〉探究沈光文生平事迹》),龚显宗据此探讨沈、季情谊(《沈光文与季麒光》),王淑蕙据此论述季麒光宦台始末(《从〈蓉洲诗文稿选辑·东宁政事集〉论季麒光宦台始末及与沈光文之交游》)等。

② 季麒光:《蓉洲诗文稿》,《无锡文库》第4辑,凤凰出版社2012年版,第312页。

③ 季麒光:《蓉洲诗文稿》,《无锡文库》第4辑,凤凰出版社2012年版,第175页。

即有缘相识于天妃宫。初见沈光文,季麒光即为其"修髯古貌,骨劲神越"的超然气度所折服,在了解其生平阅历、展阅其诗文之后,更为其渊博学识和高洁品格所倾倒,两人遂成为相见恨晚的莫逆之交。

沈、季二人,一为抗清失败后漂泊台湾的前明遗老,一为初来台湾任职的新朝官员,两人既非同乡旧识,年龄又相差二十余岁,何以甫一相见即"一语情深,定交倾盖,相见恨晚"?从表面上看,两人确有年龄、阅历、身份的巨大差异,但若深入探究,便会发现能够引发二人心灵共鸣的契合之处:在明清易代之际,两人都同是由于命运的偶然而由经济富庶、文化昌明的江浙地区来到海外蛮荒之地的孤岛,沈光文"三十年来飘零番岛",而身为诸罗县令的季麒光又何尝没有沦落天涯的落寞与感伤?"无端宦况成漂泊,不尽悲凉付酒瓯"(季麒光《五虎门阻风和韵》)、"骨肉音疏悲梦远,功名心拂恨秋多"(季麒光《中秋漫兴(和斯庵)》)——从《蓉洲诗文稿》中这类俯拾皆是的自伤之语中,不难看出季麒光羁旅天涯的沦落之感。而对沈、季这样具有高度文化修养的文人来说,比物质的匮乏、环境的萧索更难以忍受的是文化的荒芜。所谓"故人凋谢,地无同志",所谓"海天荒陋,人鲜知音",表达的都是这种心灵的寂寥与悲哀。正是在这样的背景之下,当两人偶然相识之后,才会如此惺惺相惜,将有缘结识对方视为平生最大的幸事和快事。

季麒光不仅在生活上尽力接济沈光文,"为之继肉继粟,旬日一候门下"[1],更视沈光文为良师益友,"倡酬讲论,教益良多"。其《寿沈斯庵》诗云:"官衙寂如冰,一日常倒屣。论书肆网罗,究古别疑似。解带发高吟,欣赏时抚几。"两人切磋诗文、纵谈古今,为季麒光冷寂如冰的官衙生活带来了盎然的意趣,也使多年寂处于"野屿凄凉、百蛮荒绝之区"的沈光文焕发了生命的活力。每逢佳节之日,季麒光必有与沈光文唱和之作,如《中秋漫兴(和斯庵)》《寄答沈斯庵中秋见怀之韵(明旧太仆,流寓东宁)》《除夕见雪和斯庵》《除夕和斯庵》《丁卯元旦和斯庵》《元宵次日灯下漫赋(用斯庵韵)》等。凄风苦雨之时,季麒光也总是惦念着老友的温饱,濡墨挥毫,以诗寄慰,留下了《大雨和斯庵》《积雨断薪,向凤山君索之,知斯庵老僧有同病也,诗以讯之。虽史云之尘,邵公之卧,同一清节,然薄宦之凄凉与幽人之闲淡,则有间矣》《风阻安平,斯庵不获渡江相讯,以诗寄慰,依韵答之》等诗作。

《蓉洲诗文稿》中有这样一首唱和诗,诗题曰:

---

① 全祖望:《沈太仆传》,见《全祖望集汇校集注》(上),上海古籍出版社2000年版,第498页。

余至东宁，方谓知音和寡，结契无人。斯庵先生以悲遗一老，倾盖投合。两年以来，倡酬讲论，教益良多。至于天水闲话、花月新闻，时出其绪余，破我岑寂，殆如周党归来，重说汉朝者乎？及余谢事索居，先生殷勤注念，风雨之中以诗寄慰，始知道义心期，非同流俗，可无烦瞿门之题矣。敬和来韵，以志不忘。①

由这一长达一百余字的诗题可知，沈光文以其丰富的人生阅历与广博见闻使季麒光大开眼界，了解到很多明清之际的逸闻轶事，二人还时常以诗文往来唱和，互相慰藉。从另一首诗题来看，季麒光还曾向沈光文请教诗艺，互相切磋：

作诗一字叠用，宋人时有之。西泠李生以新诗相示，皆句有两春字，遂与斯庵读之。斯庵曰："昔人花月诗即此一体，然必有所托意，虽标新领异，其中自有位置，非有意有字即便填入者也。"斯庵归，即以一律惠教。因知老作家针线在手，别见体裁。客窗无寐，聊成二首，虽寄意于闺情旅思，而呓语胡诌，未见其工，以质斯庵。②

季麒光除了在诗歌创作上由沈光文而受益良多，其赋作《客问》一文也深受沈光文《台湾赋》的影响。台大教授盛成说："沈氏之台湾赋，为后代作台湾赋者之蓝本。如林谦光、高拱乾、张从政、陈辉、王必昌。即季麒光之答客问，亦复借镜于此。"③季麒光的《客问》，就是在沈光文《台湾赋》的直接影响下创作的清代第一篇"七体"形式的赋作。《客问》不仅在字句上多处模拟《台湾赋》，其地理情怀与纪实特质也与《台湾赋》一脉相承。诚如康熙六十年（1721）巡台御史黄叔璥在其《台海使槎录》卷四《赤嵌笔谈·杂著》中所称："无锡季麒光所著《客问》，独不作泛设语，颇极台地山川物产之胜。"④

沈、季二人不仅以诗文互相唱和，还联合韩又琦、陈元图、华衮等在台文人，"分题拈韵，择胜寻幽"，酬唱吟咏，共组台湾有史以来的第一个诗社——东吟社，为台湾文学史、台湾诗史做出了开拓性的贡献。诗社最初由沈光文发

---

① 季麒光：《蓉洲诗文稿》，《无锡文库》第4辑，凤凰出版社2012年版，第217—218页。
② 季麒光：《蓉洲诗文稿》，《无锡文库》第4辑，凤凰出版社2012年版，第248页。
③ 盛成：《遗文·台湾舆图考》，见《沈光文斯庵先生专集》，台北市宁波同乡月刊社1977年版，第107页。
④ 黄叔璥：《台海使槎录》，见《清代巡台御史巡台文献》，九州出版社2009年版，第268页。

起，原名为"福台闲咏"，后得到季麒光的参与、支持与扶掖，更名为"东吟社"。东吟社的成立，对这些远离故土、羁旅海外的文士来说，有了一个悲歌长啸以抒发故乡故国之思的文化场域，也使台湾这块从未列入版图的殊方异域的山川节候、飞禽走兽、草木花果等，第一次被文人骚客形诸笔墨，"以备采风问俗之选"，更重要的是，它还具有为草莱初辟的台湾开文教之始的意义，所谓"自有此集而创文字之途，启诗书之萌，使耳目不塞，昱爽昭明"①。

康熙二十六年（1687）一月十六日，季麒光忽然收到讣闻，次日即写下《详请署印文》，呈报上司，请求回籍守制。这年的四月十五日，沈光文为季麒光的诗文稿写下《题梁溪季蓉洲先生海外诗文序》一文。六月，季麒光即将离台返家守制，临别之前，满怀对挚友的依恋与不舍，作七言长诗《别沈斯庵》：

> 班荆风雨来天杪，灯下相逢惊独早。
> 一言执手即留连，千秋倾盖摅怀抱。
> 先生诵我江南词，我读先生海外稿。
> 两人证合在蒲团，僧窗夜瞰沧波晓。
> 闲来过我坐花间，一声咳吐回飞鸟。
> 古意新诗属和酬，应刘颜谢供搜讨。
> ……
> 先生先生爱我深，殷勤相惜还相祷。
> 我今落落渡海壖，孤帆两袖西风杳。
> 饷我樽酒贻我诗，肝胆冰霜慎自宝。
> 桃花枫叶两披离，东指扶桑日色杲。
> 人生亦似麋鹿群，欢逢愁别悲衰草。
> 九龙秋水寄相思，芙蓉历落湖烟绕。
> 要约叮宁订后期，百年未满缘未了。
> 何时白发笑相迎，剪烛捡书重剥枣。

诗作开篇深情回顾了与沈光文的结识以及两人交游的过程，继而对沈光文漂泊栖迟的坎坷人生、不忘故国的首阳之节以及不遇于时的失意侘傺，寄予了深切的理解和同情。临行之际，季麒光深感于沈光文赠酒贻诗、殷勤相惜的

深情厚谊,也对老友青毡铁砚为伴、缺衣少食的清苦生活表达了忧心与关切。诗歌最后,季麒光仍以积极乐观的旷达情怀对未来寄予了美好期许:"要约叮宁订后期,百年未满缘未了。何时白发笑相迎,剪烛捡书重剥枣。"

季麒光的到来,犹如一道明丽的光焰,照亮了沈光文孤寂寥落的人生。随着季麒光这位挚友的离去,沈光文生命的火焰也很快黯淡下来。康熙二十七年(1688)七月十三日戌时,沈光文怀着对故乡的深切思念和对挚友的无限眷恋告别了人世。沈光文、季麒光二人再续前缘的愿望虽然未能实现,然而,其"精神相感孚,当相与不朽也"①,他们二人对台湾文化史所做的卓越贡献,将永远为后人所铭记;他们缔结于海外的这段真挚情谊,也将伴随着他们的诗文作品,永远感动着千载之下的读者。

二、沈光文、季麒光与《台湾府志》的修纂

作为清朝官吏的季麒光,何以如此敬重沈光文,且与之结为忘年之交?这其中固然有季麒光对沈光文作为前朝遗老的气节风骨的敬重、对其诗文造诣的钦佩,也有两人在"海天荒陋,人鲜知音"的背景下以诗文唱和互通款识的文化需求,除此之外,还有一个向来为人所忽视的重要原因:沈光文二十余年实地勘察台湾各地所留下的珍贵的文献资料,为季麒光修纂《台湾府志》提供了极大便利,修志事件成为加深二人友谊的重要契机,这些关于台湾最早的"海东文献",也得以随志书而流传后世。

(一)季麒光与《台湾府志》的修纂

在清朝康熙年间台湾正式纳入清朝版图之后,台湾才有了地方志的编修,整个清代台湾方志的修纂方兴未艾,先后共出现了四十多种台湾方志。② 清代的台湾方志,不仅是研究台湾地方史的重要资料,更为印证台湾自古以来就是中国领土,印证台湾与祖国大陆不可分割的渊源关系,提供了充分有力、无可辩驳的文献证明。"台湾有志,自麒光始也。"③季麒光不仅是清初政绩卓著、深孚民望的一代名吏,也为台湾方志事业做出了开拓性的贡献,其主撰的

---

① 沈光文:《题梁溪季蓉洲先生海外诗文序》,见季麒光《蓉洲诗文稿》,《无锡文库》第 4 辑,凤凰出版社 2012 年版,第 175 页。

② 台湾方志学家陈捷先在其《清代台湾方志研究》中认为:清代包括采访录在内的台湾方志共有四十多种,而具备方志内容且有义例可言的体例规范的方志有二十一种。

③ 陈寿祺:《福建通志·台湾府》,《台湾文献丛刊》第 84 种,第 494 页。

《台湾府志》(蒋志),被誉为"台湾第一方志"。这部志书为清初台湾初辟时期的"艰难琐尾之情形,草昧混茫之气象"①留下了珍贵的历史记录,堪称台湾方志之滥觞。

康熙二十三年,清廷统一台湾后,设立台湾府,下辖台湾县、诸罗县、凤山县三县,隶属于福建省台厦道。康熙帝极为重视方志的修纂,"诏天下各进其郡县之志,以资修葺",一时间全国出现了纂修地方志的高潮。而对于从未有过方志的台湾来说,方志的编修更成为一种迫切的需要。在这样的时代背景下,康熙二十三年由泉州知府移任台湾首任知府的蒋毓英,与诸罗知县季麒光、凤山知县杨芳声合修了台湾第一部方志——《台湾府志》。方志学家对这部志书评价甚高,如方豪认为:此志"体例简明练述,纲目较完备,比之康熙三十一年高拱乾纂修的《台湾府志》10卷本,仍有更胜一筹之处"②。陈捷先认为:"蒋志虽然有一些缺失,但是它确是台湾方志中的空前作品,对台湾日后方志的修纂也有着深远而重大的影响。……蒋毓英等初履斯土,即着手修纂台湾方志,并且费时无多即能成功,实非易事。更难得的是这部台湾第一方志沿袭了宋明传统方志的古风,体式简明,条理井然,而且以发扬儒家伦理和致用世教为目标,有着'辅治'和'资治'的作用。蒋氏等人当时的这一倡议,实为日后台湾方志奠定了坚实的基础。"③然而,这部台湾第一府志的命运却相对坎坷。蒋志共分为十卷,始修于康熙二十三年,康熙二十七年(1688)成书,但书稿留在台湾的仅是一部"草稿",并未在台湾付梓。蒋毓英调任返回大陆后,此志才得以在康熙二十七年刻印,但因印数极少,流传不广,以至湮没不闻近三百年之久,直到1979年全国进行地方志大普查时才在上海图书馆被发现。

在蒋志被发现之前,学界一直认为康熙三十四年(1695)台湾知府高拱乾修纂的《台湾府志》(高志)是台湾的第一部府志④。而事实上,高志其实是吸收了蒋志的成果编纂而成的。据高志"凡例":"虽博采群言,较诸郡守蒋公毓英所存草稿,十已增其七八",可见高志确是在蒋志的基础上修纂而成的。诚

---

①　季麒光:《台湾志序》,见蒋毓英撰,陈碧笙校注《台湾府志校注》,厦门大学出版社1985年版,第124页。

②　方豪:《记新抄苗栗县志兼论台湾方志的型态》,《文献专刊》1951年第2卷,第2页。

③　陈捷先:《清代台湾方志研究》,台湾学生书局1996年版,第38页。

④　如周宪文编《台湾文献丛刊》、方豪编《台湾丛书·台湾方志汇编》、日人铃木让编《台湾全志》都认为高志是台湾最早的府志。

如陈捷先所言:"蒋毓英在离台前虽然有订补康熙二十四年完成的初稿部分内容,但是他离任时该书始终没有刊行,他留下了一部'草稿'给后任的官员,因此康熙三十四年高拱乾修《台湾府志》时曾说过'郡守蒋公毓英所存草稿'的事。高拱乾后来却把这部'草稿''消化'到他的府志里了。"①蒋志的发现,将台湾方志的历史提前了近十年。

这部台湾第一府志虽被简称为"蒋志",但事实上,季麒光于此书之编纂厥功甚伟。由于《诸罗县志》中有"季麒光……在任逾年,首创《台湾郡志》"的记载,学界曾一度认为季麒光在任诸罗县令时曾撰写了《台湾郡志稿》,这部《台湾郡志稿》才应是台湾最早的方志。但据专家考证,所谓《台湾郡志稿》,其实就是季麒光与蒋毓英等一起纂修的《台湾府志》。李祖基教授根据季麒光《蓉洲诗文稿》得出了这样的结论:"从《蓉洲诗文稿》所载《台湾志书前序(代周又文宪副)》及《台湾志序》来看,季麒光实际上是参与了首任台湾知府蒋毓英主修的第一部《台湾府志》的编纂工作而已,所谓首创的《台湾郡志》就是蒋毓英的《台湾府志》。"②李秉乾亦认为:"季麒光所撰《台湾郡志稿》,实即蒋毓英纂修的《台湾府志》的稿本。"③季麒光虽然没有另外单独撰写过《台湾郡志稿》,但他对第一部《台湾府志》——蒋志的贡献颇大。由于发现于上海图书馆的蒋志刻本中没有一般地方志通常都有的序跋以及参与纂修人员的姓名表,而仅标明"襄平蒋毓英集公氏纂",因此人们据此无法知晓季麒光与这部府志的关系。而事实上,蒋志是蒋毓英、季麒光、杨芳声三人合作的结晶。蒋毓英作为台湾府最高行政长官,是府志的主持者,而该志的主要修纂者则是季麒光与杨芳声。季麒光在《台湾志书前序(代周又文宪副)》中自述该志编纂始末云:

> 越二年,我皇上以方舆之广超越百王,特命史臣大修一统志书,诏天下各进其郡县之志,以资修茸。台湾草昧初开,无文献之征。郡守暨阳蒋君经始其事,凤山杨令芳声、诸罗季令麒光为之搜讨,阅三月而蒋君董其成。分条晰目,一如他郡之例。余为之旁搜远征,参之见闻,覆之耆老,书成上之方伯,贡之史馆,猗欤休哉!④

---

① 陈捷先:《清代台湾方志研究》,台湾学生书局 1996 年版,第 57 页。
② 李祖基:《季麒光与清初台湾的妈祖信仰》,《台湾研究》2005 年第 4 期。
③ 李秉乾:《台湾早期志书杂考》,《厦门大学学报》1985 年第 1 期。
④ 蒋毓英撰,陈碧笙校注:《台湾府志校注》,厦门大学出版社 1985 年版,第 120 页。

在其《台湾志序》中亦云：

> 越二年，皇上简命史臣，弘开馆局，修一统之志，所以志无外之盛也。台湾既入版图，例得附载。但洪荒初辟，文献无征，太守暨阳蒋公召耆老，集儒生，自沿革分野以及草木飞潜，分条析目，就所见闻，详加搜辑。余小子亦得珊笔于其后，书成上之太守，从而旁参博考，订异较讹，历两月而竣事。①

由此可见，《台湾府志》虽然名义上为蒋毓英、季麒光、杨芳声三人合修，但季麒光承担了最为重要的资料搜集工作，"蒋毓英身为知府，可能仅仅是'主持'而已，而真正实际工作的是季麒光"②。

(二)沈光文对《台湾府志》的贡献

康熙三十五年(1696)，高拱乾在修纂《台湾府志》时曾感慨纂修台湾方志之难："余窃疑荒裔之与内地较难，而创始之与纂修又异，似未可同日而语也。……今上二十一年，特命靖海将军侯施公率师讨平之，始入版图，置郡邑。询其民，陋于雕题黑齿；问其俗，犹是饮血茹毛；既无废兴沿革之可稽，亦安有声名文物之足纪乎？"而事实上，高拱乾在纂修台志时，已经有季麒光所留存的《台湾府志》草稿可供参考。直到一百多年后，谢金銮在嘉庆十二年(1807)修《续修台湾县志》时，仍然发出"治台湾难，志台湾尤难"的喟叹！可想而知，在"台湾草昧初开，无文献之征"的情况下，蒋毓英、季麒光等人在奉命修纂首部台湾方志时所面临的是多大的困难和压力！众所周知，相对于后世重修、续修的方志，首部方志的修纂难度总是最大的，因为大量的资料搜集工作都要从头做起。而季麒光从康熙二十三年(1684)十一月八日来台赴任，到康熙二十五年(1686)一、二月间蒋志初稿完成之时，在台时间总计不过一年多，而且公务烦冗，哪有时间进行山川、风物、户口、土田等情况的实地调查？而事实上，这部史无前例的台湾第一部方志，竟然在短短数月之内就完成了初稿，的确令人称异，以至于方志专家陈捷先有"费时无多即能成功，实非易事"的感叹，陈碧笙亦云："蒋志为首创之作，没有半点凭借而有此成就，可谓得来不易。"③

然而，蒋志的修纂难道真的是"没有半点凭借而有此成就"吗？非也。正

---

① 蒋毓英撰，陈碧笙校注：《台湾府志校注》，厦门大学出版社1985年版，第123—124页。
② 印永清：《台湾方志综论》，《暨南学报》1992年第4期。
③ 蒋毓英撰，陈碧笙校注：《台湾府志校注》，厦门大学出版社1985年版，第5页。

是由于沈光文通过"沉浮寂寞于蛮烟瘴雨中者二十余年"的实地勘察提供了坚实的文献基础,蒋志才得以在短短三个月之内"费时无多即能成功"。蒋志的重要价值在于保存了有关明郑史料、台湾物产等方面的珍贵文献,尤其是有关土番、地震等台湾特有的民俗地理的记载,而这些内容在沈光文的《台湾舆图考》《台湾赋》《花草果木杂记》中都已经有了记载。为修纂《台湾府志》而广为"搜讨"的季麒光,将他推崇备至的挚友沈光文通过亲身考察后留下的珍贵资料运用于《台湾府志》的修纂,自然是情理之中的事情。也正是基于对沈光文著述之宝贵价值的认识,季麒光才发出了"从来台湾无人也,斯庵来而始有人矣;台湾无文也,斯庵来而又始有文矣"(《跋沈斯庵〈杂记诗〉》)的喟叹。

沈光文对修纂《台湾府志》的重大贡献,也使他格外受到季麒光及其他在台官员的敬重与礼遇,这在《蓉洲诗文稿》中亦可得到印证。如《蓉洲诗文稿》中有这样一首诗:《太守蒋公安拙堂成,叠石作山,斯庵以诗纪胜,依韵赋呈》。诗题中的"蒋公"就是清代台湾首任知府蒋毓英。蒋毓英于康熙二十三年(1684)来台赴任,约在1685年,其在台寓所安拙堂竣工之时,作为明朝遗老的沈光文欣然"以诗纪胜",可见这时他就已经融入蒋毓英、季麒光等清初宦台官员的人际关系网络中。季麒光在《沈光文传》中则更明确地说:"(沈光文)今年七十有五,尚雄于诗词,文武执事之人皆敬礼之。"[①]而最能说明沈光文受到宦台官员礼遇的是《春王穀日,诸君子聚饮镇台署中,即以聚字限韵赋诗,人不一体,斯庵携稿索和,虽不及厕席言欢,而良辰胜会,风流可再,因率笔赓续,以当纪言》:

> 何人戎帐酌春酺,三韩旧将凭东顾。
> 楼船细柳静严霜,莲幕花开间作赋。
> 平原猎罢春风迟,军容不喧角声住。
> 高坐清樽拂几筵,一时名士云霞聚。
> 会稽有客能狂歌,长文才调真无数。
> 雄谈咳吐惊江梅,落笔时使蛟龙怒。
> 陶生虬髯如戟张,胸中甲兵同武库。
> 对酒不饮兴自翩,一盏安详咀风趣。
> 帐前草檄赤水人,仲章挥洒成露布。

---

① 季麒光:《蓉洲诗文稿》,《无锡文库》第4辑,凤凰出版社2012年版,第368页。

四明风雅三山才,啸傲雍雍立秋鹭。

江南赵生赵倚楼,一声长笛惊人句。

慷慨不辞千百觞,才名籍甚公卿注。

座中老僧逸致闲,矍铄年逾七十五。

诗情酒态两淋漓,墨光夜夜灯前吐。①

······

"春王谷日"即正月初八,由诗中"座中老僧逸致闲,矍铄年逾七十五"一句可知,此诗当作于康熙二十五年(1686)的正月初八,沈光文当时七十五岁。而此时恰是《台湾府志》初稿的完成时间:

> 《蒋志》初稿约完成于二十五年(一六八六)一、二月间,后呈送台厦道周昌,周昌又为之参覆审定,始转呈福建巡抚,送入史馆,此即后来康熙《福建通志》补刻的主要依据。②

周昌是在康熙二十五年(1686)初就任台厦道的。因此,据台湾学者王淑蕙推断,此诗所描述的正是当时台湾最高行政首长周昌在镇台署中召集有功于修志的诸位官员与名士参加的一场盛宴,沈光文正是由于对修志的贡献才得以成为座中嘉宾,"否则初上任之台湾最高行政首上的座上嘉宾,不是'将军'就是'诸公'、名士,哪有'前朝遗民'与'出世逸民'的位置? 如果不是沈光文解决了清宦在修志上的燃眉之急,以一介草民的七十老人,凭什么在'新兴的政权'结构中成为'座上嘉宾'? 又如何以'座中老僧逸致闲,矍铄年逾七十五'的形象,出现在清宦欢聚联吟的'群'体活动中?"③笔者认为,这一推断甚有道理。时已七十五岁高龄且以"老僧"自居的沈光文之所以得到"文武执事之人皆敬礼之"的隆遇,绝非仅因其"尚雄于诗词",更非因其政治倾向的转变(沈光文一直秉持遗民立场),而是出于宦台官员奉旨修志的实际需要。

从后世影响来看,事实证明,沈光文的相关著述,不仅是季麒光修纂第一部《台湾府志》时所能参考借鉴的最重要的甚至是唯一的文献资料,也是此后一百多年中多部台湾方志所取资的重要文献。如《诸罗县志》(1717)载:"风

---

① 季麒光:《蓉洲诗文稿》,《无锡文库》第4辑,凤凰出版社2012年版,第204页。

② 黄美娥:《点校说明》,见蒋毓英《台湾府志》,第113页。

③ 王淑蕙:《志赋、试赋与媒体赋——台湾赋之三阶段论述》,台湾成功大学2012年博士论文,第33页。

俗、物产、杂记,《郡志》之外,采诸寓贤沈君光文《杂记》、海澄陈君竣《外记》,益以耳目睹闻。"①刘良璧的《重修福建台湾府志》(1741)载:"台湾土番,种类各异。有土产者,有自海泊飘来,及宋时零丁洋之败遁亡至此者。聚众以居,男女分配,故番语处处不同。(沈文开《杂记》)"②范咸《重修台湾府志》(1746)载:"台江(在县治西门外。大海由鹿耳门入,各山溪之水汇聚于此。南至七鲲身,北至萧垅、茅港尾。旧志不载,今据沈文开《舆地图考》增入)。"③在嘉庆十二年(1807)谢金銮所修《续修台湾县志》卷六《艺文志·著述》所列的参考书目中,沈光文的作品仍然赫然在目:"《台湾舆图考》一卷;《草木杂记》一卷;《流寓考》一卷;《赋》一卷;《诗集》二卷;《文集》一卷(俱明太仆寺少卿鄞县沈光文著)。"④直至道光九年(1829)的《道光福建通志》中亦明确记载:"……(沈光文)所著《花木杂记》《台湾赋》《东海赋》《芳草赋》《檨赋》《桐花赋》、古今体诗,志台湾者皆足资焉。"⑤

毛一波述及台湾方志的渊源云:"台湾之有方志一类的书稿,起源似在荷人入据时期。释华佑来台的游记,已对台湾的山川形胜有所描述。而沈光文的《草木杂记》之比于志书的物产,《台湾舆图考》之比于志书的山川疆域,以及《流寓考》之比于志书的人物等,更是具体而微的方志规模,盖早期方志本为地理书也。"⑥就沈光文赋作与台湾方志的关系而言,王淑蕙认为:"(沈光文)赋篇多着墨于'地域'与'物产',如《台湾赋》以台湾之地理、历史、形胜、物产等,《东海赋》或以中原东望东海海域包含台地之星野建置等,符合志书中的《疆域志》。如《檨赋》《桐花赋》《芳草赋》,是以春季'桐花'与夏季盛产之'芒果''芳草'等符合志书中的《物产志》。"⑦其实,最早揭橥沈光文诗文之纪实传统与方志特色的当属季麒光,他在《跋沈斯庵〈杂记诗〉》中云:"(斯庵)浮沉寂寞于蛮烟瘴雨中者二十余年,凡登涉所至,耳目所及,无巨细皆有记载。其间如山水、如津梁,如佛宇、神祠,禽鱼、果木,大者记胜寻源,小者辨名别类,斯庵真有心

---

① 周钟瑄:《诸罗县志·凡例》。
② 刘良璧:《重修福建台湾府志》,第650页。
③ 范咸:《重修台湾府志》,第101页。
④ 谢金銮:《续修台湾县志》,第517-518页。
⑤ 陈寿祺:《福建通志·台湾府》(下),第997页。
⑥ 毛一波:《台湾府志与早期志料》,《台南文化》1958年第1期。
⑦ 王淑蕙:《志赋、试赋与媒体赋——台湾赋之三阶段论述》,台湾成功大学2012年博士论文,第26页。

人哉!"①诚哉斯言!沈光文通过二十余年的跋山涉水、实地考察所创作的《台湾舆图考》《台湾赋》《花草果木杂记》以及杂记诗等著述,在文学价值之外,更具有鲜明的地理情怀、博物特色与方志价值,是作者基于长期艰苦的田野调查与渊博宏富的知识储备方得以完成的心血之作。正因如此,才会成为后世台湾方志"皆足资焉"的文献基础。要言之,台湾方志的发达与兴盛,追根溯源,离不开沈光文的奠定之功。

三、从《蓉洲诗文稿》看季麒光的沈光文接受

作为第一位认识到沈光文之于台湾文化史价值和意义的人,季麒光义无反顾地自觉承担起将沈光文其人其事载入史乘、评介揄扬的责任:"斯庵荒天羁旅,无杀青汗简之力,而余又以薄宦空囊,不克任表章之役,藏山逝川,昔贤有同叹焉。余将问棹北还,为斯庵作小传,载入志乘,又恐其生平著述湮没而不传也,重为之序而介之。后之君子,有能识斯庵之诗者,亦当以余言为先资矣。"(季麒光《〈沈斯庵诗〉叙》)②为使沈光文的事迹与著述不致藏山逝川、湮没无闻,他在离台之前,特意作《沈光文列传》,载入《台湾府志》,又作《〈沈斯庵诗〉叙》和《跋沈斯庵〈杂记诗〉》,作为后人理解和认识沈光文及其诗文的"先资"。从传记角度而言,季麒光是历史上第一位为沈光文作传的人,他所做的《沈光文传》(收录于《蓉洲诗文稿》)、《沈光文列传》(收录于《台湾府志》)对沈光文的生平著述、人格精神进行了较为全面的评述,具有弥足珍贵的史料价值,是此后清代方志和史乘中诸篇沈光文传取资的基础。清代史乘与方志中的沈光文传凡二十余篇,由于季麒光是唯一一位真正与传主有交往经历、唯一一位真正熟悉和了解传主生平与思想的传记作者,因此,他所做的沈光文传不仅是最早的,也是真实性、可信度最高的。两篇传记之外,季麒光在其《蓉洲诗文稿》中还记载、保存下大量与沈光文有关的珍贵诗文:《蓉洲诗文稿》中的165首诗中,提及沈光文的就有35首之多,超过一半的篇幅都是与沈光文的唱和之作;《蓉洲诗文稿》中的118篇文章中,叙及沈光文的有5篇:《沈光文传》《〈沈斯庵诗〉叙》《跋沈斯庵〈杂记诗〉》《沈斯庵双寿序》和《东吟社序》。这些诗文是沈、季二人深厚友情的最好见证,也为沈光文研究提供了最真实、最可靠的第一手资料。关于《台湾府志·沈光文列传》与《蓉洲诗文稿·沈光文

① 季麒光:《蓉洲诗文稿》,《无锡文库》第4辑,凤凰出版社2012年版,第347页。
② 季麒光:《蓉洲诗文稿》,《无锡文库》第4辑,凤凰出版社2012年版,第312页。

传》的关系,我们将在下节论及。这里主要就《蓉洲诗文稿》中的相关内容,来看季麒光对沈光文接受的贡献。概而言之,季麒光对沈光文接受史的贡献,主要表现在以下三个方面:

(一)提供有关沈光文生平、著述的最早、最可靠的文献记载

《蓉洲诗文稿》中的有关诗文,是关于沈光文生平、家世、著述等的最早、最可靠、最权威的文献资料,为后世的沈光文研究留下了极其宝贵的第一手资料。如在《〈沈斯庵诗〉叙》中,季麒光就对沈光文的形貌、衣冠、谈吐、学养都有细致而生动的刻画,使人如临其境,如见其人:

> 余自甲子冬月渡海,僦居僧舍,即晤斯庵先生。见其修髯古貌,骨劲神越,虽野服僧冠,自非风尘物色。叩之,知为四明旧同卿,当酉、戌以后播迁锁尾,卒乃遁迹海外,以寄其去国之孤踪者也。与之言,则咳吐风生,议论云发,如霏玉屑,如泻瓶水。当是时也,梵幢灯荧,雨窗烟冷,坐对午夜,若遇素交。及各出所著诗文相指示,并纵谈宗旨内典,诸家外史,多所证可……①

再如,历来方志与史乘中都有关于沈光文"兼以医药济人"的记载,但具体情形究竟如何? 文献中并无记载,幸有季麒光在《蓉洲诗稿》中留下了有关沈光文治病救人的生动记载:

> 斯庵老僧一日寝食失平,□药静摄。余知而叩之,则为人治病,出门矣。昔五地菩萨游于槃起之国,偶患湿热,见国人有病,则以醍醐上药,各往治之。其□慈悲,遂授如来印教。今老僧羁旅之踪,悬壶寄隐,是现药王身而为说法也。然日为人疗济,而不闻有人作供养平等法。乃知老僧能活人,而人不能顶礼老僧。嗟嗟,舍己之芸,从井之救,余为老僧苦之。惟愿如五地之行力,圆满欢喜,证登妙果,则庶几矣。因为诗以讯之。
>
> 其一
> 丙寅劫火六丁燃,彩字丹书运上天。
> 君独笺天携肘后,秋风松木自依然。

---

① 季麒光:《蓉洲诗文稿》,《无锡文库》第 4 辑,凤凰出版社 2012 年版,第 312 页。

其二

庀汤荟蒉亦慈悲,佛法医方一总持。

担取橘泉飞不尽,无人复问下帘时。

其三

从来药树本医王,印却俱胝只自忙。

莫道丹房堪辟谷,筐中参桂几能黄。

其四

为道金天醉力微,蟾温兔冷未全非。

逢人漫说壶中药,留取金丹好疗饥。①

沈光文自己身体不适,却拖着病体出门为人治病,这种"舍己之芸,从井之救"的无私胸怀使季麒光感佩不已,将其比作大慈大悲的五地菩萨,不慕名利、隐居山林、医德高尚的药王孙思邈,以及汉代以"橘井泉香"救助乡亲的得道仙人苏耽,祝愿他能够"如五地之行力,圆满欢喜,证登妙果",同时也深以"老僧能活人,而人不能顶礼老僧"为憾,劝说老友不要只顾救助他人,也要珍重自己的身体,所谓"逢人漫说壶中药,留取金丹好疗饥",对老友发自内心的敬重、体贴与疼惜充溢于字里行间。

《蓉洲诗文稿》对于考察沈光文的出生年月及家庭情况,也提供了重要线索。如《蓉洲文稿》中的《沈斯庵双寿序》云:

岁乙丑,前同卿斯庵先生年七十有四,菊月二十四日为先生悬弧之夕,而是月二十八日为孙太夫人六十寿辰。长君绍宏为先生夫妇罗长筵,考钟鼓,称双寿觞……②

"乙丑"即康熙二十四年(1685),因此据此文可以推知以下信息:沈光文生于明神宗万历四十年(1612)九月二十四日,其妻孙氏生于明天启六年(1626),两人年龄相差十四岁,沈光文之长子名为"绍宏"。另据收录于《蓉洲诗文稿》中的沈光文《题梁溪季蓉洲先生海外诗文序》,该序文的落款为"康熙丁卯孟夏望日,甬上年家教弟沈光文题,时年七十有六也",丁卯年即康熙二十六年(1687),此年沈光文七十六岁,据此亦可推知沈光文生于万历四十年即公元1612年。

---

① 季麒光:《蓉洲诗文稿》,《无锡文库》第 4 辑,凤凰出版社 2012 年版,第 277 页。

② 季麒光:《蓉洲诗文稿》,《无锡文库》第 4 辑,凤凰出版社 2012 年版,第 408 页。

《蓉洲诗文稿》还留下了关于沈光文著述的确切记载,足以作为修正后世沈光文文献记载中舛误之处的可靠依据。《蓉洲文稿》中的《沈光文传》关于沈光文著述的记载为:"所著《台湾赋》《东海赋》《檨赋》《桐花赋》《芳草赋》及《花草果木杂记》、古近体诗,俱系存稿,未及梓行",据此可以确认乾隆年间全祖望《沈太仆传》中所载之"《花木杂记》"应为"《花草果木杂记》"。这篇《沈光文传》与蒋志中的《沈光文列传》关于沈光文著述的记载完全一致,均无所谓的《平台湾序》,这就有力地证明《平台湾序》系后人伪作,基于此,后人据《平台湾序》而对沈光文所谓晚节问题的种种抨击与批评自然也就成了无本之木、无稽之谈。

在沈光文研究中,沈光文来台时间问题可谓众说纷纭的第一大公案。季麒光《蓉洲诗文稿》的发现,为解答这一长期以来扑朔迷离的问题提供了可信的依据。因飓风而意外来台,这是沈光文生命中里程碑式的重要事件,可以断定他在与季麒光"一语情深,定交倾盖"之时就将自己人生遭际中的这一大事告知了季麒光。季麒光在诗文中虽未曾明确指出沈光文来台的具体年份,但却不止一次透露了相关信息,最值得注意的有如下几点:康熙二十三年(1684),季麒光所作《跋沈斯庵〈杂记诗〉》云:"斯庵学富情深,雄于辞赋。浮沉寂寞于蛮烟瘴雨中者二十余年,凡登涉所至,耳目所及,无巨细皆有记载。"说明这一年沈光文来台已有二十余年,但尚不足三十年。到了康熙二十六年(1687)季麒光辞职回家丁忧之年,季麒光临别之际所做的《〈沈斯庵诗〉叙》云:"在斯庵三十年来飘零番岛……"沈光文所作的《题梁溪季蓉洲先生海外诗文序》中亦云:"忆余飘零台湾三十余载……"说明至1687年沈光文来台已经满三十年了。如果是1659年七月来台,那么在1687年五月沈光文作《题梁溪季蓉洲先生海外诗文序》时,则来台只有28年,而不是"三十余载"了。如果是1658年来台,亦只有29年,不足"三十余载"。又据季麒光《沈光文传》中"方其从鲁监国始事越东……越十有余年,而转徙至台湾"推断,沈光文是在"丙戌(1646)乘桴,南来闽海"(《寄迹效人吟》序)之后"十有余年"才来台湾的,因此,沈光文来台时间最有可能是1657年。

(二)颂扬沈光文的遗民气节

季麒光所作的《沈光文传》一文,在真实记叙沈光文生平事迹的基础上,着重突出了沈光文的遗民气节:"鼎革以来,遁迹不仕……斯庵之在厦门也,与将军施侯为旧识,及侯安抚东宁,斯庵出谒,侯慰问夙昔。斯庵仍著僧衣,不改初服。""斯庵之间关险阻,飘摇栖泊,视文履善、陆君实之徒,大略相似。迄于今,以悲凉去国之身,为海外遗民,斯庵之志苦,而其遇亦艰矣。"①季麒光作为最了解沈光文生平事迹与人格精神的知己,将沈光文定位为坚守民族气节的"海外遗民",将其与南宋末年的英雄文天祥(字履善)、陆秀夫(字君实)相提并论,正是对沈光文一生志节的崇高评价。乾隆年间著名浙东史学家全祖望在其《沈太仆传》中赞誉沈光文为"咸淳人物",并将其与明初的元遗民蔡子英相比,正与季麒光的这一评价一脉相承。

将《蓉洲诗文稿·沈光文传》与《台湾府志·沈光文列传》相比对,我们发现《蓉洲诗文稿·沈光文传》中上述称许沈光文遗民气节的文字在《台湾府志·沈光文列传》中已被删削。在《蓉洲诗文稿》长期湮没不传的情况下,季麒光所作的《沈光文传》幸赖清代巡台御史黄叔璥《台海使槎录》中的《沈文开传》一文而得以流传。《台海使槎录》中的《沈文开传》虽从《蓉洲诗文稿·沈光文传》抄录而来,但黄叔璥并没有严格依照原文抄录,而是一种选择性的抄录,季麒光《沈光文传》原文中上述称扬沈光文遗民气节的段落被悉数删除,只保留了对沈光文生平经历的客观平实的记载,这种谨慎的抄录态度也从一个侧面反映了当时文禁之严。沈友梅认为:"《蓉洲文稿》,则不见于四库总目,恐与文字狱有关。"②不能不说,在康熙朝大兴文字狱的背景下,作为清朝官员的季麒光不避时忌,在自己的诗文集中公然称扬沈光文的遗民气节,其勇气和胆识是相当难能可贵的。

康熙二十四年(1685),季麒光特为沈光文七十四岁寿辰作《沈斯庵双寿序》,文中云:

> 余惟天之生才,原不欲使之虚居浮系,而人之负才自异者,亦不屑寻阡问陌,甘老田间。及不幸而值晦冥薄蚀之时,其人之去留存亡,所关系更有异故。文履善、陆君实之徒,一身百口,艰难涂炭,以行其惓惓恳恳之忠。谢皋羽、龚圣予则寸管尺幅,笔舌啸歌,以发抒其悲凉去国之思。陆放翁自南渡以后,跋涉兵间,身老东中,著诗万首,不免巢车望尘之感。诸君子行事虽不同,揆而比志挈功,其为斯世之砥柱,则一也。

---

① 季麒光:《蓉洲诗文稿》,《无锡文库》第 4 辑,凤凰出版社 2012 年版,第 367-368 页。

② 沈友梅、侯中一编校:《沈光文斯庵先生专集》,台北市宁波同乡月刊社 1977 年版,第 7 页。

先生以四明旧阀,文恭世胄,少负名流,长登清秩,依徊故主,去浙而闽,去闽而粤,复自粤而闽,以东宁片壤,寄其首阳之节。迄于今,公卿之子,丰镐之遗,有几人乎? 独先生以海外孤踪,为世典型,岂非邦家之所愁遗,人见为祥,史称为瑞者乎?①

季麒光在此文中论及五位历史名人:文天祥(1236—1283),字履善,号文山,南宋末年抗元名臣,抗元失败后被俘,宁死不屈,英勇就义;陆秀夫(1236—1279),字君实,抗元名臣,与文天祥、张世杰并称"宋末三杰",崖山海战兵败后,负帝投海,悲壮殉国;谢翱(1249—1295),字皋羽,宋末爱国诗人,抗元失败后避地浙东,作有《登西台恸哭记》等大量缅怀故国的诗文;龚开(1222—1304?),字圣予,宋末元初诗文书画兼长的文人画家,喜画鬼魅与钟馗,以"怪怪奇奇,自成一家"的画风寄托亡国之恸;陆游(1125—1210),字务观,号放翁,南宋爱国诗人。陆游一生矢志抗金复国,乾道八年(1172)受四川宣抚使王炎之邀赴抗金重地南郑襄赞军务,这是陆游一生唯一的一次亲临前线的机会,令其终生难忘。晚年曾多次作诗回忆这段"夜栖高冢占星象,昼上巢车望虏尘"(《忆昔》)的军旅生涯,抒发英雄失路、壮志难酬的悲愤情怀。总之,季麒光所论及的五人皆为易代之际以忠贞气节名世的前朝遗民,其生平行事虽有不同,但其爱国情操、民族气节并无二致,堪称"斯世之砥柱"也。季麒光在文中表达了对南宋时期诸位先贤志士的仰慕之后,言归正传,叙及沈光文的家世出身以及在浙闽粤沿海辗转抗清的艰辛历程。显然,在季麒光看来,"以东宁片壤,寄其首阳之节"的沈光文,其遗民气节是堪与上述名人硕彦相提并论的。

《蓉洲诗稿》中的相关诗作,也表现了季麒光对沈光文遗民气节的称颂。如《别沈斯庵》一诗中有"栖迟杜老不能归,新蒲细柳思丰镐。东宁片石首阳山,犹许春秋遗一老"之句,称赞沈光文的首阳之节。又如《用陈易佩韵再赠沈斯庵》:

去国间关甚,东宁信所之。
客踪贫未病,臣节苦逾奇。
雨细零丁道,霜寒凝碧池。
相看寻旧话,重记浙湖词。②

---

① 季麒光:《蓉洲诗文稿》,《无锡文库》第 4 辑,凤凰出版社 2012 年版,第 408 页。
② 季麒光:《蓉洲诗文稿》,《无锡文库》第 4 辑,凤凰出版社 2012 年版,第 217 页。

　　该诗感慨沈光文间关险阻、漂泊栖迟的坎坷一生,以"臣节苦逾奇"赞叹其苦志守节的崇高精神。"雨细零丁道,霜寒凝碧池"一联所用的两个典故,皆与不忘故国的遗民气节相关。"零丁道"用南宋末年英雄文天祥之典。文天祥抗元失败,被元军所俘,留下了《过零丁洋》的千古绝唱;"凝碧池"为唐代洛阳禁苑中池名,据计有功《唐诗纪事》载:安禄山叛唐后,曾大会凝碧池,逼梨园弟子为其奏乐,众伶人因思念唐玄宗而唏嘘泣下,乐工雷海清掷弃乐器,面向西方失声大恸,安禄山当即下令将雷海清肢解于试马殿上。著名诗人王维当时正被安禄山拘禁于菩提寺中,闻此事,作《凝碧诗》一首:"万户伤心生野烟,百官何日再朝天?秋槐叶落深宫里,凝碧池头奏管弦。"安史之乱平定后,唐肃宗为此诗所表达的对大唐王朝的忠义精神而感动,才没有给曾被迫就任安禄山伪官的王维定罪,只是降职为太子中允。季麒光以这样两个典故入诗,正是对沈光文遗民气节的称许。尾联"相看寻旧话,重记浙湖词",则是叙及沈光文与季麒光两人之间的一段"典故"了。所谓"浙湖词",是指南明著名抗清将领张煌言在杭州慷慨就义之前所写的著名诗作《将入武陵二首》。沈光文与张煌言是宁波同乡,二人都曾长期在鲁王麾下效力。听闻张煌言靖难死节的壮烈事迹,沈光文自然感喟不已,深以未曾读到其诗为憾,因而请求季麒光为之记诵。季麒光有诗专记此事云:

　　　　故明张司马于浙中受法,有诗题湖上,斯庵遥传而未见,予亦只忆其半首,为斯庵诵之。诗曰:"日月双悬于氏墓,乾坤半壁岳家祠。叠山迟死文山早,青史于今有是非。"

　　　　　　　　不谓干戈旧,天涯剩有人。
　　　　　　　　好音交自古,真性语能珍。
　　　　　　　　身共丹霞老,文成素练新。
　　　　　　　　荒荒潮影白,此地幸相亲。①

季麒光因记忆有误而将张煌言的《入定关》与《将入武陵二首》其二混为一

①　季麒光:《蓉洲诗文稿》,《无锡文库》第4辑,凤凰出版社2012年版,第217页。

体了①,尽管如此,此诗对于今人深刻了解沈、季二人之心迹却具有重要意义。作为清朝官员的季麒光竟然与作为前朝遗民的沈光文一起私下记诵以身殉国的抗清志士张煌言的诗作,缅怀其舍生取义、杀身成仁的高昂气节。在他们看来,张煌言的节烈事迹必将与宋末英勇抗元、不屈殉国的民族英雄谢枋得(号叠山)、文天祥(号文山)同其不朽。此诗足以说明,季麒光所秉持的道德观与忠义观并未为其朝廷命官的政治身份所拘囿。由此诗亦可窥知,沈、季友谊的缔结,固然是两人于"海天荒陋,人鲜知音"的背景下彼此心灵慰藉的需要,而更深层的原因,还在于他们在基本的价值观、道义观上的高度契合,所谓"文章道义,一真自合,千里万里,若针投芥"②。

　　沈光文虽然与清初宦台官员同组东吟社,往来唱和,但对于自己的遗民身份、首阳之节却从没有丝毫的含糊。正如他在《看菊》一诗中所表白的那样:"傲骨我终持,不与时仰俯""序晚值风霜,劲节孰予侮"。作为清朝官员的季麒光,之所以如此敬重沈光文,不只是出于对其文化开台之历史功绩的仰慕,同时也是基于对其遗民气节的钦敬。有论者称:"晚年的沈光文在思想感情上已经完全放弃了一般明遗民眷怀故国、始终以之的基本立场,极为热心和卖力地充当起了清廷新朝'赤子'角色,难怪清廷知县季麒光要'为之继肉继粟,旬日一候门下',互动十分融洽与频密了。"③此论之武断、肤浅和似是而非,不仅在于对沈光文的遗民心态缺少足够的认知,也在于对季麒光其人缺乏深刻的了解。季麒光《沈光文传》载:"鼎革以来,遁迹不仕……斯庵之在厦门也,与将军施侯为旧识,及侯安抚东宁,斯庵出谒,侯慰问凤昔。斯庵仍著僧衣,不改初服。"倘若沈光文真的是对清廷顶礼膜拜的趋炎附势之人,何不对当时如日中天、炙手可热的靖海侯施琅殷勤示好,进而利用二人曾为"旧识"的交情入仕清廷、至少达成自己多年来梦寐以求的回乡凤愿? 而非要与一个小小的诸罗县

---

　　① 张煌言《将入武陵二首》其二云:"国亡家破欲何之? 西子湖头有我师。日月双悬于氏墓,乾坤半壁岳家祠。惭将赤手分三席,敢为丹心借一枝。他日素车东浙路,怒涛岂必属鸱夷!"《入定关》诗云:"何事孤臣竟息机? 鲁戈不复挽斜晖。到来晚节惭松柏,此去清风笑蕨薇。双鬓难容五岳住,一帆仍自十洲归。叠山迟死文山早,青史他年任是非!"见《张苍水全集》整理小组:《张苍水全集》,宁波出版社 2002 年版,第 110—111 页。

　　② 季麒光:《沈斯庵诗叙》,见《蓉洲诗文稿》,《无锡文库》第 4 辑,凤凰出版社 2012 年版,第 312 页。

　　③ 潘承玉:《真相、遮蔽与反思——关于一桩文化史公案的后续考察》,《绍兴文理学院学报》2007 年第 3 期。

令频繁互动？所谓"仍著僧衣,不改初服",不正是刻意以方外之人的身份表明自己与现政权的疏离吗？

至于季麒光以清朝官员的身份而对沈光文的遗民气节极为敬重,这种现象亦并非不可理解。"我们以往对于明清易代的认知,过多地注意到所谓'留人不留发、留发不留人'的极端对抗状态。但是在实际上,明朝的士绅经过王朝的更替,一部分人加入清朝的官吏行列,另一部分则如王忠孝等,坚持明朝的气节,成为遗民。这二者之间,依然存在着诸多的联系,加上中国一千多年来士绅观念所形成的人际文化,都在很大程度上影响着明朝遗民的生活状态。"①那些经由科举入仕的清朝官员自幼饱读儒家经典,深受儒家忠义思想的熏染,他们在正义感和道义心的驱使下对明朝遗民生发出一份由衷的敬重,其实并不难理解。事实上,像季麒光这样身为清朝官员而对抗节不屈的明遗民倾慕有加甚至积极提供奥援的并不乏见。譬如徐孚远晚年遁居于广东饶平山中时,就曾得到广东提督吴六奇及潮州知府宋尚木的庇护。晚年流寓台湾的王忠孝曾多次寄书请托在清朝任职的官员故旧,这些地方官员对其家族事务也多能予以关照。而在不少清代宦台官员的诗作中,也经常可以看到作者对前朝遗民贞操介节与忠烈事迹的称颂。如康熙三十年(1691)任台湾海防同知的满洲正黄旗人齐体物所作的《澎湖屿》一诗中就有对郑成功的称颂之词:"登临试问沧桑客,犹有田横义士无。"范咸、张湄、陈肇兴等多位清代宦台官员都曾作有《五妃墓》《宁靖王墓》《五妃祠》等吊挽宁靖王及五妃的诗作。

季麒光对沈光文遗民身份的确认及遗民气节的颂扬,足可作为对后世质疑与诟病沈光文晚节者最有力的反击。试想,如若沈光文真的作有《平台湾序》这样厚颜无耻地谄媚与歌颂清廷、辱骂和丑化明郑的文章,季麒光又怎么可能会称其为"海外遗民",并将其与文天祥、陆秀夫相提并论呢？再如关于沈光文与李率泰的关系,季麒光的《沈光文传》明确记载:"督院李公闻其名,遣员致书币邀之,斯庵不就",这就足以证明范咸《重修台湾府志》中所收《东吟社序》中所谓"余自壬寅,将应李部台之召,舟至围头洋遇飓,漂流至斯"是有违事实真相的。

---

① 陈支平:《〈惠安王忠孝公全集〉与明末清初闽台史事》,《首都师范大学学报》2015年第4期。

（三）奠定沈光文开台文化初祖的经典地位

今天，人们常用"台湾文献初祖""台湾文学始祖"等称谓来表达对沈光文在台湾筚路蓝缕传播汉文化的崇仰和敬意，而历史上第一位发现沈光文意义和价值的季麒光，同样值得后人铭记和尊敬。如果没有季麒光对沈光文的发现、记载和表彰，沈光文这位"台湾文献初祖""台湾文学始祖"或许真的会在历史的烟云中湮没无闻。

季麒光对沈光文之文化史意义的评述，集中体现于其《蓉洲文稿》中的《跋沈斯庵〈杂记诗〉》与《〈沈斯庵诗〉叙》中。《跋沈斯庵〈杂记诗〉》云：

> 从来台湾无人也，斯庵来而始有人矣；台湾无文也，斯庵来而又始有文矣。斯庵学富情深，雄于辞赋。浮沉寂寞于蛮烟瘴雨中者二十余年，凡登涉所至，耳目所及，无巨细皆有记载。其间如山水，如津梁，如佛宇、神祠、禽鱼、果木，大者记胜寻源，小者辨名别类，斯庵真有心人哉！思古人飘泊栖迟，若杜少陵之在巴蜀，《白盐》《赤甲》诸诗；柳河东迁谪岭南，《石潭》《钴鉧》诸记，皆从无聊郁塞之时，发舒兴会。其志愈苦，其文愈工，而人与地相为不朽。当斯庵在台以一赋寓讥刺，几蹈不测。故著述亦晦而不彰。及余来尹是邦，尽出其所藏以相示，谓余能读斯庵之文，而并能知斯庵之人也。忆幼读《西京杂记》，载上林令虞渊《花木簿》，排名列目，使人有卢橘蒲桃之感。今斯庵此诗，虽云纪事纪物，而以海外之奇，备从前职方所未有。则是诗也，即古《国风》矣，乌可以不传？①

这段文字被康熙五十六年（1717）周钟瑄主持纂修的《诸罗县志》全文收录，受到后人的广泛重视，尤其是开篇的这段文字——"从来台湾无人也，斯庵来而始有人矣；台湾无文也，斯庵来而又始有文矣"，更是每每为后人所称引，后来全祖望在其《沈太仆传》中做出"海东文献，推为初祖"的定评，也可以说是对季麒光这句评价的精炼概括。可以说，今天人们对沈光文"台湾文献初祖""台湾文学始祖"的评价，都肇始于季麒光的这句经典性评价。沈光文作为第一位从大陆来台湾的文人，作为第一个对台湾的山水风物进行系统田野调查

---

① 季麒光：《蓉洲诗文稿》，《无锡文库》第 4 辑，凤凰出版社 2012 年版，第 347 页。

的"有心"人,他所做的《台湾赋》《东海赋》《樣赋》《桐花赋》《芳草赋》《花草果木杂记》以及《杂记诗》等,无不具有宝贵的文献意义与方志价值。季麒光无疑是读过沈光文全部"海外稿"的,因此这段话虽出现于为沈光文《杂记诗》所做的跋文之中,却可以说是针对沈光文全部台湾题材诗文作品的价值而言的。事实证明,季麒光对沈光文的评价并非过誉之辞,如前所述,从康熙五十六年(1717)的《诸罗县志》到嘉庆十二年(1807)的《续修台湾县志》,沈光文的著述一直被后世台湾方志编纂者视为重要的参考文献,季麒光对沈光文作品之文献意义、方志价值的评判不断为后世所印证。

　　季麒光之所以对沈光文作品做出如此崇高的评价,乃是基于其"海外纪异"的文学创作观。事实上,季麒光木人的诗文,就具有鲜明的"海外纪异"的特点,诚如沈光文在《题梁溪季蓉洲先生海外诗文序》中所言:"先生之诗,凡山川风土,番俗民情以暨草木花果、鸟兽鱼虫之属,莫不有作。"季麒光"七体"形式的赋作《客问》,也因其"独不作泛设语,颇极台地山川物产之胜"①而受到巡台御史黄叔璥的赞誉,被收录于其《台海使槎录》卷四的《赤嵌笔谈》中。这种"海外纪异"创作理念,季麒光在其《东吟社序》中阐述得非常明晰:

　　　　东吟者何? 就福台新咏而名之也;福台新咏何昉乎? 始于斯庵老僧及渡海诸君子唱和之作也。福台者何? 在台言台,兼志省会也。然则曷为以"东吟"名也? 曰纪异也。异维何? 曰方舆之广也,会遇之奇也,风雅之作自作也。

　　　　台湾地近东南,远接扶桑,不入职方,我国家廓清涨瀚,设官分邑,肇造洪荒,实记载所未有也。自有此集而山川之渊府,节候之勾股,内外之疆索,蛟龙之窟宅,飞走之伏藏,草木之菀枯,皆可谱形绘像,以备采风问俗之选。则鲰生之颖舌,不可参稗野之资乎?②

　　由沈光文首倡的台湾第一诗社原名"福台闲咏",诗社成员之诗集名为《福台新咏》,季麒光入社后之所以更名为"东吟社",就是为了突出诗社"纪异"的特征,即凸显台湾这一海外异域最为独特的地理及人文特征。自古以来,台湾这块异域遐岛,"未入九州之分野","不载中国之舆图",作为最早乘桴渡海来

---

① 黄叔璥:《台海使槎录》,见尹全海《清代巡台御史巡台文献》,九州出版社2009年版,第268页。
② 龚显宗:《沈光文全集及其研究资料增编》(上),台南市政府文化局2012年版,第266页。

到这块殊方绝域的文人学士,有责任将其所发现的迥异于中国大陆的一切形诸笔墨——既包括这里的山川风土、鸟兽虫鱼、番俗民情,也包括流寓于这块土地上的迁客骚人的歌哭泪笑。大而言之,对于已拥有两千余年悠久历史、诗词歌赋灿若星河的整个中国文学来说,尚处于萌芽状态的台湾文学只有充分挖掘自己的地域特色和乡土特色,才能在源远流长的中国文学史上占有一席之地。事实证明,此后三百余年台湾文学的发展历程,尤其是清代台湾文学中层出不穷的乡土题材诗文创作,都已经印证了季麒光的这一观念是睿智而富有先见之明的。

在即将问棹北还之际,为了承担起对沈光文的"表章之役",季麒光在为沈光文作传并载入史乘之外,他所做的另一件事情就是对沈光文诗歌"重为之序而弁之",留下了《〈沈斯庵诗〉叙》一文。在这篇序文中,季麒光在叙述了他与沈光文相识、相交、相知的状况之后说:

> 且诗之为道,学以深之,气以充之,发皇于境遇,而根柢于性情。元人张子长曰:"古今诗人,能自命一家,以继《三百篇》之后者,其致未尝不厚,其辞未尝不盛。惟厚与盛,诗之宗也。外此而清幽杳渺之思,排丽绚烂之色,不过诗之舆卫鼓吹而已。"斯庵之诗以致运实,以辞写志,抒发至理,不怒不流。盖其托体在乐天、放翁之间,而其寄意则又如彭泽老人,悠然而自远,淡然而自适也。①

这段文字堪称对于沈光文诗歌的最早的文学评论。季麒光引用元代张子长之言阐述了自己对诗歌艺术的理解,在此基础上对沈光文诗歌的风格与特质做出了言简意赅的评价,指出了沈光文诗歌与前代著名诗人白居易、陆游、陶渊明诗歌的关系,对于后人理解沈光文诗歌的风格特点与诗歌渊源具有重要的启示意义。

著名学者陈文忠认为,对作家经典地位确立之前的接受境遇进行考察,有助于"扫除历史的迷雾,还原历史的真相。今人看古人犹如下级看上级,对象往往被经典的光环和历史的迷雾笼罩,评价者难免一开始就'以鉴赏为瞻仰',先入为主而缺乏平和的心态和客观的眼光。事实上,无论历史人物还是历史

---

① 季麒光:《蓉洲诗文稿》,《无锡文库》第 4 辑,凤凰出版社 2012 年版,第 312 页。

事件,与对象越接近,看得越真切,评价也越客观。因此,考察经典化之前的接受境遇,了解同时代人的评价态度,有助于还原经典作家的历史真相,有助于今人以历史的眼光全面观察经典作家走向经典化的曲折历程,同时也有助于对经典作家的经典地位和经典价值做出合理的评价。"①诚哉斯言! 作为台湾文学史上"衣被后人"的经典作家、台湾古典文学的开启者,沈光文身上既环绕着"经典的光环",也笼罩着"历史的迷雾"。季麒光似乎预见到后人可能会对沈光文有种种曲解与误读,他在《〈沈斯庵诗〉叙》中特意强调说:"后之君子,有能识斯庵之诗者,亦当以余言为先资矣。"季麒光不仅是沈光文诗文的第一位读者与评论者,也是三百余年沈光文接受史上唯一与沈光文有着亲身交往与深厚友谊的人,他对沈光义及其诗文的解读与评价,有助于"扫除历史的迷雾,还原历史的真相",值得后世研究者给予充分的重视。

第二节　清代的沈光文接受史

　　清代的沈光文接受史,主要体现在各种方志与史乘等文献之中。载有沈光文传记的清代文献可以大致分为官修方志与私人著述两大体系。编修地方志以记载当地历史与地志的综合概况,是中华民族所特有的一种悠久的文化传统。沈光文作为"海东文献初祖"的崇高地位和遗民气节的典范,使他在台湾、福建、宁波地区的方志中名垂史册,作为"寓贤""遗逸"或"乡贤"受到后人的表彰和称颂。由于大多数地方志的编纂者都是清政府委派的现任官员,因此研究历朝方志中有关沈光文的记载,不仅可以进一步确证沈光文"海东文献初祖"的地位,而且可以从对沈光文事迹记载与历史评价的差异中,看出不同历史时期的官方意识形态下沈光文接受的不同。

　　笔者以清代官修方志为中心,考察沈光文传记的收录情况,如下表所示:

---

　　① 陈文忠:《走出接受史的困境——经典作家接受史研究反思》,《陕西师范大学学报》2011 年第 4 期。

清代官修方志中沈光文传记的收录情况一览表

方志种类	刊刻时间	主要修纂者	方志名称	沈光文传记
台湾府志	康熙二十四年 （1685）	蒋毓英、季麒光	《台湾府志》	《沈光文列传》
	乾隆六年 （1741）	刘良璧	《重修福建台湾府志》	《沈光文传》
	乾隆十一年 （1746）	范咸、六十七	《重修台湾府志》	《沈光文传》
	乾隆四十年 （1775）	余文仪	《续修台湾府志》	《沈光文》
台湾县志	康熙五十六年 （1717）	周钟瑄、陈梦林	《诸罗县志》	《沈光文传》
	乾隆十七年 （1752）	鲁鼎梅、王必昌	《重修台湾县志》	《沈光文传》
	嘉庆十二年 （1807）	谢金銮	《续修台湾县志》	《沈光文》
台湾通志	光绪二十一年 （1895）	蒋师辙、薛绍元	《台湾通志稿本》	《沈光文传》
福建方志	康熙二十三年 （1684）	金鋐、郑开极	《福建通志》	《沈光文传》
	道光九年 （1829）	陈寿祺	《福建通志》	《沈光文》
	道光十六年 （1836）	周凯	《福建通志·金门志》	《沈光文传》
鄞县志	乾隆五十二年 （1787）	钱维乔、钱大昕	《鄞县志》	《沈光文》
	光绪三年 （1877）	张恕、董沛	《鄞县志》	《沈光文传》

由上表可知,载有沈光文传记的清代官修方志,包括台湾方志、福建方志、鄞县方志等,以台湾方志为主体。自季麒光第一个发现了沈光文之于台湾文化史的价值和意义,并在其主撰的《台湾府志》中收录《沈光文列传》以来,沈光文其人其事为入清以来的多部台湾方志所收录,沈光文作为"海东文献初祖"的崇高地位也由此而得到后人的认可与崇仰。清代的台湾方志主要有府志、县志、通志、厅志等几种类型。从康熙二十二年(1683)清政府统一台湾到台湾

建省之前的两百多年间,台湾在行政关系上隶属于福建省,称"福建台湾府",
这期间共修纂了六部台湾府志,依次为:蒋毓英、季麒光、杨芳声于康熙二十四
年(1685)修的《台湾府志》,高拱乾于康熙三十四年(1695)修的《台湾府志》,周
文元于康熙五十九年(1720)修的《重修台湾府志》,刘良璧于乾隆六年(1741)
修的《重修福建台湾府志》,范咸于乾隆十一年(1746)年修的《重修台湾府志》,
余文仪于乾隆四十年(1775)修的《续修台湾府志》,这六部志书通常被简称为
蒋志、高志、周志、刘志、范志、余志。六部《台湾府志》中,除了高志和周志之
外,都载有沈光文传。此外,这一时期还有三部台湾县志也收录了沈光文传。
光绪十三年(1887)台湾建省,设台北、台湾、台南三府。光绪二十一年(1895)
薛绍元、蒋师辙修成的《台湾通志》,是第一部台湾省的通志,也是台湾建省之
后唯一的一部通志,这部通志中亦收有《沈光文传》。

　　官修方志之外,沈光文传记也为清代多部私人著述所收录,具体情况如下
表所示:

清代私人著述中沈光文传记的收录情况表

成书时间	作者	著述	传记名称
康熙三十三年 (1694)	季麒光	《蓉洲诗文稿》	《沈光文传》
康熙初年	翁洲老民	《海东逸史》	《沈文光》
雍正二年 (1724)	黄叔璥	《台海使槎录》	《沈光文传》
乾隆十年 (1745)	全祖望	《鲒埼亭集》	《沈太仆传》
乾隆年间	全祖望	《续甬上耆旧诗》	《沈太仆光文》
道光八年 (1828)	徐兆昺	《四明谈助》	《沈太仆光文》
道光十年 (1830)	李瑶	《南疆绎史·摭遗》	《沈光文传》
道光十三年 (1833)	李聿求	《鲁之春秋》	《沈文光》
同治五年(1866)	李元度	《国朝先正事略》	《沈斯庵事略》
同治十年(1871)	徐鼒	《小腆纪传》附记	《沈光文传》

　　为了厘清清代文献中沈光文传记的承袭、发展与嬗变情况,更系统地考察

三百年来的清代沈光文接受史,我们大致以历史时间为线索,以台湾方志以及私人著述中的沈光文传记为考察重点,对不同历史阶段的沈光文接受情况作纵向的梳理与总结。

一、康熙年间的沈光文接受

(一)康熙二十四年(1685)蒋志中的《沈光文列传》

被誉为"台湾第一方志"的蒋毓英、季麒光、杨芳声主撰的《台湾府志》(蒋志),是最早收入沈光文传记的台湾方志。季麒光不仅在《台湾府志》中充分借鉴和利用了沈光文留下的文献资料,还在这部志书的第九卷中收录了自己撰著的《沈光文列传》,这是官修方志为沈光文立传之始。此后,几乎所有的台湾方志、福建方志,都将沈光文作为重要的寓贤立传。

《台湾府志》中的《沈光文列传》全文如下:

> 沈光文,字文开,别号斯庵,浙江鄞县人。故相文恭公世孙,以副车恩贡,历仕绍兴、福州、肇庆之间。由工部郎中加太仆少卿。辛卯年,从肇庆至潮州,由海道抵金门。壬寅,八闽总制李公讳率泰闻其名,遣员致书币邀之,斯庵不就。七月,挈其眷,买舟欲入泉州,过围头洋,遇飓风,飘泊至台,不能返棹,遂寓居焉。及郑大木掠有其地,斯庵以客礼相见。郑经嗣爵,多所变更,斯庵知经无能为,且以一赋寓讥诮,为忌者所中,几死于□。乃改服为僧,入山不出,于目加溜湾番社傍教授生徒,兼以医药济人。所著文有《台湾赋》《东海赋》《榇赋》《桐花赋》《芳草赋》及《花草果木杂记》。①

这篇200多字的小传,简明扼要地勾勒了沈光文的家世出身、生平事迹及著述情况,文字虽然简短,但举凡沈光文生平之大端,如辗转抗清、辞李率泰、来台原因、因赋罹祸、逃禅为僧、行医教学、文章著述等,皆囊括在内。可以说,这篇传记奠定了此后官修方志中沈光文传的基本内容,此后所修的台湾府志、台湾县志、福建通志中的诸篇沈光文传,只是在此基础上增减了个别信息或是字句表达上稍有改易而已。

此传最大的缺憾,在于对沈光文来台时间的记载存在明显的自相矛盾之

---

① 蒋毓英撰,陈碧笙校注:《台湾府志校注》,厦门大学出版社1985年版,第108页。

处。问题的关键出在"壬寅"二字。如果沈光文真的是在"壬寅"年即康熙元年(1662)来台的话,那么就应该是在郑成功来台(1661年)之后抵台的,而后文"及郑大木掠有其地,斯庵以客礼相见"又说是在郑成功来台之前已经来台,显然是自相矛盾。多位学者认为:"壬寅"应为"壬辰"(1652)之误。如杨云萍云:"我的推论是:沈斯庵之渡台,为在永历六年(壬辰)即清顺治九年,公元一六五二年。"①高一萍亦云:"今所见壬寅,乃'壬辰'之误。因辛卯后为壬辰(即永历六年)。"②陈碧笙在《台湾府志》卷九《人物》之校注中指出:"'壬寅',应为'壬辰'之误。"③此外,乐承耀也持同样观点:"蒋毓英康熙《台湾府志》记述的'壬寅',只能是'壬辰',不可能是'壬寅'。"④

康熙二十五年(1686),季麒光曾作《沈光文传》⑤,后收入其《蓉洲诗文稿》中,这篇传记堪称全祖望《沈太仆传》问世之前篇幅最长、内容最丰富、文献价值最高的一篇沈光文传。为了比较的方便,我们将《蓉洲诗文稿》中收录的《沈光文传》也抄录于此:

> 沈光文,四明故相文恭公世孙,字文开,别字斯庵。以恩贡历仕绍兴、福州、肇庆之间,由工部郎中加太仆寺少卿。鼎革以来,遁迹不仕。辛卯年,从肇庆至潮州,由海道抵金门;督院李公闻其名,遣员致书币邀之,斯庵不就。七月,挈其眷买舟欲入泉州;过围头洋,遇飓风,飘泊至台。及郑大木掠有其地,斯庵以客礼相见。郑经嗣爵,多所变更。斯庵知经不能用人,且以一赋寓讥讽,为忌者所中,乃改服为僧,入山不出,教授生徒,兼以医药济人。当斯庵之在厦门也,与将军施侯为旧识;及侯安抚东宁,斯庵出谒,侯慰问凤昔,斯庵仍着僧衣,不改初服。总督少保姚公昔于会稽后海同王老人举事,与斯庵友善,后知斯庵尚在,许赠资回籍。姚公死,其事遂寝,斯庵亦遂不能作归计矣。
>
> 方其从鲁监国始事越东,不无一城一旅之思。及钱塘兵败,从曹

---

①　杨云萍:《台湾的寓贤沈光文》,见《沈光文斯庵先生专集》,台北市宁波同乡月刊社1977年版,第166页。

②　高一萍:《沈斯庵与台湾》,见《沈光文斯庵先生专集》,台北市宁波同乡月刊社1977年版,第186页。

③　蒋毓英撰,陈碧笙校注:《台湾府志校注》,厦门大学出版社1985年版,第112页。

④　乐承耀:《台湾文献初祖沈光文研究》,九州出版社2015年版,第52页。

⑤　《蓉洲诗文稿·沈光文传》云"(沈光文)今年七十有五,尚雄于诗词",可见《蓉洲诗文稿》中的《沈光文传》作于康熙二十五年(1686)。

娥江走宁、台，过四明城下，斯庵尚有老母在堂，止寄一札于其仲氏，不获登家门相慰问，其踪迹亦可悲焉。后从宁海出石浦，抵舟山；又自舟山渡厦门至南澳，入潮之揭阳。是时，永历假号于肇庆，斯庵复往从之，随监郑鸿逵军事，又从揭阳来，旅寓于金门所，越十有余年，而转徙至台湾。斯庵之间关险阻，飘摇栖泊，视文履善、陆君实之徒，大略相似。迄于今，以悲凉去国之身，为海外遗民，斯庵之志苦，而其遇亦艰矣。所著《台湾赋》《东海赋》《樸赋》《桐花赋》《芳草赋》及《花草果木杂记》、古近体诗，俱系存稿，未及梓行。今年七十有五，尚雄于诗词，文武执事之人皆敬礼之。嗟乎，斯庵虽未死，而晋处士、唐进士之称亦可以无愧矣。①

将前后两篇传记进行比较可以看出：蒋志中《沈光文列传》只有 200 多字，而《蓉洲诗文稿》中的《沈光文传》长达 600 多字，所记内容远比前者丰富、细致、周详，尤其是突出了沈光文作为海外遗民的崇高气节。诸如"鼎革以来，遁迹不仕""斯庵仍着僧衣，不改初服"等，或显或隐，都是对沈光文遗民气节的昭示。传记的第二段更是夹叙夹议，以曲折周详的叙事凸显沈光文十余年间"间关险阻、飘摇栖泊"的艰辛际遇，贯注了作者强烈的感情色彩。"斯庵尚有老母在堂，止寄一札于其仲氏，不获登家门相慰问，其踪迹亦可悲焉"，这一细节，不见于其他任何一篇沈光文传记，必是季麒光从沈光文处亲耳闻知，不仅真实生动，而且感人至深，突出了传主毁家纾难的崇高精神。对于沈光文的遗民气节，作为清朝官员的季麒光在官修志书《台湾府志》中自然不便于书写，而在自己的文稿中，他不仅予以细致周详的记叙，而且畅快淋漓、浓墨重彩地予以推崇和赞誉："斯庵之间关险阻，飘摇栖泊，视文履善、陆君实之徒，大略相似。迄于今，以悲凉去国之身，为海外遗民，斯庵之志苦，而其遇亦艰矣。""嗟乎，斯庵虽未死，而晋处士、唐进士之称亦可以无愧矣。"季麒光是清代所有沈光文传记作者中唯一的一位与传主有亲密交往的一位，故此，他所做的《沈光文传》无论就记叙的周详、细节的生动还是情感的真挚而言，都是后世任何一篇沈光文传记无法媲美的。

令人遗憾的是，《蓉洲诗文稿》中的这篇《沈光文传》，仍未对沈光文来台时

---

① 季麒光：《蓉洲诗文稿》，《无锡文库》第 4 辑，凤凰出版社 2012 年版，第 367—368 页。

间做出明确记载。作为沈光文生前的密友,季麒光对这一问题肯定是清楚的,可惜却未在此文中做出足够清晰的交代,容易使读者在理解上产生歧义。从"辛卯年(1651),从肇庆至潮州,由海道抵金门;督院李公闻其名,遣员致书币邀之,斯庵不就。七月,挈其眷买舟欲入泉州;过围头洋,遇飓风,飘泊至台"的表述中,给人的直观印象就是沈光文是在辛卯即 1651 年或 1652 年来台的。但从后面"又从揭阳来,旅寓于金门所,越十有余年,而转徙至台湾"的叙述中,又可推知沈光文是从金门居留"十有余年"之后即 1661 年或 1662 年才到台湾的。① 因此季氏此文在"七月"之前,必然存在脱漏之处或笔误,以至于后人对沈光文来台时间这一关键性问题无法据此文做出准确的判断,只能持不同的文献为据,各执一端,聚讼纷纭,使沈光文来台时间问题成为沈光文研究中最大的"公案"。可以说,沈光文来台时间问题这一扑朔迷离的"公案"的产生,肇始于季麒光在其《台湾府志·沈光文列传》与《蓉洲诗文稿·沈光文传》两篇文章中未做出足够准确而清晰的交代。

(二)康熙二十三年(1684)金鋐、郑开极《福建通志》中的《沈光文传》

康熙二十年(1681),清廷通令全国各省编修志书。福建巡抚金鋐邀请闽籍进士郑开极修撰《福建通志》,两年后志书完成,这是清代第一部《福建通志》,全书共 64 卷,世称"康熙志"。遗憾的是,这部志书因印数甚少而罕有人知,后人多误以为乾隆二年(1737)谢道承所纂的 83 卷本《福建通志》是第一部福建通志。季麒光在其《台湾志书前序(代周又文宪副)》中自云:"……郡守暨阳蒋君经始其事,凤山杨令芳声、诸罗季令麒光为之搜讨,阅三月而蒋君董其成。分条晰目,一如他郡之例……书成上之方伯、贡之史馆。"②这说明蒋、季、杨三人合修的《台湾府志》初稿③完成后,即按照惯例,立即呈报福建省巡抚,以备《福建通志》所采辑。因此,金鋐、郑开极所修《福建通志》中有关台湾府的

---

①　如龚显宗《论〈蓉洲文稿〉中的台湾人物书写》一文就根据季麒光《沈光文传》作出判断:"可见后世史家关于沈氏来台时间 1649、1652、1661、1662 的四种说法皆属错误,当以 1651 年之说为是",但又引"人潮之揭阳……越十有余年,而转徙至台湾"一段文字,称"与前所云不符,可见时间观念相当混乱"。见龚显宗《沈光文全集及其研究资料增编》(下册),台南市文化局 2012 年版,第 304 页。

②　蒋毓英撰,陈碧笙校注:《台湾府志校注》,厦门大学出版社 1985 年版,第 120 页。

③　据《诸罗县志》卷三"列传":季麒光"首创台湾郡志,综其山川、风物、户口、土田、扼塞,未及终篇,以忧去",故蒋志成书定稿应在康熙二十六年(1687)六月季麒光因丁忧离台之后。又由高志"凡例"所言"虽博采群言,较诸郡守蒋公毓英所存草稿,十已增其七八",可知蒋志在台湾并未付梓,大概是在蒋氏离台后其家属在大陆刊行的。

内容基本上都是辑自于蒋志,其中的《沈光文传》也是承袭蒋志中的《沈光文列传》而来。

《福建通志·迁寓》中的《沈光文传》如下:

> 沈光文,字文开,浙江鄞县人,由恩贡官至太仆少卿,自肇庆从海道抵金门,闽总都李率泰致书币邀之,不就。意欲挈眷入泉,遇飓风漂至台湾,遂寓焉。郑成功甚加礼遇。成功卒,子经多所变更,光文作赋规讽,濒死,遂改服入山,后出教授生徒,兼以医药济人。所著文、诗、赋甚多。

这篇传记只有寥寥一百余字,保留了《台湾府志·沈光文列传》中的核心内容,而将一些具体信息予以删减,包括:沈光文的身世("故相文恭公世孙")、在大陆沿海抗清时的官职变迁("历仕绍兴、福州、肇庆之间。由工部郎中……")、时间节点("辛卯年""壬寅""七月")、教授生徒的具体地点("目加溜湾番社傍")、著作名称("《台湾赋》《东海赋》《檨赋》《桐花赋》《芳草赋》及《花草果木杂记》")等,基本上是对蒋志中的《沈光文列传》的简化。

(三)高志(康熙三十五年,1696)缺载沈光文传记的原因

康熙三十年(1691),陕西榆林人高拱乾由泉州知府升任"福建分巡台厦道兼理学政",掌管台湾全境。在任期间,他主持纂修了《台湾府志》十卷,并首开台湾方志"艺文志"的先河。在蒋志被发现之前,高志长期以来都被认为是"台湾第一府志"。值得注意的是,高志中并没有关于沈光文的记载。众所周知,高志是在蒋志的基础上编纂而成的,蒋志中的绝大部分内容都为高志所继承,为什么蒋志中关于沈光文的记载却不见于高志呢? 究其原因,当是源于修纂者不同的修史观所致。

蒋志最为方志研究者所称赏的一大特色就对明郑时期历史的如实记载,如郑惠贞认为:"蒋氏抱着对历史负责的宽广胸怀,不仅记录了诸多明郑占据台湾期间的史料,如人口、田土、赋税等,还从侧面记述了当时清郑双方斗争的一些情况……蒋志在《人物》的勋封遇难、节烈女贞篇中,对受傅为霖事件牵连的沈瑞一家遇难的经过记述颇详,使这一段'史不多书'的壮烈事迹得以流传。"①台湾方志学家陈捷先亦认为:"蒋志中普遍记述明郑旧事,也是蒋志的

---

① 郑惠贞:《蒋毓英与第一部〈台湾府志〉》,《中国地方志》2007 年第 12 期。

一大特色,……确有保存明郑史料的用心,也表现了传统中国史家的风范。"①
而十年后修纂《台湾府志》的高拱乾就不具备这种襟怀与风范了。在蒋志基础
上增益而成的高志,虽然总体上内容比蒋志丰富得多,但对明郑时期的历史却
采取了避而不谈的态度。如关于养济院的记载,蒋志中如实记录了该机构系
明郑时期所遗存:"台湾县养济院一所在镇北坊,伪时所为,今因之。"而高志中
却回避了这一史实,称养济院为清朝知县沈朝聘所建。再如蒋志卷七《田土》
中记载:"通府共计官佃、文武官田园一万八千四百五十四甲",而原来的"伪
额"官佃、文武官田园共达三万多甲,如实反映了郑清易代之后政权更迭一度
对台湾经济的负面影响,而高志中却不见这些史实。蒋志卷九《人物》中"缙绅
流寓"部分中有沈光文、卢若腾的传记,高志中则付之阙如,同样也是出于对明
郑历史的避忌。从高志的"艺文志"中所收录的高氏自己所作的《台湾赋》中,
我们可以更清楚地看到他对明郑历史以及明郑领袖的贬抑态度:

> 嗣是荷兰煽虐,天赞成功。鹿门潮涨,瀯窟戍空;时移事去,兵尽
> 矢穷。窜余生而归国兮,遂此地为蛟宫。非天心之助逆兮,盖劫运之
> 未终。不谓寇我疆场、焚我保聚;时乘无备而肆其鸱张,或因不虞而
> 资其窃取。收亡命于淮南兮,聚无良于水浒。民不聊生,王赫斯怒;
> 咨左右之夔龙,率东南之熊虎。定百计以安澜兮,果一战而纳土……
> 围尺布之蒙蒙,谓衣裳之楚楚。蛇目蜂腰,雀行鸟语。而或荡子
> 从军,贞臣流寓;丧倒行于途穷,伤逆施于日暮。奋一臂而长呼,轻余
> 生以不顾。

在这篇赋作中,作为清代台湾最高行政长官的高拱乾,完全站在为清朝统
治者歌功颂德的政治立场,将郑成功的抗清事迹说成是倒行逆施、天怒人怒的
作乱行为,并不遗余力地讴歌大清"圣世"的文治武功。在这样一种政治立场
左右下,高拱乾自然摒弃了史家所应秉持的客观与公正,对明郑治台功绩、明
郑遗民人物采取了回避与淡化的书写策略。对此,陈捷先先生批评道:

> 高志实在是由蒋志脱胎而来,很多记述都不如蒋志详尽,尤其将
> 郑氏时代的若干资料删省,更是缺失之处。
> 高志的问题,我个人以为很重要的两点:一是偏颇,一是错误

---

① 　陈捷先:《清代台湾方志研究》,台湾学生书局 1996 年版。

……高志既多以蒋志为底本而成书,卷八"人物志""流寓"中所记明
代遗老竟比蒋志的还少。其中缺漏沈光文尤为不该,因为沈光文来
台最早,对学术思想上的影响也最大。……卷十"艺文志"中,刊载明
代遗老的诗,仅有王忠孝的一首。①

(四)康熙五十六年(1717)周钟瑄、陈梦林《诸罗县志》中的《沈光文传》

康熙五十五年(1716)到康熙五十六年(1717),时任台湾诸罗县知县的周
钟瑄特聘福建漳浦人陈梦林来台,修撰了第一部台湾县志——《诸罗县志》。
这部志书以严谨的编修态度、完善的体例、精辟的创见以及资料的丰富而得到
古今史家的一致好评,被誉为台湾方志中第一佳志。周钟瑄修纂《诸罗县志》
的主要动因就是认为高志"阙略者之多而可疑者之复不少",加上台湾经过二
十多年的治理经营,"规划营建日以多,声名文物日以盛。及是时而不亟订其
讹舛,增其阙略,成一邑之志,备文献之征,后人之必有慨折衷之无自。"故此,
高志中所缺载的沈光文、卢若腾等明郑遗老的事迹,在《诸罗县志》中得到了增
补,在该志第九卷的《人物志·寓贤》就有《沈光文传》:

> 沈光文,号斯庵,浙之鄞县人,明副榜,历仕绍兴、福州、肇庆间。
> 由工部郎中,加太仆少卿。顺治辛卯,自潮州航海至金门。总督李率
> 泰闻其名,阴使以书币招之,辞不赴。后移家泉州,过围头洋,遇飓
> 风,飘入台。郑成功以客礼见,不署其官。及经嗣,光文以赋寓讽,
> 几罹不测,乃变服为僧入山,旋傍邑之目加溜湾番社,教授生徒,济以
> 医药,因家焉。所著有《台湾赋》《东海赋》《檨赋》《桐花芳草赋》,及
> 《花草果木杂记》。卒葬于善化里东保。②

《诸罗县志》向以严谨的修志态度、资料筛选的一丝不苟而著称,这一点在
《沈光文传》中也有所体现。虽然我们无法确知陈梦林是否曾经参考了蒋志草
稿中的《沈光文列传》,但从这篇《沈光文传》来看,其基本内容确是承袭了蒋志
中的《沈光文列传》,但文字上稍有删减与更易,行文更趋严谨。如果说该传最
后一句"卒葬于善化里东保"是"增其阙略"的话,那么对《沈光文列传》中个别
文字的删减,则是出于"订其讹舛"。如该传删去了《沈光文列传》中的"故相文

---

① 陈捷先:《清代台湾方志研究》,台湾学生书局 1996 年版,第 35—36 页。
② 周钟瑄、陈梦林:《诸罗县志》,大通书局 1984 年版,第 123 页。

恭公世孙",就是出于作者"综核讨究"之后未敢确信的审慎态度。[①] 此外,该传还删除了《沈光文列传》中"壬寅""七月"的表述,可以说是对蒋志中明显的舛误之处进行了修正。如前所述,蒋志中的《沈光文列传》关于沈光文来台之前的事迹虽然记叙更为详细,但存在明显的自相矛盾之处。陈梦林应该是意识到了其中的舛错,于是删去了"壬寅""七月"等明确的时间表述,自"顺治辛卯,自潮州航海至金门"之后就再没有明确的时间记载。因此,虽然由这篇《诸罗县志·人物志·寓贤》中的《沈光文传》仍然无法知悉沈光文来台的确切时间,但也避免了蒋志在此问题上的舛错之处,的确体现了作者"存其所信,去其所疑"的严谨态度。

《诸罗县志》质量的上乘,使其成为后世不少台湾府志、县志、厅志纂修的模板。光绪年间唐景崧称:"台湾志存者,莫先诸罗,亦莫善于诸罗。府志淑自《诸罗志》,今《澎湖志》淑自府志,体例相嬗也。"在清代的沈光文接受史上,《诸罗县志》中的这篇《沈光文传》也起到了承前启后的重要作用。由于蒋志刊刻后流行不广,直到 20 世纪 80 年代才被发现,季麒光的《蓉洲诗文稿》也一直被认为"亡佚",直到进入 21 世纪才被发现,故此,清初季麒光所做的两篇沈光文传并不为世人所知。长期以来,《诸罗县志》中的《沈光文传》被视为台湾方志中最早的沈光文传,嗣后乾隆年间所修的三部台湾府志(刘志、范志、余志)中的沈光文传,皆是在此基础上稍加改易而成。

《诸罗县志》在沈光文接受史上的重要意义,还在于它收录保存了季麒光的《跋沈斯庵〈杂记诗〉》一文。《跋沈斯庵〈杂记诗〉》是沈光文接受史上极为重要的一篇文章,是关于沈光文著述价值所做的最早也是最经典的评价。尤其是文中的"从来台湾无人也,斯庵来而始有人矣;台湾无文也,斯庵来而又始有文矣",一锤定音,奠定了沈光文"台湾文献初祖""台湾文学始祖"之经典地位,为后世广为称引。在季麒光《蓉洲诗文稿》被发现之前的漫长时间里,《跋沈斯庵〈杂记诗〉》一文就是因《诸罗县志》的收录而广为流传的。

二、雍正二年(1724)黄叔璥《台海使槎录》中的《沈文开传》

季麒光虽然特意为沈光文作了《沈光文传》,收录于其《蓉洲诗文稿》中,但由于此书长期湮没无传,季氏所作的《沈光文传》原文也就不为后世所知,所幸

---

① 乾隆年间全祖望撰写的《沈太仆传》云:"或以为文恭公之后,非也。"说明全氏也不认同此说。

此文并未因《蓉洲诗文稿》的"亡佚"而被完全埋没,而是有赖黄叔璥的《台海使槎录》一书所抄录的《沈文开传》而得以流传下来。

关于清代首任巡台御史黄叔璥,连横《台湾通史·列传六·循吏》为其所作小传云:

> 黄叔璥,字玉圃,顺天大兴人。康熙四十八年进士,历任京秩。六十一年,始设巡视台湾御史,满汉各一员,廷议以叔璥廉明,与吴达礼同膺是命。达礼,正红旗人也。既至,安集流亡,博采舆论,多所建设。著《赤嵌笔谈》《番俗六考》,志台湾者取资焉。①

黄叔璥,顺天府(今北京)大兴县(今大兴区)人,生卒年不详。康熙四十八年(1709)进士及第,曾任太常博士、户部云南司主事、湖广道御史、浙江道监察御史等职。康熙六十年(1721)初,台湾发生了历史上第一次大规模的农民起义——朱一贵事件,清廷为加强对台湾的治理,自康熙六十一年(1722)始设立"满汉监察御史巡查台湾"制度。康熙六十一年(1722)三月,康熙皇帝钦定吴达礼、黄叔璥为首任巡台御史,亲自召见二人,面授治台旨意。同年四月六日,二人由京城出发,七月中旬抵达台湾。雍正元年(1723),康熙皇帝驾崩,雍正皇帝即位,黄、吴二人又奉命留台一年,于雍正二年(1724)任满回京。黄叔璥一生宦海沉浮,历仕康熙、雍正、乾隆三朝,不仅勤政惠民,而且著述良多,为后世留下《国朝御史题名录》《南台旧闻》《中州金石录》《南征纪程》《台海使槎录》等著作,其中尤以《台海使槎录》最为知名。《台海使槎录》共八卷,分为《赤嵌笔谈》(第1—4卷)、《番俗六考》(第5—7卷)、《番俗杂记》(第8卷)三个部分,是作者宦台两年期间的见闻笔记,记载了台湾的地形气候、自然物产、风土民俗等状况,具有重要的历史文献价值。

《台海使槎录》中的《赤嵌笔谈》系黄叔璥搜集《台湾纪》《读史方舆纪要》《香祖笔记》《裨海纪游》《诸罗杂记》等有关旧籍记载,参以亲身见闻撰成,季麒光的《蓉洲诗文稿》也是作者辑录的重要书籍。黄叔璥将《蓉洲诗文稿》中的《沈光文传》删节后,收入其《台海使槎录》卷四的《赤嵌笔谈》中。在季麒光《蓉洲诗文稿》被发现之前,长期以来学界都是以黄叔璥《台海使槎录》中所引的季麒光《沈光文传》作为重要研究资料的。如沈友梅、侯中一编校的《沈光文斯庵先生专集》云:"《蓉洲诗文稿》,则不见四库总目,恐与文字狱有关。今所录者,

---

① 连横:《台湾通史》(下),商务印书馆2010年版,第707页。

乃黄叔璥《台海使槎录》卷四《赤嵌笔谈·杂著》所引。"①龚显宗《沈光文全集及其研究资料增编》亦称"此书(《蓉洲诗文稿》)今已不见,今所录者,乃黄叔璥著《台海使槎录》卷四《赤嵌笔谈·杂著》(清雍正二年)所引。"②既然《蓉洲诗文稿·沈光文传》的原文真貌已经大白于天下,我们不妨将黄叔璥的《台海使槎录》中的《沈文开传》与《蓉洲诗文稿》卷三中的《沈光文传》原文作一对比:

> [沈]名光文,四明故相文恭公世孙,字文开,别字斯庵。以恩贡历仕绍兴、福州、肇庆[之间],由工部郎中加太仆寺少卿。明鼎革[以来]后,遁迹不仕。辛卯[年],从肇庆至潮州,由海道抵金门;[督院李公闻其名,遣员致]当事书币邀之,[斯庵]不就。七月,挈[其]眷买舟[欲入]赴泉[州];过围头洋,遇飓风,飘泊至台。及郑大木掠有其地,斯庵以客礼相见。郑经嗣爵,多所变更,斯庵[知经不能用人,且]以一赋寓讥讽,为忌者所中,乃改服为僧,入山不出,[教授生徒,兼以医药济人。][当斯庵之]在厦门[也]时,与将军施侯为旧识,及侯安抚东宁,[斯庵出谒,][侯]慰问凤昔,斯庵仍着僧衣[,不改初服]。[总督]姚少保[姚公昔于会稽后海同王老人举事,]亦与[斯庵]友善,[后知斯庵尚在,]许赠资回籍。姚[公]死,[其]事遂寝,[斯庵]亦遂不能作归计矣。
>
> [方其从鲁监国始事越东,不无一城一旅之思。及钱塘兵败,从曹娥江走宁、台,过四明城下,斯庵尚有老母在堂,止寄一札于其仲氏,不获登家门相慰问,其踪迹小可悲焉。后从宁海山门清,抵舟山,又自舟山渡厦门至南澳,入潮之揭阳。是时,永历假号于肇庆,斯庵复往从之,随监郑鸿逵军事,又从揭阳来,旅寓于金门所,越十有余年,而转徙至台湾。斯庵之间关险阻,飘摇栖泊,视文履善、陆君实之徒,大略相似。迄于今,以悲凉去国之身,为海外遗民,斯庵之志苦,而其遇亦艰矣。]所著《台湾赋》、《东海赋》、《檨赋》、《桐花赋》、《芳草赋》及《花草果木杂记》、古近体诗,俱系存稿,未及梓行。[今年七十有五,尚雄于诗词,文武执事之人皆敬礼之。嗟乎,斯庵虽未死,而晋处士、唐进士之称亦可以无愧矣。]

---

① 沈友梅、侯中一:《沈光文斯庵先生专集》,台北市宁波同乡月刊社1977年版,第7页。
② 龚显宗:《沈光文全集及其研究资料增编》(上),台南市政府文化局2012年版,第88页。

括号中的文字为《蓉洲诗文稿》中的《沈光文传》原文未被黄叔璥抄录的文字,加下划线者为黄叔璥增添的文字。显而易见,黄叔璥所抄录的《沈文开传》并没有完全忠实于原作,而是一种有选择的抄录。黄叔璥所撷取的是季氏原文中的前半段对沈光文一生主要事迹的记载(为抄录之便,语句较之原文更为简洁),以及后半段中关于沈光文著述的记载,而自"方其从鲁监国始事越东"到"斯庵之志苦,而其遇亦艰矣"这两百余字以及篇末的"今年七十有五……而晋处士、唐进士之称亦可以无愧矣"却被悉数删除。这样,经过黄叔璥抄录的《沈文开传》只是对沈光文一生事迹客观平实的简要记载,季氏原作中对沈光文来台前"间关险阻,飘摇栖泊"的抗清历程的详细描述、对沈光文一生命运充满感情色彩的深沉喟叹以及对沈光文遗民气节的定位与赞誉都已不复存在。

显然,黄叔璥《台海使槎录》对季麒光原文的抄录,反映出他的沈光文接受,乃是一种带有政治倾向性的、选择性的接受。作为恭膺皇命的有清一代首任巡台御史,黄叔璥的明郑史观无疑完全代表和体现了官方的政治立场,如《台海使槎录》认为"郑成功起兵,荼毒东海,民间患之",并以民间传说中的"东海大鲸作孽"之说来诠释郑氏三代的兴亡,在这种历史观指导下,其对《蓉洲诗文稿·沈光文传》中有关沈光文遗民气节一段文字的删削,也就不足为奇了。此外,黄叔璥对季麒光原文的删节,还与对当时文字狱的避忌有关。康熙朝后期,对文人思想言论的控制日益加强,发生了牵连数百人之多、震动朝野的戴名世《南山集》案。雍正皇帝即位后,更是借助文字狱整肃朝廷风纪,戒惩风俗人心。在这样的政治背景下,黄氏不能不有所避忌。在《蓉洲诗文稿》长期湮没不闻的情况下,黄氏《台海使槎录》抄录的沈光文传确有保存文献之功,但黄氏的这种选择性抄录,刻意掩盖了季麒光对沈光文遗民忠义精神的赞誉,使后人无法一睹季麒光《沈光文传》的真貌,亦无法据此全面真实地了解季麒光对沈光文的评价,对后世的沈光文接受及评价不无影响。

三、乾隆年间官修方志中的沈光文传

乾隆时期是清代沈光文接受史上承前启后的重要时期。在此期间,刘良璧、范咸、余文仪等人先后对高拱乾所修《台湾府志》进行重修和续修,使《台湾府志》内容更为翔实。高志仅 18 万字,而经余文仪续修的府志,已经达到 60 万字。刘志、范志、余志中,皆收有沈光文传。此外,鲁鼎梅、王必昌《重修台湾县志》中亦有沈光文传。

(一)乾隆六年(1741)刘良璧《重修台湾府志》中的《沈光文传》

乾隆五年(1740)，湖南衡阳人刘良璧分巡台湾道，此期台湾府的建置规模已扩大到了四县二厅，刘良璧乃在前志基础上根据变化了的土地、人丁、赋税、职官等情况，撰成《重修福建台湾府志》二十卷。在 20 世纪 80 年代初蒋志被发现之前，乾隆六年(1741)刘良璧《重修福建台湾府志》中的《沈光文传》，一直被视为《台湾府志》中最早的沈光文传。① 将《诸罗县志·人物志·寓贤》中的《沈光文传》与之进行对比，我们会发现，后者明显是在前者的基础上稍加改动而成的：

> 沈光文，号斯庵，浙之鄞县人，明副榜，[历仕绍兴、福州、肇庆间。]由工部郎中，[加]晋太仆少卿。顺治辛卯，自潮州航海至金门，总督李率泰闻其名，阴使以书币招之，[辞]不赴，后[移家]将入泉州，舟过围头洋，遇飓风，飘[入]至台。郑成功以客礼见，不署其官。及经嗣，光文以赋寓讽，几罹不测，乃变服为僧入山，旋[傍邑之]于目加溜湾[番]社，[教授生徒，济以医药]教读，以医药活人，因家焉。工诗赋，所著有《台湾赋》《东海赋》《檨赋》《桐花芳草赋》，[及]《花草果木杂记》。卒，葬于善化里东保。其子孙犹能守诗书。

上文中括号内的文字是《诸罗县志》中的《沈光文传》被删减掉的文字，有下划线的文字则是刘志新增加的文字。显然，刘志中的《沈光文传》是在《诸罗县志》中的《沈光文传》基础上稍稍更易了个别文字而已，唯一增添的信息只有最后一句"其子孙犹能守诗书"。

学界普遍认为刘良璧所修的《重修福建台湾府志》不够精审，存在问题颇多，如台湾方志学家陈捷先认为："这部志书似乎没有认真地做一番实际的调查工作，如山川溪港，都多半照旧志抄写。尤其卷六'土番风俗'一目，完全抄录旧书，全无意义。……由于时代相隔很多年了，风俗不能完全没有变化，如只一味照抄，难免有误。这样敷衍了事，当然不能算好志书了。"从刘志中的《沈光文传》中，也可以窥见其"一味照抄""敷衍了事"的编纂态度。

(二)乾隆十一年(1746)范咸等《重修台湾府志》中的《沈光文传》

乾隆十年(1745)四月，浙江仁和人范咸出任巡台御史，在任期间，再次重

---

① 如盛成在《史乘与方志中的沈光文资料》(见《台湾文献》1961 年第 12 卷第 2 期)一文中认为刘志中的《沈光文传》："此为《台湾府志》中最早之沈光文传。"

修《台湾府志》，此志距刘志仅隔四年，但在体例、规模方面变化不小，字数较刘志增加了十多万字。陈捷先认为该书"当时流传得很少，而且后出的余文仪府志又全抄范志，致使后人只知有余志而不知有范志，范志的所有优点也被误认为是余志的优点了。范咸等人的《重修台湾府志》被埋没，实在是台湾方志学史上的一件憾事"，"这部志书不是潦草随便之作，确是有其'意匠心裁'的独到之处。不'随流附会'，'使后人失其所考'，更是作史撰志的必要条件"。

范咸纂《重修台湾府志·人物·流寓》中亦有《沈光文传》：

> 沈光文，字文开，号斯庵，浙之鄞县人，文恭公一贯之族孙也。明副榜，由工部郎中，晋太仆少卿。奉差广东监军。顺治辛卯，自潮州航海至金门，总督李率泰闻其名，阴使以书币招之，不赴，后将入泉州，舟过围头洋，遇飓风，飘至台。郑成功以客礼见，不署其官。及经嗣，光文以赋寓讽，几罹不测，乃变服为僧入山，旋于目加溜湾社教读，以医药活人。及台湾平，文开与姚制府有旧，将资遣回籍；姚死，竟不能归，因家焉。[工诗赋]，所著有《台湾赋》《东海赋》《檨赋》《桐花芳草赋》《[花]草[果]木杂记》。卒，葬于善化里东保。[其子孙犹能守诗书。]

上文中括号内的文字是刘志中的《沈光文传》被删减掉的文字，有下划线的文字则是由范志增加的文字。与刘志相比，范志中的《沈光文传》主要增加了如下信息：一是沈光文与沈一贯的关系："文恭公一贯之族孙也"；二是对沈光文来台前抗清事迹的记载增加了"奉差广东监军"；三是增加了清朝平台后福建总督姚启圣欲资助沈光文回乡未果的内容，这一信息为此前各种台湾方志所未载，只在季麒光《蓉洲诗文稿》中的《沈光文传》中有"总督少保姚公昔于会稽后海同王老人举事，与斯庵友善，后知斯庵尚在，许赠资回籍；姚公死，其事遂寝，斯庵亦遂不能作归计矣"的相关记载。

在清代沈光文接受史上，范咸是一位重要人物，其所主撰的《重修台湾府志》对于沈光文诗文的保存可谓厥功甚伟。范志卷二十二《艺文三》收录了署名"沈光文"的《东吟社序》，卷二十三《艺文四》收录了沈光文诗作共计78首以及署名为"沈光文"的《平台湾序》。范志中收录的《东吟社序》，不少学者认为经过了后人的改窜，如盛成认为："《东吟社序》之'酌改'或'略为节润'，自属无疑。范咸当时之苦心，即在保存公之遗著，而不使之失传。因此序中，'润'出'康熙二十四年''归于圣代'，'奉命来莅'。又有'余自壬寅将应李部台之召，舟至围头洋,遇飓风漂流至斯……今二十有四年矣.'……光文之文体,以其诗前之引观之,极其雅淳。此篇《东吟社序》,极其浇乱。骈体而夹散文,不伦不类;此无他,'酌改'过甚,'略润'太多。"①至于《平台湾序》一文,如前所述,在《重修台湾府志》之前所有台湾方志中的沈光文传记中,关于沈光文著述的记载均只有《台湾赋》,从无所谓《平台湾序》。若从《平台湾序》中所表现的鲜明的贬抑明郑、歌颂清朝的政治倾向来看,则更不可能出自"以东宁片壤,寄其首阳之节"的沈光文之手。故此,《平台湾序》必定是经后人改窜之作,绝非沈光文之原作。②尽管《东吟社序》与《平台湾序》并非沈光文原作,但这两篇文章毕竟经由范志而得以保存,应该说,范咸于此功不可没。对于范咸保存沈公遗著之功,盛成先生评价甚高:"范氏不仅为沈氏之功臣,亦为台湾文献之保姆。……明末遗臣著作,世多不传,研究不易,今吾人应深感范氏之苦心孤诣,与全祖望之任劳任怨,二氏同时,并垂不朽。"③

(三)乾隆四十年(1775)余文仪《续修台湾府志》中的《沈光文》

乾隆二十五年(1760)五月,浙江诸暨人余文仪出任台湾府知府,在任期间对范志进行续修,这是清修最后一部台湾府志。余志之体例、纲目、凡例皆依范志,而内容上较范志更为周详,但该志中的沈光文传一仍范志之旧:

> 沈光文,字文开,号斯庵,浙之鄞县人。文恭公一贯之族孙也。明副榜,由工部郎中,晋太仆少卿。奉差广东监军。顺治辛卯,自潮州航海至金门,总督李率泰闻其名,阴使以书币招之,不赴,后将入泉州,舟过围头洋,遇飓风,飘至台,郑成功以客礼见,不署其官。及经嗣,光文以赋寓讽,几罹不测,乃变服为僧入山,旋于目加溜湾社教读,以医药活人。及台湾平,文开与姚制府有旧,将资遣回籍;姚死,竟不能归,因家焉。所著有《台湾赋》《东海赋》《檨赋》《桐花芳草赋》《草木杂记》。卒,葬于善化里东保。

显然,余志中的《沈光文》与范志中的《沈光文传》完全雷同,无所增益。

(四)乾隆十七年(1752)鲁鼎梅、王必昌《重修台湾县志》中的《沈光文传》

乾隆十七年(1752)鲁鼎梅、王必昌修的《重修台湾县志》十五卷是有清一

① 沈友梅、侯中一:《沈光文斯庵先生专集》,台北市宁波同乡月刊社1977年版,第114页。
② 关于《平台湾序》之真伪及其与《台湾赋》的关系,已在本书第二章中详细论及,兹不赘。
③ 沈友梅、侯中一:《沈光文斯庵先生专集》,台北市宁波同乡月刊社1977年版,第111页。

代第四部台湾县志,该志篇幅较此前所修台湾县志大为增加,内容亦非常详尽。此志收有沈光文传,是继周钟瑄、陈梦林《诸罗县志》之后第二部载有沈光文传的台湾县志:

> 沈光文,[字文开,]号斯庵,浙之鄞县人。文恭公一贯之族孙也。明副榜,由工部郎中,晋太仆少卿。奉差广东监军。顺治辛卯,自潮州航海至金门,总督李率泰闻其名,阴使人[以]赍书币招之,不赴,[后]将[入]往泉州,舟过围头洋,遇飓风,飘至台。郑成功以客礼见之,[不署其官。]及经嗣,光文以赋寓讽,几罹不测,乃变服为僧入山,旋于目加溜湾社教读,以医药活人。[及台湾平,文开与姚制府有旧,将资遣回籍;姚死,竟不能归,]因家焉。工诗赋。所著有《台湾赋》、《东海赋》、《样赋》、《桐花芳草赋》、《草木杂记》。[卒,葬于善化里东保。]

括号中的文字乃范志中的《沈光文传》被删去的文字,加下划线的文字则为《重修台湾县志》中新添的文字。可见,此文是根据范志中的《沈光文传》改写而成,主要是删去了"字文开"、姚启圣将资遣沈光文回籍而未果以及沈光文归葬地等信息,然后更改了个别字眼而已。

总的来看,乾隆年间三部台湾府志中的沈光文传,字数均为 200 余字,皆以周钟瑄、陈梦林编纂的《诸罗县志》中的沈光文传为蓝本,所载内容亦大同小异,存在明显的前后承袭关系,即:周钟瑄、陈梦林《诸罗县志·沈光文传》——刘良璧《重修福建台湾府志·沈光文传》——范咸《重修台湾府志·沈光文传》——余文仪《续修台湾府志·沈光文》。

四、全祖望对沈光文接受史的贡献

全祖望(1705—1755),字绍衣,号谢山,浙江鄞县(今宁波市鄞州区)人,世称"谢山先生",清代杰出的史学家,浙东学派的代表人物。"明季遗民,莫如甬上。"明清易代之际,全祖望的家乡浙东宁波地区成为抗清斗争最为激烈的"忠义之区",甬上遗民或投身义军抗清,或抗节不仕。在父祖辈的影响下,全祖望素负民族气节,他虽生于清代统治已相当稳固的康乾盛世,却鄙薄仕宦名利,倾其一生心力搜辑、整理晚明桑梓文献,表彰故国忠义,其《鲒埼亭集》就是寄托作者遗民心魂的一部不朽之作。全祖望曾感慨道:"吾乡残明遗臣,葬于闽中者三:钱忠介公在古田,尚称内地;陈光禄在鼓浪屿,则濒海矣;沈太仆在诸罗,则海外矣。……夫三公之勋业有大小,其名亦有显晦,然其依恋故国则一也。"①对沈光文这位坚持抗清二十余年,卒"以东宁片壤,寄其首阳之节"的明末乡贤,全祖望极其重视与崇仰,一直渴慕得到沈公文集,曾嘱托巡台御史张湄以及同乡友人李昌潮为其寻访,并将搜集到的沈光文诗歌选录 31 首辑入《续甬上耆旧诗》。除了尽力搜求辑录沈光文诗文作品,全祖望还作有《沈太仆传》②《沈太仆光文》③《明故太仆斯庵沈公诗集序》④,对沈光文之生平事迹、遗民气节与文化成就进行介绍与揄扬。全祖望所做的《沈太仆传》,堪称乾隆时期有关沈光文研究的最为重要的一篇文献,也是沈光文接受史上影响深远的里程碑式的传记。为论述之方便,兹将《沈太仆传》全文抄录如下:

> 沈太仆光文,字文开,一字斯庵,鄞人也。或以为文恭公之后,非也。或曰布政司九畴之后。以明经贡太学。乙酉豫于画江之师,授太常博士。丙戌浮海至长垣,再豫琅江诸军事,晋工部郎。戊子,闽师溃而北,扈从不及,闻粤中方举事,乃走肇庆,累迁太仆寺卿。
>
> 辛卯,由潮阳航海至金门。闽督李率泰方招来故国遗臣,密遣使以书币招之。公焚其书,返其币。时粤事不可支,公遂留闽,思卜居于泉之海口。挈家浮舟,过围头洋口,飓风大作,舟人失维,飘泊至台湾。时郑成功尚未至,而台湾为荷兰所据。公从之,受一廛以居,极旅人之困,不恤也。遂与中土隔绝音耗,海上亦无知公之生死者。
>
> 辛丑,成功克台湾,知公在,大喜,以客礼见。时海上诸遗老多依成功入台,亦以得见公为喜,握手劳苦。成功令麾下致饩,且以田宅赡公。公稍振。已而成功卒,子经嗣,颇改父之臣与父之政;军亦日削。公作赋有所讽,乃为爱憎所白,几至不测。公变服为浮屠,逃入台之北鄙,结茅于罗汉门山中以居。或以好言解之于经,得免。山旁有目加溜湾者,番社也,公于其间教授生徒,不足则济以医。叹曰:"吾廿载飘零绝岛,弃坟墓不顾者,不过欲完发以见先皇帝于地下,而卒不克,其命也夫!"已而经卒,诸郑复礼公如故。

---

①　全祖望辑选:《续甬上耆旧诗》(上),杭州出版社 2003 年版,第 397 页。
②　全祖望:《鲒埼亭集》卷 27,见《全祖望集汇校集注》(上),上海古籍出版社 2000 年版,第 499—500 页。
③　全祖望辑选:《续甬上耆旧诗》(上),杭州出版社 2003 年版,第 407—408 页。
④　全祖望:《鲒埼亭集》卷 31,见《全祖望集汇校集注》(上),上海古籍出版社 2000 年版,第 594 页。

　　癸丑,大兵下台湾,诸遗臣皆物故,公亦老矣。闽督姚启圣招公,辞之。启圣贻书讯曰:"管宁无恙?"因许遣人送公归鄞。公亦颇有故乡之思。会启圣卒,不果。而诸罗令李麟光,贤者也,为之继肉继粟,旬日一候门下。时耆宿已少,而寓公渐集。乃与宛陵韩文琦,关中赵行可,无锡华衮、郑延桂,榕城林奕,丹霞吴蕖,轮山阳宗城,螺阳王际慧结社,所称福台新咏者也。寻卒于诸罗,葬于县之善化里东堡。

　　公居台三十余年,及见延平三世盛衰。前此诸公述作,多以兵火散佚,而公得保天年于承平之后。海东文献,推为初祖。所著《花木杂记》《台湾赋》《东海赋》《檨赋》《桐花赋》《芳草赋》、古今体诗,今之志台湾者,皆取资焉。呜呼!在公自以为不幸,不得早死,复见沧海之为桑田。而予则以为不幸中之有幸者,咸淳人物,盖天将留之以启穷徼之文明,故为强藩悍帅所不能害。且使公如蔡子英之在漠北,终依依故国,其死良足瞑目。然以子英之才,岂无述作委弃于毡罽?亦未尝不深后人之痛惜。公之岿然不死,得以其集重见于世,为台人破荒,其足稍慰虞渊之恨矣。公之后人遂居诸罗,今繁衍成族。会鄞人有游台者,予令访公集,竟得之以归,凡十卷,遂录入甬上耆旧诗。①

在沈光文接受史上,《沈太仆传》具有极其重要的意义和价值:

（一）对此前沈光文传缺载信息的增补

《沈太仆传》问世之前,篇幅最长、记述最详的沈光文传记是季麒光的《沈光文传》,全文600余字。而全祖望的这篇《沈太仆传》,全文近千字,增添了一些此前沈光文传中缺载的内容,对沈光文生平事迹的叙述也更为细致、生动,在不失史传真实性的基础上又富有鲜明的文学性,堪称清代沈光文接受史上篇幅最长、对沈光文事迹叙述最为详细的一篇传记。

与此前的诸篇沈光文传相比,此文增添的重要信息有:第一,对沈光文来台之前在大陆抗清斗争的记载更为详细。如"乙酉豫于画江之师,授太常博士"。又如沈光文辞却李率泰征聘之事,季麒光的《沈光文传》云:"督院李公闻其名,遣员致书币邀之,斯庵不就。"《沈太仆传》所记则更为详细:"闽督李率泰

---

　　①　全祖望:《鲒埼亭集》卷27,见《全祖望集汇校集注》(上),上海古籍出版社2000年版,第499—500页。

方招来故国遗臣,密遣使以书币招之。公焚其书,返其币。"第二,此前包括季
麒光《沈光文传》在内的诸篇沈光文传,均未记载沈光文来台初期(荷据时期)
的情况,对沈光文与郑成功的关系,也仅以"及郑大木掠有其地,斯庵以客礼相
见"一句简略及之,而《沈太仆传》则首次明确交代了沈光文入台在郑成功复台
之前,并详细记载了荷据时期沈光文的生活状况:"时郑成功尚未至,而台湾为
荷兰所据。公从之,受一廛以居,极旅人之困,不恤也。遂与中土隔绝音耗,海
上亦无知公之生死者。"对沈光文与郑成功的关系的记载,也较此前的传记更
为详细,突出了明郑领袖郑成功对沈光文的礼遇与善待:"辛丑,成功克台湾,
知公在,大喜,以客礼见。时海上诸遗老多依成功入台,亦以得见公为喜,握手
劳苦。成功令廛下致饩,且以田宅赡公。公稍振。"第三,该传首次记载了沈光
文与诸罗县令季麒光的交往情况:"而诸罗令李麟光,贤者也,为之继肉继粟,
旬日一候门下。"遗憾的是,作者将"季麒光"误作"李麟光"。第四,该传首次记
载了沈光文与清初在台官员同组诗社的情况:"时耆宿已少,而寓公渐集。乃
与宛陵韩文琦,关中赵行可,无锡华衮、郑廷桂,榕城林奕丹、吴蕖轮,山阳宗
城,螺阳王际慧结社,所称福台新咏者也。"

　　全祖望所生活的康乾盛世距离明清之际那个山崩地裂的时代已历百年之
久,当时抗清义士的文献资料已经极为稀少难寻,全祖望尝慨叹:"故国乔木,
日以陵夷,而遗文与之俱剥落,征文征献将于何所? 此予之所以累唏长叹而不
能自已也!"[①]为使乡邦忠义之士的遗文不致"与尘草同归澌没",全祖望竭尽
毕生心力搜讨、发掘和整理。梁启超论及全祖望对先贤事迹的记述称:"从他
们立身大节起,乃至极琐碎之遗言佚事,有得必录,至再至三,像很怕先辈留下
的苦心芳躅从手里头丢掉了。"[②]沈光文自漂泊台湾之后,就与大陆音信隔绝,
因而对其生平资料的搜集较之其他明季乡贤更费周折,全祖望在《沈太仆光
文》中云:"予求公集久矣! 张侍御鹭洲巡台时,尝以书属之而未达。今之台守
乃鄞人,然狙狯下流,不足语此,行当博访诸闽之好古者。"[③]在其《明故太仆斯
庵沈公诗集序》中,更详细谈及其搜求过程云:

----

　　① 全祖望:《鲒埼亭集外编》卷25,见《全祖望集汇校集注》(中),上海古籍出版社2000年版,第
1219页。
　　② 梁启超:《中国近三百年学术史》,中国人民大学出版社2012年版,第99页。
　　③ 全祖望辑选:《续甬上耆旧诗》卷15,杭州出版社2003年版,第408页。

太仆居海外者四十余年,竟卒于岛,吾里中知之者少矣,况有求
其诗者乎?吾友张侍御柳渔持节东宁,其归也,为予言太仆之后人颇
盛,其集完好无恙。予乃有意求之。适里中李生昌潮客于东宁,乃以
太仆诗集为属,则果钞以来。予大喜,为南向酹于太仆之灵。呜呼!
陈宜中、蔡子英之遗文,尚有归于上国者乎?是不可谓非意外之
宝也!①

全祖望对李昌潮、张湄等辗转从台湾访查到的沈光文诗文格外珍视,视之
为"意外之宝",不忍其脱落,将沈公诗作录于《续甬上耆旧诗》中,又据所得到
的讯息撰写《沈太仆传》,对此前文献中沈光文事迹的记载作了重要的补充与
完善,有助于后人更为完整、客观地认识和评价沈光文其人其事。

(二)对沈光文遗民气节的褒扬

众所周知,《鲒埼亭集》是以表彰南明忠烈、褒扬民族气节为主旨的。早在
高宗即位之初、祖望新成进士之际,他就针对《明史》的纂修提出了归隐逸于忠
义的建议,表现了他对遗民群体及其民族气节的重视。《鲒埼亭集》不仅讴歌
了张苍水、王翊、沈廷扬等仗节死义的忠烈之士,对黄宗羲、顾炎武、傅山等隐
逸之士事迹与精神的刻画,同样曲折尽情,感人至深。全祖望之所以费尽周
折、不遗余力地百般搜求与寻访沈光文的事迹与诗文,其根本原因就是出于对
沈光文遗民气节的钦敬,不忍其昭昭耿耿之心为历史风尘所淹没。故此,他的
《沈太仆传》不仅对沈光文事迹的记叙最为详细,对其遗民气节的赞美也最为
热诚。在这篇传记中,谢山先生分别从传主自身、历史人物、传记作者三个不
同角度着眼,强调与赞美了沈光文的遗民气节:

其一,通过传主自身的言行表现其遗民气节。如以"焚其书,返其币"这一
细节详述沈光文辞却闽督李率泰征聘之事,凸显了传主"富贵不能淫,贫贱不
能移,威武不能屈"的凛然正气。又如,《沈太仆传》记沈光文逃禅期间的状况
云:"山旁有目加溜湾者,番社也,公于其间教授生徒。不足则济以医。叹曰:
'吾廿载飘零绝岛,弃坟墓不顾者,不过欲完发以见先皇帝于地下,而卒不克,
其命也夫!'"此前所有的沈光文传都有对其在郑经治台期间逃禅避祸的记载,
但这句"自叹"之语却为此前文献所未载,可见此语定为全祖望听友人从台湾

① 全祖望:《鲒埼亭集》卷31,见《全祖望集汇校集注》(上),上海古籍出版社2000年版,第594页。

查访沈光文事迹后转述而来,因其体现了沈光文的遗民节操而被全祖望载入传记。

其二,通过姚启圣对沈光文的评价表现其遗民气节。关于姚启圣与沈光文的关系,季麒光《沈光文传》云:"总督少保姚公昔于会稽后海同王老人举事,与斯庵友善,后知斯庵尚在,许赠资回籍。姚公死,其事遂寝,斯庵亦遂不能作归计矣。"而全祖望《沈太仆传》所记更详:"癸丑,大兵下台湾,诸遗臣皆物故,公亦老矣。闽督姚启圣招公,辞之。启圣贻书讯曰:'管宁无恙?'因许遣人送公归鄞。公亦颇有故乡之思。会启圣卒,不果。"不仅记载了沈光文辞却姚启圣征召之举,更通过姚启圣之口表彰了沈光文的人格风范。姚启圣之所以将沈光文比作汉末渡海避乱辽东、屡辞辟命的著名隐士管宁,一方面是对沈光文终身不仕清廷的遗民忠义气节的肯定,另一方面也是对沈光文在台湾教化之功的肯定。姚启圣是沈光文的浙东同乡,又是谋划清廷复台的决策者,在当时可谓炙手可热的实权人物,这样一位与沈光文"道不同不相为谋"的历史人物对沈光文的评价,无疑更为有力地印证了沈光文的人格气节与历史功绩。

其三,全祖望自身对沈光文遗民气节的称颂。在沈光文接受史上,第一位在传文中称赞沈光文遗民气节的是季麒光,他在《沈光文传》一文中曾云:"斯庵之间关险阻,飘摇栖泊,视文履善、陆君实之徒,大略相似。迄于今,以悲凉去国之身,为海外遗民,斯庵之志苦,而其遇亦艰矣。"嗣后,从清初蒋毓英、季麒光主纂的《台湾府志》到乾隆四十年(1775)余文仪主纂的《续修台湾府志》,清代官修台湾方志中的沈光文传,因是官方意识形态的体现,均只有对沈光文生平事迹及著述的客观、简短、平实的记载,看不到作者的主观评价,更绝无一言称许其遗民气节。而全祖望在其《沈太仆传》中,却饱含深情、浓墨重彩地对沈光文的遗民精神予以热情洋溢的赞美:

> 呜呼!在公自以为不幸,不得早死,复见沧海之为桑田;而予则以为不幸中之有幸者。咸淳人物,盖天将留之以启穷徼之文明,故为强藩悍帅所不能害;且使公如蔡子英之在漠北,终依依故国,其死良足瞑目。然以子英之才,岂无述作委弃于毡裘?亦未尝不深后人之痛惜。公之岿然不死,得以其集重见于世,为台人破荒,其足稍慰虞渊之恨矣。

"咸淳"是宋度宗赵禥的年号,"咸淳人物"是指不肯仕元的南宋遗民,蔡子英则是元末明初坚决不肯仕明的元遗民,全祖望使用这样两个典故,显然是对沈光文遗民气节的称颂。但全祖望认为沈光文要比蔡子英幸运得多,因为蔡子英避居于塞北,其著述皆已"委弃于毡罽",而沈光文所撰述的"海东文献"却得以保存下来,泽被后人,这自然是不幸中之万幸了。在沈光文接受史上,全祖望堪称继季麒光之后第二位大力揄扬沈光文遗民气节的传记作者,他对沈光文遗民气节的赞许也得到了后世诸篇沈光文传记的继承,如道光十年(1830)李瑶《南疆绎史·摭遗》中的《沈光文传》云:"摭遗曰:闽自无余造国,台海素外版图。洎郑氏开疆,群贤荟集,而闇公、斯庵藉作寓公以隐,副其志之不食周粟以死,是又古来殉难之一变局也。"①民国时期著名史学家连横在其编辑的《台湾诗萃》"诗存"中辑录沈光文遗诗 69 首,在诗集前的跋文中,连横全文抄录了全祖望的这段文字并加以评论说:"呜呼!谢山之论斯庵当矣!谢山虽为清人,而眷怀故国,景仰贤遗。忠义之士,其所著作,悉为收存而表彰之,以发扬潜德,亦天下之有心人也。"②对全祖望在沈光文接受史上的贡献作了充分肯定。

(三)对沈光文"海东文献初祖"地位的奠定

全祖望在详细叙述了沈光文的生平事迹后,对其文化成就给予了高度评价:

> 公居台三十余年,及见延平三世盛衰。前此诸公述作,多以兵火散佚。而公得保天年于承平之后,海东文献,推为初祖。所著《花木杂记》《台湾赋》《东海赋》《檨赋》《桐花赋》《芳草赋》古今体诗,今之志台湾者,皆取资焉。

关于沈光文的著述情况,自清初以来的沈光文传记中多有记载,而"今之志台湾者,皆取资焉"则不见于此前任何一篇沈光文传记,这反映了全祖望对沈光文著作之方志特征与文献价值的高度肯定与重视,说明直到全祖望所生活的乾隆时期,沈光文的相关著述仍为台湾方志修纂所需的重要参考文献。而"海东文献,推为初祖"八个字,则言简意赅,极为精炼地概括了沈光文之于台湾文化史的地位与贡献。全祖望的这一评价,实与沈光文的晚年知交季麒

---

① 龚显宗:《沈光文全集及其研究资料增编》(上),台南市政府文化局 2012 年版,第 93 页。

② 连横:《台湾诗萃》(上),台湾省文献委员会 1992 年版,第 289-290 页。

光在《跋沈斯庵〈杂记诗〉》中对沈光文诗文的评价一脉相承。在《续甬上耆旧诗》卷十五中的《沈太仆光文》一文中，除以《沈太仆传》为主体内容之外，在该传结尾部分，全祖望特意摘录了季麒光的这段评论：

> 诸罗季大令麟光序公诗曰："从来台湾无人也，斯庵来而始有人矣。台湾无文也，斯庵来而始有文矣。斯庵学富情深，浮沉于蛮烟瘴雨者三十余年，凡耳目所及，无巨细皆有记载。其间如山水、津梁、禽鱼、果木，大者记胜寻源，小者辨名别类，真有心人哉！斯庵在台以一赋寓讥刺，几蹈不测，故著述多晦而不彰。及予来尹是邦，每出其藏以相示，谓予能读其文，而惟予能知其人也。幼常览《西京杂记》载上林令虞渊花木簿，使人兴卢橘蒲萄之感。今斯庵此诗，备从前职方所未有。则是诗也，即古《国风》矣，乌可以不传？"①

《跋沈斯庵〈杂记诗〉》收录于季麒光的《蓉洲诗文稿》中，在《蓉洲诗文稿》长期失传的情况下，这段文字幸藉康熙五十六年(1717)《诸罗县志》的收录而得以流传，全祖望当是在稽考《诸罗县志》时发现了季麒光这一评论的价值，故特意将其抄录于《沈太仆光文》一文的结尾部分，这充分表明了全祖望对季麒光这一评价的肯定与重视。从《续甬上耆旧诗》对沈光文作品的收录情况来看，也印证了全祖望对沈光文"海东文献初祖"地位的重视。《续甬上耆旧诗》共收录了31篇沈光文诗作，列于最前面的四篇依次为：《释迦果似菠萝蜜而小，种自荷兰。味甘腻微酸，夏秋间熟，亦名飞》《半线诸山中有公孙橘，与中土种异，大如金橘，肉酸皮苦，色黄可爱》《椰子类栟榈。子十数穗，累累下垂，重叠无间。外裹粗皮如棕，内结坚壳，白肉附之，味如牛乳，中含浆曰椰酒，台人制之为油》《有柑亦由荷兰来，与橘同，状稍大，肉酸皮苦色黄，荷兰夏月饮水，取以和盐，排捣作酸浆，如吾内地所云梅水者》，这四篇诗作均具有鲜明的"海外纪异""海东文献"的鲜明特色，反映了全祖望对沈光文"海东文献初祖"之文化史地位的高度重视。

季麒光云"从来台湾无人也，斯庵来而始有人矣；台湾无文也，斯庵来而又始有文矣"，全祖望将此论断概括为更为精粹简练的八个字："海东文献，推为

---

① 这段文字与季麒光《跋沈斯庵〈杂记诗〉》原文稍有出入，原文中的"雄于辞赋""佛字神祠"以及从"思古人漂泊栖迟"到"而人与地相为不朽"这段文字被删减，"二十余年"改作"三十余年"。

初祖。"此言一出,一锤定音,遂成为赞誉沈光文文化成就的不刊之论,几为后世所有沈光文传所称引,奠定了沈光文"海东文献初祖"的崇高地位。《沈太仆传》问世之后,清代与民国时期绝大多数方志及史乘,如陈寿祺《福建通志·台湾府》、李元度《国朝先正事略》、徐兆昺《四明谈助》、孙静庵《明遗民录》、连横《台湾通史》中的沈光文传,都引用了"海东文献,推为初祖"八个字,作为对沈光文文化开台之功绩的称颂。可以说,沈光文作为台湾文献初祖的历史地位,奠基于季麒光,而确立于全祖望。

（四）对后世沈光文接受的深远影响

全祖望的《沈太仆传》问世后,成为对后世影响最大的一篇沈光文传记,盛成先生认为此文"为范修府志及以后史乘之方志所本"。①《鲒埼亭集》在全祖望去世后相当长时期内未能付梓刊印,直到全祖望死后近三十年后,内编三十八卷才于嘉庆九年(1804)刊行,外编五十卷直到嘉庆十六年(1811)才刊行,因此《鲒埼亭集》真正流传于世并产生影响应该是道光年间及道光之后的事了。而范志为乾隆十年(1745)重修,乾隆十一年(1746)付刻,乾隆十二年(1747)刊行②,因此范志中的《沈光文传》不可能受到全祖望《沈太仆传》的影响。从文字内容来看,范志中的《沈光文传》显然仍是承袭刘志中的《沈光文传》而来,看不出受全祖望《沈太仆传》影响的痕迹。尽管如此,由于全祖望在清代史学界的崇高地位,全氏此文一出,的确影响了道光之后所有方志与史乘中的沈光文传记。从道光十年(1830)李瑶《南疆绎史·摭遗》之《沈光文传》,直到民国七年完稿的连横《台湾通史》中的沈光文传、民国十八年完稿的《清史稿》之沈光文传,皆以全氏《沈太仆传》为基础。具体来看,后世方志、史乘对全祖望《沈太仆传》的师承又可分为两种情况:一是在全氏之文的基础上稍加改动,如同治初年李元度《国朝先正事略》中的《沈斯庵事略》、光绪年间薛绍元与蒋师辙合著《台湾通志稿本》中的《沈光文传》。二是传记字数虽大为减少,但基本内容未出《沈太仆传》之外,如李瑶《南疆逸史》摭遗卷四《浙东监国诸臣》、同治年间陈寿祺的《重纂福建通志》、徐鼒的《小腆纪传》以及民国初年赵尔巽的《清史稿》中的沈光文传。

---

① 盛成:《史乘与方志中的沈光文资料》,见龚显宗:《沈光文全集及其研究资料增编》(上),台南市政府文化局 2012 年版,第 306 页。

② 参见柳浪:《清代台湾地方建置与方志编纂研究》,《中国地方志》2004 年第 3 期。

　　概而言之,全祖望的这篇《沈太仆传》,尽管存在一些瑕疵①,却是继清初季麒光《沈光文传》之后沈光文接受史上最重要、最有价值的一篇文献,对后世产生了持久而深入的影响。人们对沈光文"台湾文献初祖"的崇高评价,正是肇端于这篇传记。然而,意欲否定沈光文文化史地位的学者,却将这篇《沈太仆传》作为批驳的靶子,认为全祖望在"沈光文神话"的建构中富有不可推卸的责任。如有学者认为:《沈太仆传》对于沈光文入台时间的记载(顺治八年辛卯或顺治九年壬辰,即 1651 或 1652)是错误的,正是这一"小小的破绽"导致了一个"天大的误解"——"据全祖望《沈太仆传》而以为沈光文早在郑成功收复台湾前十年左右就已去台湾,乃是一个天大的误解"②;全祖望乃是出于"同乡情结"与"政治关怀"而有意识地"将沈光文的到台时间提前十多年,将他的在台经历和对台湾文化教育发展的有限影响无限神化"③,从而将沈光文供上了神坛,而《沈太仆传》则是"这一造神运动的逻辑起点"。那么,《沈太仆传》对沈光文的述评究竟是客观公正的,还是出于"同乡情结"或"政治关怀"而有意识地"造神"?

　　全祖望为明季忠义之士所作传记与碑铭墓表,或经实地查访,或在博采各种文集资料的基础上参伍考稽,务求详审,"不敢有溢词,亦不敢没其实",绝不"以虚声言史事,妄加褒贬"。我们认为,《沈太仆传》对沈光文事迹的叙述同样是相当谨严的,对沈光文之文化成就的赞誉也是颇为允当的,体现了全祖望作为一代史学大家的严谨风范。如在沈光文的身世问题上,黄叔璥《台海使槎录》卷四《赤嵌笔谈·杂著》所引季麒光《蓉洲诗文稿》中的《沈光文传》中云:"四明故相文恭公世孙,字文开,别字斯庵。"全祖望很可能是参阅了黄叔璥《台海使槎录》之后,并不认可关于沈光文身世的这种说法,因此才有"或以为文恭公之后,非也"这种判断,而对于"或曰布政司九畴之后",他因没有确切的证据,因此亦未置可否。对于沈光文来台时间这一重要问题,全祖望的记载同样是相当严谨的。笔者认为,仔细审读《沈太仆传》,不应从中得出沈光文是在辛

<hr>

①　乐承耀曾撰文指出该传中的三处失误:一是将清军攻克台湾的时间"癸亥"即康熙二十二年(1683)误写为"癸丑"即康熙十二年(1673);二是将诸罗县令季麒光误写为"李麟光""季麟光";三是将沈光文的《花草果木杂记》误写作《花木杂记》。参见乐承耀:《全祖望的沈光文研究及其影响》,《中共宁波市委党校学报》2013 年第 4 期。

②　潘承玉:《神话的消解:诗史互证澄清一桩文化史公案》,《复旦学报》2008 年第 2 期。

③　潘承玉:《真相、遮蔽与反思——关于一桩文化史公案的后续考察》,《绍兴文理学院学报》2007 年第 3 期。

卯或壬辰(1651 或 1652)年来台的判断 。因为"辛卯"是沈光文"由潮阳航海至金门"的准确时间,但后文所叙"闽督李率泰方招来故国遗臣,密遣使以书币招之。公焚其书,返其币"以及"挈家浮舟,过围头洋口,飓风大作,舟人失维,飘泊至台湾"等都是"辛卯"年之后发生的事件,而并非"辛卯"之年发生的事情。更重要的是,全祖望在"飘泊至台湾"一句之后特意强调:"时郑成功尚未至,而台湾为荷兰所据。"也就是说,全祖望虽不能明确指明沈光文来台的具体年份,但他可以肯定的是沈光文来台要早于郑成功复台。换言之,他已经明确:沈光文来台是在辛卯之后到郑成功复台之前,即 1651—1661 这十年之间的某个年份。因此,认为全祖望是出于"同乡情结"与"政治关怀"而有意识将沈光文供上神坛,故意在《沈太仆传》中将沈光文来台时间"造假"为辛卯或者壬辰(1651 或 1652),这一论断对全祖望是有失公允的。

其实,全祖望之所以在《沈太仆传》中未能明确沈光文来台的具体时间,是因为他在当时所能涉猎的文献资料中未能查阅到关于此事的准确记载。全祖望在撰写《沈太仆传》时所能依据的文献资料是康熙五十六年(1717) 周钟瑄、陈梦林编纂的《诸罗县志·人物志·寓贤》中的《沈光文传》,乾隆五年(1740) 刘良璧新修的《重修福建台湾府志·人物流寓》中的《沈光文传》以及黄叔璥的《台海使槎录》中的《沈文开传》[①],而上述文献对沈光文来台问题均无明确记载。在文献失载、又缺乏新的可靠材料以资判断的前提下,全祖望只能对此事采取模糊化的处理方式,这与传记开头对沈光文身世的存而不论一样,应视作全祖望作为史学家行文谨慎的表现。事实上,即使是沈光文生前密友季麒光所做的《沈光文传》《沈光文列传》,均未能对沈光文来台时间问题做出明确交代,正是这一缺憾导致自清初以来迄于今日,沈光文抵台时间问题成为困扰研究者的一大公案。《沈太仆传》对此未能给出明确的答案,应该说也是情有可原。进入 21 世纪,随着长期以来被认为失传的季麒光《蓉洲诗文稿》的被发现,沈光文的生平事迹、人格气节更为清晰地呈现在世人面前,也进一步印证了全祖望对沈光文的评价是客观公正、经得起历史考验的,那些曾经加诸于沈光文本人以及历史学家全祖望的种种指摘与批评,理应得到澄清。

除这篇《沈太仆传》之外,全祖望的《明故太仆斯庵沈公诗集序》也是沈光

① 盛成《沈光文公年表及明郑清时代有关史实》一文亦认为:"张湄……是年四月离台归浙,时祖望左迁南归在里。湄携回之材料,当为黄叔璥《台海使槎录》《诸罗县志》与刘良璧之府志。"参见龚显宗:《沈光文全集及其研究资料增编》(下),台南市政府文化局 2012 年版,第 89 页。

文接受史上的重要作品：

太仆居海外者四十余年，竟卒于岛，吾里中知之者少矣，况有求其诗者乎？吾友张侍御柳渔持节东宁，其归也，为予言太仆之后人颇盛，其集完好无恙。予乃有意求之。适里中李生昌潮客于东宁，乃以太仆诗集为属，则果钞以来。予大喜，为南向酹于太仆之灵。呜呼！陈宜中、蔡子英之遗文，尚有归于上国者乎？是不可谓非意外之宝也！

太仆之诗，称情而出，不屑屑求工于词句之间，而要之原本忠孝，其所重，原不只在诗，即以诗言，亦多关于旧史。

今《明史·鲁王传》曰："王不为郑成功所礼，渐不能平，会将之南澳，成功使人沉之海中。"是言也，如杨陆荣辈向尝载之野史，而予窃疑之。盖成功之卒也在壬寅。张苍水有《与卢牧舟书》，以成功既卒，海上诸臣议复奉王监国，是成功卒于王之前也。成功既卒，二岛为大兵所取，则南澳道断，王之不得薨于南澳明矣。《阮夕阳集》则谓王薨于金门，岁在庚子，尤属传闻之谬。庚子乃成功自江宁归之次年，又一年始入东宁，又一年而成功始卒。以苍水之集证之，庚子之谬，不待言也。及太仆之集至，而后了然。太仆有挽王之诗，其序曰："王薨于壬寅冬十一月"，是其在成功之后明矣。成功卒，诸臣欲奉王监国，而王亦遽薨。牧舟诸臣之举所以不果也。诗言王之墓前有大湖，盖王木与成功同入东宁，故即葬焉。是不特其薨有年有月，而且其葬有地，焉可诬也？予再证之苍水集中，更有祭王之文，其中有"十九年尚节"之语，由乙酉起兵数之，至癸卯恰十九年。盖王薨以壬寅之冬，苍水在浙，至次年始遣祭，正合十九年之目也。考成功之于王，修唐、鲁颁诏之隙，故不肯执臣礼，盖信有之。其后苍水与太仆诸公调停其间，言归于好，故虽不称臣而修寓公之敬矣。读太仆集中，王在东宁颇多唱和，宗藩则宁靖，遗臣则太仆，虽不复行监国之仪，而已可以安其身。中土传闻，因成功前者有差池，而加以此事，不亦冤乎！

大兵入东宁，王之子随众出降，安置中州。若王以非命死，则覆巢无完卵，不得尚有遗胤也。然非太仆之集，何从而考得其详？此诗史之所以可贵也。予既录太仆之诗入《续甬上耆旧录》中,复为序之。①

该序首先叙述了自己从张湄处得知太仆诗集保存完好、继而通过友人李昌潮从台湾抄录带回沈光文诗歌的过程,表达了自己得到这一"意外之宝"的惊喜与庆幸,由此可见全祖望对沈光文诗文价值的高度重视。这篇序言认为沈光文诗歌的价值有二:一是其"原本忠孝"的遗民忠义精神。如全祖望在此序中将沈光文与宋末遗民陈宜中、元末遗民蔡子英相比,称许其遗民气节。二是通过沈光文诗集中的相关信息纠正了《明史》中关于郑成功与鲁王关系的错误记载,从而强调了沈光文诗歌的诗史价值。

《明史》中的《鲁王传》记载:"王不为郑成功所礼,渐不能平,会将之南澳,成功使人沉入海中。"全祖望对此说法早有怀疑,读过沈光文诗集后,印证了这一说法果然是错误的,全祖望说:"太仆有挽王之诗,其序曰:'王薨于壬寅冬十一月',是其在成功之后明矣。成功卒,诸臣欲奉王监国,而王遽薨",这就令人信服地证明了郑成功将鲁王"沉入海中"的说法乃是后人的以讹传讹,"中土传闻,因成功前者有差池,而加之此事,不亦冤乎!"故此,全祖望感慨地说:"非太仆之集,何从而考得其详? 此诗史之所以可贵也。"全祖望根据沈诗证明郑成功害死鲁王的传闻是不真实的判断,的确是言之凿凿,无可辩驳,但需要指出的是:由于诗集中沈光文与鲁王、宁靖王等人的唱和之作均没有明言作于何地,这又导致全祖望做出了这些诗作均作于台湾的误判,他说:"读太仆集中,王在东宁颇多唱和,宗藩则宁靖,遗臣则太仆。"沈光文诗歌中亦未明言鲁王葬于金门,只是提到"王之墓前有大湖",因此,全祖望又做出了"盖王本与郑成功同入东宁,即葬焉"的误判。

五、嘉庆至清末的沈光文传

（一）嘉庆至清末官修方志中的沈光文传

1. 嘉庆十一年(1806)薛志亮、谢金銮《续修台湾县志》中的《沈光文》

嘉庆十一年(1806)薛志亮、谢金銮所修《续修台湾县志》,是清代第六部台湾县志,该志中的沈光文传与乾隆十七年(1752)鲁鼎梅、王必昌修的《重修台

---

① 全祖望:《鲒埼亭集》卷 31,见《全祖望集汇校集注》(上),上海古籍出版社 2000 年版,第 594—596 页。

湾县志》中的沈光文传基本相同,只是将"赍书币招之"改为"以书币招之"。这
说明《续修台湾县志》中的沈光文传仍属于《诸罗县志》以来台湾方志中沈光文
传的传承系统,即:《诸罗县志》——刘志——范志——余志——鲁鼎梅《重修
台湾县志》——薛志亮、谢金銮《续修台湾县志》,并未受到全祖望《沈太仆传》
的影响。

2.道光九年(1829)陈寿祺《重纂福建通志》中的《沈光文》

道光初年陈寿祺修纂的《重纂福建通志》,是有清以来的第四部福建通志,
此书始撰于道光九年(1829),于道光十四年(1834)编就,但由于该书编成后经
历了一场复杂的纠纷,几经封存、删改、停滞,直到同治十年(1871)方印成书。
《重纂福建通志》中的沈光文传比较简短,只有300余字,却明显受到了全祖望
《沈太仆传》的影响,可以说是直接在《沈太仆传》的基础上删减部分内容而成,
并没有增加更多更新的信息。这说明全祖望的《鲒埼亭集》于嘉庆十六年
(1747)刊行后,在道光年间的官修方志中已经产生了一定的影响。该志中的
《沈光文》云:

> 沈光文,字文开,鄞县人,以贡生入太学,授太常博士。唐王时,
> 累迁太仆寺卿。后由潮阳航海入金门。闽中大帅以书币招之,不就。
> 思卜居泉州海口。挈家浮舟,飓风飘至台湾,遂居之。郑成功入台
> 湾,知光文在,大喜,以客礼见。令麾下致饩,且以田宅赡之。已而成
> 功卒,迨其子经,变服为浮屠,逃入台之北鄙,结茅于罗汉门山中以
> 居,教授生徒自给,不足则济以医。后诸郑贽礼之如故。时寓公渐
> 集,与宁国韩又琦,西安赵行可,无锡华衮、郑延桂,福州林奕,丹霞吴
> 蕖,轮山阳宗城,螺阳王际慧结社。所称福台新咏是也。寻卒于诸
> 罗,葬县之善化里东堡。海东文献,推为初祖。所著花木杂记、台湾
> 赋、东海赋、芳草赋、樣赋、桐花赋、古今体诗,志台湾者皆足资焉。

对比可见,陈寿祺《重纂福建通志》中的沈光文传基本上属于全祖望《沈太
仆传》的删节本,所删《沈太仆传》的主要内容有:(1)沈光文早年追随鲁王抗清
的具体经过:"乙酉豫于画江之师……闻粤中方举事,乃走肇庆";(2)荷治时期
沈光文之在台情况:"时郑成功尚未至,而台湾为荷兰所据。公从之,受一廛以
居,极旅人之困,不恤也。遂与中土隔绝音耗,海上亦无知公之生死者。"(3)沈
光文与郑经交恶的原因:"子经嗣,颇改父之臣与父之政;军亦日削。公作赋有
所讽,乃为爱憎所白,几至不测。"(4)沈光文"变服为浮屠"后的叹语:"吾廿载

飘零绝岛,弃坟墓不顾者,不过欲完发以见先皇帝于地下,而卒不克,其命也夫!"(5)清朝收复台湾后有关沈光文与姚启圣、季麒光关系的记载:"闽督姚启圣招公,辞之……旬日一候门下。"(6)《沈太仆传》结尾处全祖望的评价、沈光文后人情况以及寻访沈公诗集的情况:"呜呼! 在公自以为不幸,不得早死……为台人破荒,其足稍慰虞渊之恨矣……凡十卷,遂录入甬上耆旧诗。"

　　3. 光绪二十一年(1895)蒋师辙等《台湾通志稿本》中的《沈光文传》

　　清朝光绪年间,台湾在建制上发生重大变化。光绪十三年(1887),清政府将台湾由福建省内的一府,改为台湾省,设台北、台湾、台南三府,全省下辖三府一州三厅十一支县。台湾由府到省的体制升级,也带来了台湾修志的新高潮。从光绪十八年到光绪二十一年,就有 16 种台湾方志先后问世,其中最值得一提的是蒋师辙、薛绍元等修的《台湾通志》。到光绪二十一年(1895)三月,适逢甲午割台,该志的修纂被迫中止,全书只完成了十之六七,且大部分为未定稿,共 40 卷分订 40 册,该稿后为日本人高价买去,藏于当时的台湾总督图书馆,是为《台湾通志稿本》①。另有据上述稿本于 1919 年抄录而成的"抄本"40 卷 1 册。《台湾通志稿本》是台湾建省后的第一部也是唯一的一部通志,补充了台湾自乾隆年间府志续修以来 126 年的历史,具有重要的历史文献价值。该志《列传·寓贤》中亦有关于沈光文的传记:

　　　　沈[太仆]光文,字文开,一字斯庵,鄞人也。[或以为文恭公之后,非也。或曰布政司九畴之后。]少以明经贡太学。乙酉豫于画江之师,授太常博士。丙戌浮海至长垣,再豫琅江诸军事,晋工部郎。戊子,闽师溃而北,扈从不及,闻粤中方[举事]建号,乃走肇庆,累迁太仆[寺]卿。[辛卯]辛丑由潮阳航海至金门。闽督李率泰方招来故国遗臣,密[遣]使以书币招之。[公]光文焚其书,返其币。时粤事不可支,公遂留闽,思卜居于泉之海口。挈家浮舟,过围头洋口,飓风大作,舟人失维,飘泊至台湾。时郑成功尚未至,而台湾为荷兰所据。公从之,受一廛以居,极旅人之困,不恤也。遂与中土隔绝音耗,海上亦无知公之生死者。辛丑,成功克台湾,知公在,大喜,以客礼见。时海上诸遗老多依成功入台,亦以得见公为喜,握手劳苦。成功令麾下致饩,且以田宅赡[公]之。[公稍振。][已而]亡何成功卒,子经嗣,颇

_____

① 参见柳浪:《清代台湾地方建置与方志编纂研究》,《中国地方志》2004 年第 3 期。

改父之臣与父之政;军亦日削。[公]光文作赋有所讽,[乃为爱憎所白,]或谗之,几至不测。[公]乃变服为浮屠,逃入台之北鄙,结茅[于]罗汉门山中以居。或以好言解之于经,得免。山旁有日加溜湾者,番社也,[公]光文于其间教授生徒。不足则济以医。叹曰:"吾廿载飘零绝岛,弃坟墓不顾者,不过欲完发以见先皇帝于地下,而卒不克,[其]命[也]矣夫!"已而经卒,诸郑复礼[公]光文如故。癸丑,[大兵]王师下台湾,诸遗臣皆物故,[公]光文亦老矣。闽督姚启圣招[公]之,光文辞[之]。启圣贻书问讯曰:"管宁无恙?"因许遣人送[公]归鄞。[公亦颇有故乡之思。]会启圣卒,不果。而诸罗[令]知县[李麟光]季麒光,贤者也,为[之继肉继粟]粟肉之继,旬日一候门下。时耆宿已[少]尽,而寓公渐集。乃与宛陵韩文琦,关中赵行可,无锡华衮、郑延桂,榕城林奕,丹霞吴蕖,轮山阳宗城,螺阳王际慧结社。所称福台新咏者也。寻卒于诸罗,葬[于县之善化里东堡]焉。[公]光文[居]在台三十余年,[及]目见[延平]郑氏三世盛衰。前此诸[公]老述作,多[以兵火散佚]佚于兵燹,[而公]惟光文得保天年于承平[之]后。海东文献,推为初祖。所著花木杂记、台湾赋、东海赋、檨赋、桐花赋、[芳草赋,]古今体诗,[今之]志台湾者,皆取资焉。[呜呼! 在公自以为不幸,不得早死,复见沧海之为桑田。而予则以为不幸中之有幸者,咸淳人物,盖天将留之以启穷徼之文明,故为强藩悍帅所不能害。且使公如蔡子英之在漠北,终依依故国,其死良足瞑目。然以子英之才,岂无述作委弃于毡毳? 亦未尝不深后人之痛惜。公之岿然不死,得以其集重见于世,为台人破荒,其足稍慰虞渊之恨矣。公之后人,遂居诸罗。今繁衍成族。会鄞人有游台者,予令访公集,竟得之以归,凡]文集十卷,[遂]录入甬上耆旧诗。

括号中的文字乃全祖望《沈太仆传》被删去的文字,加下划线的文字为《台湾通志稿本》新添的文字。显然,《台湾通志稿本》中的《沈光文传》完全是以全祖望《沈太仆传》为基础改写而成,除将全氏文中书写错误的"李麟光"更正为"季麒光"之外,主要是删去了《沈太仆传》篇末对沈光文的赞语,更改了个别字句,如改"公"为"光文",改"大兵"为"王师",改"延平"为"郑氏",使之更符合官修方志的要求。此外,该传对《沈太仆传》的文字改易有多处均与同治五年(1866)李元度《国朝先正事略》中的《沈斯庵事略》一致,如改《沈太仆传》中的

"为之继肉继粟"为"为粟肉之继",改《沈太仆传》中的"多以兵火散佚"为"佚于兵燹",关于沈光文著述的记载均删去"芳草赋"等,说明此传作者对《国朝先正事略》中的《沈斯庵事略》亦有所参酌。

(二)嘉庆至清末私家著述中的沈光文传

康乾时期,由于清朝统治者对文化控制的加强,大量珍贵的南明史料遭到销毁,南明史学陷入低谷。嘉庆、道光以后,国力衰微,内忧外患接踵而来,清廷的统治危机加剧,统治者的文化政策由严苛转向缓和,文化控制力度逐渐减弱乃至失控,康乾时期频发的文字狱事件基本消歇,故此《南疆绎史勘本》、《鲁之春秋》、《小腆纪传》等私家修纂的南明史著作纷纷问世,这些私家著述中的沈光文传几乎都受到了康乾时期史学家全祖望《沈太仆传》、《沈太仆光文》的影响。

1.道光八年(1828)徐兆昺《四明谈助》中的《沈太仆光文》

《四明谈助》是道光年间宁波人徐兆昺仿《水经注》之体例所做的一部反映宁波当地历史人文景观的书。《鄞县志》称:"(徐兆昺)官诸暨训导。生平致力乡邦地理,尝仿高似孙《剡录》著《四明谈助》四十六卷,以地志随纪人物,经纬分明,辞义赅博,于郡县沿革、山溪险夷、旧迹原委、门阀盛衰皆可考见。"《四明谈助》中的文字集文献与考证于一体,既有对古籍文献的摘录,也有作者自己的考证和叙述。《四明谈助》中的沈光文传记《沈太仆光文》,显然是在全祖望《续甬上耆旧诗》卷十五中的《沈太仆光文》的基础上删改而成。全祖望《续甬上耆旧诗》收录甬上诗家近七百人,选录古今体诗一万五千九百余首,人谓此书"于桑海之变徵,太平之雅集,凡为乡党所恭敬而光芒未阐者毕出,真有大功于名教者也"(董秉纯《谢山先生年谱》),"是书阐发忠烈,表彰贞逸,于乡邦一代文献,关系尤巨"(黄维煊《跋续甬上耆旧诗》)。《续甬上耆旧诗》不仅所收诗作具有第一手资料的文献价值,附于选诗之前、由谢山所撰的诗人小传亦具珍贵的史料价值。《四明谈助》中的《沈太仆光文》以《续甬上耆旧诗》中的《沈太仆光文》为蓝本,从一个侧面反映出全祖望花费毕生心力所辑录的乡邦文献已成为后世撷取甬上历史人物资料的丰富渊薮。

2.道光十年(1830)李瑶《南疆绎史·摭遗》中的《沈光文传》

《南疆逸史》(原名《南疆佚史》)是康熙朝后期温睿临撰写的一部纪传体的南明史,包括《纪略》四卷,《列传》五十二卷。作者在该书序中称:"南疆逸史者何?记弘光、隆武、永历三朝遗事也。何以不言朝?不成朝也。何以谓之南疆？皆南土也，势不及乎北也。若曰仅此南疆也。"温睿临是在其好友、史学家万斯同的鼓励之下修纂此书的，其目的是趁当时"故老犹存，遗文尚在"，网罗南明史事，对清廷官修《明史》遗缺的诸多南明史事进行补充，并通过对"庙堂昏庸，酣歌弗恤，忠贞黜落，贪黩横肆，纪纲倒置，是非混淆"的南明历史的真实记录，总结"兴亡成败得失"的历史教训。在当时文字狱迭出的情况下，该书未能付印，只能以抄本的形式流传。道光年间，吴郡人李瑶在读过该书二十卷抄本之后，认为其对弘光、隆武、永历三朝的记载不够详备，于是在此基础上予以整理、修改，改用清朝年号，并寻绎诸史补充材料，以泥活字排印了《南疆绎史勘本》三十卷（纪略六卷，列传二十四卷），撷遗十卷（后印为十八卷）。李瑶在《南疆绎史勘本》序言中称："《南疆佚史》，为温氏原本，其论三朝逸事，体例颇称简当，向仅传抄，至多脱落。且卷中位号有不应书者，事迹有不尽备者，兹悉考证得失，缀补周详，别署其名曰《绎史勘本》，均三十卷。其余忠贤义烈与夫闺中、方外之卓卓然有大节在人间者，则又区别补纂，作撷遗以附之，得十八卷。"并称其所以改"佚史"为"绎史"，乃为"寻绎诸史"之意。

　　李瑶《南疆绎史·撷遗》卷四中的《浙东监国诸臣列传》，记载了于颖、庄元辰、李长祥、徐孚远、王思任、王玉藻、李山等人的生平事迹，由于沈光文与徐孚远皆为浙东诸臣中之入台者，故将二人合传。该传对徐孚远、沈光文事迹的记载明显系"寻绎"自全祖望《鲒埼亭集》收录的《徐都御史传》与《沈太仆传》。《南疆绎史·撷遗》对沈光文事迹的记载脱胎于《沈太仆传》而又有所删减，将全祖望关于沈光文著述及文化贡献的文字悉数删去，反映出作者对沈光文作为"海东文化初祖"的文化史地位重视不够，但突出了沈光文作为海外遗民的忠义气节。全祖望《徐都御史传》云："明季海外诸公，流离穷岛，不食周粟以死，盖又古来殉难之一变局也。"①李瑶也继承了全祖望的这一说法，在该传末尾赞扬了徐孚远、沈光文的遗民忠义精神：

　　　　撷遗曰：闽自无余造国，台海素外版图，洎郑氏开疆，群贤辏集，而闇公、斯庵，藉作寓公以隐，副其志之不食周粟以死，是又古来殉难之一变局也。夫闇公峙岖谋国，若欲求一当而不能，而斯庵则孤立海隅，初无作为，似宜附诸外臣之列，然推其心，则非甘于郑氏而已者。故得于闇公传后类次之。

――――――――

① 全祖望：《徐都御史传》，见《全祖望集汇校集注》（中），上海古籍出版社 2000 年版，第 963 页。

该传值得注意的是在"及成功至,知光文故在,喜甚,以客礼见,时令致饩,拨田宅赡之"之后有这样一句:"亡何,成功卒,诸臣欲再奉鲁王监国,光文从之。壬寅,王遽薨,议遂寝。"这一记载为全祖望《沈太仆传》所无,为我们探究沈光文与郑经交恶的原因提供了有价值的信息。据此,郑经之所以迫害沈光文,当不仅由于《沈太仆传》中所言"子经嗣,颇改父之臣与父之政;军亦日削。公作赋有所讽"之事,而是早在郑成功去世之初沈光文等人欲拥立鲁王之时就已经埋下了积怨。[①] 此外,这一记载也为驳斥《三藩事本末》中的所谓"鲁王在南澳,成功沉之海中"这一虚诞之说提供了有力证据,诚如谢山在《答陆聚猴编修论〈三藩纪事〉帖子》中所云:"成功父子,固为周室顽民,然其不负故国之诚,则有可原者。无故而加栽虐宗藩之恶,则郢书所以害旧史者,其冤不少!"[②]

3.道光十三年(1833)李聿求《鲁之春秋》中的《沈文光》

李聿求,字五峰,诸生,浙江海盐人,卒于道光三十年(1850)。据《鲁之春秋》附录载:"(李聿求)少好学,不事章句,闭门研经,亲殁,布衣终身。"朱希祖在该书跋中云:"先生在道光中叶,禁网稍疏,明季史书稍稍出矣,故此书记载独详,意其时得见鲁史,亦必独多。"[③]道光年间,尤其是鸦片战争前后,诸多在文网甚密时期被严禁的南明史著作开始陆续出现,清初明遗民的南明史著作被重新刊印,为史学家提供了丰富的南明史料。浙东地区是南明时期鲁王抗清的根据地,黄宗羲的《鲁纪年》《海外恸哭录》,张煌言的《北征纪略》等都记载了鲁王抗清的史实。浙江文人李聿求在广泛搜集史料的基础上撰写了这部以南明时期鲁王及诸臣抗清历史为主要内容的《鲁之春秋》。李聿求极为推崇前辈史学家全祖望,认为全祖望"其言亦为最确,是编奉之为准"[④]。正因如此,《鲁之春秋》卷十一中的沈光文传记《沈文光》即以全祖望《鲒埼亭集》中的《沈太仆传》为蓝本删改而成,至于此传将"沈光文"误作"沈文光",可能是受到明末舟山遗民翁洲老民《海东逸史》中《沈文光》的影响。

4.同治五年(1866)李元度《国朝先正事略》中的《沈斯庵事略》

《国朝先正事略》是由晚清著名史家李元度编纂的一部规模宏大的纪传体

---

① 详见本书第二章第一节"《台湾赋》的历史价值与进步史观"中的相关论述。
② 全祖望:《鲒埼亭集外编》卷43,见《全祖望集汇校集注》,上海古籍出版社2000年版,第1675页。
③ 李聿求:《鲁之春秋》,浙江古籍出版社1985年版,第222页。
④ 李聿求:《鲁之春秋》,浙江古籍出版社1985年版,第2页。

史书,是"由清人在清代完成的第一部、也是唯一的一部综合性的大型人物传记"①。全书 60 卷,分为名臣、名儒、经学、文苑、遗逸、循良、孝义七门,共辑存清代"先正"1008 人的事迹,其中立正传者 500 人,附传者 608 人,较全面地反映了有清一代政治、经济、思想、文化等方面的情况。《国朝先正事略》编纂之宗旨,是通过对"名公巨卿"、"鸿生硕儒"之"汗谟政绩"、"嘉言懿德"的记载,使草野之士知晓"先正"事迹,"以备掌故而为徵文开献之助耳";另一方面,"使阅者知所效法,可以座言起行","使读者油然而生忠孝之心焉",从而达到"正人心,端士习,明吏治,厚风俗"的目的。李元度一生历仕浙江按察使、云南按察使、贵州布政使等职,曾跟随曾国藩一起戎马倥偬,镇压太平军起义。《国朝先正事略》之修纂虽出于拯救岌岌可危的清朝统治的目的,但难能可贵的是,作者能够本着秉笔直书的史家原则,将誓不降清的明末遗民也视为"先正",在《国朝先正事略》中特立"遗逸"一门,为徐枋、沈寿民、巢鸣盛等 63 位遗民立传,歌颂其"蝉蜕鸿冥,皭然不滓"的高风亮节,表现出作者进步的历史观,其胆识为一般清朝官员所不及。《沈斯庵事略》就收于该书第四十六卷《遗逸》之中:

> 呜呼! 沧桑改革之际,贞臣遗老有托而逃者,众矣! 而踪迹莫奇于四明沈先生。先生名[沈太仆]光文,字文开,一字斯庵,鄞人也。[或以为文恭公之后,非也。或曰布政司九畴之后。]少以明经贡太学。《海东逸史》:乙酉豫于画江之师,授太常博士。《海东逸史》:丙戌浮海王长垣,再障顿江诸军事,晋工部郎,《海东逸史》,戊子,闽师溃而北,扈从不及,闻粤中方建号举事,乃走肇庆,[累]迁太仆[寺]卿。《海东逸史》:辛卯由潮阳航海至金门。《海东逸史》:闽督李率泰方招来故国遗臣,密遣使以书币招之。[公]先生焚其书,返其币。时粤事不可支,[公]先生遂留闽,思卜居于泉州之海口。[挈家浮舟,过围头洋口,]浮家泛宅,忽飓风大作,舟人失维,飘泊至台湾。时郑成功尚未至,而台湾为荷兰所据。[公]先生从之,受一廛以居,极旅人之困,[不]弗恤也。遂与中土[隔绝]音耗绝,海上亦无知公[之]先生生死者。辛丑,成功克台湾,知[公]先生在,大喜,以客礼见。时海上诸遗老多依[成]功入台,亦以得见[公]先生为喜,握手相劳苦。成功

---

① 易孟醇:《〈国朝先正事略〉述评》,《长沙水电师院学报》1990 年第 2 期。

令麾下致饩,且以田宅赡[公]之。[公稍振。][已而]亡何,成功卒,子[经]锦嗣,颇改父之臣与[父之]政;军亦日削。[公]先生作赋有所讽,[乃为爱憎所白,]或谗之,几至不测。[公]乃变服为浮屠,逃入台之北鄙,结茅[于]罗汉门山中以居。或以好言解之于[经]锦,得免。山旁有曰加溜湾者,番社也,[公]先生于其间教授生徒。不足则济以医。叹曰:"吾廿载飘零绝岛,弃坟墓不顾者,不过欲完发以见先皇帝于地下,而卒不克,[其]命[也]矣夫!"已而[经]锦卒,诸郑复礼[公]先生如故。癸丑,[大兵]王师下台湾,诸遗臣皆物故,[公]先生亦老矣。闽督姚启圣招[公]之,先生辞[之]。[启圣]姚公贻书问讯曰:"管宁无恙?"因许遣人送[公]先生归鄞。[公亦颇有故乡之思。]会[启圣]姚公卒,不果。而诸罗令李麟光,贤者也,为[之继肉继粟]粟肉之继,旬日一候门下。时耆宿已[少]尽,而寓公渐集。乃与宛陵韩文琦,关中赵行可,无锡华衮、郑延桂,榕城林奕,丹霞吴蕖,轮山阳宗城,螺阳王际慧结诗社。所称福台新咏者也。寻卒于诸罗,葬[于县之善化里东堡]焉。后人遂居台,繁衍成族。[公]先生居台三十余年,[及]目见[延平]郑氏三世盛衰。前此诸公述作,多[以兵火散佚]佚于兵燹,[而公]惟先生得保天年于承平[之]后。海东文献,推为初祖。所著花木杂记、台湾赋、东海赋、樵赋、桐花赋、[芳草赋、]古今体诗,[今之]志台湾者,皆取资焉。邑子全谢山,尝令游台者访先生文集,竟得之以归,凡十卷,录入甬上耆旧诗。呜呼![在公自以为不幸,不得早死,复见沧海之为桑田。而予则以为不幸中之有幸者,咸淳人物,盖天将留之以启穷徼之文明,故为强藩悍帅所不能害。且使公]先生依依故国,[如与蔡子英之在漠北同,终依依故国,其死良足瞑目。]然以子英之才,岂无述作卒委弃于[毡毳]绝域?[亦未尝不深后人之痛惜]识者惜焉![公之岿然不死,]先生灵光岿然,得以其集重见于世,为台人破荒,其[足稍]少慰虞渊之恨矣。[公之后人,遂居诸罗。今繁衍成族。会鄞人有游台者,予令访公集,竟得之以归,凡十卷,遂录入甬上耆旧诗。]同时,有张先生士㭿者,惠安人,崇祯癸酉副榜。明亡,遁迹台湾,居东安坊。杜门不出,日以书史自娱。辟谷三年,惟食茶果,寿至九十九乃终。

《国朝先正事略》广采博收,取材宏富,"各事迹皆采自四家传志,郡邑志乘,间及说部"。就该书中的《沈斯庵事略》而言,则取材于全祖望的《沈太仆传》。上文括号中的文字乃全祖望《沈太仆传》被删去的文字,加下划线的文字为《沈斯庵事略》新添加的文字,主要更易之处有:一是传记开头添加了作者对鼎革之际沈光文奇特命运的感慨:"呜呼! 沧桑改革之际,贞臣遗老有托而逃者,众矣! 而踪迹莫奇于四明沈先生。"二是传记结尾附带述及与沈光文同一时代的惠安人张士㭎遁迹台湾的事迹。三是个别字句上的增添与改易,如改《沈太仆传》中的"公"为"先生",改"经"为"锦",改"毡毳"为"绝域"等。对沈光文来台之前抗清历程的记载,先后四处增添了"海东逸史"四字,说明作者对翁洲老民《海东逸史》卷十八《逸民》中的《沈文光》一文有所参酌。四是传记结尾处在叙述顺序上有所调整,将《沈太仆传》中全祖望寻访沈光文文集之事置于沈、蔡二人的比较之前。《国朝先正事略》中的《沈斯庵事略》虽然基本由全祖望的《沈太仆传》改写而来,未能免除清代传记稿本通常所具有的辗转相袭的弊病,但作者以长达一千余字的篇幅对沈光文事迹的收录,反映出作者对沈光文之遗民气节以及文化史地位的重视。作为海外遗民和"海东文献初祖"的沈光文的人格与事迹,借由《国朝先正事略》而得到了更为广泛的传播。

　　5.同治十年(1871)徐鼒《小腆纪传》附记中的《沈光文传》

　　《小腆纪传》是清代史学家徐鼒所著的一部史学著作,是书"博采稗官诸家之说,实事求是,而窃取《春秋》《纲目》之意,历五载乃成"①。全书共六十五卷、补遗五卷,以纪传体形式记载了南明福、唐、桂、鲁四王以及台湾郑氏的史事,是研究南明史的重要史料。此外,徐鼒还同时作有编年体的《小腆纪年附考》,两书并行于世。《小腆纪传》中的《沈光文传》比较简短,只有 300 余字,只是在全祖望《沈太仆传》的基础上删减部分内容而成,并没有增加更多更新的信息:

　　　　沈光文,字文开,号斯庵,鄞人。以明经入贡。乙酉豫画江之师,鲁监国授太常博士。已从至长垣,晋工部郎。军溃,扈监国不及,走肇庆。永历帝擢太常寺卿。辛卯,两粤再覆,由潮阳至金门,我闽督李率泰招之。焚其书,返其币。将航海居泉之海口,飓风失难,飘至台湾。时台湾尤为荷兰地,从之受一廛。及延平王朱成功至,知光文故在,喜甚,以客礼见,致饩拨田宅赡之。成功卒,子经嗣立,颇改父

　　① 王钟翰点校:《清史列传》,中华书局 1987 年版,第 6058 页。

政,讽以诗,几得祸。因逸至罗汉门为僧,授徒自给,不足则济以医。叹曰:"吾廿载飘零绝岛,弃坟墓不顾者,只欲完发以见先帝,而卒不克,其命也夫!"癸丑,台湾初附,我总督姚启圣贻书曰:"管宁无恙耶?"寻卒于诸罗。光文居台三十年,盖及见延平三世之盛衰云。所著有《台湾赋》《楼赋》《桐花芳草赋》《草木杂记》。

可见,《小腆纪传》中的沈光文传主要删去了《沈太仆传》中有关沈光文与季麒光等人同组福台新咏诗社的记载,以及篇末全祖望对沈光文遗民气节与文化开台功绩的称颂。《小腆纪传》是在太平天国运动威胁清廷的危机下创作的,其撰述的宗旨是遵循乾隆帝《御制胜朝殉节诸臣录序》表彰忠义之旨,"窃取《春秋》《纲目》之义,汲汲以正人心,维世运"①,即通过对明清易代之际节义忠烈之士的表彰,宣扬忠孝节义的封建伦理道德,化解阶级矛盾,贬斥农民起义,维护封建统治秩序。故而,作为南明时期海外遗民的沈光文的事迹也被作者收录在内。但作者撰述此书毕竟是站在维护清廷统治的立场上的,与全祖望《鲒埼亭集》基于民族立场对南明忠烈的表彰有着根本的不同,且作者徐鼒对于沈光文之于台湾文化史的重要地位也不够重视,因而《沈太仆传》篇末全祖望对沈光文遗民气节以及文化地位的称颂之词皆被弃而不取。

六、民国初年的沈光文传

(一)民国元年(1912)孙静庵《明遗民录》中的《沈光文》

孙静庵,无锡人,生于光绪初年,名寰镜,所撰《明遗民录》共四十八卷,成书于清末,主要记述清初明遗民各类人物的事迹,凡八百余人。此书成书虽晚,但搜罗广泛,在南明史研究中具有较高的史料价值。刊于该书卷四十四的《沈光文传》亦在全祖望《沈太仆传》基础上稍作改写而成,如改"公"为"光文"、改"经"为"锦"、改"大兵"为"清兵"等,结尾处的"会鄞人有游台者,予令访公集,竟得之以归,凡十卷,遂录入甬上耆旧诗"改为"全谢山尝令游台者访光文文集,竟得之以归,凡十卷,录入甬上耆旧诗"。

(二)民国十七年(1928)赵尔巽《清史稿·遗逸列传》中的《沈光文传》

《清史稿》是民国初年由北洋政府设馆编修的一部清朝正史,上至1616年

---

① 徐鼒:《小腆纪传》卷首《自叙》,中华书局1987年版。

清太祖努尔哈赤在赫图阿拉建国称汗,下迄 1911 年清朝灭亡,记载了清王朝 296 年的历史。[1] 从思想倾向来说,由于《清史稿》的主要撰稿者多为熟读经书、功名出身的前清遗臣,其"修故国之史,即以恩故国"的著述心态,使这部书贯穿着反对民主革命、歌颂清朝正统的思想,因而对于对抗清朝的南明政权、太平天国政权以及辛亥革命等,均作简单处理,因此而备受学者诟病。但值得肯定的是,该书对于反清斗争中的重要人物如郑成功、张煌言、李定国、洪秀全等,也都列了传。同样难能可贵的是,《清史稿》中特设了《遗逸列传》,表彰守志不屈的明末遗民,推崇亘古流芳的夷齐精神:

> 太史公《伯夷列传》忧愤悲叹,百世下犹想见其人。伯夷、叔齐扣马而谏,既不能行其志,不得已乃遁西山,歌《采薇》,痛心疾首,岂果自甘饿死哉?清初,代明平贼,顺天应人,得天下之正,古未有也。天命既定,遗臣逸士犹不惜九死一生以图再造,及事不成,虽浮海入山,而回天之志终不少衰。迄于国亡已数十年,呼号奔走,逐坠日以终其身,至老死不变,何其壮欤!今为遗逸传,凡明末遗臣如李清等,逸士如李孔昭等,分著于篇,虽寥寥数十人,皆大节凛然,足风后世者也。

在《清史稿·遗逸列传》中,紧接着朱舜水传之后的,就是长达 522 字的沈光文传:

> 沈光文,字文开,一字斯庵,鄞人。少以明经贡太学,福王授太常博士,浮海至长垣,晋工部郎。阃师溃而北,扈从不及。闻粤中建号,乃走肇庆,累迁太仆卿。由潮阳航海至金门,闽督李率泰方招徕故国遗臣,密遣使以书币招之,光文焚书返币。知粤事不可支,卜居于泉州海口,浮家泛宅。忽飓风大作,舟人失维,飘泊至台湾。时郑成功尚未至,而台湾为荷兰所据,光文受一廛以居,与中土音耗隔绝。成功克台湾,知光文在,大喜,以宾礼见。时海上诸遗老多依成功入台,光文与握手相劳苦。成功致廪饩,且以田宅赡之。
>
> 成功卒,子锦嗣,改父之臣与政,军亦日削。光文作赋讽之,几不测。乃变服为浮屠,逃入台北鄙,结茅罗汉门山中以居,山旁有伽溜

湾者,番社也。光文教授生徒自给,不足,则济以医。叹曰:"吾二十载飘零绝岛,弃坟墓不顾者,不过欲完发以见先皇帝于地下耳,而卒不克,命也夫!"已而锦卒,诸郑复礼之如故。

康熙癸丑年,王师下台湾,闽督姚启圣招之,光文辞。启圣贻书问讯曰:"管宁无恙?"且许遣人送归鄞,会启圣卒,不果。而诸罗令李麟光,贤者也,为粟肉之继,旬日一候门下。时耆宿已尽,而寓公渐集,乃与宛陵韩文琦,关中赵行可,无锡华衮、郑廷桂,榕城林奕丹,山阳宗城,螺阳王际慧等结诗社,所称福台新咏者也。寻卒于诸罗。

显然,《清史稿》中的沈光文传是在全祖望《沈太仆传》的基础上改写、删减而成,删去了"寻卒于诸罗"之后300多字的有关沈光文著述及其文化史价值的评述,原文978字的《沈太仆传》被压缩为522字。《清史稿·遗逸列传》的作者更注重的是传主作为明朝遗臣的忠义精神,而并不关注沈光文之于台湾文化史的意义。对于全祖望《沈太仆传》中的舛错之处,《清史稿》也一并承袭,未加纠正,如将清军克台的时间"癸亥"(康熙二十二年,1683年)误作"癸丑"(康熙十二年,1673年)、将"季麒光"误作"李麟光",《清史稿》为学界诟病的粗陋不审之弊于此亦可窥见。

总之,自第一部台湾方志《台湾府志》(蒋志)始,沈光文的事迹与贡献就被多部方志与史乘所记载。大体而言,整个清代方志、史乘中的沈光文传记,以乾隆十年全祖望的《沈太仆传》为界,大致可以分为两大阶段:第一阶段是以季麒光所作《沈光文列传》为中心的传记系统,其发展脉络为:蒋志中的《沈光文列传》(季麒光撰)——《福建通志》中的《沈光文传》——《诸罗县志》中的《沈光文传》——刘志中的《沈光文传》——范志中《沈光文传》——余志中的《沈光文》——鲁鼎梅《重修台湾县志》中的《沈光文传》。第二阶段是以乾隆十年全祖望《沈太仆传》为中心的传记系统。道光之后,无论官修方志还是私家著述中的沈光文传,几乎都程度不同地受到了《沈太仆传》的影响,多是在《沈太仆传》的基础上改写而成。① 但无论就内容之丰富、评价之精辟还是文学感染力而言,都未能超出《沈太仆传》。季麒光的《沈光文传》、《沈光文列传》与全祖望

---

① 除本节正文中述及之方志、史乘之外,沈光文的家乡浙江鄞县的方志亦收有沈光文传:乾隆五十二年(1787)成书,钱维乔、钱大昕主撰的《鄞县志》中的《沈光文》文字简短,全文一百七十余字;光绪初年成书,张恕、董沛主撰的《鄞县志》中的《沈光文》全文五百余字,基本上是在全祖望《沈太仆传》基础上改写而成。

的《沈太仆传》,堪称清代沈光文接受史上成就最高、影响最大的三大传记,季麒光与全祖望对沈光文遗民忠义精神的表彰以及对其"台湾文献初祖"的文化功绩的赞颂,奠定了所有清代沈光文传记的主体精神。

七、清代沈光文接受史上的两个标志性事件

除清代方志与史乘中的传文对沈光文事迹的记载之外,在清代沈光文接受史上,还有两个标志性事件,对于沈光文之文化史地位的确立具有重要意义:

(一)邓传安与文开书院的创建

邓传安,字菽原,号鹿耕,道光六年(1826)至道光十年(1830)任清朝鹿仔港同知,后升任台湾知府。道光十年(1830),邓传安在鹿港建立的书院以沈光文的名字命名为"文开书院",其《新建鹿港文开书院》碑记云:

> 道光四年,传安为鹿仔港同知已二年矣。勤于课士,士皆思奋。因文昌宫之左隙地甚宽,请建书院其上。传安给疏以劝,谕以海外文教,肇自寓贤鄞县沈斯庵太仆光文字文开者,爰借其字定书院名,以志有开必先焉。……又明年,风鹤有惊,军书旁午,传安奉撤权郡篆,泆岁乃及瓜期。士民喜其重来,益巫巫于是役。未几而书院告成,轮奂俱美。讲堂斋舍,廓乎有容。规制浑坚,信可经久……
>
> 考《戴记》,凡始立学者,必释奠于先圣先师;凡释奠者必有合也,有国故则否……郑注曰:"国无先圣先师,则释奠当与邻国合;若周有周公,鲁有孔子,则不必合。"今学宫奉孔子为先圣,从祀者皆先师;书院多祀先师,而不敢祀先圣。……台湾至本朝康熙二十二年始入版图,前此犹是荒服,岂有国故?不得不仰重于寓贤。传安前以沈太仆表德名书院,已为从祀朱子权舆;况太仆卒、葬俱在台,子孙又家于台,今虽未见斯庵诗集,而读府志所载诸诗文,慨然慕焉,固国故之彰彰者也。

文开书院祭祀沈光文、徐孚远、卢若腾、王忠孝、沈佺期等寓台先贤,意味着沈光文等明郑遗老忠孝节义的道德操守以及文化开台之功得到了清朝官方的认可。邓传安之所以将鹿港书院命名为"文开书院",乃因"海外文教,肇自

寓贤鄞县沈斯庵太仆光文字文开者，爰借其字定书院名，以志有开必先焉"，其《文开书院从祀议》云：

> 鹿仔港新建书院，传安因向慕鄞公鄞沈太仆光文而借其敬名之字以定名；书院成，必以太仆配享徵国无疑矣。考太仆生平，根柢于忠孝，而发奋乎文章，其乡人全谢山鲒埼亭集既为作传，又序其诗，谓咸淳人物，盖天将留之以启穷徼之文明。今之文人学士，可不因委溯源欤？①

由此可见，全祖望对沈光文的评介和宣扬极大地扩大了沈光文的影响，全祖望《鲒埼亭集》中的《沈太仆传》等文对沈光文遗民忠义精神的表彰、对沈光文文化开台之功的赞誉已经深入人心，得到人们的普遍认可与接受。邓传安以"文开"为书院命名以及书院对沈光文的崇祀，充分说明自清初季麒光将沈光文视为文化开台先师百余年之后，经由全祖望的表彰，沈光文作为"台湾文献初祖"的文化史地位已经正式得以确立。不言而喻，邓传安堪称继全祖望之后沈光文接受史上最重要的人物，是"沈光文从少数上层仕宦，走到台湾民间，成为一代又一代莘莘学子顶礼膜拜对象的关键"②。

(二)沈葆桢与延平郡王祠的兴建

清同治十三年(1874)，福建船政大臣沈葆桢从台湾绅民之请，奏建专祠，祭祀延平郡王郑成功，以路振飞、曾樱、唐显说、徐孚远、王忠孝、沈光文等 114 位明末忠臣配祀。这一事件不仅是郑成功接受史上具有历史转折意义的大事，也是沈光文接受史上的重要事件，意味着清朝官方对明郑遗臣的评价有了历史性的转折。历史学家连横对此评价道：

> 顾吾观旧志，每蔑延平大义，而诸臣姓名且无有道者。呜呼！天下伤心之事，孰甚于此？清同治十三年冬十月，福建将军文煜、总督李鹤年、巡抚王凯泰、船政大臣沈葆桢始从台湾绅民之请，奏建专祠，春秋俎豆，以明季诸臣配。诏曰可，于是从祀者百十有四人，而潜德幽光，乃扬东海矣。③

---

① 周玺：《彰化县志》，《台湾文献丛刊》第 156 种，台湾银行经济研究室 1962 年版，第 413 页。

② 潘承玉：《真相、遮蔽与反思——关于一桩文化史公案的后续考察》，《绍兴文理学院学报》2007 年第 3 期。

③ 连横：《台湾通史》(下)，商务印书馆 2012 年版，第 552 页。

南明时期,弘光、隆武、永历政权相继被清廷消灭,郑成功领导的明郑集团据守台湾,成为坚守到最后的抗清力量。永历三十七年(康熙二十二年,1683)清廷凭借武力消灭明郑在台势力,结束了明郑在台 22 年的统治,台湾正式纳入清朝大一统的政治范围。有清一代,清朝统治者基于自身的执政利益,对郑成功评价经历了一个较大的变化过程。"退守台湾抗清的郑成功在明末数十年间曾是明遗最后的希望,即便郑氏壮志未酬身死于台,其靖难死节的壮烈身影内化为明遗痛裂肝肠的'集体记忆',此记忆所凝聚的民族气节并不因此而轻易消散,故朝廷治台首要,莫过于'延平郡王郑成功'形象之重塑。"①在清初的台湾方志中,对郑成功抗清的历史基本上采取了回避和淡化的书写策略,如康熙三十五年高拱乾所修《台湾府志》,就完全回避了对明郑史事的记载。清代前期的台湾方志在对郑成功形象的塑造上,不仅以"海逆""郑逆"称之,还将郑氏比作"草鸡""大鲸","杀人如麻、血称海水","荼毒滨海,民间患之",刻意将其塑造为可怖的海盗形象,试图以此彻底颠覆人们对郑成功遗民忠义形象的历史记忆。然而,从乾隆后期开始,由于政治形势的变化,清廷对南明忠义之士的评价有了极大转变,由贬斥转为宣扬。关于这种转变的肇因与目的,宁泊先生所论甚为精辟:

> 对明代忠义的大肆宣传,是从乾隆后期开始的,当时民族矛盾已大为缓和,民族意识在统治者怀柔和镇压两面政策下,也大为减弱。统治者面临的主要威胁已不是反清复明的斗争,而是因阶级矛盾激化,正在和即将发生的农民起义,因此要加强忠于本朝的思想教育。对于清人来说,数量繁多、耳熟能详的忠义人物要数明季殉节之士了。……乾隆帝多次指出,以往将忠于明朝的人"斥之以伪",是为了"一耳目而齐心志";当初杀死那些抗节之士,也是因"混一之初,兵威迅扫,不得不行抗命之诛"。如今已承平百年,对他们应"平情而论"了。于是他对明季忠义之士重新作出评价,称史可法、黄道周等人与宋末文天祥、陆秀夫"实相仿佛",是"支撑残局,力矢孤忠","琐尾间关,有死无贰"的"一代完人"。这种评价,较顺治以来尽斥以伪的作法,是一个由贬到褒的一百八十度的大转弯,其转变的基调是"诸人

---

① 　王淑蕙:《志赋、试赋与媒体赋——台湾赋之三阶段论述》,台湾成功大学 2012 年博士论文,第 95 页。

各为其主",这道出了清廷表彰明代忠臣的真实目的,即鼓励臣下士人忠于自己的君主。①

到了清朝晚期,随着清廷统治危机的日益加剧,清廷出于"为万世植纲常"、维护自身统治的目的,在文化政策上出现了宣扬南明志士忠义精神的导向。清同治十三年(1874)牡丹社事件发生,日本暴露出窥视台湾的野心,清廷派福建船政、钦差大臣沈葆桢来台。在此背景下,沈葆桢等人奏建延平郡王祠,正是为了通过表彰郑成功等人的遗民气节,砥砺台民抗击外来侵略的决心和意志,"俾台民知忠义之大可为,虽胜国亦华衮之所必及。于励风俗、正人心之道,或有裨于万一"②。由此,郑成功形象由清初的"海逆""郑逆"一变而为"感时仗节,移孝作忠"的"延平郡王",郑成功、徐孚远、沈光文等明郑遗臣所代表的遗民忠义精神也得以植根于台湾民众心中,"在日据时代的台湾民众中传衍不息,成为大多数台湾民众保持其汉民族精神和祖国认同的重要因素之一"③。

第三节　日据时期的沈光文接受史

光绪二十年(1894)的甲午战争,中国战败,被迫签订马关条约,将台湾割让给日本。光绪二十一年(1895)日军接收台湾,自此台湾沦为日本的殖民地,直到1945年抗战胜利后,台湾才重回祖国的怀抱。台湾史中1895年到1945年的半个世纪,习称"日据时期"。就文学的发展状况而言,这一时期的台湾文学呈现出较为复杂的样态,跨越了古典文学、现代文学两个阶段,大致可以分为三个阶段:日据前期(1895—1920),台湾知识分子积极组建诗社,设立书房、私塾,以对抗日本殖民者的文化同化政策,古典诗歌仍是这一时期文坛的主流,因而这一时期仍属于传统文学的范畴。日据中期(1920—1937),在大陆新文化运动的影响下,台湾新文学运动兴起,以小说为主体的白话文学逐渐成为

---

① 宁泊:《清人明史研究中的正统观和忠义观》,《南开学报》1996年第4期。
② 沈葆桢:《福建台湾奏折·请建明延平王祠折》,《台湾文献丛刊》第29种,台湾银行经济研究室1958年版,第18页。
③ 朱双一:《文学视野中的郑成功——"遗民忠义精神"及其在日据时代台湾的传衍》,《台湾研究集刊》2002年第3期。

文坛重心,因此这一阶段属于现代文学的范畴。日据末期(1937—1945),中国的抗日战争全面爆发后,日本加强了在台湾的殖民统治,大力推行所谓"皇民化运动",其实质就是日本的文化侵略和文化同化政策,是对中华文化的灭绝政策。具体内容包括普及和推广日语、废止汉文书房、报刊禁用汉文等,充斥文坛的是台湾文人以日文写作的作品,直到1945年台湾光复之后,汉文文学才得以重见天日。

日据时期,为抵御日本的文化入侵,捍卫民族文化,从19世纪末20世纪初开始,一场声势浩大、持续三十余载的保卫汉学运动在台湾全岛展开。"'读汉书,写汉字,讲汉话,作汉诗',此仿彼效,蔚然成风。最初发轫于文化素称先进的台南,逐渐扩展至台中、嘉义、高雄各地;北部的台北、新竹闻风踵起,出现了第二中心;最后连边僻如澎湖、台东、花莲都卷了进去。这是一个范围遍及全岛的群众性运动,一直持续到三十年代初期。"①台南,就是当年沈光文为平埔同胞设立私塾、讲授汉语、传播汉文化的地方。这场轰轰烈烈的保卫汉学运动之所以发轫于台南,应该说与当年沈光文的文化教化息息相关。两百多年前沈光文在台湾播种下的汉文化的种子,在新的时代环境中,再一次破土发芽,枝繁叶茂。在日据时期的台湾,明末清初由大陆来台、第一个在台湾创作汉诗、组建诗社的沈光文,自然成了捍卫民族文化的一面旗帜。沈光文等明郑遗老所代表的忠贞爱国的遗民文化精神,也潜移默化地影响着日据时期的诗人。在施士洁、丘逢甲等人的诗作中,都可以看到那种眷怀故国、反抗异族侵略的遗民文化精神的回响。杰出的历史学家、文学家连横,不仅在其《台湾诗乘》《台湾诗萃》《东宁三子诗》中辑录、保存沈光文诗作,而且在其《台湾通史》中收录其所撰写的《沈光文传》,称颂沈光文的遗民气节,进一步确认了沈光文的文化史地位,为这一时期的沈光文接受做出了巨大贡献。

一、沈光文——日据时期保卫汉学运动的一面旗帜

明末清初,在抗清复明的武装斗争失败、清朝统治已成定局的情况下,以文化传承的方式兴亡继绝、延续民族命脉,成为清初明遗民的共识。如黄宗羲说:"素中国行乎中国,素夷狄行乎夷狄。古老相传礼教二字,就是当路之准的。蒙古据有中国,许、赵之功高于弓矢万倍。自许、赵出,蒙古亦中国矣。"②

---

① 陈碧笙:《台湾地方史》,中国社会科学出版社1982年版,第289页。
② 黄嗣艾:《南雷公本传》,见《黄宗羲全集》第12册,浙江古籍出版社2005年版,第100页。

19世纪中叶以来,由于清政府的腐败无能,古老的中华帝国屡遭帝国主义列强的侵略和欺凌,割地赔款,丧权辱国,中华民族面临着亡国灭种的严重危机。在这样前所未有的民族危机之下,一批爱国知识分子也提出了与清初明遗民类似的以民族文化的传承救亡图存、凝聚民族精神的思想,将民族复兴的希望寄托于中国历史文化的坚强生命力。如章太炎认为:"以谓国不幸衰亡,学术不绝,民犹有所观感,庶几收硕果之效,有复阳之望。"①严复亦认为"国性"乃是维系国家命脉的根本:"大凡一国存立,必以其国性为之基。国性国各不同,而皆成于特别之教化,往往经数千年之渐摩浸渍,而后大著。但使国性长存,则虽被他种之制服,其国其天下尚非真亡。……中国之特别国性,所赖以结合二十二行省、五大民族于以成今日庄严之民国,以特立于五洲之中,不若罗马、希腊、波斯各天下之云散烟消,泯然俱亡者,岂非恃孔子之教化为之耶!"②台湾诗人洪弃生以中国历史的兴亡变迁为例,认为"引百千万胡人习中国俗,为中国言,易中国衣冠,是六朝之国虽半亡,六朝之教未亡也。……是宋之国虽亡,宋之教未亡也。"③针对当时日本鼓吹的"脱亚入欧"说,提出了自己的"欧折入亚"说。

在处于日本直接的殖民统治与文化同化之下的"台湾",知识分子对民族文化消亡灭绝的危机意识更为强烈,他们深刻地认识到:"土地不保之后,文化的维系、我族的认同成为新的目标。"④"凡一民族之生存,必有其独立之文化,而语言、文字、艺术、风俗,则文化之要素也;是故文化而在,则民族精神之不泯,且有发扬光大之日。"⑤因此,在武装抗日斗争失败后,转而投向奋力保护民族文化以求"延斯文于一线"的文化斗争。这种文化民族主义的实践表现在历史、文学、语言等诸多方面。历史方面,如连横以《台湾通史》的著述"追怀先德""发扬种姓",弘扬民族精神;语言方面,如连横《台湾语典》的编纂;文学方面,则突出地表现在诗社的林立以及古典诗创作的空前繁盛。

日据时期,在日本政府对汉文化的强势压迫和禁制之下,汉文化面临着几被灭绝的危机,然而,令人不可思议的是,就在这一特殊的历史情境之下,古典诗歌却在极为逼仄的空间中获得了蓬勃的发展。日据时期台湾诗坛的兴盛,

---

① 汤志钧编:《章太炎年谱长编》,中华书局1979年版,第295页。
② 严复:《读经当积极提倡》,见王栻主编《严复集》第2册,中华书局1986年版,第330页。
③ 洪弃生:《欧折入亚说》,见《寄鹤斋选集》,第70—72页。
④ 陈昭瑛:《台湾与传统文化》,台湾书店1999年版,第38页。
⑤ 连横:《雅言》,台湾银行经济研究室1960年版,第1—2页。

可以追溯到清领时期。清代台湾诗社最繁盛的时期当属 1885 年台湾建省之后到甲午战争之前的八年。台湾建省后,由于"诗钟"(后为"击钵吟"一词代替)的传播,台湾出现了斐亭吟社、竹梅吟社、牡丹诗社、海东吟社等众多诗社,一时间形成了结社联吟的风气,诗歌创作日渐繁盛。1885—1893 年间,以"击钵吟"为中心的结社联吟活动构成了台湾文学的主体。中日甲午战争之后,台湾被割让给日本,台湾诗人经历了家国沦丧的沧桑之变与深哀巨痛,台湾诗坛也一度归于沉寂。直到 1902 年,随着栎社的重振,台湾诗坛的结社联吟之风开始复苏。1902—1920 年间,台湾诗社林立,活动频繁,先后涌现出六十余家诗社及上千名诗社成员,一时间,"过江有约皆名士,入社忘年即兄弟",诗歌创作再度呈现出繁荣景象。尽管这一时期诗社的活动乃是以"击钵吟"相号召,诗歌创作因充满了雕琢之气、游戏之风而受到不少有识之士的批评,然而,在日据的特定时代背景下,台湾诗人的结社联吟活动却有着保护与传承民族文化、抵御异族同化的文化反抗意义。诚如连横所言:日人据台后,"汉学颓衰,至今已极,使非各吟社为之维持,则已不堪设想"。栎社的创始人之一林痴仙更直言不讳其倡导"击钵吟"乃"特借是为读书识字之楔子耳",表明了其"恐汉诗、汉文将绝于本岛",欲"保存国粹以延一线斯文于不坠"的深刻用意。另一方面,由于日本上层人士长期以来深受汉文化濡染,多对汉诗充满景仰,来台的日本官员经常举行诗人聚会以拉拢台湾文士,消除台人对抗情绪,因此对台湾诗社与诗人联吟采取支持态度,这样,尽管原本承担传统文化传承主要职责的书房遭到限制和取缔,但古典诗的创作却因诗社的繁兴而持续不衰,充分发挥了传储民族文化的功能。

1920 年,受大陆新文化运动的影响,台湾文坛也兴起了新文学运动,1924 年由张我军发起了新旧文学论战。这一时期,尽管旧文学受到了新青年们的猛烈抨击,丧失了原来独擅胜场的文坛主导地位,但其实并未从文坛消失,只是由原来的一枝独秀变为新旧文学的双峰并峙而已。与同一时期大陆古典诗歌的萧条相比,古典诗歌在台湾特殊的文化环境中反而获得了长足的发展。到了日据晚期(1937—1945),在企图彻底泯灭汉民族意识的"皇民化运动"中,汉文化遭遇空前摧残与遏制,但仍有新的诗社成立。尽管有些诗社有为日本当局歌功颂德的谄媚之举,亲日色彩浓厚,但不可否认的是,古典诗社几乎成为这一时期台湾唯一保有汉文化的组织,成为"延斯文于一线"的唯一堡垒。沈光文不仅是第一位在台湾创作格律诗的诗人,也是台湾第一个诗社"东吟社"的发起者,是第一位以诗歌创作使"野屿凄凉、百蛮荒绝"的台湾"彬彬然渐开风雅"的文人。因此,在日据时期的台湾,沈光文便成为古典诗的代表,成为中国传统文化的象征。诚如林光灏在其《浙人与台湾诗风》一文中所说:"台湾沦陷五十年间,扶持正气,维斯文于垂绝者,唯诗。台湾诗社之风,冠于全国。然开风气之先者,实明末鄞人沈光文。"①

如果说这一时期台湾诗社之风冠于全国的话,那么台南善化的结社联吟则可谓引领全岛。善化古称目加溜湾社,是当年沈光文从事教学、创建诗社之地。在沈光文的影响下,善化成为台湾的人文渊薮,自清代以来就人才辈出,涌现出王捷元、王绍基等一大批文人骚客。日据时期,秀才林人文来善化设立私塾,蔡子钫、林珠浦先后来善化教学,讲诗法,创击钵,古典诗歌创作不仅没有在日本文化殖民政策下窒息而亡,反而呈现花蕾初放的景象。1930 年,善化文人王沧海、苏建琳创立"浣溪诗社",1931 年苏东岳、林清春等人又建"淡如诗社",倡导全岛联吟,颇极一时之胜,台湾光复之后两社合并,以沈光文的名字命名为"光文吟社"。1937 年正月初二,台湾善化籍诗人苏东岳倡祭沈光文,召集浣溪诗社与淡如诗社的十余位社友,在其豫园寓所隆重举行沈光文祭祀活动。在日本殖民统治的阴霾中,在中华文化备受摧残的厄运中,人们如此虔诚地纪念沈光文,追思先贤遗德与文化业绩,表达的正是对其所代表的民族文化传统的缅怀,对其眷怀故国的遗民气节的崇仰。

二、日据时期台湾文人的沈光文接受——以施士洁、丘逢甲为例

忠君爱国的遗民文化精神,是以沈光文、徐孚远、卢若腾等人为代表的明郑台湾诗歌的主旋律。日据时期,故土故园的沦丧、被殖民者的屈辱,使这一时期的台湾诗人再次体验到作为遗民的痛楚与悲怆。日据时期的台湾诗人,无论是离台内渡还是留居台湾,都成为被遗弃的"孤儿",成为眷怀故国、不甘臣服于异族统治的"遗民"。因此,这一时期的台湾诗人,亦多以"遗民"自称,如连横自称"台湾遗民";丘逢甲别号"海东遗民",其诗《别台作》诗前题注云:"将行矣,草此数章聊写积愤,妹情张君请珍藏之,十年之后,有心人重若拱璧矣。海东遗民草。"台湾新竹人王友竹晚年自号"沧海遗民",其诗作亦多表达其伤悼山河的遗民情怀,风格沉郁悲慨,苍凉凄楚。如《感述》一诗云:"沧海遗民在,真难定去留。四时愁里过,万事死前休。风月嗟肠断,山川对泪流。醉

---

① 龚显宗:《沈光文全集及其研究资料增编》(上),台南市政府文化局 2012 年版,第 270 页。

乡堪匿影,莫作杞人忧!"沈光文等明郑诗人所代表的以爱国主义与民族主义
为核心的遗民文化精神,跨越两百多年的历史长河,再次回响在日据时期台湾
诗人的诗作中。连横《台湾诗社记》论及日据时期的台湾诗坛云:"当是时台人
士多以诗鸣,而施耐公、丘仙根尤杰出。二公各有诗集,不特称雄海上,且足拮
抗中原。"以下即以施士洁、丘逢甲为例,对此问题作具体分析。

(一)施士洁

施士洁(1856—1922),字应嘉,号沄舫,晚号耐公,台南安平人。施士洁是
台湾科举史上的著名人物,他在秀才考试中因县试、府试、院试都是第一名,号
称"小三元"。他20岁中秀才,21岁中举,22岁中进士,从秀才到进士只用了
三年时间,这在整个中国科举史上都堪称奇迹。施上洁中进士后被封为"钦点
内阁中书员外郎衔诰授奉直大夫",但他生性恬淡,厌倦官场,向往"南舟北马
一任其所之,来似鸿兮去似鹤"(《艋川除夕遣怀》)的自由生活,于是辞官返台,
先后掌教于文开书院、白沙书院、崇文书院、海东书院。施士洁是光绪年间台
湾诗坛成就最高的诗人,与丘逢甲、许南英合称"台湾诗坛三巨擘",连横称:
"光绪以来,台湾诗界群推施沄舫、丘仙根二公,各成家数。"[1]甲午战争失败
后,台湾被割让给日本,施士洁十分痛心,曾协助团练局统领许南英招募义军
抗日。战斗失败后,施士洁返回大陆,写了许多诗作表达丧土离家的痛苦,希
望有像郑成功一样的民族英雄早日收复故园,诗风亦由前期的闲淡清雅一变
而为激愤悲凉。

《台湾杂感和王部峋孝廉韵》八首作于割台之前,多咏明郑故事,该诗其
六云:

> 半壁东南一梦阑,太师招讨竟封官。
> 林投井在红毛遁,竹沪坟荒白骨寒。
> 复甫经营真将略,斯庵怆哭老儒冠。
> 逸民传上张卢辈,不数当年戴叔鸾。

此诗以短小的律诗形式,对明郑史实进行了高度精粹的艺术概括,涵盖了
郑成功大陆抗清失败、驱荷复台、经营台湾、遗民东渡等重大历史事件,涉及郑
芝龙、郑成功、宁靖王、陈永华、沈光文、张士郁、卢若腾等明郑历史文化名人。

---

① 　连横:《台湾诗乘》,台湾大通书局1987年版,第215页。

尾联"逸民传上张卢辈,不数当年戴叔鸾",歌颂了沈光文、张士郁、卢若腾等明郑人物崇高的遗民气节。历史的流转竟是如此的诡异。谁曾想到,在两百多年之后的19世纪末,作为清廷腐败无能的牺牲品,台湾竟然遭遇了与明末清初的大陆相似的沧桑之变,沈光文、卢若腾等明郑遗民的悲剧命运又一次在施士洁、丘逢甲这一代台湾文人身上上演。

生逢乱世、国破家亡的惨痛经历以及渴望光复故土的爱国情怀,使施士洁对明郑时期诗人沈光文寄予了深切的同情,其七言古诗《吊沈斯庵遗老》云:

四明望族相门材(先生四明相国文恭公一贯之族孙),浩劫残生瘴海来。薧葬里犹称善化(葬台南善化里),萍漂集竟失"文开"(所著诗文号'文开集',今已失传)！蜉蝣身世余名教(却李制府率泰之聘),鹦鹉词章总祸胎(作赋寓讽郑经,几罹不测)。凄绝"东宁流寓考"(著"东宁流寓考"),□□□为逸民哀！罡风谪坠"草鸡"窠(郑氏入台时有"草鸡"之谶),"绝命"天球唤奈何(宁靖王字天球,有"绝命词")！胜国衣冠前太仆(官明太仆少卿),荒山"草木"老头陀(入山为僧,著有"草木杂记")。骑鲸霸业空凭吊(有人梦郑氏骑大鲸入鹿耳门),"梦蝶"游踪亦刹那(遗老李正青题所居亭曰"梦蝶")。剩有龙宫方术在,仙人岛上活人多(平日好施医药)。①

此诗详述沈光文身世、生平及著述,堪称以诗歌形式所做的沈光文传记。若联系施士洁个人的生平遭际来看,此诗在凭吊先贤、抒思古之幽情的同时,也寄寓了自身的"愤世嫉俗,悲天悯人之慨"。沈光文出身望族,所谓"四明望族相门材";施士洁亦出身于台南书香世家,少负奇才,以后世苏东坡自居。然而,在时代的沧桑巨变下,个人如同渺小的蜉蝣一般无法左右自己的命运,两人都经历了"浩劫残生瘴海来"的凛坎人生。但无论是沈光文还是施士洁,都以丰厚的文学创作实现了"立言"不朽的人生价值。沈光文创作了《台湾赋》《花草果木杂记》等多种著作,然多已亡佚,令人憾恨,所谓"萍漂集竟失文开"！而施士洁却为后人留下了收录一千多首诗作的《后苏龛合集》,在近代的台闽诗坛独树一帜,无愧于日据时期诗坛盟主的崇高地位。

"施士洁的一生与国家命运相起伏,处于动荡时代的诗人自觉地追求诗歌

① 施士洁:《后苏龛合集》,台湾省文献委员会1993年版,第194页。

的诗史价值,承担起时代见证者和记录者的使命。"①乙未割台是影响施士洁一生的重大历史事件,给诗人带来了毕生难以平复的深哀巨痛,他曾作《感时示诸将和陈仲英廉访韵》《同许蕴白兵部募军感叠前韵》《别台作》等诗,记载这场气壮山河的抗日保台运动以及故园沦丧的黍离之悲。在《和同年易哭庵观察〈寓台咏怀〉韵》一诗中,施士洁以"弃民"自称,抒发台湾沦陷于异族之手的悲恸之情:

> 两字头衔署弃民,避秦羞见武陵春。
> 梓桑脉络关泉厦,棠黍恩膏失召邠。
> 谁向南天撑赤手,那容东海变文身。
> 纷纷灞棘都星散,凄绝田横岛上人。

　　明末清初之际,东渡台湾的明郑遗臣以台湾作为"避秦"的"世外桃源";乙未之变后,丘逢甲、许南英、汪春源等众多爱国知识分子不甘臣服于异族统治,纷纷离台内渡,大陆又成了他们据以"避秦"的托身之地。施士洁携眷西渡后,归籍于祖籍所在地福建省泉州市晋江西岑村。尽管泉州、厦门与海峡彼岸的台湾一衣带水、血脉相连,但每每回忆起令自己丧失家园的乙未之殇,诗人的悲愤之情还是难以抑制。乙未割台后,台湾军民奋起自救,推举唐景崧为大总统领导抗日,岂料日军登陆台北后,唐景崧却携款内渡,仓皇西遁,颇受时论指责。故此,施士洁发出了"谁向南天撑赤手,那容东海变文身"的浩叹,这既是对唐景崧、刘永福之流的愤怒谴责,也是对郑成功式的救世英才的急切呼唤。这剀切激愤的呼唤,令人不禁联想到沈光文的诗句"东山谁稳卧,怀想古凝丞"(《言忧》)、"谁兴沜水业,且复共衔杯"(《与友弈》)、"即今天缺尤须补,孰上秋旻继女娲"(《秋吟》)……篇末,诗人表示,尽管抗日保台斗争已然失败,诗人也绝不肯做日本殖民统治下的贱奴,宁愿像秦汉之际的田横那样,永保坚贞不二的遗民气节。"避秦""田横"本是明郑遗民诗中常用的典故,如沈光文《贷米于人无应者》云:"我来避世如避秦,上下无交馈赠屯",郑成功《复台》云:"田横尚有三千客,茹苦间关不忍离",明郑时期与日据时期遗民诗歌在精神底蕴乃至艺术表达上的相通相契,由此亦可见一斑。

　　(二)丘逢甲

　　丘逢甲(1864—1912),又名沧海,字仙根,号仲阆,我国近代著名的爱国志

---

① 郭丽平:《施士洁的诗学思想及其文学创作》,《泉州师范学院学报》2015年第3期。

士与杰出诗人。他生于台湾省苗栗县,因生年为甲子年,故取名"逢甲"。丘逢甲生活于清末民初,在抗日保台斗争失败后被迫由台湾内渡到大陆;沈光文生活于明末清初,在大陆辗转抗清失败后流落于台湾,表面看来,两人生活的时代跨越了两百多年的历史长河,这两位诗人似乎没有太多的关联,然而,如果我们仔细检视丘逢甲的生平、思想、人格、精神,仔细品读丘逢甲存留下来的诗作,我们会发现,这两位诗人在经历、思想以及诗作所表达的思想情感等方面,竟然有着诸多的相似或相通之处。

从生平经历看,两人生活的时代虽然相距两百多年,却都不幸遭逢异族侵略、国破家亡的沧桑巨变,血与火交融的特殊时代铸就了他们作为遗民的悲剧命运,也铸就了他们可歌可泣的忠义精神与爱国情怀。

首先,他们都在民族危亡之际,由一介书生而投笔从戎、奋不顾身,投入保家卫国、抵抗侵略的武装斗争。明清之际的沈光文曾先后追随鲁王、唐王、桂王,在大陆东南沿海辗转流离,坚持抗清斗争十多年;丘逢甲则是在1894年甲午战争中清廷失败、台湾被割让给日本的时代背景下组建义军,力保台澎,终因粮饷缺乏、主帅无心抗战等原因而失败。

其次,二人在抵抗侵略的斗争失败后,都成为远离故土、漂泊异乡的"移民",对故乡的刻骨思念、对故土沦落敌人之手的悲愤,成为二人一生中最难忘的痛楚。沈光文是因一场飓风漂泊至台湾,在台湾度过了自己的后半生;而丘逢甲则是在抗日武装斗争失败后不得已而内渡,在粤东度过了自己的后半生。

再次,二人在武装斗争失败后,都以文化教育事业作为自己终身的职志。丘逢甲中进士后被朝廷授予工部虞衡司主事的职务,他却因憎恶官场的腐败,以亲老为由辞官返乡,在家乡台湾从事教育工作,先后任教于台南崇文书院、台中卫文书院、嘉义罗山书院,他也曾像沈光文一样从事台湾少数民族的教化工作,并因之而有"初祖"之誉。黄遵宪有诗赞曰:"赤嵌城高海色黄,乍销兵器变文光。他年番社编文苑,初祖开山破天荒。"被誉为"海东文献初祖"的沈光文对台湾方志做出了奠基性的贡献;光绪十八年(1892)台湾通志总局开设时,丘逢甲亦曾应唐景崧的聘请,担任《台湾通志》的采访和编撰工作。内渡之后,丘逢甲更深刻地认识到"非开民智养人才,莫能挽救国难",在广东潮汕地区讲学达七年之久,后又积极致力于新式教育,兴办"东文学堂""岭东同文学堂",培育了大批资产阶级民主革命人才。

更为巧合的是,这样两位对台湾文化教育事业做出巨大贡献的人物,都曾遭受后人的非议。沈光文因晚年与季麒光等清朝官员的交往而被某些后学指责,丘逢甲则被人指责未能与台湾共存亡,席卷军饷逃离台湾:"十三日,日军迫狮球岭。唐景崧未战而走,文武多逃。逢甲亦挟款以去,或言近十万云。"①好在历史总会做出公正的评判。沈光文的遗民气节,随着季麒光《蓉洲诗文稿》的被发现,已经得到公正的评价。丘逢甲曾遭遇的诬谤,也已有罗香林、丘复、沈云龙、蒋君章等多位学者以确凿的论据、令人信服的论断予以彻底澄清。②

　　从诗歌创作来看,沈光文诗歌因年代久远、亡佚甚多,只留存一百余首;而丘逢甲一生诗歌创作宏富,为后人留下两千余首诗歌③,其对社会生活的反映自然也更为深广。两位诗人虽然诗歌数量相差甚多,但其诗作均对后世产生了极其深远的影响,从诗作的思想内容来看,都突出表现了眷怀故国的忠义精神与去国怀乡的家国情怀。

　　沈光文诗歌是明郑时期台湾遗民诗的典型代表,沈光文生前密友、清初诸罗县令季麒光称其为"海外遗民",并将其与南宋末年的文天祥、陆秀夫相提并论:"斯庵之间关险阻,飘摇栖泊,视文履善、陆君实之徒,大略相似。迄于今,以悲凉去国之身,为海外遗民,斯庵之志苦,而其遇亦艰矣。"④沈光文来台之前的诗作,表现了其"冠裳不可毁,节义敢轻删"的遗民气节,来台之后,"以东宁片壤,寄其首阳之节",尽管有与清廷官员共组东吟社的文化创举,但其对遗民气节的坚守是不容置疑的,其诗作亦多表现其"序晚值风霜,劲节孰予侮"的孤高志节。

　　遭逢国破家亡之痛的丘逢甲也以"遗民"自称,别号"海东遗民"。丘逢甲内渡之初,其行踪为日本人侦悉,日本驻台首任总督山资纪派人跟踪到泉州,以金钱、地位作钓饵,企图说服逢甲返回台湾,被逢甲严词拒绝。这种坚贞不屈的遗民气节,与当年断然拒绝闽督李率泰书币之邀的沈光文何其相似!丘逢甲的两千余首诗作所表现的爱国主义精神,可以说正是明郑时期台湾诗歌遗民文化精神的回响。纵观丘逢甲的两千余首诗作,无论是对腐败无能的清王朝的谴责,对帝国主义列强侵略的愤恨,还是对郑成功、文天祥等古代英雄豪杰的追怀,对收复台湾的雄心壮志的抒发,都体现了强烈的爱国主义精神、坚贞不屈的遗民气节。丘逢甲为台湾诗人王松《台阳诗话》题诗云:"请将风雅

　　①　连横:《台湾通史》(下),商务印书馆2010年版,第776页。
　　②　参见丘铸昌:《台湾近代三大诗人评传》,华中师范大学出版社2011年版,第42—44页。
　　③　安徽人民出版社1984年出版的《岭云海日楼诗钞》收录丘逢甲诗歌约两千首,岳麓书社2001年出版的《丘逢甲集》收录丘逢甲诗歌类作品2559首。
　　④　季麒光:《蓉洲诗文稿》,《无锡文库》第4辑,凤凰出版社2012年版,第367—368页。

传忠义,斑管重回故国春。"可以说丘逢甲的诗作,本身就是"传忠义"的典范作品。如他在离台前夕所做的《离台诗》中写道:

> 宰相有权能割地,孤臣无力可回天。
> 扁舟去作鸱夷子,回首河山意黯然。
>
> ——其一
>
> 卷土重来未可知,江山亦要伟人持。
> 成名竖子知多少,海上谁来建义旗?
>
> ——其三
>
> 从此中原恐陆沉,东周积弱又于今。
> 入山冷眼观时局,荆棘铜驼感慨深。
>
> ——其四
>
> 英雄退步即神仙,火气消除道德编。
> 我不神仙聊剑侠,仇头斩尽再升天!
>
> ——其五

这组诗作不只抒发了河山沦丧、国破家亡的凄怆悲凉以及对腐败无能的清政府的满腔激愤,更洋溢着东山再起、雪耻复仇的英风豪气! 这样的诗,给予台湾人民以巨大的鼓励和力量,这正是丘逢甲诗作最可宝贵的精神气质。诚如南社著名诗人柳亚子对丘逢甲的称颂:"时流竞说黄公度,英气终输沧海君。战血台澎心未死,寒笳残角海东云。"

沈光文"漂泊台湾三十余载",终其一生也未能实现其归乡的愿望,怀乡之愁与羁旅之叹成为他的诗歌最重要的主题之一,其《怀乡》《感忆》《望月》《归望》《思归》等都是这方面的典型作品。丘逢甲自 1895 年 7 月被迫离台内渡之后,对沦落于日人之手的故乡台湾的思念,就成为他生命中一日不能忘怀的深哀巨痛。直到临终之际,他仍不忘交代家人:"葬须南向,吾不忘台湾也!"[1]因此,"念台志痛"诗成为其诗集中最为震撼人心、催人泪下的作品。这类题材的诗作不同于一般的乡愁诗,而是饱含着台湾同胞痛失家园的悲痛和对日本殖民者的愤恨,交织着壮志未酬的憾恨,沉郁悲慨,感人至深:

---

[1] 丘逢甲:《岭云海日楼诗钞》,上海古籍出版社 1982 年版,第 428 页。

春愁难遣强看山,往事惊心泪欲潸。

四百万人同一哭,去年今日割台湾!

——《春愁》

往事何堪说,征衫血泪斑。

龙归天外雨,鳌没海中山。

银烛鏖诗罢,牙旗校猎还。

不知成异域,夜夜梦台湾。

——《往事》

天涯断雁少书还,梦入虚无缥缈间。

兵火余生心易碎,愁人未老鬓先斑。

没番亲故沦沧海,归汉郎官遁故山。

已分生离同死别,不堪挥泪说台湾!

——《天涯》

愁云极目昼成阴,飞鸟犹知恋故林。

破碎河山收战气,飘零身世损春心。

封侯未遂空投笔,结客无成枉散金。

梦里陈书仍痛哭,纵横残泪枕痕深。

——《愁云》

"万里程何远,萦回思不穷。安平江上水,汹涌海潮通。"(沈光文《怀乡》)明清之际漂泊台湾的沈光文,曾隔着海峡遥望远在大陆的故乡宁波,绵绵不绝的思念如同汹涌澎湃的海潮冲撞着心房。日据时期身在祖籍粤东的丘逢甲,则远隔海峡惦念着在异族奴役下的故乡台湾。两位诗人生活的时代背景虽不相同,那凝结着家国之恨的乡愁却同样的深沉真挚,可以说是从不同的面相丰富了台湾乡愁诗的情感内涵。

三、连横在沈光文接受史上的贡献

在日据时期的沈光文接受史上,贡献最大者当属著名爱国史学家、文学家连横。连横(1878—1936),号慕陶,又号剑花,台南人。连横一生在史学、文学、语言学等方面都有卓越建树,著有《台湾通史》《台湾语典》《台湾诗乘》《雅言》《剑花堂诗集》《剑花堂文集》等,尤以《台湾通史》著称于世,被誉为"台湾的太史公"。

（一）对沈光文之遗民气节的赞颂

连氏家族素负民族气节。康熙年间,连氏先祖从福建龙溪东迁台湾,选择当年郑成功率兵收复台湾时的屯兵处台南城北隅的兵马营为居住地,以明遗民自居,"守璞抱贞,代有潜德,稽古读书,不应科试"。连横自幼深受郑成功爱国事迹的感染,创作了《春日谒延平郡王祠》《延平郡王古梅歌》等诗作歌颂郑成功的丰功伟绩。辛亥革命成功后,1912 年 2 月 12 日,就在宣统皇帝发布退位诏书的当日,连横挥毫写下《告延平郡王文》,以告慰郑成功的在天之灵:

> 中华光复之年壬子春二月十二日,台湾遗民连横诚惶诚恐,顿首再拜,敢昭告于延平郡王之神曰:于戏! 满人猾夏,禹域沦亡,落日荒涛,哭望天末,而王独保正朔于东都,以与满人拮抗,传二十有二年而始灭。灭之后二百二十有八年,而我中华民族乃逐满人而建民国……

连横在日据时代的台湾发愤述作《台湾通史》,是出于强烈的爱国保种的民族意识,同时也与他对旧志污蔑、贬损明郑历史的不满有关。连横曾读过清人修纂的《台湾府志》,他认为"旧志误谬,文采不彰",而且"其所记载,仅录有清一朝。荷人、郑氏之事,阙而弗录,竟以岛夷、海寇视之",因此,他决心撰写一部承袭《史记》体例、"叙事周详,议论公允"的台湾史书。连横说:"余居承天(即今台南市),延平郡王之东都也。缅怀忠义,冀鼓英风,凭吊山河,慨然陨泪。泊长读书,旁及志乘,而记载延平,辞多污蔑,余甚恨之。弱冠以来,发誓述作,遂成《台湾通史》36 卷,……所以存正朔于沧溟,振天声于大汉也。"(《闽海纪要序》)

在充满着爱国精神与民族正气的《台湾通史》中,连横不仅讴歌民族英雄郑成功,还特作《诸老列传》,以记载和表彰追随延平郡王郑成功的遗民志士。《诸老列传》是连横为沈光文、徐孚远、张煌言、王忠孝、辜朝荐、沈佺期、卢若腾等十七位明郑遗臣所做的合传,其中置于首位的就是沈光文传。该传与清代后期大多数史籍中的沈光文传一样,仍是在全祖望《沈太仆传》的基础上改易而成,主要改易之处有三:一是纪年方式的改变,将原作中的甲子纪年改为以南明三王的年号纪年,如改"乙酉"为"福王元年"、改"戊子"为"隆武二年"、改"辛卯"为"永历三年"等,纪年方式的改变反映出连横以南明为正统的民族主义思想;二是在人物称呼上,改"公"为"光文",改"郑成功"为"延平郡王"、"王",改"大兵"为"清人",体现出作者支持明郑而排斥清廷的政治立场;三是将"海东文献,推为初祖"至结尾的内容改为:"著有《台湾舆图考》一卷,《草木杂记》一卷,《流寓考》一卷,《台湾赋》一卷,《文开诗文集》三卷,邑人全祖望为访而刊之,志台湾者多取焉。同时居台者,有徐孚远、王忠孝、辜朝荐、沈佺期等,亦一国之贤者。"①对于沈光文等明郑诸老之遗民文化精神的颂扬,集中体现于《诸老列传》开篇的一段文字:

> 连横曰:正气之存天壤也大矣。《论语》志逸民,而冠以伯夷、叔齐。孔子称之曰"不降其志,不辱其身"。呜呼! 此则孔子之微意也。当殷之衰,武王伐纣,会于牧野,一戎衣而天下定,八百诸侯罔不臣服,而伯夷、叔齐独耻其行,义不食周粟,隐于首阳山,及饿且死,此则所谓求仁得仁者也。明亡之季,大盗窃国,客帝移权,缙绅稽颡,若崩厥角,民彝荡尽,恬不知耻。而我延平郡王独伸大义于天下,开府思明,经略闽粤。一时熊罴之士、不二心之臣,奔走疏附,争趋国难。虽北伐无绩,师沮金陵,而辟地东都,以绵明朔,谓非正气之存乎? 吾闻延平入台后,士大夫之东渡者盖八百余人,而姓氏遗落,硕德无闻,此则史氏之罪也。……余感沈、卢之不泯,而台湾之多隐君子也,故访其逸事,发其潜光,以为当世之范。《诗》曰:"虽无老成人,尚有典型。"有以哉!②

在这篇为诸老所做的合传中,连横将遗民文化精神称之为充塞于天地之间的浩然"正气",这种精神肇始于商周之际"义不食周粟"而饿死首阳山的伯夷叔齐,孔子誉之为"不降其志,不辱其身""求仁而得仁"。明末清初天崩地解的沧桑巨变,为这种气贯长虹的遗民气节的彰显提供了历史的契机。矢志抗清的郑成功以及追随郑氏东渡台湾的士夫遗老,就是这种遗民忠义精神最杰出的代表。清代的史乘与方志中,这些忠臣义士是被遗忘、被遮蔽的,所谓"姓氏遗落,硕德无闻"。连横以史学家的强烈责任感,满怀对这些忠臣义士的敬仰,立志为其作传,目的就是要"发其潜光,以为当世之范",即在日据时期的台湾,以沈光文、卢若腾等人的遗民气节,唤醒民族意识,弘扬爱国精神,鼓舞台湾民众反抗日本殖民者的斗争意志。

---

① 连横:《台湾通史》(下),商务印书馆 2010 年版,第 558 页。
② 连横:《台湾通史》(下),商务印书馆 2010 年版,第 557 页。

（二）对沈光文之文化史地位的推崇

连横不仅是日据时期台湾最负盛名的史学家，也是这一时期旧诗创作最有代表性的诗人，被列为"台湾沦陷时期的三大诗人之首"①。连横将中国古典诗歌视为"国粹"，将古典诗歌创作作为"谋保国粹"不倒、延续中华文化的有效途径，积极从事旧体诗的创作与传统诗社的组建。他的《剑花室诗集》存诗915首，其中律诗和绝句占90％以上。台湾沦陷后，他与陈瘦痕、吴枫桥等人结成"浪吟诗社"，这是"台湾沦亡后台湾岛上出现的第一个文人自发结社，起着维系中华文化于不坠的作用。此后全岛各地纷纷响应，形成诗社林立的局面"②。1906年，他又联合赵云石等十余位诗人，在浪吟诗社的基础上创建"南社"，这个诗社活跃在台南地区20余年，成为台湾近代著名的诗社之一。同时，由于连横在台中任《台湾新闻》社汉文部主任期间与栎社诸子结下深厚友情，又受邀加入了栎社。③ 20世纪20年代，为捍卫中华传统诗歌形式，连横甚至不惜与反对旧体诗的新文学青年展开论战。

作为中华传统文化最坚定的捍卫者与继承者，连横自然对第一位将汉诗带到台湾的明郑诗人沈光文有着更多的敬仰与尊崇。在《台湾通史·艺文志》中，连横对自明郑、清廷迄于日据时期三百年间的台湾文学发展历程进行了回顾与总结。开篇即云："台湾三百年间，以文学鸣海上者，代不数睹。郑氏之时，太仆寺卿沈光文始以诗鸣，一时避乱之士，眷怀故国，凭吊河山，抒写唱酬，语多激楚。君子伤焉。"④连横将沈光文确认为三百年来台湾文学的源头，认为沈光文是"始以诗鸣"的台湾诗歌第一人。不仅如此，他还指出，沈光文也是有史以来第一个台湾诗社的创立者："清人得台，耆旧多物故，光文亦老矣，犹出而与韩又琦、赵行可、郑廷桂等结诗社，所称福台新咏者也。"《台湾通史·艺文志》正文之后附有三个"表"，对三百年间的台湾文献作了辑录，"以供后人之考求"。"表三"记载了宦台人士所著书目八十种，凡一百六十卷，沈光文的著述被列于首位："《台湾舆图考》一卷、《草木杂记》一卷、《流寓考》一卷、《台湾赋》一卷、《文开文集》一卷、《文开诗集》一卷鄞县沈光文撰。"⑤充分表明了连

---

① 郭延礼：《中国近代文学发展史》，山东教育出版社1991年版，第939页。

② 丘铸昌：《台湾近代三大诗人评传》，华中师范大学出版社2011年版，第250页。

③ 栎社成立于1902年，由台中地区一批爱国诗人组成，是台湾近代诗坛影响最大、活动时间最长的一个诗社。

④ 连横：《台湾通史》（下），商务印书馆2010年版，第469页。

⑤ 连横：《台湾通史》（下），商务印书馆2010年版，第472页。

横对沈光文著述的重视。

关于沈光文之于台湾文化史的意义,连横曾作有一首短小而精粹的诗歌《咏史》:

> 扁舟东海去,文献启台湾。
> 诗礼传荒服,番黎拜杏坛。①

由此可见,在连横看来,沈光文既是"文献启台湾"的"台湾文献初祖",又是"诗礼传荒服"的"台湾文学始祖",更是"番黎拜杏坛"的"台湾孔子",这是一代史学巨匠对沈光文之文化史地位的崇高评价。

(三)对沈光文作品的辑录与保存

在史学、文学成就之外,连横对台湾历史文献的搜集和保护也做出了巨大贡献。按照"马关条约"的规定:"凡限满后尚未迁徙者视为日本臣民。"连横之所以在乙未割台后没有立即西返大陆,而是选择"忍垢偷生"留居台湾,实乃"欲为此异地遗民稍留未灭之文献"。他将多年搜集到的前人有关台湾的各类著作加以挑选,选择其中 30 余种(均为海内外孤本),汇编为《雅堂丛刊》,刊行于世。在日本当局在台积极推行殖民文化政策的背景下,连横积极投身于以保卫民族文化为宗旨的"汉学运动",除了创作汉诗、组建诗社,他还极为重视台湾古典诗歌的搜集与保存,编著《台湾诗乘》,创建《台湾诗荟》月刊,台湾文学始祖沈光文的诗作亦借此而得以保存和传播。

1.《台湾诗乘》

《台湾通史》于 1920 年出版之后,连横又花费三年时间,搜集整理历代台湾诗人与游宦游幕之人的诗作,以及历代大陆诗家吟咏台湾的诗篇,汇集编纂为《台湾诗乘》一书。《台湾诗乘》共 6 卷,20 余万字,收录了自明末清初迄于清末民初的诗人 200 余家。此书辑录保存了台湾历代诗人的诗作,且对有清一代台湾诗歌的发展演变状况作了较为中肯的述评,具有"清代台湾诗史"的价值。连横自云:"台湾三百年间,能诗之士,后先蔚起,而稿多失传。则以僻处重洋,剞劂未便,采诗者复多遗佚,故余不得不急为搜罗,以存文献。""余撰《诗乘》,搜罗颇苦,凡乡人士之诗,无不悉心访求。即至一章一句,亦为收拾,固不以瑕瑜而弃也。志乘凋零,文献莫考;缅怀先辈,剩此遗芳。录而存之,以

---

① 连横:《剑花室外集》,《台湾文献丛刊》第 94 种,台湾银行经济研究室 1960 年版。

昭来许,差胜于空山埋没也。"(《台湾诗乘》卷 2)这份珍惜存护台湾文献的苦
心孤诣,堪比清代为搜罗乡邦文献而不遗余力的史学家全祖望。

《台湾诗乘》之《自序》云:

> 《台湾通史》既刊之后,乃集古今之诗,刺其有系台湾者编而次
> 之,名曰"诗乘"。子舆有言,王者之迹熄,而《诗》亡,《诗》亡然后《春
> 秋》作。是诗则史也,史则诗也。余撰此编,亦本斯意。
>
> 　夫台湾固无史也,又无诗也。台为海上荒土,我先民入而拓之,
> 以长育子姓,艰难缔造之功多,而优游歌舞之事少;我台湾之无诗者,
> 时也,亦势也。明社既屋,汉族流离,瞻顾神州,黯然无色,而我延平
> 郡王以一城一旅,志切中兴,我先民之奔走疏附者渐忠励义,共麾天
> 戈,同仇敌忾之心坚,而抟雅扬风之意薄;我台湾之无诗者,时也,亦
> 势也。清人奄有,文事渐兴,士趣科名,家传制艺,二三俊秀始以诗
> 鸣,游宦寓公亦多吟咏,重以舆图易色,民气飘摇,侘傺不平,悲歌慷
> 慨,发扬蹈厉,凌轹前人;台湾之诗今日之盛者,时也,亦势也。①

这段文字精练地概括了三百年来台湾诗坛从荒芜"无诗"到诗作繁盛的发
展历程。"台湾固无史也,又无诗也。"第一个为台湾带来诗的人,就是明末清
初漂泊来台的沈光文。他不仅自己咏歌寄意,"登山问水,靡不有诗",为后人
留下了百余首诗歌作品,还与季麒光等清初宦台文士一起,组建了台湾岛上第
一个诗社"东吟社"。此后,古典诗歌成为清代台湾文学的主要样式。连横认
为"郑氏之时,太仆寺卿沈光文始以诗鸣",将沈光文视为台湾古典诗歌第一
人,极为重视沈光文诗文的价值,故此,《台湾诗乘》第一卷就辑录了沈光文的
诗歌。连横称其"著书甚多,台湾文献推为初祖;然书已散佚。余搜辑其诗,仅
得六十有九首,编为一卷"。此外,连横还将苦心搜集到的沈光文诗歌与张苍
水、徐孚远诗作辑为一书出版,名曰《东宁三子集》。连横在自序中称:"浏览旧
志,旁及遗书,乃得沈斯庵太仆之诗六十有九首。越数年,又得张苍水尚书之
《奇零草》。又数年,复得徐闇公中丞之《钓璜堂诗集》,刺其在台及系郑氏军事
者四、五十首,合而刻之。"由此可见连横对沈光文、张苍水、徐孚远三人诗作的
重视。

---

① 　连横:《台湾诗乘》,《台湾文献丛刊》第 64 种,台湾银行经济研究室 1960 年版。

2.《台湾诗荟》

《台湾诗荟》月刊创立于 1924 年二月,到翌年十月,因连横赴杭州西湖静养,令人承办,遂告停办,共刊出 22 期,是 20 世纪 20 年代中期台湾最负盛名的杂志之一。关于《台湾诗荟》创立之宗旨,连横称:"鄙人发刊诗荟,原非营业之计,良以台湾今日汉文废坠已极,非藉高尚之文字,鼓舞活泼之精神,民族前途何堪设想!""不佞之刊诗荟,厥有二义:一以振兴现代之文学;二以保存旧时之遗书。"①在 20 世纪 20 年代台湾文坛关于新旧文化的论争中,《台湾诗荟》成为坚守传统文化的舆论阵地。沈光文作为"台湾文献初祖""台湾文学始祖",其诗作自然受到连横的高度重视。《台湾诗荟》第 1 号、第 3 号、第 4 号、第 5 号计四期,以"沈斯庵诗集"为题,刊登沈光文的诗歌 69 首。在《台湾诗荟》第 2 号中刊载了连横所做的古风长诗《〈台湾诗荟〉发行,赋示骚坛诸君子》:

> 　　大雅今虽息,斯文尚未颓。凄凉怀故国,寥落感奇才。旗鼓骚坛建,诗歌汐社开。伤麟宣圣泪,叹凤楚狂哀。此土原榛莽,先民辟草莱。牛皮城突兀,鹿耳水潆洄。跋浪鲸驱矢,骞云乌逐桅。中原王气尽,海上霸图恢。正朔存唐祚,衣冠守汉谋。天教荒服启,人为典章来(旧史称郑氏之时,中土士夫奉冠裳而渡鹿耳者盖七百余人)。复甫经纶在,斯庵痛哭催。卢、徐工制作,孙、范亦兼该(孙司马元衡著《赤嵌集》,范侍御咸著《婆娑洋集》)……吊古徒悲尔,豪吟亦壮哉。流觞逢曲水,珥笔刷残苔。郢赋抒孤愤,齐言杂笑诙。几人追李、杜,有客学邹、枚。轶荡扪朝日,奔腾起怒雷。狗屠仍激越,蝶梦且徘徊。慷慨存吾志,扶持赖众材。秋蝉聊自苦,野鹤漫相猜。盛事传瀛峤,新编继《福台》(《福台新咏》为沈斯庵、季蓉洲等唱和之什,一名《东吟诗》)。诸公能济世,莫问劫余灰!

这首长诗,对从明郑到日据时期台湾诗歌发展的历程作了追溯与总结,可谓以诗歌形式所做的"台湾诗史"。"正朔存唐祚,衣冠守汉谋。天教荒服启,人为典章来。"明郑政权在台湾的建立,不仅将大明正朔移置到了台湾,也为草莱初辟的台湾带来了汉文化的曙光。"复甫经纶在,斯庵痛哭催。卢、徐工制

---

① 黄得时:《台湾诗荟与连雅堂先生》,见连横:《台湾诗荟》(上),台湾省文献委员会 1992 年版,第 3 页。

作,孙、范亦兼该",如果说满腹经纶的陈永华(复甫)是明郑各项政治制度的制定者,那么沈光文(斯庵)、卢若腾、徐孚远则是明郑文学的杰出代表。入清之后,台湾诗坛人才济济,相继出现孙元衡、范咸、朱仕玠、姚莹等众多诗人……诗篇最后,连横立足于现实,激励同侪继承明末清初沈光文、季麒光"福台新咏"社的诗骚传统,以诗歌创作接续薪火、鼓舞人心……由于连横等人的大力倡导与悉心培植,20世纪20年代的台湾,古典诗歌果然出现了蔚然勃兴的局面。载于《台湾诗荟》第13号的施韵珊致连横书云:"先生主持文坛,提倡风雅,使中华国土沦于异域而国粹不沦于异文化者,谁实为之?赖有此尔。独慨中原文字反忽焉没焉,举无足轻重。回首当年,不胜兴废之感。先生独能于海外振夏声之盛,为宗邦起文运之衰,殆天之未丧斯文欤?"[1]对连横力倡旧诗维系中华文脉的历史功绩,给予了热情的赞颂。

在第5号"诗存"中的《沈斯庵诗集》中,连横特作跋文一篇云:

> 右《斯庵诗集》一卷,鄞县沈光文著。
>
> 斯庵以明室遗臣,为东都逸老,零丁海上,著作等身。自荷兰以至郑氏盛衰,皆目击其事。台湾文献,推为初祖。著有诗文集《台湾赋》《流寓考》《文开杂记》。闻全谢山曾采入《甬上耆英集》。求之未得。唯《续选甬上耆旧诗集》有诗六首,合余所搜者计六十九首,编于《台湾诗存》。
>
> 谢山既为斯庵作传,复论之曰:"呜呼!公自以为不幸,不得早死,复见沧海之为桑田,而予则以为不幸中之有幸者。咸淳人物,盖天将留之以启穷徼之文明,故为强藩悍帅所不能害;且使公如蔡子英之在漠北,终依依故国,其死良足瞑目。然以子英之才,岂无述作委弃于毡罽?亦未尝不深后人之痛惜。公之岿然不死,得以其集重见于世,为台人破荒,其足稍慰虞渊之恨矣。公之后人遂居诸罗,今繁衍成族。会鄞人有游台者,予令访公集,竟得之以归,凡十卷。"
>
> 呜呼!谢山之论斯庵当矣!谢山虽为清人,而眷怀故国,景仰贤遗。忠义之士,其所著作,悉为收存而表彰之,以发扬潜德,亦天下之有心人也。
>
> 当时鄞人之居海上者,尚有张尚书煌言、陈光禄京第,均有集。

雅堂跋。①

　　这篇跋文对沈光文的评介,继承了清代史学家全祖望对沈光文"海东文献,推为初祖"的基本观点,摘录了《沈太仆传》中对沈光文的评论文字,对全祖望的保存文献与表彰忠义之功给予高度评价。除此文外,《台湾诗荟》第12号中的《明季寓贤列传》中亦有《沈光文传》,内容与《台湾通史》中的《沈光文传》相同。

　　光绪十八年(1892),台湾诗人丘逢甲凭吊沈光文墓地时,曾作《诸罗怀古》一诗:"飓风吹送海天来,遗老衣冠叹劫灰。故塚已平残集缺,再无人问沈文开。"面对"故塚已平残集缺"的凄凉寥落,丘逢甲感慨作为台湾文献初祖的沈光义早已被人遗忘。然而,令他不曾想到的是,仅仅三年之后,台湾就沦丧于日本殖民者之手,在日据时期的台湾,在与明清之际极为相似的历史情境之下,沈光文的名字再一次被人们从记忆中唤起。沈光文等明郑遗臣所代表的遗民气节,成为人们砥砺民族志节、反抗殖民统治的精神力量;沈光文所代表的中国古典诗歌传统,成为台湾人民维系民族文化血脉、抵御殖民同化的一面旗帜。

---

　　①　连横:《台湾诗荟》(上),台湾省文献委员会1992年版,第289—290页。

第五章

沈光文接受史述要(下)

　　根据海峡两岸沈光文接受的实际状况,我们将 20 世纪下半叶以来的沈光文接受史分为三个时期:1948—1977 年为沈光文接受的勃兴期;1978—1998年为沈光文接受的融合期;1999—2012 年(沈光文诞辰四百周年)为沈光文接受的繁荣期。

第一节　沈光文接受的勃兴期:1948—1977

　　1949 年以来,大陆学界将郑成功驱荷复台的历史功绩作为实现祖国统一大业的重要精神资源,因而关于明郑时期台湾史研究多集中于郑成功研究,论文、论著相当丰富,而对沈光文的研究长期以来则一直处于空白状态,直到 90年代才开始受到关注。总的来看,1948—1977 年,大陆的沈光文接受几近一片空白,而在海峡彼岸的台湾,沈光文接受则可谓"风景这边独好"。由许寿裳的《三百年前台湾破荒的伟人——海东文献初祖沈光文》一文发轫,洪调水、毛一波、盛成等众多学者纷纷致力于沈光文事迹的宣传介绍,沈光文遗迹的访求,以及沈光文诗文的搜集、整理与研究。在台北宁波同乡会的推动下,各项沈光文纪念活动陆续展开,沈光文接受呈现一派勃兴的局面。

一、许寿裳与台湾光复初期的沈光文接受

　　在抗战胜利后的台湾,为沈光文接受史掀开崭新一页的,首推为战后台湾文化重建做出卓越贡献的著名教育家、文学家许寿裳。

　　1946 年 6 月,许寿裳应台湾行政长官、同时也是自己的留日同学和绍兴

同乡的陈仪之邀,赴台主持台湾省编译馆。许寿裳曾在北京大学、北高师、女高师等多所高校任职,在文化教育界拥有崇高声望,他之所以毅然决定赴台就职,一方面出于对大陆国民党政权腐败丛生的政治环境的不满,另一方面,也是出于在台湾这块相对安定的土地上施展才华与抱负的强烈愿望。在长达半个世纪的日据时期,日本推行皇民化运动,全面推行日本文化,以淡化台湾同胞的民族意识,以至于当时六百万台胞连普通的中文书籍都没有能力阅读。陈仪在邀请许寿裳赴台的信函中说:

> 台湾经过日本五十一年的统治,文化情况与各省两样。多数人民说的是日本话,看的是日本文,"国语"固然不懂,"国文"一样不通;对于世界与中国情形,也多茫然。所以治台的重要工作,是心理改造。而目前最感困难的,是改造心理的工具——语言文字——须先改造。各省所出书籍报纸,因为"国文"程度的关系,多不适用。台湾的书报,在二三年内,必须另外编印专适用于台湾人的。①

由此可见,对于光复后的台湾来说,面临着比政治、经济建设更为重要的文化重建的艰巨任务,设立编译馆的目的就是尽快肃清日本殖民文化的影响,复兴中华民族文化。许寿裳主持编译馆后,不辱使命,为光复初期的台湾文化建设竭尽心力。编译馆成立了四个小组,各司其职:学校教材组负责中小学教科书的编纂,旨在唤醒民族意识,宣扬爱国精神,时隔多年之后,台湾中小学生又看到了用中文编写的教科书;社会读物组负责编纂普及性的"国文"读物,传播中国文化,以增进台湾同胞对祖国历史文化的了解与热爱;名著编译组负责编译世界名著,提高台胞文化素质与民主、科学素养……许寿裳认为:"台湾同胞要加紧语文和史地的训练,达到能够自动看懂祖国的名著,然后对祖国起了崇敬之心,爱国心有了源泉,滚滚不绝。于是民族意识增强,民族主义也自然发扬光大,到了强不可折的地步。"②故此,他为台湾民众的"国文""国语"教育呕心沥血,不辞辛劳。他亲自到师资讲习班授课,讲解"教授'国文'应注意的几件事";亲自撰写通俗读物《怎样学习"国语"和"国文"》,帮助原来学习日语的台湾青年打下"国语"基础。编译馆因受"二二八"事件的影响而被迫解散

① 转引自李照斌:《许寿裳赴台的心路历程》,《鲁迅研究月刊》2016年第9期。
② 许寿裳:《台湾需要一个新的五四运动》,见黄英哲等主编《台湾省编译馆档案》,福建教育出版社2010年版,第134—136页。

后,许寿裳虽为"坐看前功付陆沉"而不胜憾恨,但仍对台湾的文化建设充满了热情。1947年12月21日,他在台湾《新生报》发表《对于本省今后语文教育的一点意见》,对台湾的民族文化建设倾尽了心血。

1948年1月1日许寿裳在台北《和平日报》发表《三百年前台湾破荒的伟人——海东文献初祖沈光文》。不幸的是,就在此文发表一个多月后的2月18日,许寿裳就在台湾大学宿舍遇害。许寿裳与沈光文,虽然时隔三百年之久,却在生平经历、文化建树上有着颇多的相似。两人都是出生于浙江的硕学名彦,都从祖国大陆漂泊来台,在经历了异族殖民统治后的台湾筚路蓝缕从事汉文化的传播。如果说沈光文是"三百年前为台湾破荒的伟人",那么,许寿裳则堪称台湾光复后文化教育领域的拓荒者。"二二八"事件发生后,许寿裳反省这一事件的根源和性质,他认为:"此次变故,纯系奸人有计划暴动,与普通民变迥殊。溯其远因,当系受日本侵略教育之遗毒太深,语文隔阂,祖国文化懵无所知……此后治本之方,端在教育。弟忝司编译,自维力薄,亦惟有尽其在我而已。"(《致王泽民》)①这一见解,反映了他对"日本侵略教育之遗毒"严重性的深刻认识,也体现了他以民族文化复兴为职志的强烈使命感。

《三百年前台湾破荒的伟人——海东文献初祖沈光文》一文,堪称台湾光复后沈光文接受的发轫之作。文中,许寿裳将沈光文称为"三百年前台湾破荒的伟人",第一次将沈光文与郑成功相提并论:"民族英雄郑成功,自金陵一败,即渡海来开辟台湾,以为继续抗清、恢复祖国的根据地,他的丰功伟烈是尽人皆知的,还有一位飘零海上、先到台湾的伟人沈光文,则知者较少。他的幽光潜德也是应该表扬的。"②该文以全祖望的《沈太仆传》为据,分"光文的忠节""光文的教育事业""光文的结社、咏诗及其著作"三个方面对沈光文进行介绍。文章最后论及《鲒埼亭集》的作者全祖望的文化贡献,引用蒋学镛的题词,称扬全祖望编选《甬上耆旧诗》保存乡邦文献的历史功绩:诸多姓名湮没无闻的诗人诗作"一经选录,其诗传而其人与之俱传,遂令苍嶙碧血,苦竹贞松,无不涌见鬓眉,呈露芒角",而沈光文的诗作,亦因被编入《续甬上耆旧诗》而得以"发扬幽潜,永垂不朽"。

许寿裳的这篇文章虽然并未在沈光文事迹考证、诗文研究等方面有新的

---

① 彭小妍、施淑等编校:《许寿裳书简集》(上),台北"中国文史哲研究所"2010年版,第945页。
② 许寿裳:《三百年前台湾破荒的伟人——海东文献初祖沈光文》,台北《和平日报》1948年1月1日。

发现和突破,但它却是台湾光复之后第一篇对沈光文进行全面介绍和评价的文章,使台湾民众得以对沈光文的生平事迹和文化地位有所了解,也使沈光文开始受到诸多台湾学者的关注,开启了 20 世纪下半叶沈光文接受史的新篇章。由此文肇端,从 40 年代末到 70 年代,苏东岳、洪调水、黄典权、杨云萍、盛成等台湾多位学者纷纷致力于沈光文的介绍、宣传与研究,沈光文成为这一时期台湾学界的研究热点,沈光文接受呈现出前所未有的勃兴局面。

二、杨云萍、洪调水等台湾学者的沈光文接受

台南县善化镇是当年沈光文的传道授业之地,也是最后的埋骨之地。受沈光文的影响,善化渐成为台湾的人文渊薮,诚如龚显宗在《台南县文学史》中所说:"沈光文是本岛诗、文、赋的开创者,对台南县的文风与教育有很大的影响,特别是善化在其潜移默化下成了名闻遐迩的文教地区。"在 20 世纪下半叶的台湾,杨云萍、洪调水、苏东岳等善化籍文人学者纷纷致力于沈光文研究与宣传,善化自然也成为台湾地区沈光文接受的中心。1949 年前后,大批军政文教人士随国民党政府由大陆迁台。黄典权、毛一波、盛成等许多由大陆来台的学者,在台湾经历了与沈光文类似的"流寓"生涯,他们对这一时期的沈光文研究也做出了自己的贡献。限于篇幅,笔者在此只能择其要者而述之。

(一)杨云萍

杨云萍是善化人,作为台湾的知名学者,曾被许寿裳延揽进入编译馆工作,担任台湾研究组主任。编译馆解散后,任台湾大学历史系教授。杨云萍与许寿裳一样,非常重视沈光文研究。在沈光文作品搜集方面,杨云萍称:"我曾做过辑录斯庵的著作工作,计得诗约百首,数量还是不多。可是,方之连雅氏所得(《台湾诗荟》连载《斯庵诗集》),多近五成之谱。"[①]1954 年,杨云萍发表了《台湾的寓贤沈光文》,后被收入 1977 年出版的《沈光文斯庵先生专集》。该文以对全祖望《沈太仆传》的征引为主线,介绍了沈光文的生平事迹、著述以及对台湾文化传播、发展的贡献。与其他台湾学者的沈光文研究相比,该文有两点尤其值得注意:

其一,杨云萍基于台湾学者的视角,将沈光文视为台湾"寓贤"之首,肯定

---

① 杨云萍:《台湾的寓贤沈光文》,见龚显宗《沈光文全集及其研究资料增编》(下),台南市政府文化局 2012 年版,第 182 页。

了来自大陆的"寓贤"对台湾文化传播的贡献:"我以为这些流寓人士,是文化的'传播者'……假如该地方愈边僻,则流寓人士所占的重要性愈高。台湾过去是一'遐荒穷岛',其文化之传播、发展,有赖于流寓人士者尤多。"这一评价,是符合台湾文化发展的客观实际的。

其二,杨云萍第一次将沈光文来台时间问题视为沈光文研究的重要问题,并对此进行了审慎的考证。他说:"斯庵到台湾的年代——这是一个相当重要的问题,因为自一方面说,台湾文化史要从是年开始。"在沈光文接受史上,杨云萍第一次将沈光文来台时间问题提高到确立台湾文化史开端的高度,充分反映了他对沈光文文化史地位的重视。同时,他也是沈光文接受史上第一位对沈光文来台时间问题进行系统梳理和审慎考证的学者。早在 1943 年,杨云萍在《民俗台湾》第三卷第二号发表的《民俗采访之会》一文中,就曾对沈光文来台年代作过小考。在《台湾的寓贤沈光文》一文中,他第一次系统总结了有关沈光文来台时间问题的几种说法:

(1)永历五年(辛卯,1651)说。有人据全祖望《沈太仆传》、黄叔璥《台海使槎录》所载,得出这一结论。然而,杨云萍并不认同此说,他敏锐地指出:"细阅全氏所记,辛卯乃斯庵由潮阳航海至金门之岁,似不是说在是年,就飘到台湾。"

(2)永历三年(1649)说(连雅堂,林小眉氏等)。

(3)永历十六年(1662)说,依据为《台湾府志》(范氏、余氏)所载沈氏《东吟社序》。杨云萍否定此说:"盖永历十六年乃郑成功克台之翌岁,是岁五月,成功卒于台湾,而据各种记载,沈氏确在郑氏到台之前,已在台湾也。"

在否定了以上三种说法之后,杨云萍提出了自己的看法:"沈斯庵之渡台,当在永历六年(壬辰),即清顺治九年,西元 1652 年。自以为此推论,虽尚须继续研诗,可是,比较上列诸说,似值采取。(推论过程,且不再备记)"①

(二)洪调水

台南善化人洪调水(冰如),也是一位热心沈光文研究的台湾本地学者。1950 年,为寻访沈光文墓碑,台湾大学教授盛成曾专程来到善化拜访洪调水。后来,洪调水多次到台湾善化镇对沈光文遗迹进行实地考察采访,并撰文《沈光文遗迹与其诗》(1953)、《目加溜湾社考》(1956)、《沈光文归宿处与教学处》

---

① 杨云萍:《台湾的寓贤沈光文》,见龚显宗《沈光文全集及其研究资料增编》(下),台南市政府文化局 2012 年版,第 181 页。

(1965)。据洪调水考证,"目加溜湾社,即今善化镇溪尾里社内,沈光文教学处亦在此"。

　　除实地调查考证之外,洪调水亦着力于沈光文诗歌的研究。1962 年,浙江人应侠民移居于善化,与洪调水共作沈光文诗之研究。二人合作完成的《沈斯庵诗之研究》,发表于此年 12 月的《南瀛文献》第八卷。文章从四个方面对沈光文诗歌进行了探讨:一、"流寓金厦之沈光文";二、"沈光文晚节与其诗";三、"沈光文漂泊流寓年谱";四、"斯庵诗集误字订正"。洪调水认为,沈光文的《寄迹效人吟》《己亥除夕》《野鹤》均作于流寓金厦期间;《别洪七峰》《大醉示洪七峰》作于台湾。《大醉示洪七峰》是沈光文现存诗作中的一首重要作品,洪调水对此诗提出了自己的新见:"沈公蠢骂沈休文之不该,是自骂。暗示自己有受官府付托,交出文章。后来而觉大不合时宜之恨。'只知作桀犬,降表竟莫为'二句可以证明,台湾府志平台序,未必全出乎作者本意。"他在《沈诗〈大醉示洪七峰〉析解》一文中又说:"沈光文来台,与洪七峰交游,后廿六载。大醉中吐纳五言古诗,最露天真。其不得已作《平台序》心情及后悔,自可烛见。"可见,对于范咸《重修台湾府志》中收录的《平台湾序》,尽管盛成主张此文系范咸伪作,但洪调水并不认同,他认为《平台湾序》确系出自沈光文之手,但沈光文作此文系"官府之命","难以推诿",并非情愿,事后亦为此而深有悔意。在对沈光文来台时间的判断上,洪调水也以收录于范志中的《东吟社序》为据,认为是壬寅即 1662 年。

　　(二)苏东岳

　　作为出生于台湾善化的诗人、学者,苏东岳(号太虚)也对这一时期的沈光文接受做出了突出贡献。早在日据时期,善化的诗歌吟唱之风就颇为兴盛。1930 年,王沧海、苏建琳成立浣溪吟社;1931 年,苏东岳、林清春、陈寿南等人成立淡如吟社,"逐角全岛联吟,极一时之盛"。抗日战争后期随着"皇民化运动"的展开,台湾的私塾、诗社日渐萧条。台湾光复后,中华文化得以复苏,重新调动了台湾文人复兴诗社的雅兴。1948 年端午节,善化文化界知名人士苏东岳、苏建琳、洪调水等人聚会于益仁医院,成立草创总会,将原来的浣溪吟社与淡如吟社合并为"光文吟社"。光文吟社的成立宗旨,一是为了纪念台湾文化史上的第一位诗人沈光文,宣扬沈公遗德,筹备纪念事宜;二是继承东吟社遗风,开展联吟活动,"从此每月朔日轮流击钵,重整旗鼓,或提倡律诗唱酬,或共励排律古风"。光文吟社奉王则修先生为师表兼顾问,以诱掖诗社成员,并立"文行忠信"为社员规则。直到 1949 年 6 月,国民党政权在大陆全面溃败,台湾岛内实行戒严,诗社才自动暂时闭会。是年年底,苏东岳撰《善化三十年来骚坛》,回顾三十年来善化诗坛的发展历程。

苏东岳是沈光文接受史上倡祭沈光文的第一人。1937 年正月初二(公历 2 月 12 日),苏东岳邀集浣溪吟社、淡如吟社社友在其豫园私宅合开新春联吟会,敦聘新化宿儒王则修先生为词宗,并举行首次沈光文祭典,由苏东岳主祭。祭奠仪式结束后,全体成员在豫园前庭合照留念。此后,沈光文祭典因受到日本官警的监控而被迫中止。台湾光复后的 1948 年,苏东岳等人组建光文吟社。在苏东岳的倡导下,是年中秋节举行了光文吟社成立典礼暨沈公第二次祭典。第二次祭典,光文吟社社员与地方名士皆积极参与,据苏建琳所撰《沈公祭》:"沈公神位系王则修先生笔,墨迹淋漓,端楷大方,神前陈列释迦果、黄菊并四果以慰生平嗜好,会员行礼后奉读祭文、《沈公传》以宣其德。"1948 年 12 月 4 日,在苏东岳的倡导下,组建沈公纪念事业筹备会,由苏东岳任理事主席,洪调水等 7 人任理事,拟向社会各界名士募款,以编纂沈公诗文及举办各种纪念活动。此后,苏东岳对沈光文宣传与纪念做了大量工作。1953 年,他在《南瀛文献》发表《沈光文传》,大抵以《沈太仆传》为据,介绍沈光文生平;1955 年,发表《光文吟社的沿革》,简述光文吟社的历史沿革。

(四)黄典权

黄典权,福建漳州人,1949 年 8 月由厦门抵台,漳州籍旅台的著名学者,在明清史、台湾史研究上颇有建树,曾任台南市文献委员会编纂组长、台湾历史博物馆研究委员、台湾成功大学教授。黄典权在《台南文化》1952 年第 3—4 期上发表的《沈光文》一文,是 50 年代初期水平较高的一篇沈光文研究论文。在研究方法上,作者主要运用诗史互证的方法,以全祖望《沈太仆传》为线索,分五个阶段对沈光文之生平事迹进行了较为详细的叙述,包括:一、乙酉之前的沈光文;二、乙酉辛卯间大陆抗清的沈光文;三、辛卯辛丑间荷兰治下在台前期的沈光文;四、辛丑辛亥间在台中期的沈光文;五、辛亥戊辰在台末期的沈光文;第六部分则是对"沈光文台湾文献开山之功"的集中评述。对每个时期沈光文事迹与心态、情感的论述,作者都以沈光文的具体诗作为证,使论述更为扎实可靠,客观有据。如第二部分叙述"乙酉辛卯间大陆抗清的沈光文",除征引《沈太仆传》《海东逸史》之外,还引用了沈光文的诗作《葛衣吟》《寄迹效人吟》;第三部分"辛卯辛丑间荷兰治下在台前期的沈光文",结合了沈光文的《思归》六首、《野鹤》《菊受风残》《贷米于人无应者》《己亥除夕》《慨赋》等诗作。当然,由于作者将沈光文来台认定为 1651 年(辛卯)并据此来判断沈光文诗作的

创作时期,因此对有些诗作的判断自然不够准确,如《贷米于人无应者》应作于
沈氏寓居金厦时期,并非来台之后所作。

在对沈光文的历史评价上,黄典权的观点具有相当的典型性:

> 在一个剧变动乱的时代,一个文人要经不起时代的颠簸是绝顶
> 不幸的。明末清初的太仆(斯庵)就是一个经不起时代的颠簸、"行百
> 里,半九十"的当儿委屈了下来的人。在他晶莹光洁的一生,竟难免
> 蛀蚀了难恕的斑点,这是多么叫人惋惜的呀!但是我们不能就此把
> 沈氏的价值全抹煞了。他对台湾文化开山之功是永难磨灭的①。

一方面,黄典权以收录于范志中的《平台湾序》为据,批评了沈光文的晚节
不保,对沈光文晚年所谓的人格污点表达了遗憾。他还说:"清人亡明,斯庵虽
未屈节投降,但他此后的生活是黯淡无光的了。……于是他就黯淡地活了下
去。不幸的是他竟还要敷衍本是仇雠的清人,作了一篇叫后人痛骂的《平台湾
序》,他真是'不幸而不得早死'啊!"由此可见,黄典权相信《平台湾序》确系沈
光文原作。另一方面,黄典权赞同季麒光与全祖望对沈光文之文化史地位的
评价,肯定"沈斯庵是开启台湾文献的第一人",强调不能因其晚年变节而"就
此把沈氏的价值全抹煞了。他对台湾文化开山之功是永难磨灭的"。

关于沈光文对台湾文化的影响,黄典权总结为两点,一是沈光文对后世台
湾诗歌的影响。他认为"台湾的诗风和近代风起的诗社直接间接都深受他的
影响,这是斯庵开启海东文献的一方面"。黄典权还认为:"他的诗格可能深受
离骚和陶、韦二家的影响,加上他的精神参有佛道的静趣,所以他诗境功力俱
臻高妙,不管五言七言,都可叫人心移神动,列名家而无愧。"在 20 世纪五六十
年代的台湾,学者关注的多是沈光文生平事迹及诗歌内容方面,鲜有对沈诗艺
术予以评价者,故此,黄典权对沈诗的艺术风格与艺术渊源的这一评价格外值
得珍视。二是沈光文著作对台湾方志的影响:"假若没有他的那些作品,后代
的志书,内容可能贫乏,甚至产生都会困难的。在这里我们便可看出沈斯庵在
台湾文献开山另一方面功绩的伟大了。"黄典权没有停留于对前人"海东文献,
推为初祖"的称引,而是从诗风及方志两个方面具体剖析"台湾文献初祖"的内
涵及影响,观点是相当精辟的。

---

① 黄典权:《沈光文》,《台南文化》1952 年第 3、4 期。

(五)林光灏

历来研究两岸关系者,往往对闽台关系关注较多,而较少注意到浙江与台湾的文化渊源。1955年,林光灏发表于《晚香庵丛谈》上的《浙人与台湾诗风》一文,其最大特色就是第一次将浙籍士人与台湾诗歌联系起来,简要评述了唐代以来浙籍人士对台湾文化的贡献。林光灏认为,在所有的浙籍士人中,对台湾诗风影响最大者当属明末清初来台的沈光文:"台湾沦陷五十年间,扶持正气,维斯文于垂绝者,唯诗。台湾诗社之风,冠于全国。然开风气之先者,实明末鄞人沈光文。"①沈光文之后,康熙三十六年来台采硫的诸生郁永河、乾隆六年的巡台御史兼提督学政张湄、乾隆十年的巡台御史范咸,均对台湾诗歌的发展做出了贡献。总之,从台湾第一首诗《题澎湖屿》的作者浙人施肩吾,一直到阮毅成,浙籍士人对台湾诗风的形成功莫大焉。《浙人与台湾诗风》一文虽然简短,然视角独特,对研究两岸文化交流尤其是浙台文化交流颇具启发意义,后来台湾学者龚显宗《东吟社的浙地因子》一文,或许就曾受到此文启发。

(六)毛一波

毛一波(1901—1996),四川自贡人,曾任《巴蜀日报》《华西日报》主笔,在20世纪30年代的重庆报界很有名气。1947年,赴台北任《和平日报》总编辑。1950年,转任台湾省"文献委员会"编纂兼编纂组长,兼任文化学院研究员等职,在台湾文献、史志研究方面成就卓著。

毛一波《试论沈光文之诗》在对陈汉光《沈光文诗辑注》进行评论的基础上,对陈作中所搜集的沈光文诗作逐一进行了简要解读。毛一波认为陈作的贡献主要有三:一是对沈光文诗歌的辑录。"此次陈作最大功劳,便是对于沈光文诗的辑录。因为在过去和现在的台湾书刊中,我还没有看见第二人能收辑到沈诗至一百零二首。"②针对陈作中录诗的情况,毛一波认为:"录诗的顺序既不分体,自应编年。不过,光文的生平,史志所载失详,而其他文献资料亦不足,故甚难作系年的工作。"二是对沈光文来台年代的考证。三是对沈光文诗歌的注释。对于陈汉光的注释,毛一波称"注诗不易,仁者见仁,智者见智","其中所说,有的我很同意,有的却不敢赞成",于是在《试论沈光文之诗》一文中,依照陈汉光所列沈诗的顺序,逐首推敲诗意,提出自己的解说。毛一

---

① 林光灏:《浙人与台湾诗风》,见龚显宗《沈光文全集及其研究资料增编》(上),台南市政府文化局2012年版,第270页。

② 毛一波:《试论沈光文之诗》,《台湾文献》1958年第3期。

波对诗意的解说极其简短,多以寥寥数语点明诗歌主旨,并推测创作地点。文章最后,毛一波谈及阅读沈诗之后的总体感受云:"第一,通观光文的诗作,找不到半句'剧秦美新'的句子,反之却逐首看出他思明复明的心情。第二,通观光文的诗作,除叹老嗟贫外,便是伤心国事,不合时宜,境遇迫人,奉迎无术(盖不屑为之)。故不满现实之语,所在多有。自然也如朱仕玠所说,不免感伤了一点。第三,以各诗内容所透露的消息言,似乎他的来台,仍在郑成功以前。"应该说,以上三点对沈光文诗歌的评价还是颇能切中肯綮的。

三、盛成的沈光文接受

在 20 世纪 50—60 年代的台湾学界,对沈光文研究最深入、最系统的学者当属著名文史学家盛成。盛成(1899—1996),江苏仪征人,早年曾参加辛亥革命、五四运动、抗日战争。1947 年盛成被聘为台湾大学教授,讲授中国政治思想史、国际政治与孔孟荀哲学。1956 年,盛成因被陈诚怀疑为中共党员而戴上"红帽子",被台大解聘,实际上处于被软禁状态。之后盛成任教于台北文化学院、淡江学院等台湾高校,1965 年侨居法国。1978 年盛成回祖国,任北京语言学院一级教授。从 1947 年到 1965 年,盛成在台湾居留了 18 年,这期间他倾力于台湾历史文化的研究,撰写了《复社及几社文化与台湾》《荷领时代台湾的农业》《连横著〈台湾通史〉评价》等多篇论文。

盛成极为重视台湾文献初祖沈光文的文化业绩,凭借其深厚雄博的文史功底,对沈光文研究做出了重要贡献。1953 年,盛成作《荷据时代之沈光文》。1955 年,他在《学术季刊》发表《沈光文与明思宗及南渡诸王》,对沈光文与明思宗朱由检以及南明诸王的关系进行了分析。1961 年,盛成先后在《台湾文献》发表了《史乘与方志中的沈光文资料》《沈光文自著诗文中之自述》《沈光文之家学与师傅》《沈光文公年表及明郑清时代有关史实》等四篇文章,在深度与广度上进一步推进了沈光文研究。1977 年出版的《沈光文斯庵先生专集》"例言"云:"本书编辑资料,采诸季麒光《蓉洲诗文稿》……而以台大教授盛成先生所撰沈光文之研究最为详尽,故泰半摘载,以备研考。"对盛成之沈光文研究的价值作了充分肯定。

(一)对沈光文研究资料的搜集与梳理

文献资料的搜集与整理是治学的基础。然而,在 20 世纪 50—60 年代,沈光文研究尚处于拓荒和起步的阶段,资料的匮乏成为治沈光文研究者面临的首要困难。有关沈光文的资料,散见于清初以来的各种史乘与方志中,支离散乱,对沈光文研究造成很大不便。为此,盛成不惮辛劳,爬罗剔抉,在当时的历史条件下,遍寻有清以来的各种文献,将散见于各种史料中的沈光文资料搜集在一起,撰写了《史乘与方志中的沈光文资料》。盛成所搜集的资料包括:季麒光的《沈文开传》(黄叔璥《台海使槎录》转引),金鋐《福建通志》、陈梦林《诸罗县志》、刘志、范志、鲁鼎梅《重修台湾县志》中的沈光文传,全祖望《沈太仆传》,以及《南疆逸史》《小腆纪传》《台湾通志稿本》《台湾通史》《清史稿》中的沈光文传。盛成不只是简单地抄录和罗列这些史料,而是对上述资料进行梳理,力求厘清各种沈光文传流变发展的脉络。为此,他专门作了《方志中沈光文传之源流关系表》和《沈光文新传源流之关系表》,使清初以来各种沈光文传的承袭关系一目了然地得以呈现。由这两张图表可知,盛成以全祖望《沈太仆传》为分水岭,将沈光文传分为两个系统:一是以季麒光《蓉洲诗文稿》中的沈光文传为源头的传记系统,一是以全祖望《沈太仆传》为源头的传记系统。盛成对于季麒光《蓉洲诗文稿》价值的认识尤其值得我们重视:"《蓉洲诗文稿》,则不见于四库总目,恐与文字狱有关。今所录者,乃黄叔璥《台海使槎录》卷四《赤嵌笔谈》杂著所引。黄叔璥于康熙末年来台,距季氏去台仅三十六年;季氏则与沈光文同时,且有往还,是为直接资料。"由此可见,盛成虽未能亲睹季麒光《蓉洲诗文稿》,但他对此书之于沈光文研究的价值极为重视,认为可作为沈光文研究的"直接资料",体现了一代文史大家的敏锐眼光。

《史乘与方志中的沈光文资料》一文,不仅体现了盛成作为一代文史大家的卓越识见,也体现了其细致、严谨的治学作风。对于史乘与方志中的诸篇沈光文传,他并没有止于简单地辑录汇编,而是析精剖微,或对其中细微的文字差别进行比对,或对文字背后的深意详加剖析。如他抄录《台海使槎录》中转引的《蓉洲文稿·沈文开传》,在"及郑大木掠有其地"中的"郑大木"三字后面,他添加按语道:"按此处不书伪郑,亦不写郑成功而用成功之号,成功本名森,号大木,不称名而称号,阴尊之也。"在"郑经嗣爵"后加按语曰:"不称嗣位而称嗣爵,贬之也。"由一字之差而读出其中的微言大义,其治学之精微审慎,令人叹为观止!

此外,《沈光文公年表及明郑清时代有关史实》也具有重要的资料价值。盛成采用编年的形式,从1612年沈光文出生之年,到1688年沈光文卒年,逐年记载沈光文生平以及当年发生的中外历史大事。与一般年谱不同的是,该文还记载了沈光文去世后的270年间(1688—1958)有关沈光文接受的重要事件。可以说,盛成不仅是第一位对沈光文一生行谊进行系统编年的学者,也是第一位对沈光文接受史进行系统梳理的学者。

(二)对沈光文诗文的研究

1961年,盛成在《台湾文献》第12卷第2期发表《沈光文自著诗文中之自述》。论文开篇,盛成即指出:沈光文的作品分为诗和文两大部分,相对而言,诗的价值远大于文。这是因为"诗与文之性质不同,诗乃赋志与抒情之作,可说因求自己的安慰而为自己所写的……故诗比较真实而可靠,虽有时诗亦有内草外草之分。而文章常为应酬之作,可说多因他人之请求而为别人写的,于是必须斟酌。意思与词句,都要推敲。还有许多顾虑,否则为爱憎所白,必至不测。至于为自己所写的,多秘而不传。因此文集有内外之分……因此,传世之文章比起诗来,其真实性与可靠性,是相对的而非绝对的。因为诗,可说'褒贬岂容官吏定,是非惟有野人知'。而采入官书的文章,则正相反,那是'褒贬唯有官吏定,是非岂容野人知'了。沈归愚云:'人必论定于身后。'若身后而论不定,则当'以诗存人'"。① 盛成之所以有如此一番论述,乃是基于沈光文存世作品的特殊性而言的。诗歌之外,沈光文存世的文章唯有收录于范志中的《平台湾序》与《东吟社序》,而这两篇文章,据盛成考证,认为都已不是沈光文原作,而是经过后人改窜的伪作。如以这两篇文章为据,就会造成对沈光文的严重误读。正因如此,盛成才格外强调沈光文存世诗作的价值。

盛成以沈光文诗歌(陈汉光辑注的102首诗)为依据,通过对诗歌的解读,探究了沈光文的家世、籍贯、生平等。对沈诗中涉及的南明历史人物,如洪七峰、顾南金、张名振、宁靖王、卢若腾、曾则通、曾体仁、王忠孝、庄桤庵、齐价人等,也逐一进行了介绍或考证。盛成对沈光文诗歌的解析,往往旁征博引,充分体现出其渊博的学识与超拔的识见。诚如洪调水所云:"历代儒林所记沈光文传,皮毛躯壳耳……盛成教授著沈光文研究,搜材颇广,理论精密,肢肉骨骼精神毕露,空前巨作也。"②然而,限于当时研究资料的不足,盛成对某些诗作的解读未必完全准确。如关于《寄迹效人吟》一诗,原诗小序中称"辛卯(1651)以来,借居海岛",首句又云:"不道十余载,犹然若故时。"盛成对该诗创作时间的判断——1657年,还是相当合理的,但由于他将沈光文来台时间判定为辛卯(1651),因此自然认为此诗作于台湾——"即荷人所借居之台湾"。事实上,

---

① 盛成:《沈光文自著诗文中之自述》,《台湾文献》1961年第2期。
② 洪调水:《读盛成著〈沈光文研究〉有感》,《南瀛文献》1964年第9卷。

这里的"海岛"并非台湾,而是指金厦海岛。组诗第一首的首句"不道十余载,犹然若故时",若从"丙戌(1646)乘桴"算起,这说明沈光文在1656年之后仍然滞留金厦海岛,且十多年来境况依然未有大的改观。组诗第四首中有"艰难依鹭渚"之句,厦门简称"鹭",别称"鹭岛",更透露出此诗不是作于台湾,而是作于金厦一带。又如,盛成认为《赠友人归武林》为"戊子煌言自长垣返浙时"光文送别张煌言之作,《贷米于人无应者》"乃光文于清顺治十八年作张煌言诗者",《发新港途中即事》等为赠徐孚远之作,似无确凿的文献根据。

对于沈光文的遗民气节,盛成给予高度评价:

> 程颐正叔有言:"饿死事小,失节事大。"人知光文之诗,而不知光文之所以为诗。光文为胜国遗臣,又终完节。当时之人,即如顾亭林之母王氏遗言:后人勿事二姓。光文寄食海外,与朱之瑜(舜水)相同。不幸成功病故,子经僭立,甘作首阳之饿,不肯妄有妄取,授徒自给,三旬九食,习以为常,而妻孥不能耐也。……胜国遗臣不负明室,不食周粟,不仕二姓,甘心忍饿。光文之诗言饥饿者多矣。如"西山饿早分""士学西山羞不死"……光文自谓熟惯穷愁……久安寂寞……久作栖迟,贫病交加。但是他说"支命全亏骨","矫矫心如石","傲骨我终持","时当晚季傲为真","节义敢轻删","将传岛上史","力任一身纲",身负纲常,传之岛史。即是出家,乃有托而逃,"是衲全留发","每每托逃禅","究竟此身无处著,每因散步到禅关",而"未能支厦屋","志气似难骧"耳。光文一生,乃"野菊""野性偏宜野,寒花独耐寒,经冬开未尽,不与俗人看"耳。

由此可见,盛成对沈光文的遗民志节的评价绝非主观臆断、随意拔高,而是完全建立在对沈光文诗作研究的基础之上,"以诗存人",以诗证人。诚如毛一波所言:"通观光文的诗作,找不到半句'剧秦美新'的句子,反之却逐首看出他思明复明的心情。"

盛成一方面极为珍视沈光文诗歌的价值,认为"这是研究沈光文最好的直接材料",另一方面,对于范志中收录的《平台湾序》与《东吟社序》,他虽认为已非光文原作,但亦没有等闲视之。首先,他通过审慎的考证,得出两文皆已经过后人改窜的结论。关于《东吟社序》,盛成认为:"先论《东吟社序》,'沈光文'之上,冠以'前太常寺少卿'六字,光文为太仆寺少卿,故其墓俗称军墓。作伪者,必不疏忽此一点而露出破绽,此乃暗示内容删改增润之谓。乾隆谕旨:'明季诸人书集,词意抵触本朝者,自当在销毁之例……若刘宗周、黄道周……以上诸人所言,……惟当改易违碍字句……"《东吟社序》之'酌改'或'略为节润',自属无疑。范咸当时之苦心,即在保存公之遗著,而不使之失传。因此序中,'润'出'康熙二十四年''归于圣代','奉命来莅'。又有'余自壬寅,将应李部台之召,舟至围头洋,遇飓漂流至斯……今二十四年矣'。""此篇《东吟社序》,极其浇乱。骈体而夹散文,不伦不类。此无他,'酌改'过甚,'略润'太多。"①至于《平台湾序》,盛成认为:"《平台湾序》,乃后人伪作,破绽百出,若依文气与文体而言,较之东吟社序,尤为明显。似粗知文义而不知文格者,中有雅词,忽参鄙词""其蓝本则为沈氏原著《台湾舆图考》与《台湾赋》,皆载在方志,而今失传"②。盛成关于《平台湾序》与《东吟社序》的推断,澄清了先前一些学者对沈光文晚节问题的质疑,得到卢嘉兴、侯中一等诸多学者的赞同,成为70年代后期台湾学界普遍认可的一种观点,侯中一在《沈光文斯庵先生专集》之《编后记》中认为"甚有见解,可补黄典权先生之失也"。其次,盛成效仿李瑶删削温睿临《南疆逸史》原序例,删削《东吟社序》,以求最大限度接近原作;将《平台湾序》拆解为《台湾赋》和《台湾舆图考》二文,试图还原出原作的真相,并对此作了详细注释。经盛成注释的《台湾赋》和《台湾舆图考》,皆收录于1977年出版的《沈光文斯庵先生专集》中。

四、台北市宁波同乡会对沈光文接受的贡献

在20世纪六七十年代的台湾,台北的宁波同乡会对沈光文接受作出了重大贡献。早在1953年,王善卿于《宁波同乡》月刊发表的《同乡旅台之鼻祖——沈斯庵先生传略》,引起了台北宁波同乡理事会的注意。在1964年6月11日召开的理事会上,正式提出了关于纪念沈光文的议题,但并未付诸行动。是年,宁波同乡贺仁泰在《宁波同乡》第6期刊登《乡贤沈斯庵先生事略》,再次引起理事会关注。1975年10月,台北宁波同乡会第五届八次理事会召开,宁波乡贤周国瑛提出"请修葺明故乡贤沈太仆墓,并刻石立碑,岁时祭扫,以敦教化,而崇敬先贤"的建议。这一提议受到与会理监事之重视,决议原则通过:先组织访问团前往嘉义,探访沈光文后裔流寓情况、寻访墓址所在地,然后会同有关方面,刻碑修葺,广为宣传。

① 侯中一:《沈光文斯庵先生专集》,文海出版社1980年版,第114页。
② 侯中一:《沈光文斯庵先生专集》,文海出版社1980年版,第134页。

1976 年 4 月，由宁波同乡理事会理事长沈友梅领队，携胡起涛、李子瑜、张行周三位理事组成的专案小组，由台北赴台南县善化镇，实地查访沈公史迹。专案组此次查访了沈光文生前教学、行医的善化镇溪美里溪尾社（古称目加溜湾社），查看了沈光文归宿之处——位于善化东堡的公共墓地，"但见一片坵墟，荒草萋萋而已，而沈公之墓，已无迹可寻，即公共墓地，间亦翻建房屋，火车站前有'光文路'，数百年来，沧桑之变，可兴浩叹！"①调查还发现，善化镇内有光文路、文开桥、斯庵桥三处地名皆以沈光文之名命名，可见当地居民对沈光文之敬仰备至。

1977 年 3 月，由台北市宁波同乡会聘请侯中一负责编纂的《沈光文斯庵先生专集》正式出版。侯中一在《编后记》中阐明其编纂宗旨云：

> 明太仆斯庵公，以明末忠贞之士，抱孤臣孽子之心，流寓台湾，设帐授徒，创设诗社，后世尊为文献初祖。景仰遗徽，乃求一完整之书而不可得，文集既残缺，传记亦简略，幸其遗诗尚存，蒐集百余首，得窥其处境之艰苦！

> 斯庵公毕生志节，要在以"反清复明"为奋斗目的。其人其事，足可与朱舜水、顾亭林、王船山诸先贤同垂千古！有关生平事功，未付祖龙之诗文，以及近人评论，与其他记述怀念诗等，均编入集内，不但足以正人心，匡末俗，更具有砥砺民族气节，发扬爱国精神，亦藉此宏扬斯庵公潜德幽光，为区区私衷所企祷者也！②

该书汇集了沈光文遗诗 104 首（七言 41 首，五言 63 首）、遗文 4 篇，包括《台湾赋》《台湾舆图考》《东吟社序》和《平台湾序》，同时还收录清代以来的沈光文传记 19 篇。此外，还有盛成、洪调水、杨云萍等人的研究文章和史迹调查，并附今人咏沈光文的诗、赋、联。《沈光文斯庵先生专集》资料丰富，内容翔实，堪称 20 世纪下半叶台湾地区有关沈光文研究的集大成之作。

要之，勃兴期的沈光文接受，以 1948 年 1 月 1 日许寿裳发表《三百年前台湾破荒的伟人——海东文献初祖沈光文》为肇端，以 1977 年《沈光文斯庵先生专集》的出版为里程碑，在沈光文诗文的搜集、研究以及沈光文业绩的宣传、纪念等方面，均取得很大成就。这一时期台湾的沈光文接受之所以呈现勃兴局

---

① 侯中一：《沈光文斯庵先生专集》，文海出版社 1980 年版，第 4 页。
② 侯中一：《沈光文斯庵先生专集》，文海出版社 1980 年版，第 386 页。

面,绝非偶然,而是与当时台湾特殊的时代背景和政治文化环境密切相关。

首先,台湾经过日本五十年的殖民统治,中华文化遭到空前摧残,肃清日本殖民文化的影响、重建民族文化,成为台湾光复之后的当务之急。在此背景下,三百年前漂泊来台,在荷兰殖民统治下第一个在台湾传播汉文化的沈光文,自然成为极具象征意义的文化图腾。可以说,对沈光文的介绍、宣传,适应了战后台湾民族文化复苏的需要。

其次,沈光文接受在 20 世纪 50—70 年代的台湾出现勃兴局面,亦与由大陆迁台的台湾文化界人士的同乡情结有关。1949 年前后,随国民党当局败退台湾的 200 万大陆人,处于两岸隔绝而又归期无望的痛苦中,怀旧思乡成为最普遍的时代情绪。台湾地区的当局者多为浙江宁波人士,不少文化界、教育界的知名人士如贺仁泰、沈达夫、侯中一等皆来自浙江,对沈光文这位三百年前漂泊来台的乡贤,自然有着更多的亲切感。寓台学者对沈光文在易代之际漂泊动荡的人生际遇深有感慨,对沈光文的忠贞志节与文化业绩崇仰备至,在对沈光文的研究、宣传与缅怀之中,也寄托着自身深沉的故乡情愫。

第二节　沈光文接受的融合期:1978—1998

一、海峡两岸沈光文接受的融合

1978 年是沈光文逝世 290 周年,沈光文纪念碑的竣工堪称此年度沈光文接受的标志性事件。1978 年 1 月 31 日,在台北宁波同乡会的倡导和各方人士的热心筹划下,沈光文纪念碑顺利竣工。纪念碑位于台南市善化镇光文里大竹园,斯庵桥以北二十米处,自善化火车站下车,沿光文路北上,徒步五分钟即可到达。庄严肃穆的牌楼上方,前书"山高水长",后书"弘道海东"。牌坊正门两侧有林洋港恭撰的对联:"为明朝存正朔台湾文献推初祖;以汉学授先民华夏精神奠始基。"碑侧门的对联是:"遇晴听月为孤贞寄篱共仰清风亮节;浮海乘桴成文献初祖常瞻潜德幽光。"纪念碑上刻有"沈光文斯庵先生逝世 290 周年纪念碑"字样,碑文云:

> 沈光文(1612—1688),字文开,号斯庵,浙江鄞县人。1652 年乘船迁居泉州,遇飓风飘至台湾,郑成功入台后曾"以客礼见"。郑经继

位后,见军政日削,乃作赋讽之,几遭杀身之祸,遁入罗汉门内(内门),1673年移居目加溜湾(善化),于社内设学教导平埔人,并创设全台第一个诗社东吟社,留下可观的诗、文、赋作品。康熙二十七年(1688年)逝,葬于坐驾里,台南县政府于1978年设纪念碑,并留有光文里、光文路、光文桥之名;善化庆安宫后殿有其神像,与五文昌合称"六文昌",每年中秋节有专祀祭典。

1982年10月1日,台南善化镇庆安宫举行"开台先师"沈光文神像的升座典礼。"由台北市宁波同乡会以香梓木雕成的一座身高1.6尺的沈公神像,从台北恭迎至善化镇庆安宫的文武殿。善化镇长任主祭,台北同乡会理事长沈友梅为陪祭。台北的沈氏宗亲会、云林县大碑乡丰冈村沈公后裔等数百人举行入祀祭礼大典。祭奠庄严隆重,鸣炮、奏乐、上番、献酒、读祝文。"①善化庆安宫是台南县奉祀妈祖的三大庙宇之一,供奉"五文昌"。这里曾是明郑时期沈光文教学之所,地方民众感念沈光文倡学有功,将沈光文神像与"五文昌"合祀,成为"六文昌",并于每年中秋节举办"五文昌帝君暨开台先师沈光文秋祭释奠典礼"。沈光文神像入祀庆安宫,使沈光文的生平业绩为更多的台湾民众所了解,沈光文的影响逐渐由学界扩大到更广泛的社会阶层。

1978年,中国开始实行改革开放。1979年1月1日,全国人民代表大会常务委员会发表《告台湾同胞书》,宣布采用和平方式统一祖国的方针,并呼吁海峡两岸实行通航、通邮、通商和探亲旅游。《告台湾同胞书》是两岸关系经历三十年敌对之后的重大转折,开创了两岸关系和平发展的新时代。以此为基础和起点,台湾当局也逐步放弃"三不政策"和对大陆的敌意,1986年起解除"戒严",1987年11月决定开放台湾同胞赴大陆探亲,长达38年之久的两岸同胞隔绝状态终于被打破。此后,随着两岸关系的缓和,两岸文化交流日益频繁,台湾文献初祖沈光文成为两岸学者共同关注的历史人物,成为"牵系两岸文化情结的先驱"。

海峡两岸沈光文接受的交融始于1987年台北市宁波同乡会沈友梅、李子瑜两位先生的大陆系宗活动。1987年,台湾当局开禁大陆探亲不久,沈友梅、李子瑜两位先生先后数次返回宁波,为流寓台湾之先贤沈光文寻祖归宗。遗憾的是,经历了三百年之久的沧桑变化,已经很难查询到确凿的文献依据。

---

① 乐承耀:《台湾文献初祖沈光文研究》,九州出版社2015年版,第283页。

1991 年 4 月,李子瑜将此事转托宁波同乡、浙江大学校长路甬祥,路甬祥遂嘱托浙江大学台湾研究所协助寻根。是年暑假,浙大台湾研究所的学者赵子劼组织三人小组,专程赴宁波,着手寻访沈光文故里,找寻沈光文家谱、家乘。经过一番周折,赵子劼等人终于在栎社乡星光村吴香娟女士处查询到"栎社沈氏宗谱",共 8 册,系 1928 年重修本。宗谱记载了自宋代丞相沈焕南迁至民国年间沈氏宗族的有关资料,虽未列沈光文的世系和事迹,但在沈九畴的世系和事迹之后附有全祖望撰《甬上望族表》中的沈光文传,由此可以判定此宗谱即沈光文的宗谱。之后,赵子劼等人又寻访到位于星光村的沈氏祠堂、沈九畴故居"沈方伯第"。1991 年下半年,沈光文的直系第 10 代孙(宗谱中排为第 28 代孙)沈允在先生专程回宁波认祖归宗。

1992 年为沈光文诞辰 380 周年,沈光文的故乡浙江宁波陆续展开了各项沈光文纪念活动。1 月 24 日,《联谊报》发表了袁元龙为纪念沈光文诞辰 380 周年而作的《台湾文化初祖沈光文》一文。1 月 25 日,《浙江民革报》发表了袁元龙的《访问台湾文化初祖沈光文故里》,该文介绍了宁波市政协祖统委、宁波市民革、宁波市台联会一行八人联合访问鄞县栎社星光村沈光文故里的情况,并对沈光文的生平以及在台文化贡献作了简要述评。4 月 2 日至 14 日,《宁波日报》连载戴光中撰写的《台湾文化第一人》,介绍沈光文在台湾文化建设中的作用。这一年度,多位宁波学者在报纸、杂志撰文,积极宣传、介绍沈光文的生平事迹与文化成就。宁波市历史学会会长李庆坤在《宁波师院学报》1992年第 2 期发表《沈光文抗清事迹及其家世初探——纪念沈光文诞辰 380 周年》,乐承耀在《学习与研究》发表《开发台湾名垂青史——纪念沈光文诞辰380 周年》,朱馥生在《学习与研究》1992 年第 7 期发表《台湾文献始祖沈光文》。

9 月 21 日,为纪念"台湾文献初祖"沈光文诞辰 380 周年,宁波市政协文史委员会、宁波市民革、宁波市历史学会联合举办沈光文学术研讨会。会议由宁波市政协副主席、历史学会会长李庆坤主持,并做了"沈光文的抗清简状兼其生地和家世初探"的发言。李庆坤认为,沈光文"颠沛流离,不忘祖国,教化台民,不仅自身坚持松柏之操,不愧为民族优秀知识分子,而且弘扬祖国文化,使台湾与祖国大陆在民族文化上,在政治感情上更加融会贯通,浑为一体,影响至今,自是千古流芳"。是月,鄞县各界在沈光文的故乡鄞县石碶镇星光村隆重纪念沈光文诞辰 380 周年。台北市宁波同乡会理事长王雄夫先生率返乡参观访问团一行 40 人,专程赴甬参加各项纪念活动,参观了沈光文故居以及新落成的沈光文纪念馆,参与东钱湖沈光文塑像奠基仪式。

在台湾,每年中秋节都会照例举行沈光文祭典。1996年的祭典不仅规模较往年更大,也更具文化内涵。除了古风浓郁的祭奠仪式之外,还有颇具乡土风味的牛车之旅、沈公诗词朗诵及征文比赛、狮阵与大鼓花阵表演等活动。台湾记者陈炎生以"台湾孔子祭奠,今年很文化"为题,在《中国时报》上进行了报道。① 一年一度规模盛大的"五文昌帝君暨开台先师沈光文秋祭释奠典礼",使沈光文的名字和事迹广为人知,极大地扩大了沈光文的社会影响。在很多台湾民众心目中,沈光文就是"台湾孔子"和文神,"每年进入考试季节,总有大批善化子弟将准考证影本摆放在其神像前膜拜祈望庇佑金榜题名"②。

二、台湾学界沈光文研究的新进展

1989年8月,廖雪兰的《台湾诗史》由台北武陵出版社出版。该书对沈光文之于台湾诗史的贡献作了详细的述评,肯定了沈光文在台湾文化史及台湾诗史上的崇高地位,认为沈光文不仅是"台湾文献初祖",其所组建的东吟社也是"台湾诗社之始祖","台湾击钵联吟之嚆矢","光文于开发台湾精神资源之功,可谓巨大"③。在详细介绍了沈光文的生平、著述之后,论述了他的诗歌创作:"光文居台前之诗甚多,然皆焚失,今存之诗皆系隆武以后之作品,共计一百零四首。(七言四十一首,五言六十三首)",依题材的不同,该书将沈光文诗作分为感时寄怀、艰苦岁月之反映、台湾风物之描写、唱酬共四大类,并列举了每类题材的代表作品。

1996年台北正中书局出版的陈昭瑛《台湾诗选注》,也将沈光文作为明郑时期最重要的诗人加以述评。关于沈光文在台湾文化史上的地位,陈昭瑛说:"沈光文在台时间共三十六年,可谓半生在台湾度过,他经历荷兰、明郑、清朝诸政权统治……所以全祖望称他'海东文献,推为初祖',诸罗令季麒光在《题沈斯庵杂记诗》中亦言:'台湾无文也,斯庵来而始有文矣。'"④关于沈光文之于台湾诗歌的影响,陈昭瑛认为:"不仅就一般性的汉文化,沈光文在台有开创

---

① 陈炎生:《台湾孔子祭典,今年很文化》,《中国时报》1996年9月11日。
② 陈炎生:《"台湾孔子"沈光文》,《中时晚报》1996年4月3日。
③ 龚显宗:《沈光文全集及其研究资料增编》(下),台南市政府文化局2012年版,第189页。
④ 陈昭瑛:《台湾诗选注》,见龚显宗:《沈光文全集及其研究资料增编》(下),台南市政府文化局2012年版,第161页。

之功;就诗歌文学而言,沈光文的写作也有广泛的影响……其实,不仅对台湾各种风物的描写始于沈光文,由于光文是大陆来台文人,因此台湾之乡愁文学亦滥觞于他的诗作。整体而言,其影响既深且广。"《台湾诗选注》中,陈昭瑛选取了《思归》之六、《感忆》、《郊游分得青字》三首诗作加以解析,体现了对沈光文乡愁题材作品的重视。

陈昭瑛是台湾大学中文系教授,是一位富有民族情感与爱国情怀的学者。1995 年她的《论台湾的"本土化"运动——一个文学史的考察》刊发后,在台湾引发了一场有关"本土化运动"的论争。著名作家陈映真发文对其表示支持和赞许:"在台大那样一个民族分离论占统治地位的学园,一个人挺身而出,在理论和风格上都较好地提出了'台独'批判,很好地继承了台湾历史上光荣的、爱国主义、民族主义的知识分子传统。"①1998 年出版的《台湾文学与"本土化"运动》是陈昭瑛继《台湾诗选注》之后的又一"拼命之作"。在这部书中,陈昭瑛认为:"纵观台湾诗史,明郑为台湾文学之始,日后不论遗民文学、乡愁文学、乡土文学皆滥觞于此。""一般认为台湾文学始于一六五二年,因为明末大臣沈光文(一六一二——八三)于抗清失败,渡海入台避难即在这一年。连横赞曰:'海东文献,推为初祖'(《台湾通史·列传一》),并不为过。"关于沈光文的诗作,她认为:"沈光文的诗以抒写个人感怀为主,但生逢亡国之时,又怀不屈之志,其个人感怀必具有民族性。"②对于郑成功、沈光文、徐孚远等明郑诗人的诗作,陈昭瑛皆以"抗争的民族性"为核心加以诠释,可以说把握住了明郑诗歌的思想精髓。

《台湾诗史》《台湾诗选注》对沈光文的述评,吸收了 20 世纪 50 年代台湾学界的研究成果,代表了学界普遍认可的传统观点。然而,90 年代以来,对沈光文的评价也呈现出多元化、复杂化的倾向,无论是对于沈光文与明郑、清朝的关系,还是对于沈光文"台湾文学始祖"的文化史地位,都有学者提出了不同于以往的新说。如果说石万寿的《沈光文事迹新探》是在新材料的基础上得出的新见,那么,杜正胜的《沈光文的历史鉴镜》、洪铭水的《沈光文与台湾流寓文学的多角观点》则体现了 90 年代之后台湾"本土化"思潮对沈光文研究的影响和渗透。

---

① 陈映真:《"台独"批判的若干理论问题——对陈昭瑛〈论台湾的"本土化"运动〉之回应》,《海峡评论》1995 年第 4 期。

② 陈昭瑛:《台湾文学与"本土化"运动》,台北正中书局 1998 年版,第 49 页。

(一)石万寿《沈光文事迹新探》

石万寿的《沈光文事迹新探》一文,堪称 20 世纪末重评沈光文热潮中的发轫之作。该文在对清初以来方志、史乘中的诸篇沈光文传进行系统总结的基础上,以新发现的《斗南沈氏族谱》为据,对沈光文事迹进行了新的补充与探讨。"新探"建立在作者 20 世纪 80 年代初由"台南文献前辈"处得到的一份"新史料"——"斗南沈氏族谱"的基础之上,作者自言:"(斗南沈氏族谱)未著明撰述者,亦未注明修谱之年月,唯字甚潦草,似为读书不多之案所撰,所述亦多附会,自不可能全信,然对沈光文后裔由善化移台南之事,则载述颇详。撰述之年代,以其所录祖妣之生忌辰日期观之,可能是大正初年所修,但必抄自原有系谱,尚可作为沈光文诸传的补充。"①石万寿在结合相关史料对族谱中的信息进行考证的基础上,获得了一些关于沈光文事迹的新发现,提出了一些前人所未曾道的"新说":

第一,关于沈光文遇飓风漂泊来台之前离开金门入泉州的原因,季麒光《沈光文传》仅云:"七月,挈其眷买舟赴泉,过围头洋,遇飓风,漂泊至台。"但族谱则云:"来台诚源崇祯君败国,顺治君得天下之机,当时光文公在太武山上,施公交结百年之义,为君长之位,欲入京荐官,买舟开到本洋。"结合对永历五年辛卯七月间泉州军政形势的考察,石万寿认为:"沈光文之由金门之挈眷入泉,当与投奔施琅有关,但为飓风所漂,始未如愿而已。因之,族谱所记,当为光文买舟渡围头洋入泉之真正理由,亦可知光文虽拒李率泰之招降,但与清帅施琅、姚启圣之私交仍未断绝,且有投奔施琅以取官职,但未成功,反遭飓风漂泊来台之事实。"

第二,关于沈光文子嗣情况,族谱所记远较诸传详细得多。石万寿据族谱所作之"新传"云:"有二子,长子名称,号绍宏,康熙二十六年以武生出贡。以施琅之助,开拓目加溜湾社及他里雾社草地⋯⋯乾隆九年,绍宏去逝,传七子,翌年,留绍宏长子美茂于目加溜湾,余六子均移居他里雾,遂成目加溜湾及他里雾之大族。光文次子早夭,无后。"

第三,关于入清之后沈光文与施琅、姚启圣的关系。族谱云:"至康熙君癸亥年,施琅靖海侯闻知光文公流落在台,遂差军士再搬请入府居住。镇道宪府

县并诸邑老先生及文武官员,往来恭敬,交接甚厚。"结合族谱中有关施琅协助光文后人开垦草地之情形的记载,石万寿对沈光文与明郑、清朝之关系做出了不同于前人的判断:

> 光文对有明或郑氏没有浓厚的情感,不可能对其无条件的尽忠,反而因与靖海侯施琅的私交甚笃,不但为投奔施琅,致由金门买舟出围头洋,遭飓风漂至台湾。在明郑覆灭之时,又得施琅之庇护,得免遭闽都姚启圣遣返内地之苦。而在开辟草莱之时,得施琅之助,……得到大笔产业,成为一大业主。……因之,沈光文及其后人在台湾的生活,受之于郑氏三代者少,受之于施琅者多……即使县令季麒光尚需承施琅之意,旬日一候门下,而于产业,明郑时光文为一介穷儒,康熙之初,则受施琅之助,一跃而为大业主,产业遍及今善化、斗南、大埤三乡镇。若因之言沈光文为明朝之遗臣,不如说是清朝新贵之宾客,更合乎事实。

石万寿对沈光文事迹的"新探"均建立在作者新发现的《斗南沈氏族谱》之上。由于家谱、族谱所具有的民间性、基层性、自发性的编纂特点,其真实性往往成为研究者利用此类资料时所面对的最关键问题。"家谱作为一种出版物,一方面要如实反映家族的人员情况,另一方面又不需要考虑发行问题,它本来是最应该也最有可能实现高度真实的。然而事实上,正由于其编纂和发行的绝对封闭牲,它也很有可能在没有任何监督和制约的情况下出现虚假不实的成分,再加上攀龙附凤和隐恶扬善的习惯心理,家谱中记载不实甚至完全错误的情况也比较常见。"①事实上,先有人声称据某族谱发现了某历史名人的佚作或解决了某名人的身世、籍贯等问题,很快又有人考证此族谱为伪作的事情,近年来已经屡见不鲜,以至于有学者专门撰文提醒研究者注意家谱、族谱资料的不可靠。②

关于《斗南沈氏族谱》所载信息的真实性,亦如石万寿所言:"所述亦多附会,自不可能全信。"譬如该谱对沈光文于明末所得功名的记载,就存在明显的谬误:"我光文公在本源之时得高第,于崇祯君位戊辰科中两榜第三名,官居太

---

① 张廷银:《族谱资料与底层文士对古代文学的批评——兼及族谱资料的真实性问题》,《复旦学报》2012 年第 4 期。
② 参见葛剑雄:《靠不住的家谱》,《南方周末》2001 年 8 月 23 日。

仆寺卿中宪大夫之任。"根据季麒光、全祖望所作沈光文传以及方志中的诸篇传记所载,沈光文仅为恩贡,而此族谱则将沈光文捧为第三名探花,显然是无稽之谈。因此,《斗南沈氏族谱》亦如很多现存族谱、家谱一样,所载信息是真伪混杂的,需要研究者以审慎的态度辨析其中的真伪。关于族谱所载信息真伪的辨析,族谱研究专家张廷银认为:"关于普通人的资料,作假的必要性不大。家谱中容易出现假托、作伪的情况,通常是其人并没有达到赫赫有名的程度,而后人为了从祖先身上得到一星光耀,就强拉名人与其先祖发生联系。而如果这个家族或家族中的某人没有一点与名人产生瓜葛的基础,那就无需在此人身上添枝加叶。"①依据这样一种辨析族谱真伪的一般性原则,笔者试图对"斗南沈氏族谱"谈谈自己的看法。

首先,《斗南沈氏族谱》中有关沈光文妻室及后人情况的记载应该是基本真实可信的。根据《斗南沈氏族谱》的记载,沈光文所娶的第二任妻子陈氏"有二子,长子名称,号绍宏……光文次子早夭,无后。"联系沈光文作于金门抗清基地的《柬曾则通借米》中"何当稚子困饿啼,绝不欲我作夷齐",可知长子绍宏应是光文来台之前所生。有学者根据族谱中绍宏娶妻年份的记载推断:"族谱没有记载其生年,但提到他在永历二十九年(1675)乙卯娶黄氏女为妻;若以18岁娶妻,生年当在1657年;若以20岁弱冠娶妻,生年当在1655年。"②这就为长期以来众说纷纭的沈光文来台时间问题提供了有价值的线索:沈光文来台应在1655年或1657年之后。

其次,族谱中有关沈光文在荷治时期来台的记载亦具有相当的可信度,为沈光文来台时间问题的考证提供了一条有价值的论据。

有些学者根据《东吟社序》力主沈光文是在"壬寅"即1662年来台的,如潘承玉认为:"沈光文到台的准确时间在台湾已为明郑所有的康熙元年(底),而且是因为向清廷投诚发生意外的结果。"③那么,到底沈光文来台在郑成功复台之前还是复台之后?关于沈光文遇飓风来台后的情形,《斗南沈氏族谱》记载:

---

① 张廷银:《族谱资料与底层文士对古代文学的批评——兼及族谱资料的真实性问题》,《复旦学报》2012年第4期。

② 张萍、戴光中、张如安等:《沈光文研究》,浙江大学出版社2014年版,第22页。

③ 潘承玉:《真相、遮蔽与反思——关于一桩文化史公案的后续考察》,《绍兴文理学院学报》2007年第3期。

偶遇狂风发作,将船飚失桅柁,漂流在台湾打狗山,系属红毛番之国。是时番君知道,即差厅事许杏、胡光官,查来乡绅打破船只之虚实,随拨小船,搬上安居,光文公遂上;番君相谒拜访,而番君立送银来,十分殷勤,礼貌款待一年。

笔者认为,沈光文受荷兰人殷勤款待的描述与全祖望《沈太仆传》中所言"受一廛以居,极旅人之困"有出入,或许有夸饰成分,但是族谱所言沈光文于荷治时期来台的记载应该是真实可信的,撰谱者不存在任何故意编造沈光文于荷治时期来台的必要。族谱表明:沈光文是被"番君""礼貌款待一年"之后,才有"郑藩平台红毛番,搬请光文公在府居住"之事,这说明沈光文是至少早于郑成功一年来台的。郑成功驱荷复台是在辛丑年(1661),也就是说,沈光文应是在 1660 年之前来台的。

再次,族谱关于沈光文来台原因的记载极有可能是出于沈光文后人的伪造。族谱中所载沈光文的几代后人一直生活在清朝统治之下,而且"在开辟草莱之时,得施琅之助……得到大笔产业,成为一大业主"。因此对施琅、对清廷存在感恩戴德的心理是合乎常情的,在这种心理的支配下,极有可能尽量淡化或有意遮蔽其先祖沈光文与明朝、明郑的关系。为后世学者所推重的沈光文的民族气节云云,在沈氏族谱中恰恰可能是其族人刻意掩饰的内容。因此季麒光《沈光文传》中"督院李公闻其名,遣员致书币邀之,斯庵不就"的记载,在族谱中是根本不可能见到的。而另一方面,无论是出于对施琅曾施惠于家族的感恩心理,还是出于对名卿巨公的攀附心理,都有可能导致沈氏后人将沈光文与施琅的关系进行刻意渲染、夸大,甚至为沈光文来台之前的"挈其眷买舟赴泉"做出"施公交结百年之义,为君长之位,欲入京荐官,买舟开到本洋"的解释。虽然"沈光文及其后人在台湾的生活,受之于郑氏三代者少,受之于施琅者多"可能是一种事实,但从沈光文诗歌以及季麒光《蓉洲诗文稿》来看,沈光文的遗民气节是无可怀疑的,因此族谱中关于沈光文来台原因的记载是不可信的。"族谱并不纯然是民间历史的真实写照,毋宁是一种可供分析和阅读的文本,是充满权力和意识形态的话语。"①因此,对于族谱中关于沈光文政治行为的书写,不应作为传主本人的行为与心理来接受,而应从作者的书写动机与心理来理解。它并非历史真实的记录,而是体现着族谱书写者对现政权的趋

---

① 刘晓春:《族谱·历史·权力》,《读书》2001 年第 7 期。

附,对家族在不同生存时空下的生存合理性的极力维护。

总之,尽管《斗南沈氏族谱》也像众多现存的族谱、家谱一样,并非纯然是历史真实的书写,而是存在着真伪并存的情况,但这一族谱的发现对沈光文研究与接受仍然具有宝贵的价值。石万寿据此所作的《沈光文事迹新探》一文,虽未直接对沈光文之遗民气节进行否定,但其依据族谱对沈光文"挈其眷买舟赴泉"之原因的解释、对沈光文与施琅关系的论断,却启发了后学对于沈光文事迹的重新审视和对其民族气节问题的重新评价,开启了沈光文价值重估的序幕。

(二)杜正胜《沈光文的历史鉴镜》

文学评论并不是一种独立于时代的文学现象,一定历史时期的文学评论往往是特定历史时期社会意识形态的反映。20世纪80年代以来,以台湾意识为基础的台湾"本土化"运动由政治层面逐渐扩展到文化方面,到90年代达到了高潮。"'本土化'蜕变为'台湾主体性',从而使得从台湾意识中异化出'台独'意识,形成了'脱中国化''文化台独'的分裂主义思潮。"[1]杜正胜发表于《自由时报》1998年3月30日的《沈光文的历史鉴镜》就是体现了鲜明的所谓"本土化"立场的一篇文章。

季麒光《跋沈斯庵〈杂记诗〉》云:"从来台湾无人也,斯庵来而始有人矣;台湾无文也,斯庵来而又始有文矣。"此语是对沈光文文化开台之功的崇高赞誉,也是多次被后人称引的对沈光文文化史地位的经典评价。全祖望称沈光文为"海东文献,推为初祖",就是季麒光此说的继承与延续。针对这一被后世普遍认可且反复征引的经典性评价,杜正胜却批评道:"先前台湾当然不会无人,只是原民、中国海盗和从福建来种田或贸易的平民在传统士大夫眼中够不上'人'罢了。"[2]稍有文化常识的人都知道,季麒光这里所说的"人"当然不是自然意义的"人",而是文化意义上的"人",所谓"无人"、"有人"之说是从台湾文化的角度而言的,是对沈光文文化开台功绩的一种称颂,杜正胜这种批评显然不值一驳。

对于沈光文的诗文,杜正胜也站在所谓台湾"本土化"的立场,进行了"推陈出新"的解读:

---

① 蔡子民:《台湾"本土化"思潮与"文化台独"》,《台声杂志》2001年第4期。
② 杜正胜:《沈光文的历史鉴镜》,《自由时报》1998年3月30日。

今存沈光文遗存的少数诗文,最引人注目的不外是客居潦倒的哀怨和梦迴萦绕的乡愁。……《思归》六首云:"岁岁思归思不穷,泣歧无路更谁同;蝉鸣吸露高难饱,鹤去凌霄路自空。"物质生活的匮乏加上抑郁怀乡的心情,使他只在梦中才有欣喜。他对台湾这个异域的人和物缺乏好奇和兴趣,也看不起,所以即使他不曾见过洞庭湖,还是说"此地何堪比洞庭"(《番橘》)。这类人类在一九五零、六零年代的台湾是不陌生的。[1]

在杜正胜看来,沈光文的乡愁诗根本就是他不热爱台湾、甚至轻视和鄙夷台湾的表现。这种逻辑显然是极其荒谬的。如果沈光文真的"对台湾这个异域的人和物缺乏好奇和兴趣,也看不起",又怎会写下《台湾赋》《台湾舆图考》《檨赋》《桐花赋》《芳草赋》《花草果木杂记》等大量表现台湾风物的作品? 如果不是出于对台湾的热爱,他又怎会在物质条件极为艰困的情况下,"浮沉寂寞于蛮烟瘴雨中者二十余年,凡登涉所至,耳目所及,无巨细皆有记载"? 乡愁本是远离故乡的人们的一种普遍性的情感,怀恋"故乡"的人难道不能同时热爱自己所在的"异乡",甚至将其视为"第二故乡"吗?

其实,杜正胜的这种咄咄怪论,正是其具有"台独"倾向的所谓"台湾主体意识"、台湾"本土化"思维的产物。杜正胜担任"教育事务主管机构负责人"期间,对长期以来台湾以中国为主体的历史教育极为不满,提出了所谓"同心圆理论","在 1994 年、2002 年、2004 年分别进行了'去中国化'的中学历史教育大变动。通过一系列压缩中国史、增人台湾史的教纲修订,逐渐将中小学历史教科书中的'台湾史'与中国史分离开来,并将'台湾史'作为中小学历史教育内容的主体"。在重新修订后的高中历史教科书中,"清朝统治的 212 年(1683—1895 年)蒸发了,台湾历史从'早期的历史(史前至十九世纪)'一下就到了'日本统治时期'(二十世纪前半)'。连号称'台独'史纲的《台湾人四百年》,都不能避开占台湾近代史一半的清朝统治,而作为历史学者、具有院士头衔的杜正胜,在自己担任了'教育部长'后,竟然让清朝在高中历史中消失了,其'去中国化'用意多么明显"。[2] 不仅历史教科书要"去中国化",杜正胜认为台湾中学"国文"课本的选文也应体现"本土化"倾向。在他看来,目前中学"国

① 杜正胜:《沈光文的历史鉴镜》,《自由时报》1998 年 3 月 30 日。
② 李理:《"去中国化"的台湾中学历史教科书编纂》,《台湾研究集刊》2008 年第 2 期。

文"课本的"大中国"选文取向,将"难以借文学形式培养台湾观点传承台湾文化的人格,也无法借文学形式孕育热爱乡土的情怀",建议台湾的"国文"课本应要有"台湾优先"的格局,才能真正推动"本土化",建立"台湾主体意识"。杜正胜以如此根深蒂固的所谓"本土化"意识来审视沈光文,得出如此"新见"也就不足为奇了。

(三)洪铭水《沈光文与台湾流寓文学的多角观点》

杜正胜《沈光文的历史鉴镜》发表后,犹如一根导火索,引发了洪铭水、蔡承维等人的连锁反应,他们先后步其后尘,提出了对沈光文的一系列质疑甚或否定。

1998年,洪铭水在"明清时期的台湾传统文学"研讨会上提交《沈光文与台湾流寓文学的多角观点》①一文,后收录于《明清时期的台湾传统文学论文集》一书中。该文首先列举了康熙、乾隆时期的七种早期沈光文资料:沈光文《东吟社序》、季麒光《沈文开传》、季麒光《题沈斯庵杂记诗》、蒋毓英《沈光文列传》、陈梦林《诸罗县志·人物志·寓贤·沈光文传》、刘良璧《重修福建台湾府志·人物·流寓·沈光文传》、全祖望《沈太仆传》,在此基础上提出了自己的"多角观点"。归纳起来,洪铭水提出的颠覆性观点主要有三,我们试一一加以剖析:

第一,对季麒光关于沈光文文化地位的经典评价提出批评。受杜正胜"推陈出新"之论的启发,洪铭水再次对季麒光的"从来台湾无人也,斯庵来而始有人矣;台湾无文也,斯庵来而又始有文矣"提出了质疑与否定:

> 季麒光是清朝领台的第一任地方官,他这句话也反映了……官吏完全无视于明郑时期二十年来"建圣庙,立学校"的事实,其间必有不少跟郑成功来台的遗老如"海外几社"诸君子,为汉文化在台湾的播种做出贡献。何况在此期间沈光文是躲在山村僻野之中,对当时府城的教育不得参与,更谈不上贡献,岂可谓除他之外无人无文?

表面看来,洪铭水对季麒光的驳斥似乎要比杜正胜高明很多,至少是从文化的角度来理解季麒光所说的"无人""无文",但此论仍属似是而非之论。这里的关键问题是,究竟是沈光文在台传播汉文化在先,还是明郑在台"建圣庙,

① 洪铭水:《沈光文与台湾流寓文学的多角观点》,见《明清时期的台湾传统文学论文集》,文津出版社2002年版,第74—84页。

立学校"的教育事业在先？洪铭水以《东吟社序》为据,认为沈光文来台时间是"壬寅"年即1662年,即在郑成功复台之后的第二年。——本书在绪论中已指出,"壬寅说"是错误的。尽管季麒光《沈光文传》、全祖望《沈太仆传》对沈光文具体来台时间的表述均不够明晰,但都已明言沈光文来台是在郑成功之前。既然沈光文在荷据时期的台湾创作诗文、传播汉文化在先,郑成功复台后的明郑教育事业在后,那么,季麒光以"从来台湾无人也,斯庵来而始有人矣;台湾无文也,斯庵来而又始有文矣"称颂沈光文,又有何错？又何谈"无视于明郑时期二十年来'建圣庙,立学校'的事实"？

第二,洪铭水反对连横关于沈光文在罗汉门山所教生徒包括"番黎"的说法,认为"沈光文避居之地仍然是汉人的山村(与番社为邻),行医的对象是汉人,教授的生徒还是汉人子弟"。那么,沈光文所教授的"生徒"是否包括"番黎"呢？季麒光《沈光文传》并未明言,只是说:"入山不出,教授生徒,兼以医药济人。"全祖望《沈太仆传》云:"山旁有目加溜湾者,番社也。公于其间,教授生徒,不足则济以医。"故此推测,认为沈光文教授的"生徒"中可能包括"番黎"也是合情合理的。退一步讲,即使沈光文教授的"生徒"中并未包括"番黎",只有汉族子弟,沈光文又何损于其"台湾孔子"的文化史地位呢？

第三,洪铭水以《东吟社序》为据,强调了沈光文对明郑之政治认同的复杂性,并对沈光文的民族气节表示质疑。洪铭水由《东吟社序》中"余自壬寅,将应李部台之召,舟至围头洋,遇飓漂流至斯"一句做出推论:"也许就在这之后,沈看到大势已去,就带着家眷想逃到泉州隐居,不意途中遇到飓风被吹到台湾。此说当然出自沈本人,但我们也不能不怀疑沈是否有意撇清与郑成功据台抗清的关系。……沈光文也在序中表白了过去这二十四年来寂寞的生涯,一直到清朝治台之后,来台官宦尽皆文人骚客,才使他得以纾解'郁结欲发之胸'。这么一说,他是很乐见新朝的来临了,虽然对明朝的亡国不无感叹!……沈光文的文学成就与价值应该不受此影响或贬价。"

如果将沈光文来台时间认定为1662年,则他是在郑成功复台之后来台的,自然有"投靠明郑"之嫌,因此洪铭水怀疑所谓"遇飓漂流至斯"之说是沈光文"有意撇清与郑成功据台抗清的关系",这显然不过是洪铭水主观臆想罢了!洪铭水虽然在文中罗列了七种有关沈光文的早期资料,但是,《东吟社序》中有关沈、李关系的记载与其他几种资料的记载之间是有明显矛盾的:《东吟社序》中是"将应李部台之召",而季麒光《沈光文传》等其他材料中都是"当事书币邀之,不就"或与此相近的表述。洪铭水并未对此细加辨析、考证真伪,只是率然采信《东吟社序》中的"将应李部台之召",而对其他材料中"当事书币邀之,不就"之类记载一概视而不见,实在是不可思议。洪铭水在文中曾说:"我们不要忘记台湾是在清入主北京四十年之后才被征服的,而沈光文的《东吟社序》就是在清入台的第二年写的。因此我们不能不考虑到他以及后来修史官吏的立场与政治忌讳的问题。"既然明乎此理,对于盛成早在 20 世纪 60 年代就已提出的《东吟社序》和《平台湾序》因避文字狱而遭改窜的问题,洪铭水为何又置若罔闻呢?

该文最后得出结论:"总之,我们不应该把所有的光环都加到沈光文的头上,把他变成传播汉文化给……第一人或海东文化的始祖。""我们不能以清官吏对前朝人物或事件的评断为评断,我们必须把他放在历史的脉络中去检视,才能比较贴近历史的原貌。"遗憾的是,洪铭水自己连历史文献的真伪尚未辨析清楚,又怎能真正做到将沈光文"放在历史的脉络中去检视"呢?

洪铭水此文对以盛成为代表的主流观点的质疑,直接启发了 21 世纪之后潘承玉、黄美玲等学者对沈光文历史地位的深度思索与重新评价。大陆学者潘承玉说:"洪铭水先生曾经谈到清人所撰几种沈光文传记的一些疑点,提醒我们'不能以清朝官吏对前朝人物或事件的评断为评断',还提到要注意在二十世纪五六十年代的台湾推崇沈光文最有力的一些学者的祖籍。这篇文章的真知灼见,像此前极少数对造神运动不无微词的其他文章一样,没有受到应有的重视。该文提示的问题值得我们深思。"[①]可以说,此后潘承玉对于沈光文历史地位与人格气节所提出的一系列颇具颠覆性的观点,都是在此文启发下所做的进一步发挥与深化。

(四)龚显宗对沈光文研究的贡献

20 世纪 90 年代以来,台湾学者中于沈光文研究投入心力最多、成果最为丰硕者当属龚显宗教授。无论就沈光文研究的深度还是广度而言,龚显宗都堪称台湾学者之翘楚。

《文献初祖沈光文》一文(1995),以沈光文诗歌为线索,分"间关转徙""旅梦春浓""焚书却币""福祸相倚""遁世为僧""抚番化民"六个部分,全面勾勒沈光文生平事迹。关于沈光文的文化业绩,文章认为:"明末浙东遗老有三,在抗清失败后,年纪最大的朱舜水,乘桴浮于海,成为日本国师;其次是黄宗羲,隐

---

① 潘承玉:《真相、遮蔽与反思——关于一桩文化史公案的后续考察》,《绍兴文理学院学报》2007 年第 3 期。

居不仕,撰《明夷待访录》,微言大义,启迪后学,孙中山诸人受其影响,终能推翻清;年纪最小的沈光文,遇飓风飘来台湾,化番教民,是文献初祖。""沈光文在台湾三十余年,亲身经历荷兰、郑氏三代以至清朝,不仅作育英才,而且著述宏富,海东文献推为初祖;又能抱璞守贞,坚持民族气节,可说是台湾不世出的伟人了。"①

　　1997年4月,台湾成功大学召开"第一届台湾儒学研究国际学术研讨会",会后编有论文集刊行,其中收录了龚显宗的《台湾汉文化播种者沈光文》。该文介绍了沈光文的生平著述、家学师承,主要探究了沈光文对台湾文化的启蒙与贡献,对沈光文之于台湾文化诸领域(台湾诗学、台湾古文、台湾地理学、台湾教育、台湾佛教)的始创之功给予了高度评价,认为"立德、立功、立言三者有一则足以不朽,而沈光文则兼而有之",不愧为名副其实的"台湾汉文化的播种者"。

　　1998年12月,龚显宗编纂的《沈光文全集及其研究资料汇编》正式出版。该书659页,收录沈光文诗歌103首,古文1篇、骈文3篇、杂记6则,共计40余万字,这是继1977年侯中一编纂的《沈光文斯庵先生专集》之后较为完备的沈光文研究资料汇编,为研究者提供了极大便利。该书出版后,蔡承维发表了《从〈沈光文全集及其研究资料汇编〉的出版重审沈光文在台湾文学史上的意义》。蔡文充溢着对沈光文的贬抑之词,如:"沈光文的神话似乎越来越伟大,他的信徒也随之越来越多";沈光文的诗"与台湾有关的竟只有《番妇》《释迦果》《番柑》《椰子》《咒发目加湾即事》《发新港途中即事》《移居目加湾留别》等寥寥几首",沈诗中怀乡之作其多,"其心似乎不在本上";"论者虽谓沈氏在目加溜湾社教化番人,行医济世,但对西拉雅平埔族人而言,接受汉文化是福是祸?"对于沈光文与在台官员组建台湾第一个诗社福台新咏,蔡承维也颇多微词:"参与人员不是不知民间疾苦的官宦,便是如沈氏般失意郁悴的落魄文人,所咏所唱亦多为风花雪月与思乡情愁的作品,虽有其结社的事迹,但笔者认为此等与人民割裂的文学,其实质意义并不大。"显然,蔡承维之所以有此偏颇不公之论,还是其所谓"本土化"思维模式在作祟。

　　针对蔡文的偏颇与荒谬,龚显宗撰写了《论沈光文研究》一文予以批评。龚显宗首先指出:"在台湾,关于沈光文的研究,除史传方志,尚有生平事迹的考证、诗文的诠解、笺注、分类、校勘和追思咏怀,资料虽多,但其中重复和人云

---

　　①　龚显宗:《沈光文全集及其研究资料增编》(下),台南市政府文化局2012年版,第251页。

亦云者不少,偏颇谬误,似是而非与故作解人者亦屡见不鲜。"文章认为,蔡文的研究存在五大缺点:不清楚史实、文本之内部研究不足、拟于不伦、偏颇主观、前后矛盾,继而对其观点逐一进行了针锋相对、有理有据的驳斥,并且批评道:"蔡先生读诗不多,又望'题'生义、望文生义、不求甚解,且以偏狭的'实用'尺度和种族意识衡量,不免厚诬古人,不是客观的'文学'评论。依蔡先生的标准古今有许多大诗人是不及格的。蔡先生的尺度已逾越文学,而'反文学'、'非文学'了。"①

三、大陆学界沈光文研究的起步

1992 年沈光文 380 周年诞辰纪念及学术交流活动,正式拉开了大陆学界沈光文研究的序幕。以此为契机,沈光文开始进入越来越多大陆学者的研究视野。如果说 20 世纪 90 年代以前的沈光文研究基本上是台湾地区一枝独秀,那么 90 年代以后,随着大陆学界对沈光文研究的关注与成果日渐深入,海峡两岸的沈光文研究呈现出各自不同的蓬勃景观。

1992 年以来,大陆学界的沈光文研究论文有文楚《海峡两岸寻访台湾文献初祖沈光文纪事》、李庆坤《沈光文的抗清事迹及其家世初探——纪念沈光文诞辰 380 周年》、戴光中《台湾文学拓荒者——沈光文》、赵子劼《两岸相承脉络之一宗——台湾文献初祖沈光文研究》等,其中戴光中与赵子劼的文章影响较大。

戴光中《台湾文学拓荒者——沈光文》认为沈光文是"为台湾文学的开创发展而鞠躬尽瘁的杰出拓荒者"。② 文章从三个方面论述了沈光文对台湾文学的贡献:从文学形式上看,他把中华民族源远流长的文学形式——律诗和文赋——传播到台湾;从文学活动上看,沈光文晚年组织东吟社,为台湾带去了大陆士林联社结盟、以文会友的传统;从思想内容上看,沈光文开拓了反殖文学、遗民文学、乡愁文学和山水风俗文学,其影响迄今不灭。

赵子劼的《两岸相承脉络之一宗——台湾文献初祖沈光文研究》③也是这一时期沈光文接受史上的一篇重要论文。该文分为四个部分:第一部分"寓台经历",详细介绍了沈光文的家世出身、生平经历,尤其是流寓台湾 30 多年的

---

① 龚显宗:《沈光文全集及其研究资料增编》(下),台南市政府文化局 2012 年版,第 278 页。
② 戴光中:《台湾文学拓荒者——沈光文》,《宁波师院学报》1993 年第 1 期。
③ 赵子劼:《两岸相承脉络之一宗——台湾文献初祖沈光文研究》,《浙江大学学报》1994 年第 2 期。

艰苦历程;第二部分"留台功绩",介绍了沈光文在汉语教育、悬壶行医、文献著述等方面的功绩以及对台湾文学的奠基之功;第三部分"宝岛觅迹",介绍了台北市宁波同乡会在台湾寻访沈光文史迹以及台湾的各项沈光文纪念活动;第四部分"大陆系宗"则叙述了赵子劼等人在宁波寻找沈光文宗谱和故居、沈氏后裔回甬系宗的经过。文章结尾指出:"两岸拓展对沈光文研究,对于加强两岸文化交流和感情沟通,具有十分重要的意义。"该文不仅全面介绍了沈光文的生平事迹与历史功绩,也全面介绍了两岸沈光文接受的情况,虽只限于宏观的介绍,与此前台湾学界的沈光文研究相比并无新的理论发现与推进,但在大陆沈光文接受史上,这却是一篇相当重要的文章,许多大陆学者正是通过此文而认识到沈光文的重要意义并开始涉足沈光文研究的。

"明清之际,浙东的抗清斗争风起云涌,可歌可泣,后来虽烟沉潮息,但其中三人,又以他们辉煌的文化事业而名垂千古,这就是留在故乡的黄宗羲、东渡日本的朱舜水,和流落台湾的沈光文。黄宗羲和朱舜水,早已尽人皆知,但沈光文的业绩,在大陆却鲜为人知。"确如戴光中所言,在20世纪90年代的大陆,沈光文的名字对绝大多数学者而言都是相当陌生的,这一时期的沈光文研究自然也属于最初的"拓荒"阶段,研究成果多为对沈光文生平事迹与文化业绩的介绍和宣传,不仅总体数量较少,在具体观点上也多承袭台湾学者的说法而缺乏创新意识。总之,90年代大陆的沈光文研究尚处于起步阶段,与已有四十年学术积累的台湾学界相比,在研究深度上尚存在不小的差距,全面、深入而系统的研究创获尚待时日。

第三节　沈光文接受的繁荣期:1999—2012

经典作家的接受史,往往会经历一个所谓"光荣的周期"的历程。法国文艺批评家瓦莱里说:"如果一位作家去世半个世纪后还在引起激烈的争论,我们可以对他的未来放心。他的名字几百年后仍将充满活力。在未来的岁月里,抛弃和喜爱的阶段,受推崇和遭冷遇的时候会有规律地交替出现。对于一种光荣而言,这是其长久稳定的一个条件。光荣成为周期性的了。"①有意思的是,21世纪以来的沈光文接受,也经历了这样一个"光荣的周期"。进入21

---

① 瓦莱里:《文艺杂谈》,百花文艺出版社2002年版,第148页。

世纪,学术界对沈光文以及"台湾文学始祖"问题的探讨更加深入,在新一轮的质疑、商榷、反思、辩驳之后,沈光文的历史地位和文化成就不仅未能被否认和推翻,反而促使和推进两岸学界在沈光文研究的深度、广度上都有所拓展,在穿越了"质疑的风暴"之后,更加证实了沈光文作为"台湾文学始祖"的经典地位是难以撼动的。随着 2012 年沈光文诞辰四百周年各项纪念与交流活动的展开,大陆学界对沈光文研究的关注度明显增进,两岸官方与民间对沈光文的认知、了解、崇仰亦日益加深,沈光文成为两岸人民共同尊崇的"牵系两岸文化情结的先驱"。

一、"光荣的周期":两岸学者对沈光文文学史地位的认同

进入 21 世纪以来,海峡两岸的绝大多数学者都将明清之际漂泊来台的沈光文尊奉为"台湾文献初祖""台湾文学始祖",将其作为台湾文化史、文学史的开端。

刘登翰、庄明萱主编的《台湾文学史》将沈光文作为明郑时期台湾文学最早、最重要的代表作家:"沈光文是最早由大陆渡海去台长期定居的文人之一。他对台湾文人创作的开拓与贡献,影响深广,曾被誉为台湾文学的'初祖'。"[①]大陆学者古继堂主编的《简明台湾文学史》第一编《早期台湾文学——从大陆到台湾》中的第一章即为《台湾文学的开山人沈光文和开创台湾文学的第一批大陆移民文人》,作者如此评价沈光文之于台湾文学的意义:"有了沈光文和他的作品,才有了台湾文学。他的诗友,台湾诸罗县令季麒光说得好:'从来台湾无人也,斯庵来而始有人矣;台湾无文也,斯庵来而又始有文矣。'季麒光这段话是对沈光文在台湾文学史上的地位和作品的历史价值与意义最准确、最客观、最公正的评价。"[②]

台湾学者施懿琳在《从沈光文到赖和——台湾古典文学的发展与特色》一书中系统研究台湾古典文学的发展历程时,将沈光文视为台湾古典文学的源头:"就台湾开始有文字书写的近四百年历史而言,十七世纪中叶由大陆漂洋来台的明末遗老沈光文,开启了台湾古典文学的先河……古典文学的命脉其实一直未曾中断。"[③]施懿琳的这部专著题名为"从沈光文到赖和——台湾古

---

① 刘登翰、庄明萱:《台湾文学史》,现代教育出版社 2007 年版,第 102 页。

② 古继堂:《简明台湾文学史》,时事出版社 2002 年版,第 22 页。

③ 施懿琳:《从沈光文到赖和——台湾古典文学的发展与特色》,春晖出版社 2005 年版,第 2 页。

典文学的发展与特色",显然,是将明郑时期的沈光文与日据时期的赖和分别作为台湾古典文学起讫的标志性人物。

　　著名台湾学者、文学评论家齐邦媛在寻求台湾文学的定位时,亦将台湾文学的起源追溯至明末清初的沈光文:"被称为海东文献初祖的沈光文,明亡之后漂泊海上,'暂将一苇向东溟,来往随波总未宁',遭遇飓风,漂至台湾,在此终老,历经荷兰人统治、郑成功三代到清朝统一。一六八五年(康熙二十四年),他与渡海来台的官员文士组织第一个诗社'东吟社',可说是台湾文学的起源。"①"台湾文学以中文写作,以沈光文结东吟诗社为始(一六八五年),可溯者已长达三百余年。"②

　　20世纪90年代以来,由于台湾地区领导人对"台湾主体意识"的形塑,台湾文学界意识高涨,关于台湾文学的缘起、台湾文学与大陆文学的关系等问题,被人们有意无意地忽视和回避了。为了弥补这一不足,对台湾文学与大陆文学的关系作正本清源的探究,台湾学者杨若萍于2004年出版了专著《台湾与大陆文学关系简史(1652—1949)》。作者在系统梳理台湾文学历史发展脉络、阐述台湾与大陆文学之关系时,就是从沈光文开始,追溯台湾与大陆的文学渊源的:"从现有的资料看来,第一位从大陆来到台湾,曾经从事文学活动,且有作品流传下来的文人是沈光文。"③"沈光文的文学创作确实是中国古典文学在台湾这块土地上萌发的第一颗种子,他为当时'无文'的台湾带来了文学的芳香,使后来的文学活动得以蓬勃展开,称他为台湾文学的初祖是名副其实的。"④全书对台湾与大陆文学关系发生时间的确定,也是以沈光文来台的时间——1652年作为起点的:"从公元一六五二年(顺治九年)浙江人沈光文流寓台湾,写下第一篇怀乡诗到现在,台湾这块土地上的文学发展已有三百五十年的历史了。"

二、"质疑的风暴":潘承玉、黄美玲对沈光文文化史地位的反思

　　尽管沈光文的文化史、文学史地位已被两岸绝大多数学者认同,然而,由于古籍文献中关于沈光文的记载真伪并存甚至互相龃龉,对沈光文来台时间

① 齐邦媛:《巨流河》,生活·读书·新知三联书店2011年版,第308页。
② 齐邦媛:《巨流河》,生活·读书·新知三联书店2011年版,第325页。
③ 杨若萍:《台湾与大陆文学关系简史(1652—1949)》,上海文艺出版社2004年版,第1页。
④ 杨若萍:《台湾与大陆文学关系简史(1652—1949)》,上海文艺出版社2004年版,第8页。

不易判定,许多诗作亦难以确定写作时间与地点,这些都造成了沈光文研究的复杂性。上世纪末由杜正胜、洪铭水、蔡承维等几位台湾学者肇端的对沈光文文化史地位的怀疑乃至否定,在这一阶段也变本加厉,形成沈光文接受史上"质疑的风暴",其中最有代表性的是大陆学者潘承玉与台湾学者黄美玲。

(一)潘承玉对沈光文文化史地位的颠覆

2007—2008 年,大陆学者潘承玉发表《神话的消解:诗史互证澄清一桩文化史公案》①和《真相、遮蔽与反思——关于一桩文化史公案的后续考察》②两篇文章,对长期以来人们普遍认可的沈光文为"台湾孔子""台湾文化的启明导师"等评价进行了彻底颠覆,对沈光文的民族气节也予以全盘否定,斥之为"变节遗民",试图"消解"由季麒光、全祖望等人构筑的所谓沈光文"神话"。

1.《神话的消解:诗史互证澄清一桩文化史公案》

在《神话的消解:诗史互证澄清一桩文化史公案》一文中,作者从全祖望《沈太仆传》关于沈光文来台时间的记载入手,通过对沈光文相关诗作以及有关史籍的考证,判断沈光文来台时间应是《东吟社序》中所说的壬寅年(1662),而不是《沈太仆传》所载的辛卯年(1651)或壬辰年(1652)。文章最后,潘承玉这样总结道:

> 这一切再加上沈光文本人的自供,"余自壬寅,将应李部台之召,舟至围头洋遇飓,飘苹至斯",沈光文乃在康熙元年底因投诚清廷发生意外到台湾,未曾早于郑成功收复台湾前十年左右到台湾,已断无半点可疑。截断众流,削平诸峰,把一个半路投清的变节遗民推许为"台湾孔子",这不仅抹杀了明郑台湾二十年的教育史、明郑集团四十年的浴血抵抗史,更抹杀了至少一千多年的中华文化在台湾的传播史。

潘承玉的这一观点,不仅颠覆了长期以来人们对沈光文之文化成就、人格精神的认知,也出尔反尔,彻底颠覆了作者本人两年前对沈光文的崇高评价与

---

① 潘承玉:《神话的消解:诗史互证澄清一桩文化史公案》,《复旦学报》2008 年第 2 期。
② 潘承玉:《真相、遮蔽与反思——关于一桩文化史公案的后续考察》,《绍兴文理学院学报》2007 年第 3 期。

赞誉①。我们认为,该文在某些具体问题的考论上确有可取之处,但所得出的结论却是完全违背历史事实的。

首先应当指出,潘承玉的这篇文章在沈光文来台时间的考证上的确下了很大功夫,且取得了很大进展:文章以坚实有力的论据,充分证明了沈光文不可能于顺治八年辛卯(1651)或顺治九年壬辰(1652)来台。他说:

> 第一,全氏总结沈光文一生"居台三十余年",以沈光文卒于康熙二十七年(1688)计算,如果他真的在顺治八年或九年即到台湾,则他在台湾的时间,首尾皆算有三十七八年之久,按古人为文的习惯,此处措辞理应是"垂四十年"才对。
>
> 第二,郑经卒于康熙二十年(1681),如果沈光文真的在顺治八年或九年即到台湾,则其因不满郑经不礼而在他去世前夕发出的感叹,理应为"吾卅载飘零孤岛"而非"廿载"云云才是。无独有偶,季麒光《题沈斯庵杂记诗》也在上引文字后紧接着写道:"斯庵学富情深,雄于辞赋,浮沉寂寞于蛮烟瘴雨中者二十余年。"如果沈光文真的在顺治八年或九年即到台湾,作于康熙二十三年至二十四年的季氏文字,不同样绝对只能书写作"浮沉寂寞于蛮烟瘴雨中者三十余年"吗?
>
> 第三,查阅史料可知,李率泰顺治十三年从两广总督调任浙闽总督,顺治十五年七月因清廷分设浙江总督和福建总督,才专任福建总督一职,直到康熙五年去世。当顺治八年辛卯前后,何来什么"闽督李率泰"!

此外,潘承玉还征引了倪在田《续明纪事本末》卷六《浙海遗兵》中的记载:"顺治九年春正月,监国次厦门。朱(郑)成功来谒……食诸从臣及宗室,其著者侍郎曹从龙、蔡登昌、任颖眉、张冲符、太常寺卿任延贵、太仆寺卿沈光文……数十人。遂奉监国居金门。"以史籍证明了顺治九年(1652)正月正是沈光文奉鲁王(其驻跸的抗清基地舟山此前刚刚被清人攻陷)自厦门移跸金门之年。之后,潘承玉又详细考证了全祖望《续甬上耆旧诗》卷15所收的《挽定西侯》等五首诗作,并得出结论:"《续甬上耆旧诗》卷15所收《挽定西侯》《贷米于

---

① 潘承玉在 2005 年"海峡两岸越文化研究"学术研讨会上提交的《越地三哲与中华文化在台湾的传播》一文中称沈光文为"台湾文学的始祖"。

人无应者》《陬草，戊戌仲冬和韵》《秋吟》《寄迹效人吟》五诗，乃沈光文顺治十三至十七年（1656—1660）前后作于金门或南澳，它们足可证明作者绝无可能在顺治八年或九年即已到台湾。"——笔者认为，潘承玉联系相关南明史事对诗作创作背景的分析是合情合理的，由此而得出沈光文不可能在顺治八年（1651，辛卯）或九年（1652，壬辰）来台的结论也是言之有据、令人信服的，足以推翻此前学界流传甚久的"1651 年说"和"1652 年说"。

然而，令人遗憾的是，尽管潘承玉以足够充分的论据否定了"1651 年说"和"1652 年说"，论证了沈光文不可能"先于郑成功十年左右到台湾"，但他对沈光文来台时间的判断——壬寅年（1662），仍是不准确的；他依据《东吟社序》而认为沈光文"在康熙元年底因投诚清廷发生意外到台湾"，从而认定沈光文乃是一个"半路投清的变节遗民"，更是对沈光文人格气节的极不公正的贬损①；至于将《沈太仆传》认定为"这一造神运动的逻辑起点"，对于一代史学大家全祖望来说也是极不客观公正的②。而文章仅凭对沈光文来台时间问题的考证，就断然将沈光文在台湾文化史上的贡献全盘抹杀，将自季麒光以来人们对于沈光文的种种尊谥一概认定为"造神运动"，显然也是过于轻率、难以令人信服的结论。

2.《真相、遮蔽与反思——关于一桩文化史公案的后续考察》

与上文堪称姊妹篇的《真相、遮蔽与反思——关于一桩文化史公案的后续考察》，分为三大部分：一、无庸讳饰的真相；二、被神话遮蔽的历史；三、反思：神话何由造成。该文以乾隆十一年范咸所纂《重修台湾府志》中的《东吟社序》与《平台湾序》为基本文献依据，得出以下结论：

第一，根据《东吟社序》，沈光文是在康熙元年（1662）年底因欲投诚于清廷发生意外才飘至台湾的。在《平台湾序》中，沈光文"极为恶毒地诋毁郑成功以来整个明郑集团的抗清历史，极为露骨地吹捧清王朝的收复台湾之举"，"民族气节荡然无存的本来面目，亦于此暴露无遗"。

第二，被所谓"台湾孔子"神话所遮蔽掉的，是明郑台湾二十年的教育史、明郑集团四十年的浴血抵抗史与至少一千多年的汉文化在台湾的传播史。

第三，沈光文"台湾孔子"神话得以建构而成的原因，除了学风不够严谨、人云亦云之外，主要是由于"同乡情结和政治关怀"。在清朝，季麒光"算是沈

---

① 详见本书第四章第一节"季麒光与沈光文接受史的奠基"中的有关论述。
② 详见本书第四章第二节"清代的沈光文接受史"中的相关论述。

光文的江浙大同乡”，全祖望则与沈光文都是鄞县人，“完全同籍”。他们两人对沈光文的表彰，是同乡情结与政治关怀两个因素共同作用的结果。至于道光八年出任台湾知府的邓传安对沈光文的推崇，则是政治因素的作用。到了20世纪50年代，沈光文之所以受到推崇，则与迁台的国民党高层多为浙江人有关，也与国民党“为清除日本殖民统治的文化残余而在岛内发起中华文化复兴运动相关”。

总之，这篇文章在《神话的消解：诗史互证澄清一桩文化史公案》的基础上踵事增华，既全面否定沈光文的民族气节，也全面否定沈光文的文化史地位。在潘承玉看来，三百年来沈光文经典地位的确立史，其实不过是沈光文神话的建构史，是一场由季麒光、全祖望、邓传安等人出于同乡情结或政治关怀而相继发起的“造神运动”。

潘文所谓的“遮蔽”、“反思”云云，皆建立在所谓“真相”的基础上，因此，我们首先需要审慎思考的问题焦点自然应该是：潘承玉所云“沈光文是在康熙元年底，因投诚清廷发生意外才漂至台湾”——究竟是历史的真相还是他的主观臆测？

我们认为，潘文虽然在主观上力求“以客观事实为依据”作为评价历史人物之基础，但作者所依据的主要文献是存在问题的，据此得出的颠覆性结论自然也无法令人信服。作者所主要依据的文献资料是《东吟社序》与《平台湾序》，而这两篇文章已被多数学者认定是经人篡改的伪作。但就是这两篇早就被学者认定为伪作的作品，却成为支撑潘文所有颠覆性观点的主要依据。而令人遗憾的另一方面是，对于学界公认的在沈光文研究上最可靠、最可信的文献资料——季麒光的《蓉洲诗文稿》，潘先生在当时却并未注意和充分利用，否则，他不至于对沈光文其人其事做出上述令人骇然的判断。

虽然自清代以来的文献资料在沈光文来台时间的记载上或模糊不清，或舛错频出，以至于后人为此而聚讼纷纭，但沈光文是在郑成功收复台湾(1661年)之前来台的，这一点几乎在所有的清代文献中的记载都别无二致：季麒光《沈光文传》云：“……七月，挈其眷买舟欲入泉州；过围头洋，遇飓风，飘泊至台。及郑大木掠有其地，斯庵以客礼相见。”虽然在沈光文来台具体时间的记载上不够明确，但先有沈光文遭飓风飘至台湾、后有郑成功复台是毫无疑义的。同样是出自季麒光之手的《台湾府志》中的《沈光文列传》中的记载与上文基本一致：“遇飓风，飘泊至台，不能返棹，遂寓居焉。及郑大木掠有其地，斯庵以客礼相见。”《诸罗县志·人物志·寓贤》中的《沈光文传》云：“……后移家泉州，过围头洋，遇飓风，飘入台。郑成功以客礼见，不署其官。"而全祖望《沈太仆传》对于此事的记载也甚为明确：

> 公遂留闽，思卜居于泉之海口，挈家浮舟过围头洋口，飓风大作，舟人失维，漂泊至台湾。时郑成功尚未至，而台湾为荷兰所据，公从之，受一廛以居，极旅人之困，不恤也。遂与中土隔绝音耗，海上亦无知公之生死者。辛丑，成功克台湾，知公在，大喜，以客礼见……

全祖望曾拜托友人张湄、李昌潮在台湾寻访沈光文的诗集，张湄、李昌潮从沈光文后人那里查访沈光文的诗集之外，一定也了解到关于沈光文生平的一些颇为珍贵的信息并转告于全祖望，因此全祖望关于此事记载的可信度是相当高的。潘先生却置以上所有的文献记载于不顾，而唯独以《东吟社序》为据判定沈光文来台时间是在郑成功复台之后的壬寅年(1662)，是没有道理的。

在关于沈光文与李率泰的关系问题上，包括乾隆十二年范咸《重修台湾府志》在内的所有的方志中对此事的记载都是一致的，即沈光文拒绝了李率泰的"遣员致书币邀之"，表现出应有的遗民气节。如康熙二十五年蒋毓英的《台湾府志》云："八闽总制李公讳率泰闻其名，遣员致书币邀之，斯庵不就。"康熙五十六年《诸罗县志》云："总督李率泰闻其名，阴使以书币招之，辞不赴。"乾隆十年全祖望的《沈太仆传》云："闽督李率泰方招来故国遗臣，密遣使以书币招之。公焚其书，返其币。"即使是收录了《东吟社序》的范咸的《重修台湾府志》中的沈光文传亦云："总督李率泰闻其名，阴使以书币招之，不赴。"但潘先生对以上文献均不置一词，而唯独采信《东吟社序》中所谓"余自壬寅，将应李部台之召，舟至围头洋遇飓，飘萍至斯"，并以此孤证来论断沈光文是在壬寅年(1662)欲投诚于清廷发生意外才飘至台湾的，这显然不能令人信服。

既然潘先生对于以上两个基本问题的论断站不住脚，那么在此基础上得出的所谓"被'台湾孔子'神话所遮蔽掉的，是明郑台湾二十年的教育史、明郑集团四十年的浴血抵抗史与至少一千多年的中华文化在台湾的传播史"云云，也就都是无根之谈了。

除了作为基本文献依据的《东吟社序》与《平台湾序》不可靠之外，潘文的论述在逻辑上也存在问题。潘文首先摘引了"康熙三十五年刊行的《台湾府志》卷九《沈光文传》"中的记载：

辛卯年，从肇庆至潮州，由海道抵金门。壬寅，八闽总制李公讳率泰闻其名，遣员致书币邀之，斯庵不就。七月，挈其眷，买舟欲入泉州，过围头洋，遇飓风，飘泊至台，不能返棹，遂寓居焉。及郑大木掠有其地，斯庵以客礼相见。

潘文认为"这是一段真伪杂出的文字。它正确地记载了沈光文到达台湾的时间是在康熙元年，到达台湾的原因是意外飘至，但它也包含了明显的错误和对沈光文回应招降之举的曲为回护。将这段文字与全氏《沈太仆传》相应记载对照，不难发现，后者即是对前者进行整葺，以修正其中的错谬而来"。具体而言，"《沈太仆传》于是摘除了'壬寅'的时间间隔，而有了从'辛卯'到'飘泊至台湾'的一气呵成；同时，一生致力表彰故国忠义的全氏还把该文的曲为回护'斯庵不就'，顺便演绎成了《沈太仆传》中绘声绘色的描写"。

首先，《台湾府志》中的《沈光文传》是"府志作者对沈光文回应招降之举的曲为回护"吗？

潘文认为沈光文康熙元年底"投诚清廷"的时局背景是："康熙元年……成功死，其子锦(经)拒命如故，部下渐携贰。于是(清福建总督李率泰)复招降其将林俊奇、陈辉、何义、魏明等三百余人。""在这波滥发名器的招降纳叛浪潮中，沈光文接到了李率泰专人送达的招降密函并做出了回应。"既然前文已经论证了沈光文根本不是1662年来台的，那么潘文对沈光文"投诚清廷"的政治背景的这种猜测当然也就无法成立了。潘文还认为："康熙元年、二年，在郑成功、鲁王相继病逝和郑经移嗣台湾，厦门、金门作为明郑抗清基地的地位越加风雨飘摇之际，从这一带回头上岸者，毫无疑问，皆可被视为向清廷投诚。沈光文既然身在金门，不去新的抗清基地台湾，却掉转方向欲入泉州，从抗清事业的中心自行远离出去，不论采取何种路线图，都只能是投诚者所为。"此论实在过于武断，是一种似是而非之论。以明郑遗老徐孚远为例，他就是主动离开明郑抗清基地台湾而渡海返回大陆，最终在广东饶平"完发以终"的，难道也是"投诚清廷"吗？对于郑成功放弃大陆、经营台湾的战略决策，在当时包括张苍水在内的很多南明抗清志士都并不认同，因而不愿跟随郑氏大军迁台，宁愿选择留在大陆作孤注一掷的抗争或做抗节不仕的遗民，可又有谁会怀疑其忠于故国的昭昭耿耿之心呢？

其次，《沈太仆传》是对《台湾府志》中《沈光文传》的"整葺"，"以修正其中的错谬而来"吗？

潘文所引的《沈光文传》其实并非出自"康熙三十五年刊行的《台湾府志》"①,而是出自蒋毓英、季麒光、杨芳声合纂的《台湾府志》,世称"蒋志"。康熙二十七年(1688),蒋毓英调任返回大陆后,此志方得以刻印,但因印数极少,流传不广,三百年间一直以为亡佚不存,直到1979年才在上海图书馆被发现。全祖望在乾隆十年(1745)左右撰写《沈太仆传》时,根本不曾看到蒋志,他所依据的文献来源是:康熙五十六年(1717)周钟瑄、陈梦林编纂的《诸罗县志·人物志·寓贤》中的《沈光文传》,乾隆五年(1740)刘良璧新修的《重修福建台湾府志·人物·流寓》中的《沈光文传》以及黄叔璥的《台海使槎录》中的《沈文开传》,而这些文献对沈光文来台时间均无明确记载,只有蒋志中有明确的"壬寅"之说,全祖望对蒋志既然根本未尝寓目,又何来什么"进行整葺""修正其中的错谬"云云呢?

潘文对沈光文的评价与定性,确有振聋发聩、骇人听闻的颠覆性,但追根溯源,我们会发现此文的一系列颠覆性观点并非空穴来风,而是对20世纪末洪铭水《沈光文与台湾流寓文学的多角观点》中一系列观点的引申与发挥。

洪铭水《沈光文与台湾流寓文学的多角观点》一文中,还只是以《东吟社序》为据,委婉地对沈光文的民族气节表示质疑:"也许就在这之后,沈看到大势已去,就带着家眷想逃到泉州隐居,不意途中遇到飓风被吹到台湾。"而潘文则径以《东吟社序》中"余自壬寅,将应李部台之召,舟至围头洋,遇飓漂流至斯"为据,做出了"沈光文到台的准确时间在台湾已为明郑所有的康熙元年(底),而且是因为向清廷投诚发生意外的结果"的判断。"真实的历史极可能是:康熙元年壬寅,清福建总督李率泰遣员赍书招降,给出种种优厚的条件,沈光文拟应招上岸,但因旧主鲁王病重,一直未能成行,直到该年十一月鲁王病殁入葬以后,方始扬帆西进;但一场飓风,却阴差阳错地把他送到了台湾。"针对季麒光对沈光文所作"从来台湾无人也,斯庵来而始有人矣;台湾无文也,斯庵来而又始有文矣"的评价,洪铭水批评道:"他这句话也反映了……官吏完全无视于明郑时期二十年来'建圣庙,立学校'的事实,其间必有不少跟郑成功来台的遗老如'海外几社'诸君子,为汉文化在台湾的播种做出贡献。何况在此期间沈光文是躲在山村僻野之中,对当时府城的教育不得参与,更谈不上贡

---

① 潘文在"参考文献"中称引文出自高拱乾的《台湾府志》。而事实上,高拱乾的《台湾府志》中是没有关于沈光文的记载的,诚如李秉乾所云:"(《蒋志》)人物中如台湾文化、教育的开山祖沈光文和洁己爱民的卢若腾,《高志》一字不载。"

献,岂可谓除他之外无人无文?"①到了潘承玉笔下,则进一步变本加厉,引申为:"被沈光文'台湾孔子'神话彻底遮蔽和埋没的,还有明郑台湾相当完备的教育事业。……综合说来,被'台湾孔子'神话所遮蔽掉的,不仅是明郑台湾二十年的教育史、明郑抗清政权四十年的浴血抵抗史,还有至少自三国以来一千多年的中华文化在台湾的传播史!"

综上所述,笔者认为,潘先生对于沈光文之文化史地位的颠覆是徒劳的、无法成立的。尽管如此,潘先生对沈光文来台"1651 年说"和"1652 年说"的批驳、对沈光文相关诗作创作时间与地点的考证还是颇有价值的,可以说在沈光文研究上做出了新的开掘与推进。此外,潘先生对于"台湾文学始祖"问题的重新思考,尤其是将"明郑前期暨鲁王监国时期的台湾海峡诗群"视为台湾文学源头的观点②,启发学界从更宽泛的视野审视台湾文学的起源,从文学史溯源的角度看,也是有其积极意义的。

（二）黄美玲对"台湾文学初祖"问题的再思考

潘承玉在沈光文研究上所提出的一系列富有颠覆性的观点,在海峡两岸学界引起较大反响与震动。在台湾学界,2010 年黄美玲的《谁才是台湾"文学"初祖——沈光文 V. S. 卢若腾之诗》③就是对此问题的再度思考。

2008 年,大陆学者潘承玉在台湾成功大学中文系"台湾古典诗与东亚各国的交错"国际学术研讨会提交的论文《明郑时期台湾海峡的诗群活动考探——以"台湾文学始祖"问题为中心》,引发了学界对"台湾文学始祖"问题的再关注。台湾学者黄美玲的《谁才是台湾"文学"初祖——沈光文 V. S. 卢若腾之诗》一文,就是在潘文的启发下,试图通过对卢若腾和沈光文之诗作内容与特色的比较,探讨和比较这两位作家对台湾文学的价值与贡献,进而对"台湾文学始祖"问题作进一步的反思和确认。黄美玲将沈光文诗作分为"郊游唱和""乡愁""风物""抒怀"四类,将卢若腾诗作分为"个人身世之感遇""对民生疾苦的忧心""对家国危急存亡之秋的看法",通过对二人诗作的比较,得出的结论是:"叹贫、坚持贞节是两人共同面对的难题,但他们也同样都表达出坚守理念不轻易低头的决心;对时局的忧虑也贯彻在《岛噫诗》与《文开诗文集》

---

① 洪铭水:《沈光文与台湾流寓文学的多角观点》,见《明清时期的台湾传统文学论文集》,文津出版社 2002 年版,第 75 页。

② 潘承玉:《南明文学史》,中华书局 2012 年版,第 382 页。

③ 黄美玲:《谁才是台湾"文学"初祖——沈光文 V. S. 卢若腾之诗》,台湾《联大学报》2010 年第 7 期。

中。但对于民生疾苦方面,光文的体会的确不如卢氏来得深刻。至于描述台湾、金门的风土、人文、景致,则沈氏的《番妇》《咏篱竹》《番柑》《番橘》《释迦果》《椰子》等以及卢氏的《刊名》《太武岩次丁少鹤刻石韵》《游太武岩》《石言》《筑棣》《华岩泉》《乙亥九日偕诸同社登啸卧亭还饮宝月庵题壁》《庚寅九日游将军泉》等,都有相关的作品。""两人的文学成就当在伯仲之间,但若论及地方风物的呈现与对南明军民的关怀,卢若腾的金门在地书写及遥想远渡至台湾的同胞所遭受的困苦,内容显然比沈光文深刻。"关于"台湾文学初祖"问题,作者最后得出的结论是:"'台湾文学初祖'应扩大解释为以沈光文为主的南明文学,甚至整个台湾海峡诗群,方能丰富台湾文学史。""沈光文究竟是不是'台湾文学初祖'? 笔者以为若颠覆这个说法可能对台湾文学界冲击过大,暂时不宜推翻,但学界应扩大解释,将沈光文当作明郑时期来台文人的代表,如此一来才能将其他曾至台湾的文人如王忠孝、徐孚远等辈,或者因病没踏上台湾本岛却一直在金门发挥影响力的卢若腾,乃至于潘承玉所提及的'台湾海峡诗群',其文学贡献能一起列入考虑。"

显然,黄美玲此文深受潘承玉观点的影响。如果说潘承玉是对沈光文"台湾文学始祖"地位的彻底否认和颠覆,那么,黄文提出的"扩大解释"说则可以说是一种较为缓和的折中,其所谓"暂时不宜推翻"云云,隐含着将沈光文视为"台湾文学初祖"并非实至名归之意。笔者认为,黄文对沈、卢二人诗作内容与特色的论述还是比较客观到位的,但遗憾的是,对于"台湾文学始祖"这个核心问题,未能做出圆满的令人信服的回答。

黄文在"摘要"中说:"南明文人除沈光文外较为人所知的还有王忠孝、徐孚远、卢若腾,王忠孝与徐孚远都曾到过台湾,但并没有机会成为台湾文学初祖。这当中只有卢若腾长期居住于金门,晚年想到台湾,却在中途澎湖病逝。因此本文以卢若腾和沈光文之诗做比较,探讨其文学价值与贡献。"显然,在黄美玲看来,沈光文之外,有望摘取"台湾文学初祖"桂冠的,只有王忠孝、徐孚远、卢若腾三人而已,但王、徐都"并没有机会成为台湾文学初祖",那么唯一能够与沈光文相颉颃的,就只有卢若腾了。那么,卢若腾是否能够被称为"台湾文学初祖"呢? 显然不能。且不论卢若腾文学成就之高低,仅从他从未到过台湾这一点,就不可能有此称谓了。卢若腾《岛噫诗》中现存的 143 首诗,多为后期隐居故乡金门时所作,由于他毕生未曾踏上台湾本岛,诗集中描述台湾的《东都行》《海东屯卒歌》《长蛇篇》《殉衣篇》等,尽管思想艺术成就很高,但毕竟都是出于主观想象。再者,黄文比较的是沈、卢二人的诗作,仅以诗歌成就和价值的高低来判断谁为"台湾文学初祖",显然是不够全面的。沈光文除了存世的百余首诗歌之外,据季麒光《蓉洲诗文稿》中的《沈光文传》载,还有《台湾赋》《东海赋》《榕赋》《桐花赋》《芳草赋》及《花草果木杂记》等大量文、赋,虽多已亡佚,但仅从题目就可知这些作品与台湾的密切关系。因此,着眼于沈光文全部的文学作品来看,谁是真正的"台湾文学初祖",岂不是不言自明的事吗?

三、"恒久的典范":2012 年的沈光文接受

2012 年是沈光文诞辰四百周年,这一年也成为沈光文接受史上里程碑式的重要年份。此年度不仅在沈光文研究上取得了丰硕的成果,两岸官方和民间的纪念活动也相当活跃,"台湾文学始祖""台湾文献初祖"沈光文及其对台湾文化史的贡献不仅成为学界研究的热点,由于媒体的广泛宣传,也为越来越多的两岸普通民众所熟知。

（一）沈光文研究的丰硕成果

与勃兴期、融合期阶段的沈光文研究相比,这一时期的沈光文研究取得了突破性的进展,这主要得益于季麒光《蓉洲诗文稿》这一重要文献的发现与利用。季麒光《蓉洲诗文稿》康熙三十三年(1694)刻本在上海图书馆被发现后,厦门大学台湾研究所李祖基教授以此为底本,从中选出与台湾相关的作品包括诗 155 首、文 30 篇,整理点校后辑为《蓉洲诗文稿选辑》一书,2006 年 1 月由香港人民出版社出版,季麒光的诗文于埋没三百多年后重现人间。2012年,南京凤凰出版社出版了《无锡文库》第 4 辑,其中收录了《蓉洲诗文稿》影印本,包括《蓉洲诗稿》7 卷,《蓉洲文稿》4 卷,附《三国史论》《东宁政事集》各 1卷。《蓉洲诗文稿》是有关沈光文研究的珍贵文献,为沈光文研究提供了最可靠、最确凿的文献资料。两岸学者以《蓉洲诗文稿》为重要依据,在沈光文研究方面取得了一系列前所未有的创作。

台湾学者龚显宗极其重视《蓉洲诗文稿》之于沈光文研究的重要价值,通过对《蓉洲诗文稿》的研读,在沈光文研究上取得了新的重要进展,其《沈光文与季麒光》《由沈、季二序看东吟社》《论〈蓉洲文稿〉的台湾人物书写》等文就是其精心研治《蓉洲诗文稿》而取得的学术创获。沈光文入清之后最令人瞩目的文化活动就是与季麒光等人组建了台湾第一个诗社——东吟社,龚显宗是第一位对东吟社进行专门系统研究的学者,其《由沈、季二序看东吟社》一文,从东吟社的得名、成立宗旨、成员的籍贯、成员的生平与著述,到诗社活动、诗社

成员的交游等,都进行了全面而详细的探讨,这一研究不仅是对沈光文研究的深化和拓展,对台湾诗史、台湾清代文学史的建构也大有助益。

此外,台湾学者王淑蕙发表了《从〈蓉洲诗文稿选辑·东宁政事集〉论季麒光宦台始末及与沈光文之交游》①,该文首次对季麒光之生年、科考、宦台年月、丁忧疑云等问题进行了考证,论述了清初台湾宦台官员的联吟及诗社活动,对沈、季二人的交往和创作进行了深入的探究,文章资料翔实,考论细致,其中"沈老推动诗社之态度与心理因素""海外记异的创作观"等观点颇富启发意义。2012年,宁波学者张萍发表了《从〈蓉洲诗文稿〉探究沈光文生平事迹》②,该文在论述沈、季交谊的基础上,根据《蓉洲诗文稿》中的相关诗文作品,探究了沈光文出生年月、妻子及子嗣情况、赴台时间、来台后的行医情况等,立论扎实有据,观点令人信服。

2012年出版的《沈光文全集及其研究资料增编》,是本年度台湾地区沈光文研究的重要成果,也是编者龚显宗先生献给沈光文诞辰400周年的一份厚礼。编者称,较之1998年编纂的《沈光文全集及其研究资料汇编》,"诗增至一百一十四首,经笔者多方搜罗,多了'杂记'十二篇,研究资料加了数十篇,新添数十张照片,亦分上、中、下三编,以篇幅太长,故分装两册"③。全书约六十万言,上编为《沈光文全集》,中篇为《研究资料增编》,下编为《追思与咏怀》,较为全面地反映了台湾地区沈光文研究、沈光文接受的全貌,具有重要的资料价值。时任台南市市长的赖清德亲为作序,序言称:"沈光文,人称斯庵先生,是四百年前台湾开创汉文化、率先撰写诗文赋的先师,在文学史及台南历史上具有极为特殊的意义。弘扬台南市'文化首都''文学府城'的荣光,一直是清德施政的重要目标,因而有《沈光文全集及其研究资料增编》的出版。""前贤的汗水与墨渍滴落下来,浇润了土地,于是草木丛林,繁华品类,滋养丰富了今日台南的文化首都新风采。"

2012年沈光文四百周年诞辰,也直接推动了大陆学界在沈光文研究上的进展。此年度大陆学者共刊发论文11篇,其中乐承耀先后发表《沈光文文化成就的当代价值》《材料、事实与反思:有关沈光文的"一桩文化史公案"——兼

---

① 王淑蕙:《从〈蓉洲诗文稿选辑·东宁政事集〉论季麒光宦台始末及与沈光文之交游》,《台湾古典文学研究集刊》2011年第5号。

② 张萍:《从〈蓉洲诗文稿〉探究沈光文生平事迹》,《宁波大学学报》2012年第6期。

③ 龚显宗:《沈光文全集及其研究资料增编》(上),台南市文化局2012年版,第2页。

与潘承玉先生商榷》《牵系两岸文化情结的先驱——纪念沈光文诞辰 400 周年》三篇论文,对沈光文研究做出了重要贡献。自潘承玉于 2007—2008 年发表《神话的消解:诗史互证澄清一桩文化史公案》《真相、遮蔽与反思——关于一桩文化史公案的后续考察》两篇文章以来,潘承玉对沈光文之文化史地位的全面颠覆与否定,引发了不少学者的关注和反思,或支持,或辩驳,或澄清,或献疑,呼唤学者做出自己的回应与反馈。2012 年,大陆学界中较早致力于沈光文研究的资深文史学家乐承耀,率先对潘文进行了针锋相对的反驳。他的《材料、事实与反思:有关沈光文的"一桩文化史公案"》①一文,针对潘文中提出的三个富有颠覆性的关键问题,一一进行了驳斥:

第一,沈光文在台是"二十余年",还是"三十余年"?

乐承耀先生以季麒光的《蓉洲诗文稿》中收录的沈光文《题梁溪季蓉洲先生海外诗文序》、季麒光的《〈沈斯庵诗〉叙》为文献依据,论证沈光文在台三十余年是可信的。作于康熙二十六年(1687)的沈光文《题梁溪季蓉洲先生海外诗文序》称:"先生与余海外交也。忆余飘泊台湾三十余载,苦趣交集,则托之于诗。"季麒光的《〈沈斯庵诗〉叙》亦云:"在斯庵三十年来飘零番岛⋯⋯"足以印证沈光文在台时间确系三十余年。同时,乐先生亦明确指出:潘先生所引以为据的《东吟社序》刊于范咸的《重修台湾府志》中,而该志纂于乾隆十一年(1746),比沈光文《题梁溪季蓉洲先生海外诗文序》晚近 60 年时间,其史料价值远不能与沈光文本人所做的《题梁溪季蓉洲先生海外诗文序》相比。

第二,沈光文是"变节遗民"还是"顺乎历史"?

乐先生首先分析了康熙中期以来全国政治形势的转变,认为当时全国统一已是历史发展的必然趋势,清廷的文化政策也有所调整,康熙帝大力提倡汉族的传统文化,在此背景下,朱彝尊、黄宗羲等曾经抗节不仕的明遗民都相继转变了对清朝的看法,参加了清廷组织的一些文化活动,这些都是顺乎历史潮流的明智之举。"对于沈光文晚年的所作所为,必须结合当时的时代背景来考虑,不应该把是否支持新朝作为裁决是非的依据,应该看其是否顺乎历史潮流,是否符合中华民族的整体利益,是否有利于多民族统一国家的巩固。沈光文在早期对清廷持反抗态度,直到晚年,在不仕前提下对朝廷采取了灵活的姿态,他对康熙帝统一台湾加以肯定,参与创办'东吟诗社'和台湾的文化建设,

① 乐承耀:《材料、事实与反思:有关沈光文的"一桩文化史公案"》,《中共宁波市委党校学报》2012 年第 5 期。

不但不能对他抛弃原有的立场加以指责,而且应该肯定其顺应历史发展,融入祖国大家庭的行为。"

第三,肯定沈光文地位,是"造神"还是符合实际?

潘文认为对沈光文的"无限神格化"究其原因除"学风不严谨"之外,主要是由于"同乡情结与政治关怀"。乐先生驳斥道:曾对沈光文倍加推崇的季麒光、邓传安、连横等人,都不是宁波同乡,怎么能说是同乡"造神"呢?至于说到"同乡情结",推崇、研究当地历史文化名人,弘扬地方优秀传统文化,可从中获得开拓未来的丰富资源和不竭动力。"宁波乡贤研究沈光文,不但是肯定其台湾文化建设中贡献,更重要的是弘扬浙东的优秀传统文化,提升宁波城市品质。这怎么能说是把沈光文'无限神格化',是'造神运动'呢?对此,作为学人应该有宽阔的胸怀和视野,要以宽松、宽容的态度,来理解和对待历史人物。"

总之,该文对潘文的批驳有理有据,令人信服,以无可辩驳的论证批驳了潘文对沈光文文化成就与人格精神的否定,得出结论:"沈光文被誉为'台湾文化初祖',并非由于全祖望的'回护'及'造神'运动的结果,而是历史事实。从当时的历史背景来看,沈光文并非'变节遗民',而是顺乎历史潮流,放弃传统的对'一家一姓'的愚忠,为台湾融入统一的多民族大家庭,为台湾的文化建设作出了杰出贡献。"这篇文章纠正了潘文的谬误,澄清了事实的真相,拨除了人们的迷思,对此后的沈光文研究与接受起到了正本清源、拨乱反正的重要作用。"在纯粹的光明中和纯粹的黑暗中什么也看不见。在肯定与否定、抛弃与喜爱、推崇与冷落的对立评价中,经典的品质反而看得更清,理解得更深刻。经典作家一旦穿越了'质疑的风暴',反对者的一切努力只能巩固其经典地位,并将舆论引向他,喧哗的众声渐趋一致,时间终于使其成为地位稳固的'恒久的典范'。"[1]笔者认为,沈光文接受史也同其他很多经典作家相似,经历了一个从"光荣的周期"到"恒久的典范"的过程,在穿越了"质疑的风暴"之后,沈光文作为"台湾文学始祖"的地位不仅没有被撼动,反而从更深的层面得到了认同。

2012年以后,沈光文研究并没有热闹一阵之后走向沉寂,而是持续发展、扎实推进。2014年,宁波大学张萍、戴光中、张如安几位学者共同推出大陆首部全面解析沈光文诗文的专著《沈光文研究》[2];2015年,乐承耀的《台湾文献

---

① 陈文忠:《走出接受史的困境:经典作家接受史研究反思》,《陕西师范大学学报》2011年第4期。
② 张萍、戴光中、张如安等:《沈光文研究》,浙江大学出版社2014年版。

初祖沈光文研究》①问世。在两岸学者的共同努力下,沈光文研究正日趋走向全方位、深层次、多视角,与此相关的明郑文学研究、南明文学研究也取得了一系列可观的成果。我们相信,以沈光文研究为契机,两岸学术与文化交流也必将走向持久、深入。

(二)海峡两岸的沈光文纪念活动

2006 年 1 月 22 日,沈光文纪念馆在台南县善化镇庆安宫二楼落成,台南县政府官员、地方耆老孙江淮与沈光文后代子孙等,为纪念馆的落成剪彩与揭牌。2007 年中秋节,庆安宫隆重举行"五文昌帝君暨开台先师沈光文秋祭释奠典礼",善化镇各界均派代表参与,沈光文的后代子孙也从云林县前来祭拜。祭拜仪式全程依古礼进行,在古乐伴奏下,副县长颜纯左担任主祭官,庄严祭拜,并由颜纯左代表饮福酒、受福胙,象征五文昌帝君与沈光文在享用各界准备的丰盛祭品后,赐福给众人。此次沈光文秋祭大典,还举办了一场颇具传统文化特色的击钵吟诗大会。击钵吟诗限题、限时、限韵,以沈光文秋祭及善化庆安宫为主题,诗歌形式以五言和七言律诗为主,古韵悠悠,极尽风雅。对于多年存在着统独之争的台湾社会来说,每年定期举行的沈光文祭祀大典,不仅是对台湾文化初祖沈光文的纪念,也可以说是对中华文化传统的继承与弘扬。

2012 年,沈光文诞辰四百周年之际,宁波、台湾两地人民在海峡两岸举行了规模空前的纪念活动。

自 2008 年台湾地区领导人马英九上台后,改变了陈水扁当局以往在文化教育领域内意识形态的过分操弄,终止了李登辉和陈水扁时期的一些"去中国化"的政策,提出"重视文化传承,建立主体意识,我们主张各级学校应重视对中华文化精髓的传授,借以建立一种包容、开放、深邃、丰富的台湾主体意识,而非自陷于偏狭、封闭、悲怨的地域主义之中"②。自日据时期以来,沈光文就一直是台湾地区复兴中华文化的一面旗帜,因此,马英九主政期间非常重视对沈光文的纪念,借以表达对中华文化的传承。2011 年 8 月 21 日,马英九参加在善化庆安宫举行的"台湾孔子沈光文 399 年祭暨揭匾大典",由马英九亲自题写的"泽被遐方"匾额在祭拜妈祖、关圣帝君、沈光文之后揭匾。根据马英九此前的提议,沈光文铜像也于 2011 年 9 月 24 日在台南孔庙文化节开幕式上亮相,入祀台南孔庙。

---

① 乐承耀:《台湾文献初祖沈光文研究》,九州出版社 2015 年版。

② 马英九、萧万长教育政策,参见 http://www.mal19.net。

2012 年 1 月,马英九在竞选中击败蔡英文、宋楚瑜,5 月 20 日,就任新一届台湾地区领导人,开始第二个任期。2012 年度恰为沈光文诞辰 400 周年,在马英九的支持下,各项沈光文纪念活动有序展开。9 月 23 日,在台南市善化火车站前举行了沈光文纪念亭落成启用仪式。9 月 30 日,恰逢中秋节,沈光文诞辰 400 周年祭拜典礼于善化火车站附近的沈光文纪念碑旁举行,由台南市市长担任主祭,沈光文在台湾、宁波的后代,台北市宁波同乡会及有关部门代表与会。10 月 1 日,台湾当地媒体在"台南焦点"专栏发表了《善化庆安宫诗声起》等有关纪念沈光文诞辰 400 周年的文章,介绍沈光文生平及祭典盛况。

2012 年度,沈光文的家乡浙江宁波也举行了丰富多彩的纪念活动。6 月至 7 月,宁波市文化研究会先后两次举办"沈光文文化成就研讨会",乐承耀等学者做了交流发言,探讨了沈光文的文化成就及其当代价值,会议认为:宣传沈光文、认识沈光文、走近沈光文、研究沈光文,是今后宁波历史文化研究和文化强市建设中需要着力加强的重要课题。10 月 29 日,在沈光文家乡鄞州区石碶街道星光村,隆重举行了恭迎沈光文塑像暨沈光文纪念馆开馆仪式。由台湾善化庆安宫敬赠的沈光文塑像抵达星光村,家乡人民以传统的抬大轿的方式恭迎"开台先师"回归故里,两岸沈氏后人共同祭拜先人,彰显了海峡两岸同根同源、血浓于水的亲密关系。11 月 6 日,为纪念沈光文诞辰 400 周年,举行了甬台两地书画笔会暨沈光文研究专辑新书发布活动,甬台两地十多位书画家现场挥毫泼墨,表达两地文脉相通、血脉相连的主题。11 月 7 日,沈光文诞辰 400 周年纪念日,宁波市和台南市共同在台南市善化庆安宫举行"纪念台湾文献初祖沈光文诞辰四百周年祭祀典礼",将本年度的沈光文纪念活动推向了高潮。

沈光文是在明清易代的时代背景下漂泊来台的大陆人,是第一个将汉文化的种子撒播在台湾的拓荒者,又是视台湾为第二故乡、埋骨宝岛、传衍后嗣的台湾人。这种特殊的生平经历与文化业绩,自然使他成为海峡两岸中国人血脉同根、文化同源的象征,从而具有了某种文化图腾的意义。从这个角度说,沈光文接受的意义已远远超出了文学本身,而具有中华文化认同的深远意义。众所周知,两岸关系发展最大的问题来自双方在"一个中国"的政治认同问题上存在着分歧。对于台湾地区来说,沈光文接受犹如一个晴雨表,在认同"一个中国"原则、弘扬中华文化的主流意识下,沈光文必然得到认同、接受与宣扬。"文化认同是民族认同和国家认同的基础,中华文化的认同是维系两岸人民感情的纽带,中华文化对于导正台湾青少年的国家认同的意义不可忽视。"①沈光文文化成就的当代价值,固然包含了创新品格、经世致用、崇学重教等多个方面,但就其最重要的内涵来说,还是其爱国主义精神。"沈光文至今被人深深地怀念,除了留下一批汉文文献之外,更重要的是将中华文化核心价值,即爱国精神播种在台湾。"②在新形势下我们更应充分重视对沈光文的研究和宣传,以此作为两岸文化交流与融合的重要内容,为推动祖国和平统一大业做出自己的一份努力。

① 刘国奋:《两岸关系发展二十年之省思》,《台湾研究》2015 年第 2 期。

② 乐承耀:《台湾文献初祖沈光文研究》,九州出版社 2015 年版,第 59 页。

结　语

　　如欲从源头上梳理台湾文学与祖国大陆母体文学之间源远流长、绵延不绝的源流关系，必须将目光追溯到明末清初追随郑氏入台的台湾文学最早的拓荒者，即以沈光文、徐孚远、卢若腾等人为代表的明末遗民诗人。明郑文学既是台湾文学的起点，也是台湾文学与大陆母体文学之间不可分割的渊源关系的源头。在明郑诸儒中，何以唯沈光文独享"台湾文学始祖"的盛誉？其实，这既非"有意地神化"，亦非"善良的想象"，而是其来有自：

　　首先，从作家本人与台湾的渊源来看，无论是来台时间之早还是居台时间之久，明郑遗民诗人无出沈光文之右者。

　　沈光文于1657年漂泊来台，时当荷兰殖民统治时期，早于郑成功复台，他不仅是明末遗老中最早来台的一位，而且"居台三十余年，及见延平三世盛衰"，最终"卒于诸罗，葬于县之善化里东堡"，是明郑诗人中在台寓居时间最久的一位，其后代在台湾繁衍成族。而考察徐孚远、卢若腾、王忠孝等明郑作家，就个人才华与文学成就来说或与沈光文难分轩轾，但与台湾的渊源并不深厚。作为"海外几社六子"领袖的徐孚远（1599—1665），曾于顺治十八年（1661）和康熙元年（1662）前后两次来台，但他两次留居台湾的时间均较短，最终选择回到大陆，康熙四年（1665）五月卒于闽粤交界处的潮州饶平；卢若腾（1598—1664）于1664年赴台途中病卒于澎湖，毕生未曾踏入台湾本岛，其《岛噫诗》大半为其晚年居于家乡金门时所作；颇受郑成功父子倚重的南明重臣王忠孝（1593—1666），对明郑军国大事、文教事业"多所赞划"，他于1664年三月经澎湖至台湾，投奔郑经，1666年四月卒于台湾，后归葬故里福建惠北松亭，仅在明郑治下的台湾生活过短短两年。可以说，就个人生命与台湾的渊源来说，明郑作家中，只有沈光文堪称是第一位真正意义上的"台湾作家"。

　　其次，从文学作品与台湾的渊源看，在明郑作家群体中，沈光文笔下的台湾书写最丰富、最全面、最富写实性，也最富有文学的深情与华彩。

　　衡量谁为真正的"台湾文学始祖"，当然不能只看作品数量，更要看其作品与台湾的关联度，看其台湾书写在其全部作品中所占的比重。南明寓台诸儒中，就存诗数量而言，沈光文的诗歌存世数量并不算多，只有一百余首；就内容而言，其诗多以抒写自我情感为主，反映社会生活的宽广度远不如徐孚远、卢若腾等人的诗作。但就诗文作品与台湾的渊源关系之密切而论，却无能出沈光文之右者。卢若腾由于终其一生未踏上台湾本岛，其《东都行》《海东屯卒歌》等有关台湾的诗作尽管反映了明郑治下的台湾社会风貌，但毕竟只是基于作者的主观想象而非真实的在地书写。徐孚远亦有《东宁咏》等有关台湾的诗作，但由于他在台湾居留的时间较短，这类诗作不仅总体数量少，台湾特色也并不鲜明。究其原因，徐孚远虽将台湾视作可以"避秦"的海外"桃园"，但在内心深处对此地并不认同，因此才先后两次来台又匆匆离开，最终以大陆为最终的埋骨之地。在《王忠孝公集》中有《东宁上帝序》《东宁中秋有感》《东宁风土沃美急需开济诗勖同人》等作于台湾的诗文，但王忠孝在台时间仅两年，所作与台湾相关的诗文较少。再以明郑第二代领袖郑经（1642—1681）为例，其《东壁楼集》保存了郑经居台十年间所做的 480 首诗，对于了解郑经的心志与情感提供了真实确凿的第一手资料，但遗憾的是，这些诗歌因缺乏鲜明的台湾特色而很难被视为真正意义上的"台湾文学"，因为"它们没有道及台湾各处山川原港和城乡居聚等地理名称，没有咏述风土民俗和民生物态，没有触及岛上的实际时事，而提及的真实时人也只有四五名而已，因而无法据以了解当时的有关实况。诗歌的命题和取材，大多数以寄情遣兴和山川风月为主，有托意而未必有实指"[①]。

　　沈光文之所以被誉为"台湾文学始祖"，在于其作品富有浓郁的台湾特色与台湾风情。就诗歌而言，沈诗中有关台湾风物的作品共计有四十多首，如《番柑》《番橘》《椰子》《释迦果》等，描述台湾特有的热带植物；《番妇》留下平埔族妇女的历史影像；《己亥除夕》《癸卯端午》《中秋夜坐》《五日》《重九日登啸卧亭》《重九大风》等诗在述怀之外还记录了台湾的民俗。仅诗题中涉及台湾地名的就有：《移居目加湾留别》《晓发目加湾即事》《至湾匝月矣》《发新港途中即事》《州守新构僧舍于南溪，人多往游，余未及也》《题赤嵌城匾额》等等，让人感

---

　　① 　朱鸿林：《郑经的诗集和诗歌》，《明史研究》1994 年第 12 期。

受到扑面而来的台湾气息。可以确信,倘非诗作亡佚严重的缘故,他必当为今人留下更多有关台湾风情的诗作。

寓台三十年间,沈光文在诗歌创作之外,还完成了《台湾舆图考》《花草果木杂记》以及《台湾赋》《东海赋》《樣赋》《桐花赋》《芳草赋》等大量与台湾相关的文赋。《台湾舆图考》是考察台湾地理的最早的文章,《花草果木杂记》以图文并茂的方式记录台湾的植物出产,从《诸罗县志·杂记志》中仅存的六则来看,涉及内山之黄水藤、地震、海翁鱼、土番种类与服饰、菻荼等多方面的台湾风物。赋作方面,仅以《台湾赋》而言,就涵盖了台湾的地理、历史、山川、地貌、物产、习俗等诸多方面,而有"第一部台湾简史"之誉。能在文学作品中对台湾予以如此全面、丰富、细致的表现,在明郑时期的台湾,除了沈光文之外,绝无第二人。究其原因,恰如沈光文的晚年知己、首部《台湾府志》的编纂者季麒光在《跋沈斯庵〈杂记诗〉》中所云:

> 从来台湾无人也,斯庵来而始有人矣;台湾无文也,斯庵来而又始有文矣。斯庵学富情深,雄于辞赋,浮沉寂寞于蛮烟瘴雨中者二十余年,凡登涉所至,耳目所及,无巨细皆有记载。其间如山水,如津梁,如佛宇、神祠、禽鱼、果木,大者记胜寻源,小者辨名别类,斯庵真有心人哉!……今斯庵此诗,虽云纪事纪物,而以海外之奇,备从前职方所未有。则是诗也,即古《国风》矣,乌可以不传?①

在明郑时期的台湾,沈光文以一介布衣,在极其贫窭的物质条件下,在长达二十余年的岁月里,没有任何来自官方的物质、人力的支持与襄助,独自一人在荒烟蔓草之中跋山涉水、不辞辛劳,考察台湾山川地貌、风土物产,并结撰为精美的文学作品,支撑这种执着的创作精神的,除了"学富"——学养、才识之外,还有一个不可忽视的前提,那就是"情深"——将台湾视为第二故乡而发自内心的热爱与眷恋。陈昭瑛说:"明郑台湾文学仍有异于内地之南明文学者,即在眷怀故国之外,亦寓有不归之思,以及发现台湾的热忱。明郑文学中出现许多反映台湾风土民情,以及表达安居台湾之决心的作品。这一方面是由于台湾本身拥有特殊的人文、地理特性,激发了诗人的想象力;另一方面也因为相较于沦落清统治的内地,台湾成了更具有中国性的地方。"②如果就"不

---

① 季麒光:《蓉洲诗文稿》,《无锡文库》第4辑,凤凰出版社2012年版,第347页。
② 陈昭瑛:《台湾文学与"本土化"运动》,正中书局1998年版,第5页。

归之思""发现台湾的热忱"而言,明郑作家中,唯沈光文足当"台湾文学始祖"之谓而无愧。

再次,从后世的文学史接受来看,在所有明郑作家中,沈光文是对后世台湾文学影响最大的一位。

"真正的经典作家,要么是民族文学史上的'第一批天才',要么是文学发展过程中的'集大成天才'。他们的卓越才能和创造性贡献,既创造了历史,又影响了历史,从而对民族文学的发展产生直接的推动作用。"①沈光文的经典意义,毫无疑问,在于他属于台湾文学史上的"第一批天才",对于台湾文学具有多方面的开拓意义,诚如戴松岳所言:"他的文学创作和文化活动使中国古典文学迅速在台湾土地上落根成长。以后台湾文学发展如大河奔流,汹涌澎湃,但就其主导样式、主要文学活动方式、主要精神取向无不与沈光文相关。"②

沈光文第一个为台湾带来格律诗这种最富中华民族特色的文学形式,也是台湾第一个诗社(福台新咏诗社,后更名为东吟社)的创立者。三百年来,沈光文的名字以及他所创立的诗社的名字,在台湾早已成为诗歌的代名词。如刘家谋《海音诗》称赞巡台御史张湄的《瀛壖百咏》:"鹭洲草罢瀛壖咏,已恨无人继福台。"1948年善化诗人苏东岳组建的诗社,命名为"光文吟社",以复兴骚坛风雅。在汉学衰颓至极的日据时期,沈光文更成为古典诗的代表,成为人们维系民族文化传统的一面旗帜。

沈光文是第一个以辞赋形式歌咏台湾的作家,开启了后世台湾赋作的多个面向。其《椰赋》《桐花赋》《芳草赋》等,直接影响了朱仕玠《夹竹桃赋》、林翠冈《秋牡丹赋》、卓肇昌《刺桐花赋》等台湾咏物赋的创作;其《东海赋》,开后世东海题材赋作之先河,为周于仁《观海赋》、张湄《海吼赋》之肇始;其《台湾赋》,更为后世诸篇台湾赋之蓝本,直接带动了清代林谦光、高拱乾、王必昌同题赋作的创作。

就文学内容而言,沈光文则堪称后世台湾文学母题的开拓者。台湾著名学者龚显宗说:"台湾的诗、文、赋都始自于他,就题材而言,是移民文学、乡愁

---

① 陈文忠:《走出接受史的困境:经典作家接受史研究反思》,《陕西师范大学学报》2011年第4期。
② 戴松岳:《南明孤臣,海东初祖——文化开台先师沈光文》,《中共宁波市委党校学报》2012年第6期。

文学、遗民文学、隐逸文学、乡土文学、民俗文学的首倡者。"①陈昭瑛认为:"纵观台湾诗史,明郑为台湾文学之始,日后不论遗民文学、乡愁文学、乡土文学皆滥觞于此。"②而在明郑作家中,对后世文学影响最大者非沈光文莫属。可以说,台湾文学中源远流长的三大母题——遗民忠义母题、乡愁母题与乡土文学母题,都肇始于台湾文学始祖——沈光文的诗文作品。

总之,无论是从作家与台湾的渊源、作品对台湾的书写,还是从对后世文学的深远影响这几个维度来考量,沈光文都是当之无愧的台湾文学始祖。位于台南善化的沈光文纪念碑上,镌刻着这样两副对联:"遇晴听月为孤贞寄篱共仰清风亮节;浮海乘桴成文献初祖常瞻潜德幽光","为明朝存正朔台湾文献推初祖;以汉学授先民华夏精神奠始基"。对台湾同胞来说,沈光文既是眷怀祖国的遗民忠义精神的代表,又是源远流长的中华文化的象征。在台湾文学史、文化史的长河中,沈光文将永远是一个经典性的存在。

---

① 龚显宗:《沈光文全集及其研究资料增编》(下),台南市文化局 2012 年版,第 252 页。
② 陈昭瑛:《台湾文学与本土化运动》,正中书局 1998 年版,第 9 页。

参考文献

一、主要著作文献：

[南朝·梁]刘勰:《文心雕龙》,北京:中华书局 2010 年版。

[明]卢若腾著、吴岛校释:《岛噫诗校释》,台北:台湾古籍出版有限公司 2003 年版。

[明]王忠孝:《王忠孝公集》,福州:福建人民出版社 2010 年版。

[明]杨英:《从征实录》,台北:台湾银行经济研究室 1958 年版。

[明]张煌言著、周冠明等点校:《张苍水全集》,宁波:宁波出版社 2000 版。

[清]范咸:《重修台湾府志》,北京:中华书局 1985 年版。

[清]黄叔璥:《台海使槎录》,《清代巡台御史巡台文献》,北京:九州出版社 2009 年版。

[清]季麒光:《蓉洲诗文稿》,《无锡文库》第 4 辑,南京:凤凰出版社 2012 年版。

[清]季麒光著、李祖基点校:《蓉洲诗文稿选辑》,香港:香港人民出版社 2006 年版。

[清]江日升:《台湾外记》,福州:福建人民出版社 1983 年版。

[清]蒋毓英撰、陈碧笙校注:《台湾府志》,厦门:厦门大学出版社 1985 年版。

[清]梁启超:《中国近三百年学术史》,北京:中国人民大学出版社 2012 年版。

[清]刘熙载著、王气中笺注:《艺概笺注》,贵阳:贵州人民出版社 1986 年版。

[清]丘逢甲:《岭云海日楼诗钞》,上海:上海古籍出版社 1982 年版。

［清］全祖望辑选：《续甬上耆旧诗》，杭州：杭州出版社 2003 年版。

［清］全祖望撰，朱铸禹汇校集注：《全祖望集汇校集注》，上海：上海古籍出版社 2000 年版。

［清］翁洲老民：《海东逸史》，杭州：浙江古籍出版社 1985 年版。

［清］徐兆昺：《四明谈助》，宁波：宁波出版社 2000 年版。

［清］余文仪：《续修台湾府志》，《中国地方志集成·台湾府县志辑》，上海：上海书店出版社 1999 年版。

［清］周钟瑄：《诸罗县志》，《中国地方志集成·台湾府县志辑》，上海：上海书店出版社 1999 年版。

［民国］连横：《台湾诗乘》，台北：台湾大通书局 1987 年版。

［民国］连横：《台湾诗荟》，台北：台湾省文献委员会 1992 年版。

［民国］连横：《台湾通史》，北京：商务印书馆 2010 年版。

［民国］孙静庵：《明遗民录》，杭州：浙江古籍出版社 1985 年版。

［民国］章炳麟：《国故论衡》，上海：上海古籍出版社 2003 年版。

［民国］赵尔巽：《清史稿》，北京：中华书局 1977 年版。

曹明纲：《赋学论稿》，上海：上海古籍出版社 2012 年版。

陈碧笙：《台湾地方史》，北京：中国社会科学出版社 1982 年版。

陈捷先：《清代台湾方志研究》，台北：台湾学生书局 1996 年版。

陈孔立：《台湾史事解读》，北京：九州出版社 2013 年版。

陈孔立主编：《台湾历史纲要》，北京：九州出版社 2008 年版。

陈昭瑛：《台湾儒学：起源、发展与转化》，上海：华东师范大学出版社 2012 年版。

陈昭瑛：《台湾诗选注》，台北：正中书局 1996 年版。

陈昭瑛：《台湾文学与"本土化"运动》，台北：正中书局 1998 年版。

陈昭瑛：《台湾与传统文化》，台北：台湾大学出版中心 2005 年版。

东海大学中文系编：《明清时期的台湾传统文学论文集》，台北：文津出版社 2002 年版。

龚显宗：《沈光文全集及其研究资料增编》，台南：台南市政府文化局 2012 年版。

古继堂：《简明台湾文学史》，北京：时事出版社 2002 年版。

古远清：《海峡两岸文学关系史》，福州：福建人民出版社 2010 年版。

顾诚：《南明史》，北京：光明日报出版社 2011 年版。

侯中一编:《沈光文斯庵先生专集》,台北:文海出版社 1980 年版。

乐承耀:《台湾文献初祖沈光文研究》,北京:九州出版社 2015 年版。

刘朝谦:《赋文本的艺术研究》,北京:中国社会科学出版社 2006 年版。

刘登翰、庄明萱主编:《台湾文学史》,北京:现代教育出版社 2007 年版。

刘昭仁:《海东文献初祖沈光文》,台北:秀威资讯科技股份有限公司 2006 年版。

马积高:《赋史》,上海:上海古籍出版社 1987 年版。

潘承玉:《南明文学史》,北京:中华书局 2012 年版。

钱茂伟:《浙东学术史话》,宁波:宁波出版社 1999 年版。

丘铸昌:《台湾近代三大诗人评传》,武汉:华中师范大学出版社 2011 年版。

沈善洪、吴光主编:《黄宗羲全集》,杭州:浙江古籍出版社 2005 年版。

施懿琳:《从沈光文到赖和——台湾古典文学的发展与特色》,高雄:春晖出版社 2005 年版。

田珏、傅玉能:《台湾史纲要》,福州:福建人民出版社 2012 年版。

王永健:《全祖望评传》,南京:南京大学出版社 2011 年版。

肖瑞峰:《刘禹锡诗研究》,杭州:浙江大学出版社 2016 年版。

谢国桢:《增订晚明史籍考》,上海:上海古籍出版社 1981 年版。

许结:《赋体文学的文化阐释》,北京:中华书局 2005 年版。

杨若萍:《台湾与大陆文学关系简史(1652—1949)》,上海:上海文艺出版社 2004 年版。

杨友庭:《明郑四世兴衰史》,南昌:江西人民出版社 1991 年版。

袁行霈主编:《中国文学史》,北京:高等教育出版社 2005 年版。

张萍、戴光中、张如安等:《沈光文研究》,杭州:浙江大学出版社 2014 年版。

二、主要论文文献

陈春声:《在礼法正统与政治现实之间——鲁王在金门活动及相关历史记忆的研究》,《闽台文化研究》2013 年第 1 期。

陈孔立:《台湾社会的历史记忆与群体认同》,《台湾研究集刊》2011 年第 5 期。

陈文忠:《走出接受史的困境——经典作家接受史研究反思》,《陕西师范大学学报》2011 年第 4 期。戴光中:《台湾文学拓荒者——沈光文》,《宁波师院学报》1993 年第 1 期。

戴松岳:《南明孤臣,海东初祖》,《中共宁波市委党校学报》2012 年第 6 期。

邓孔昭:《论清政府与台湾郑氏集团的谈判和"援朝鲜例"问题》,《台湾研究集刊》1997 第 1 期。

黄美玲:《谁才是台湾"文学"初祖——沈光文 V.S. 卢若腾之诗》,《联大学报》2010 年第 7 期。

蒋寅:《遗民与贰臣:易代之际士人的生存或文化抉择——以明清之际为中心》,《社会科学论坛》2011 年第 9 期。

乐承耀:《材料、事实与反思:有关沈光文的"一桩文化史公案"——兼与潘承玉先生商榷》,《中共宁波市委党校学报》2012 年第 5 期。

乐承耀:《全祖望的沈光文研究及其影响》,《中共宁波市委党校学报》2013 年第 4 期。

李剑锋:《明遗民对陶渊明的接受》,《山东大学学报》2010 年第 1 期。

李祖基:《陈第、沈有容与〈东番记〉》,《台湾研究集刊》2001 年第 1 期。

李祖基:《周婴〈东番记〉研究》,《台湾研究集刊》2003 年第 1 期。

刘国奋:《两岸关系发展二十年之省思》,《台湾研究》2015 年第 2 期。

柳浪:《清代台湾地方建置与方志编纂研究》,《中国地方志》2004 年第 3 期。

陆敏珍:《人物镜像与意义建构:关于沈光文研究的思考》,《浙江社会科学》2016 年第 5 期。

宁泊:《清人明史研究中的正统观和忠义观》,《南开学报》1996 年第 4 期。

潘承玉:《神话的消解:诗史互证澄清一桩文化史公案》,《复旦学报》2008 年第 2 期。

潘承玉:《真相、遮蔽与反思——关于一桩文化史公案的后续考察》,《绍兴文理学院学报》2007 年第 3 期。

盛成:《史乘与方志中的沈光文资料》,《台湾文献》1961 年第 12 卷第 2 期。

施晓宇:《"台湾文学独立论"驳论》,《福州大学学报》2013 年第 4 期。

孙福轩:《论康乾时期辞赋创作中的赋、颂互渗现象》,《南京师范大学文学院学报》2007 年第 3 期。

涂敏华:《历代都邑赋地域的演变进程及其成因》,《福建师范大学学报》2010年第3期。

万湘容:《海峡两岸沈光文研究的历史分期探讨》,《中共宁波市委党校学报》2012年第6期。

王建民:《30年两岸交流与两岸关系发展回望》,《统一论坛》2017年第6期。

王淑蕙:《从〈蓉洲诗文稿选辑·东宁政事集〉论季麒光宦台始末及与沈光文之交游》,《台湾古典文学研究集刊》2011年第5号。

王淑蕙:《志赋、试赋与媒体赋——台湾赋之三阶段论述》,台湾成功大学2012年博士论文。

游适宏:《地理想象与台湾认同:清代三篇〈台湾赋〉的考察》,《台湾文学学报》2000年第1期。

翟勇:《"海东文献,推为初祖":沈光文入台与诗歌创作时间再考》,《中国韵文学刊》2016年第2期。

张兵:《明清易代与清初遗民诗》,《江海学刊》2000年第2期。

张萍:《从〈蓉洲诗文稿〉探究沈光文生平事迹》,《宁波大学学报》2012年第6期。

张如安:《开拓创新:浙东文化的本质内涵》,《宁波大学学报》2000年第6期。

张如安:《论沈光文诗歌的乡愁书写》,《中共宁波市委党校学报》2012年第6期。

赵子勼:《两岸相承脉络之一宗——台湾文献初祖沈光文研究》,《浙江大学学报》1994年第2期。

郑惠贞:《蒋毓英与第一部〈台湾府志〉》,《中国地方志》2007年第12期。

周家安:《南明史地位与研究意义》,《明史研究专刊》1979年第2期。

朱鸿林:《郑经的诗集和诗歌》,《明史研究》1994年第12期。

朱双一:《文学视野中的郑成功——"遗民忠义精神"及其在日据时代台湾的传衍》,《台湾研究集刊》2002年第9期。

后　记

　　2019 年恰逢我研究生毕业后在高校任教的第二十个年头。回顾二十年的职业生涯,第一个十年的我,在科研方面基本上处于"打游击"的状态。由于未曾接受过系统而深入的学术训练,没有一个深厚而坚实的学术根据地,我的所谓"研究"也不可避免地带有散乱无章的特点,古典诗歌、散文、小说、戏曲乃至现当代文学研究都曾有所涉猎,左冲右突,始终未能立足某一个领域进行系统而深入的持久耕耘。第二个十年,尤其是 2013 年以来开始涉足的沈光文研究,成为我持续时间最长、投入心力最多的一个研究领域。2014－2016 年我申报的浙江省社科联课题"沈光文诗赋研究"顺利完成;2016 年申报的"台湾文学始祖沈光文研究",获得了浙江省哲学社会科学重点研究基地浙江省历史文化研究中心的立项,推动我再接再厉、潜心静气地完成专著的写作。这些年来,我以沈光文研究为"根据地",相继取得了一些与台湾文学相关的研究成果:《论沈光文诗歌的诗史特征》(《台湾研究》2013 年第 5 期)、《论〈台湾赋〉的历史价值与进步史观》(《现代台湾研究》2016 年第 2 期)、《沈光文与浙东文化精神》(《宁波大学学报》2016 年第 3 期)、《徐孚远与几社的创立与传衍》(《福建师范大学学报》2016 年第 5 期)、《沈光文〈台湾赋〉价值刍议:兼与清代三篇同题赋作的比较》(《台湾研究集刊》2017 年第 1 期)、《论连横〈台湾通史〉的编纂思想》(《台湾研究》2018 年第 3 期)、《论全祖望在沈光文接受史上的贡献》(《宁波大学学报》2019 年第 2 期)等。本书的出版,可以说是对我 2013 年以来沈光文研究的一个阶段性总结。

　　随着沈光文研究的日渐深入,我更多地了解到宝岛台湾的前世今生,了解到明末清初那个天崩地解的时代,以及那个时代诸多知识分子的选择与命运,极大地开阔了自己的学术视野。也正是随着研究的渐趋深入,我才发现,我所贸然闯入的这块学术领地，并非一片只要付出辛劳即可创获丰厚的土地，而是荆棘遍地、歧路丛生，不仅在摸索前行的过程中经常陷入举步维艰的窘境，而且一不小心就会在歧路中陷入迷惘……沈光文诗文的严重佚失，文献资料的匮乏以及文献记载自身的矛盾，为沈光文研究带来诸多"谜案"，包括沈光文来台时间之谜、沈光文诗作系年之谜、沈光文作品真伪之谜……为了考证和辨别这些"谜案"，从台湾学者连横、龚显宗，到大陆学者乐承耀、戴光中、张萍、张如安、翟勇，海峡两岸的诸多学者都做了大量爬罗剔抉的艰苦工作，这些问题虽然尚未寻得完满的答案，但毋庸置疑，所有这些学者的努力都使我们一步步接近问题的真相。我也有幸参与到对这些问题的探索中并为此付出了真诚的努力，或许对沈光文研究稍有推进和拓展，但限于才疏学浅，舛误之处一定在所难免，恳请得到方家指正。

三百年前的一场飓风，将浙东文人沈光文吹到了尚属一片蛮荒之地的台湾岛，而他就在那里筚路蓝缕，为台湾播种下第一颗文学的种子……2000 年，本在齐鲁大地长大成人的我，也是出于种种偶然，被命运的飓风所裹挟，来到沈光文的家乡宁波——这座东海之滨的城市，同样是出于种种偶然，贸然闯入沈光文研究这块原本陌生的领域……在天崩地坼的明清易代之际，沈光文毁家纾难，投入抗清复明事业中，间关险阻，飘摇栖泊，"去浙而闽，去闽而粤，复自粤而闽，以东宁片壤，寄其首阳之节"（季麒光《沈斯庵双寿序》）。由此，我想到了我深为敬仰的古典诗词专家叶嘉莹先生。叶先生的一生同样是浪迹萍踪。叶先生说："我想这人生，可能冥冥之中自有定数，你落到什么地方，不是你所能掌握的，你不知道会落到哪里。可是不管落到哪里，无论命运或者机遇把你落到哪里，你都要尽量做好，这是自己应该做到的。我就是这样，不管命运把我抛到哪里，我都愿尽最大的努力尽量做好。""不怨天，不尤人"，任何情况下都对自己有一种持守，沈光文不也是这样的吗？人生中很多的际遇都不是可以自主选择的，而是出于种种偶然，但每个人都不应是被命运的洪流所裹挟的随波逐流者，人之可贵恰在于属于自己的那一份争取、选择和努力。就像窗台上那株绿萝，不管是在哪里，只要有那么一点点水，就可以生根、生长，回馈这世界一片葱茏的绿意……

其实，所谓"台湾文学始祖""台湾文献初祖""台湾孔子"云云，不过都是后人尊奉于沈光文头上的一顶顶桂冠而已。沈光文在世之时，不论是在海天荒陋、人鲜知己的境遇中"娓娓好吟不倦""登山问水，靡不有诗"的时候，还是"浮沉寂寞于蛮烟瘴雨中者二十余年，凡登涉所至，耳目所及，无巨细皆有记载"的时候,又何曾想到去赢得这一顶顶桂冠呢?! 又何曾如今人一般去在意什么"课题立项""经费支持"之类呢? 他只是做了他想做的、他能做的和他该做的,仅此而已。所谓"足乎己而无待于外",吾将以此自勉。

感谢引导我走上学术之路的李伯齐先生、王洲明先生! 当年是二位先生不弃鄙陋,将原本毫无根基的我领引到学术的殿堂,为我开辟出一个充满生机的崭新航道,也开启了一个与书籍为伴、与文学结缘的别样人生。

感谢龚显宗、乐承耀、戴光中、张如安、张萍、潘承玉、翟勇等海峡两岸所有曾在沈光文研究中跋涉耕耘的学者们,是他们的成果为我的研究奠定了基础,为我提供了宝贵的启发,没有他们筚路蓝缕的艰辛开拓,我在这个原本陌生的研究领域中或许会寸步难行。

尤其要郑重致谢的是肖瑞峰先生,是他为我创造了难得的访学机会,为书稿的完成提供了时间上的保障,也是他的积极引荐,使这部书稿得以顺利面世。肖先生在道德文章、人格学养等诸多方面的崇高造诣,令我常有"高山仰止,景行行止"之叹,其蔼然君子之风、提携教诲之恩,足以令我感念一生!

感谢浙江大学出版社的宋旭华先生、吴超女士为书稿出版所付出的辛劳!感谢浙江大学出版社! 自古以来,包括沈光文在内的诸多浙籍士人为中华文化的传播,为浙台文化交流做出了卓越的贡献,这部关于浙江历史文化名人沈光文的书能由浙江大学出版社出版,真正是得其所哉!

最后,也要感谢我的女儿,感谢这段互相陪伴、互相勉励、共历甘苦、共同成长的岁月。书稿撰写的日子,也正是她学业冲刺的最重要阶段。同一间书房,同一张书桌,每晚于台灯下同窗共读的这些日子,如此充实,如此辛苦,又如此温馨,必将成为我们生命中一段难以忘怀的美好记忆。

2019 年 5 月 5 日于宁波

图书在版编目(CIP)数据

台湾文学始祖沈光文研究 / 袁韵著. —杭州:浙江大学
出版社,2019.6

ISBN 978-7-308-19280-4

Ⅰ.①台… Ⅱ.①袁… Ⅲ.①沈光文－人物研究 ②沈光文－古典文学
研究 Ⅳ.①K825.6 ②I206.2

中国版本图书馆 CIP 数据核字(2019)第 129648 号

台湾文学始祖沈光文研究

袁 韵 著

责任编辑	宋旭华
文字编辑	吴 超
责任校对	张振华 杨利军
封面设计	周 灵
出版发行	浙江大学出版社
	(杭州天目山路 148 号 邮政编码 310007)
	(网址:http://www.zjupress.com)
排 版	杭州隆盛图文制作有限公司
印 刷	虎彩印艺股份有限公司
开 本	710mm×1000mm 1/16
印 张	19
字 数	321 千
版 印 次	2019 年 6 月第 1 版 2019 年 6 月第 1 次印刷
书 号	ISBN 978-7-308-19280-4
定 价	58.00 元